大夏教育文存

赵祥麟卷

主　　编　杜成宪
本卷主编　李　娟

华东师范大学出版社

图书在版编目(CIP)数据

大夏教育文存.赵祥麟卷/杜成宪主编.—上海:华东师范大学出版社,2017
ISBN 978-7-5675-6285-1

Ⅰ.①大… Ⅱ.①杜… Ⅲ.①教育史—世界—现代 Ⅳ.①G4

中国版本图书馆 CIP 数据核字(2017)第 047920 号

本书由上海文化发展基金会图书出版专项基金资助出版

大夏教育文存 赵祥麟卷

主　　编	杜成宪
本卷主编	李　娟
策划编辑	王　焰
项目编辑	金　勇
审读编辑	余　强
责任校对	郐　琳
装帧设计	高　山
出版发行	华东师范大学出版社
社　　址	上海市中山北路 3663 号　邮编 200062
网　　址	www.ecnupress.com.cn
电　　话	021-60821666　行政传真 021-62572105
客服电话	021-62865537　门市(邮购)电话 021-62869887
地　　址	上海市中山北路 3663 号华东师范大学校内先锋路口
网　　店	http://hdsdcbs.tmall.com
印 刷 者	上海中华商务联合印刷有限公司
开　　本	787×1092　16 开
印　　张	24
字　　数	406 千字
版　　次	2018 年 11 月第 1 版
印　　次	2018 年 11 月第 1 次
书　　号	ISBN 978-7-5675-6285-1/G·10228
定　　价	108.00 元
出 版 人	王　焰

(如发现本版图书有印订质量问题,请寄回本社客服中心调换或电话 021-62865537 联系)

《大夏教育文存》编委会、顾问名单

编委会
顾问　孙培青　陈桂生
主任　袁振国
委员　叶　澜　钟启泉　陈玉琨　丁　钢
　　　任友群　汪海萍　范国睿　阎光才

赵祥麟先生 (1906年6月—2001年12月)

前言

一

1951年10月华东师范大学建校时，也成立了教育系，这是华东师范大学教育学科之源。当时教育系的教师来自大夏大学、复旦大学、圣约翰大学、光华大学、沪江大学等高校教育系科，汇聚了一批享誉全国的著名学者，堪为当时中国教育理论界代表。如：国民政府在20世纪40年代曾实施部聘教授制度，先后评聘两批，各二三十人，集中了当时中国学术界各个学科的顶尖学者。两批部聘教授里均只有一位教育学教授，分别是孟宪承、常道直，后来都在华东师范大学教育系任教，孟宪承还为华东师范大学建校校长；抗日战争期间，国民政府出于"抗战建国"、保证中学师资培养的考虑，建立了六所师范学院，其中五所附设于大学，一所独立设置，独立设置的即为建于湖南蓝田的国立师范学院，院长为廖世承，后来成为华东师范大学副校长、上海师范学院（后为上海师范大学）院长；中国第一代社会学家、奠定中国社会事业研究的基础的言心哲，曾为复旦大学社会学系系主任，后转入华东师范大学教育系从事翻译工作；华东师范大学成立后教育系第一任系主任曹孚，后为支持中央政府成立中央教育科学研究所和人民教育出版社奉调入京；主持撰写新中国第一本《教育学》、后出任华东师范大学校长的刘佛年……就是他们，共同奠定了中国现、当代教育理论发展的基础，也奠定了华东师范大学教育学科60多年的发展基础。

然而，由于历史的原因，这批著名学者当年藉以成名并影响中国现、当代教育学科发展的代表性成果大多未能流传于世，他们中的很多人及其著作甚至湮没不闻，以至今天的人们对中国教育学科的由来与发展中的诸多重要环节所知不详，尤其是对华东师范大学教育学科对于中国现、当代教育理论和实践发展的重要性知之甚少，而这些成果中的相当部分实际上又可以看成是教育理论和实践中国化探索的代表作。因此，重新研究、整理、出版这些学术成果，对于华东师范大学教育学科的学术传承、对于中国的教育学术传承，都具有十分重要的意义。

二

华东师范大学建校之初，在教育系教师名册上的教授共有27位，包括教育学和心理学两个学科。当时身任复旦大学副教务长的曹孚被任命为教育系主任,但由于工作原因晚一年到职,实际上教育系就有教授28位。除个人信息未详的二位外,建系教授简况见下表。

出生年代	姓名(生卒年)	建校时年岁	学历、学位
1890—1899	赵迺传(1890—1958)	61	大学肄业
	廖世承(1892—1970)	59	博士
	张耀翔(1893—1964)	58	硕士
	高君珊(1893—1964)	58	硕士
	欧元怀(1893—1978)	58	硕士
	孟宪承(1894—1967)	57	硕士
	谢循初(1895—1984)	56	学士
	黄觉民(1897—1956)	54	硕士
	萧孝嵘(1897—1963)	54	博士
	黄敬思(1897—1982)	54	博士
	常道直(1897—1992)	54	硕士
	沈百英(1897—1992)	54	五年制中师
	言心哲(1898—1984)	53	硕士
	陈科美(1898—1998)	53	硕士
	方同源(1899—1999)	52	博士
1900—1909	赵廷为(1900—2001)	51	大学预科
	左任侠(1901—1997)	50	博士
	谭书麟(1903—?)	48	博士
	萧承慎(1905—1970)	46	硕士
	胡寄南(1905—1989)	46	博士
	赵祥麟(1906—2001)	45	硕士
	沈灌群(1908—1989)	43	硕士
	朱有瓛(1909—1994)	42	学士
1910—1919	曹孚(1911—1968)	40	博士
	刘佛年(1914—2001)	37	学士
	张文郁(1915—1990)	36	学士

(本表参考了陈桂生《华东师范大学初期教育学习纪事(1951—1965)》一文)

可见华东师范大学教育系初建、教育学科初创时的教授们,出生于19世纪90年代的15人,20世纪00年代的8人,10年代的3人;60岁以上1人,50—59岁16人,40—49岁7人,40岁以下2人,平均年龄50.73岁,应属春秋旺盛之年。他们绝大部分都有留学国外的经历,有不少美国哥伦比亚大学学生。其中博士8人,硕士11人,学士4人,大学肄业1人,高中2人。他们大体上属于两代学者,即出生在19世纪90年代、成名于20世纪二三十年代的一代(五六十岁),出生在20世纪、于二三十年代完成学业的一代(三四十岁)。对于前一代学者而言,他们大多早已享有声誉且尚未老去;对于后一代学者而言,他们也已崭露头角且年富力强。相比较而言,前一代学者的力量又更为强大。任何一个高等院校教育系,如能拥有这样一支学术队伍都会令人感到自豪!

三

令后人感到敬佩的还在于这些前辈教授们所取得的业绩。试举其代表论之,以观全豹。

1923年,将及而立之年的孟宪承撰文与人讨论教育哲学的取向与方法问题,提出:教育哲学研究是拿现成的哲学体系加于教育,而将教育的事实纳入哲学范畴?还是依据哲学的观点去分析教育过程,批评现实教育进而指出其应有价值?他认为后者才是可取的。理由是:教育哲学是一种应用哲学,应用对象是教育;教育哲学研究导源于实际教育需要,是对现实教育的反思与批评,而其结论也需要经过社会生活的检验。这样就倡导了以实际教育问题为出发点的教育哲学,为中国的教育理念和教育理论的转型,即从以学科为出发点转向以问题为出发点,转向更为关注社会、关注生活、关注儿童,从哲学层面作出了说明。之后,不刻意追求体系化知识,而以问题研究为主、从儿童发展出发思考教育问题成为一时潮流。1933年,孟宪承出版《教育概论》,就破除了从解释教育和教育概念出发的教育学理论体系,而代之以从"儿童的发展"和"社会的适应"为起点的教育学叙述体系。在中国,以儿童发展为教育学理论的起点,其首倡者很可能就是孟宪承。1934年,教育部颁布《师范学校课程标准》,其中的《教育概论》纲目与孟宪承著《教育概论》目录几乎相同。而孟著自1933年出版至1946年的13年里共印行50版,是民国时期发行量最大的教育学教科书之一。可以看出孟宪承教育学思想对中国教育学理论转型、教育学学科建设、课程建设、专业人才培养和理论研究的深刻影响。

1921年,创始于美国、流行于欧美国家的一种新教学组织形式和方法道尔顿制传入中国,因其注重个别需要、自主学习、调和教学矛盾、协调个体与群体等特点,而受到中国教育理论界和中小学界的欢迎,一时间,诸多中小学校纷纷试行道尔顿制,声势浩大。东南大学附中的道尔顿制实验是其中的典范。当时主持东南大学附中实验的正是廖世承。东南大学附中的道尔顿制实验与众不同之处就在于严格按照教育科学实验研究方法与程序要求进行,从实验的提出、实验的设计、实验的实施、实验结果分析各个环节都做得十分规范,保证了实验的信度和效度,在当时独树一帜。尤其是实验设计者是将实验设计为一个与传统的班级授课制进行比较的对比实验,以期验证两种教学组织形式的长短优劣。在实验基础上,廖世承撰写了《东大附中道尔顿制实验报告》,报告依据实验年级各科实验统计数据、实验班与比较班及学生、教师的问卷调查结果,分析了实施道尔顿制的优点与缺点,得出了十分明确的结论:道尔顿制的特色"在自由与合作",但在中国的现实条件下很难实行;"班级教学虽然有缺点,但也有它的特色"。廖世承和东南大学附中的实验及报告,不仅澄清了人们对道尔顿制传统教学制度的认识,还倡导了以科学研究解决教育问题的风气,树立了科学运用教育研究方法的楷模,尤其是帮助人们正确认识了如何对待和学习国外先进教育经验,深刻影响了中国教育的发展。此外,廖世承参与创办南京高师心理实验室首开心理测验,所著《教育心理学》和《中学教育》,在中国都具有开创性。

1952年曹孚离开复旦大学到任华东师范大学教育系主任,是教育系第一任系主任。1951年,在其博士学位论文基础上撰成的《杜威批判引论》出版。书中,曹孚将杜威教育思想归纳为"生长论"、"进步论"、"无定论"、"智慧论"、"知识论"和"经验论",逐一进行分析批判。这一分析框架并非人云亦云之说,而是显示出他对杜威教育思想的深刻理解和独到把握,超越了众多杜威教育思想研究者。他当时就指出杜威教育思想的主要缺陷,即片面强调活动中心与学生中心,忽视系统知识的传授和教师的主导作用。对杜威教育思想有深入研究的孟宪承曾称道:"曹孚是真正懂得杜威的!"后来,刘佛年在为《曹孚教育论稿》一书所做的序中也评价说:"这是我国学者对杜威思想的第一次最系统、最详尽的批判。"曹孚长于理论,每每有独到之论。50年代的中国教育理论和实践界,先是亦步亦趋地照搬苏联教育学,又对包括教育学在内的社会学科大加挞伐,少有人真正思考教育学的中国化和构建中国的教育学问题。曹孚在其一系列论文中提出了自己的主张。他认为,教育学的学科基础包括哲学、国家的教育方针政策、教育工作经验、中国教育遗产和心理学五方面；针对当时否定教育继承性的观点，他提出继承性适用于教育，因为教育既是上层建筑，也是永恒范畴；对教育历史人物评价问题，他批评以唯物主义或唯心主义为标准，从哲学、政治立场出发的评价原则，主张将哲学思想、政治立场和教育主张区别而论，主要依据教育思想来评价教育人物；他认为，即使是资产阶级教育思想也不是一无是处，不能"一棍子打死"，也有可以吸取和改造的。在当时环境下，曹孚之言可谓震聋发聩。

1979年，刘佛年主编的《教育学》（讨论稿）由人民教育出版社正式出版。这是"新时期"全国正式出版的第一本教育学教材。之前，从1962年至1964年曾四度内部印刷使用，四度修改。"文革"中还被作为"大毒草"受到严厉批判。1961年初，刘佛年正式接受中宣部编写文科教材教育学的任务。当年即撰写出讲授提纲，翌年完成讨论稿。虽然这本教育学教材在结构上留下明显的凯洛夫《教育学》痕迹，但也处处体现出作者对建设中国教育学的思考。教材编写体现了对六方面关系的思考和兼顾，即政策与理论、共同规律与特殊规律、阶级观点与历史观点、历史与理论、正面论述与批判、共性与特性。事实上这也可以作为教育研究的一般方法论原则。在教材编写之初，第二部分原拟按德育、智育、体育分章，但牵涉到与学校教学工作的关系，出现重复。经斟酌，决定按学校工作逻辑列章，即分为教学、思想教育、生产劳动、体育卫生等章，由此形成了从探索教育的一般规律到研究学校具体工作的理论逻辑，不失为独特的理论建构。1979年教材出版至1981年的两年间，印数近50万册，就在教材使用势头正好之时，是编者主动商请出版社停止继续印行。但这本教育学教材的历史地位却并未因其辍印而受到影响，因为它起到了重建"新时期"中国的教育学理论和教材体系的启蒙教材作用。

不只是以上几位，华东师范大学教育系的创系教授在各自所从事的研究领域都有开风气之先的贡献。如，常道直对比较教育学科的探索与开拓，萧承慎对教学法和教师历史及理论的独到研究，赵廷为、沈百英对小学各科教学法的深入探讨，沈灌群对中国教育史叙述体系的重新建构，赵祥麟对当代西方教育思想的开创性研究，等等，对各自所在的学科都产生了重要影响而被载入学科发展的史册。还有像欧元怀，苦心经营大夏大学二十多年，造就出一所颇有社会影响的著名私立高等学府，为后来华东师范大学办学创造了重要的空间条件。所有前辈学者们的学术与事业，都值得我们铭记不忘。

四

基于以上认识,我们将此次编纂《大夏教育文存》视为一次重新整理和承继华东师范大学教育学科优良学术传统的重要契机。

我们的宗旨是:保存学粹,延续学脉,光大学术。即,将华东师范大学教育学科历史上最具有代表性的学术精华加以保存,使这些学术成果中所体现的学术传统得以延续,并为更多年轻一代的学生和学者能有机会观览、了解和研究前辈学者的学术、思想和人生,激发起继承和发扬传统的自豪感和使命感。希望通过我们的工作实现我们的宗旨。

就我们的愿望而言,我们很希望能够将华东师范大学教育学科一代代前辈学者的代表作逐步予以整理、刊布,然而工程浩大,可行的方案是分批进行。分批的原则是:依据前辈学者学术成果的代表性、当时代的影响和对后世影响的实际情况。据此,先确定了第一辑入选的11位学者,他们是:孟宪承、廖世承、刘佛年、曹孚、萧承慎、欧元怀、常道直、沈灌群、赵祥麟、赵廷为、沈百英。

《大夏教育文存》实际上是一部华东师范大学建校后曾经在教育学科任教过和任职过的著名学者的代表作选集。所选入的著作以能够代表作者的学术造诣、能够代表著作撰写和出版(发表)时代的学术水平、能够为当下的教育理论建设和教育实践发展提供借鉴为原则。也有一些作品,我们希望能为中国的教育学术事业的历程留下前进的脚步。

《大夏教育文存》入选者一人一卷。所收录的,可以是作者的一部书,也可以是若干部书合为一卷,特殊情况下也可以是代表性论文的选集,还包括由作者担任主编的著述,但必须是学术论著。一般不选译著。每一卷的选文,先由此卷整理者提出方案,再经与文存总主编共同研究商定选文篇目。

每一卷所选入著述,在不改变原著面貌前提下,按照现代出版要求进行整理。整理的内容包括:字词和标点符号的校订,讹误的订正,专用名称(人名、地名、专门术语等)的校订,所引用文献资料的核实及注明出处,等等。

每一卷由整理者撰写出编校前言,内容包括:作者生平、学术贡献、对所选代表作的说明、对所作整理的说明。每一卷后附录作者主要著作目录。

五

编纂《大夏教育文存》的设想是由时任华东师范大学教育科学学院院长的范国睿教授提出的。他认为,作为中国教育学科的一家代表性学府,理应将自己的历史和传统整理清楚,告诉后来者,并使之世世代代传递下去。实现这一愿望的重要载体就是我们的前辈们的代表性著述,我们有责任将前辈的著述整理和保护下来。他报请华东师范大学校长办公会议批准,将此项目立项为"华东师范大学优势学科建设项目",获得资助。还商得华东师范大学出版社支持和资助,立项为出版社重点出版项目。可以说,范国睿教授是《大夏教育文存》的催生人。

承蒙范国睿教授和时任教育科学学院党委书记汪海萍教授的信任,将《大夏教育文存》(第一辑)的编纂交由本人来承担,能与中国现、当代教育史上的这些响亮名字相伴随,自是莫大荣耀之事。要感谢这份信任!

为使整理工作能够顺利进行,我们恳请孙培青、陈桂生两位先生能够担任文存的顾问,得到他们的支持。两位先生与入选文存的多位前辈学者曾是师生,对他们的为人、为学、为师多有了解,确实给了我们很多十分有价值的指点,如第一辑入选名单的确定就是得到了他们的首肯。对两位先生我们要表示诚挚的感谢!

文存选编的团队是由教育学系的部分教师和博士、硕士生所组成。各卷选编、整理工作的承担者分别是:孟宪承卷,屈博;廖世承卷,张晓阳;刘佛年卷,孙丽丽;曹孚卷,穆树航;萧承慎卷,王耀祖;欧元怀卷,蒋纯焦、常国玲;常道直卷,杨来恩;沈灌群卷,宋爽、刘秀春;赵祥麟卷,李娟;赵廷为卷,王伦信、汪海清、龚文浩;沈百英卷,郭红。感谢他们在选编和整理工作中所付出的辛劳和努力!研究生董洪担任项目秘书工作数年,一应大小事务都安排得井然有序,十分感谢!

尤其是要感谢入选文存的前辈学者的家属们!当我们需要了解前辈们的生平经历和事业成就,希望往访家属后人,我们从未受到推阻,得到的往往是意料之外的热心帮助。家属们不仅热情接待我们的访谈,还提供珍贵的手稿、书籍、照片,对我们完成整理工作至关重要。谢谢各位令人尊敬的家属!

感谢华东师范大学出版社对文存出版的大力支持!也感谢资深责任编辑金勇老师的耐心而富有智慧的工作,保证了文存的质量。

感谢所有为我们的工作提供过帮助的人们!

杜成宪
2017 年初夏

编校前言

一

赵祥麟(1906.6.21—2001.12.10),浙江乐清人、华东师范大学教授,著名教育史家。自幼家境清贫,6岁丧母,寄养于表婶家中,后由表婶抚养成人。8岁入私塾,读《百家姓》,学描红等,先后转了三所私塾,12岁入小学。14岁考入县立第三高等小学,因家庭经济困难,一时无力缴纳学费,故而开学一月有余才勉强入学。曾自述在高小期间接受了比较全面的教育,获得诸多老师的谆谆教诲。1922年8月,考入温州师范学校。高小至师范期间,得到堂叔父竞南先生的关心、照顾和指引。1927年8月,考入国民党中央党务学校。1928年5月毕业,被分配至浙江省建德县任国民党临时登记处指导员。1929年12月任河北省党务工作人员训练班讲师,讲授五权宪法、世界史、社会学等课程。

1930年夏,回中央政治大学(前身为中央党务学校)教育系继续学习。系统学习了教育哲学、教育史、心理学、伦理学、教育行政、教育社会学等课程,就学期间去无锡、苏州等地参观学习,参加教育实习,于1933年夏毕业。1933年8月任南通中学教员,讲授公民、世界史、国际问题等课程,兼级任导师。其间编写教科书《公民》(中正书局出版)和一本《国际问题》讲义,同时还发表了一篇短文《南通印象记》。1934年8月创设江宁县立实验中学,并任校长。该校1935年8月改为江苏省立江宁初级中学,1936年改为江苏省立江宁中学,招收初中、高中、高等师范科的学生。1937年初,学校在班级组织、课程设置、学生训练、师资队伍等方面已初具规模,是一所比较新型的学校。1937年冬,日寇发动侵略战争,淞沪沦陷,12月全体师生从江宁中学撤出。

1938年5月,任福建省福州市教育局局长。1938年8月任汉口三民主义青年团中央团部社会服务处组长,拟定《三民主义青年团员社会服务纲要》。1939年春随中央团部转至重庆。1940年5月任教育部督学,其间视察各省市中等教育工作。1945年5月赴美国哥伦比亚大学师范学院学习,选修教育哲学、比较教育、美国文化与教育、社会心理学、课程论等,获教育硕士学位。学习期间参观了纽约、华盛顿、费城、波士顿、芝加哥等地中小学校和高等学校,访问了美国联邦政府教育局和美国全国教育学会,并加入该会。1947年2月回国。

二

1947年3月任复旦大学副教授,翌年升为教授,主要讲授哲学概论、比较教育、逻辑学等课程。1949年5月初任上海市教育局长。1949年9月,担任震旦大学女子文理学院教授兼教育系主任,主要讲授世界教育史、发展心理学,并指导学生教育实习。1951年8月去苏州华东革大政治研究院学习。1952年1月学习结束,仍回震旦女子文理学院担任原职和教学工作。1952年8月,全国高等学校院系调整后,一直担任华东师范大学教育学系教授,长期从事外国教育史的教学和研究工作。1986年10月退休。

1960年,参加《辞海》的修订工作,主要负责编写外国教育史的相关条目。1980年担任《中国大百科全书》教育卷编委,并撰写"苏格拉底"、"智者派"、"杜威"、"实用主义教育"、"进步主义教育"、"要素主义教育"等条目。1980年任外国教育史教研室主任。同年,全国教育史研究会成立,先后担任全国教育史研究会第一、第二届副理事长,兼任《教育大辞典》、《中外教育比较史》以及中国教育学会教育史专业委员会顾问等工作。生前还积极参加社会活动,曾担任民革上海市委员会顾问、民革华东师范大学主任委员等。

1980年后,被国务院学位办公室首批授予硕士生导师,先后讲授现代西方教育思想流派、西方教育思想史、杜威教育哲学、20世纪西方教育史、西方教育史文献研究、西方高等教育史等课程。自1980年起开始主持外国教育史研究室工作以来,致力于外国教育史资料的收集、整理和研究工作。在教育理论研究方面著述颇丰。建国前主要集中于对中国教育未来发展的思考,如《谈谈求学问题》、《三民主义的社会理想与教育》、《教育机会均等与奖学金问题》、《现代教育行政的概念》,以及《人的建设及其基本问题》等。新中国成立后,特别是改革开放以后,主要集中于外国教育理论和杜威教育思想的研究。其主要学术贡献为:

引领了改革开放后我国学者对杜威教育思想的重新评价。1980年,赵祥麟先生在《华东师范大学学报》(哲学社会科学版)发表了题为《重新评价杜威实用主义教育思想》一文,提出了对杜威教育思想进行重新评价的学术观点。在这篇论文中,赵祥麟先生试图阐明杜威的教育哲学与教育理论、课程与教材、学校与社会之间的关系问题;解释杜威教育哲学中的核心词汇,如经验、观念、教学、以及思维习惯和测验等。赵祥麟先生认为,"只要旧学校里空洞的形式主义存在下去,他的教育理论将依然保持生命力,并继续起作用"。同年,赵祥麟先生在《教育研究》上发表了题为《评杜威实用主义教育思想》一文,对杜威的哲学思想及其教育问题进行了论述。赵祥麟先生与浙江大学教育学院王承绪教授共同编译出版了《杜威教育论著选》。该书是我国编译出版的第一部杜威教育论著选,1981年由华东师范大学出版社出版。该书在学界产生了重要影响,成为学界研究杜威教育思想的必读书目。2006年更名为《杜威教育名篇》,作为单中惠教授主编的杜威教育丛书之一,由教育科学出版社出版。1991年,赵祥麟先生又与王承绪教授等共同编译了《杜威学校》一书,由华东师范大学出版社出版。2007年,该书由教育科学出版社再版。1994年,赵祥麟先生与任钟印教授等共同编译出版了《学校与社会·明日之学校》,被我国许多高等师范院校作为教材使用,人民教育出版社曾多次再版。

开创了我国学者研究现代西方教育思想流派的先河。1980年,赵祥麟先生与王承绪教授等人共同编译出版了《现代西方资产阶级教育思想流派论著选》。该书是我国出版的第一部关于西方教育思想流派的论著。该书以美国学者霍德华·奥兹蒙(Howard Ozmon)的《现代教育评论》(*Contemporary Critics of Education*)和约翰·保罗·斯特兰(John Paul Strain)的《近代教育哲学文选》(*Modern Philosophies of Education*)为蓝本编译而成。该书选择了现代西方资产阶级教育理论中的几个代表性流派,并对其影响较大的著作进行了简单的介绍和评论。应该说,我国学者是通过这本书熟悉现代西方教育思想流派,并对这些思想流派作了进一步的研究。因此,这本书的出版开创了我国学界研究现代西方教育思想流派的先河。该书于2001年由人民教育出版社再版,更名为《西方现代教育论著选》。

开拓了我国学者研究外国教育家评传的新领域。教育家致力于教育实践与教育理论的发展,对教育发展具有非常重要的作用。外国教育家评传研究被视为外国教育史研究的重要领域。1986年,赵祥麟先生应上海教育出版社的邀请,主持编撰了《外国教育家评传》丛书。在全国外教史同行专家的大力支持下,《外国教育家评传》(三卷本)于1992年由上海教育出版社出版。这是我国第一套以评传体裁出版的展现外国教育家教育生涯及教育思想的丛书,全书共包括外国自古迄今著名教育家69人。该丛书的出版不仅在我国教育界引起了巨大反响,而且也获得了海外的关注。1995年,该丛书获得了全国第三届优秀教育图书一等奖和全国高等学校人文社科研究优秀成果二等奖。同年,该丛书由台湾桂冠图书股份有限公司分成四卷出版发行。2000年,上海教育出版社出版了《外国教育家评传》(精选本),列入"新世纪教育文库"。2002年,上海教育出版社出版了《外国教育家评传》（四卷本），又增加了二十余位外国教育家。

率先进行外国现代教育史的研究。改革开放后，针对我国缺乏现代外国教育史研究的现状，赵祥麟先生从1984年起开始主持外国现代教育史的研究工作，并于1986年由华东师范大学出版社出版了《外国现代教育史》一书。正如先生在该书"前言"中指出的："本书主要阐述外国现代教育学理论和实践及其历史演变，特别着重发达国家和苏联在历次教育改革中的经验以及各种教育理论所探讨的主要问题。"从整本书的内容来看，本书不仅论述了主要资本主义国家和苏联的教育，其中对"欧美教育革新运动的兴起"、"儿童研究和试验教育"、"蒙台梭利的教育思想"、"怀特海的教育思想"、"德国、意大利以及日本的法西斯教育"，以及"亚非发展中国家的教育"进行了论述，在当时我国外国教育史研究中都处于领先的地位。

三

本卷所收录的《外国现代教育史》一书，是作为"高等学校文科教学参考书"和"教育科学丛书"，由华东师范大学出版社于1986年出版的。主编赵祥麟曾经有一个雄心勃勃的计划——编写一部包括古代、近现和现代三部分的外国教育史，出于教学和研究的迫切需要，而先编出现代部分。参加编写的团队则主要是当时华东师大教育系外国教育史教研室的教师。由于人事变动和赵祥麟研究计划的改变（转而为组织全国同行编写《外国教育家评传》），很遗憾原计划成了未竟的事业。该书以历史顺序为主线，分章论述西方主要发达国家、苏联以及亚非发展中国家的教育改革和发展状况；在现代外国教育思想方面具有一定的代表性，同时对影响较大的人物都列专章进行论述。

本书的编写、出版至今恰好30年。30年来，外国现代教育的研究成果可谓汗牛充栋。尤其是关于欧美国家的教育和教育思想的研究已经相当深入。以30年之后的眼光看这本《外国现代教育史》，当然可以发现它的种种不足甚至粗陋，然而，必须看到，作者对外国现代教育的总体把握，不少地方表现出真知灼见。如，关于"现代教育史"、"现代"一词的理解，作者认为，这不只是时间概念（指十九世纪末、二十世纪初以来约一个世纪左右的历史时期），还是指在这一时期教育发生了重要变化，出现了一些前代（近代）所没有的特征。即：西方主要资本主义国家基本普及了初等教育，建立起各级教育制度，并加快中等教育和高等教育的改革；十月革命后，苏联政府改造了旧学制度，提出统一劳动学校的基本原则,建立了新型学校,揭开了教育史上的新篇章;"二战"之后,世界面临着新科学技术革命的挑战,教育对经济增长和社会发展的决定性作用,愈益为人们所认识,"教育先行"的观念建立起来;相应地,高等教育不再为少数人所专享而日益走向大众化,"终身教育"成为国际潮流,新的技术广泛应用于学校教学,甚至微机开始进入课堂;如此等等。作者还指出在发展的同时,现代社会的一些内部矛盾也不断暴露,如全球性的资本主义经济危机、人口出生率下降带来的困扰,等等,对教育提出新的挑战,促使各国重新思考和规划教育发展。此外,作者认为,现代西方教育发展的一个重要特点是理论流派纷呈,这些理论通常都有一定的哲学、心理学、社会学的理论为依据,有的还有长期的实验基础甚至广泛传播,在确定培养目标、改革课程与教学方法等方面起着重要作用。这样的观点,成为作者把握和评价西方教育理论发展的基本依据。上述种种认识,即使以当今的观念来衡量,也不显得隔膜与过时。这也是我们选择本书作为赵祥麟先生的代表作,再加整理出版的原因。同时,我们也希望借此书的出版,保存下在特定时期中国学者们对外国现代教育史思考和探索的心路历程。

该书的出版,在很大程度上引起了外国教育史学者对外国现代教育史研究的关注,为外国教育史研究开拓了新的研究空间并凸显了外国现代教育史研究的意义。曾任华东师范大学基础教育改革与发展研究所、教育学系教授单中惠先生指出:"这是我国第一本关于外国现代教育史的学术性教材。"

四

本着对作者的尊重,编校者在原稿的基础上,核对并编校了全书稿。主要从以下几个方面展开工作:

1. 核对正文中人名、地名、法案等专有名词的中英文翻译。有生卒的人名,在正文中以圆括号(人名,生卒)的形式括起,以区别于正文。文中人名、地名等专有名词与今译有区别的,加脚注注明。

2. 正文、引文中的错字,径改,不注明;漏字,一般据原书径补,不注明;标点有误,径改,不注明;作者文字中的衍文,径删,不注明,繁改简,径改,不注明;数字有误,径改,不注明。

3. 原引文注有出处,但仅注书名或仅注篇名,补全;原引文未注明任何出处,查明补全;原引文出处有误,径改,不注明。原著作中的英文、俄文、法文、德文脚注尽量核对原文,查明补全。鉴于编校者语言所限,难以尽核,憾未补全。

由于学识有限,编校中出现的错误和缺点,恳请读者予以批评指正。

编校者

2016 年 6 月 25 日于华东师大

目 录

外国现代教育史 …………………………………………… 1
赵祥麟著述目录 …………………………………………… 360

高等学校文科教学参考书
教育科学丛书

外国现代教育史

赵祥麟 主编

华东师范大学出版社

前 言

教育史是一门历史科学,以人类自古迄今教育的理论和实践及其发展规律为研究对象。它既包括过去的、已经消逝了的东西,也包括现在的、正在进行中的东西。认识过去,有助于认识现在;认识现在,有助于更好地理解过去、展望将来。我们的计划是编写一部外国教育史,分古代、近代、现代三个部分。鉴于客观需要,先把现代部分编写出来,供高等师范院校教学和研究参考之用。

"现代"一词有各种含义,在本书中泛指十九世纪末、二十世纪初(即资本主义从自由阶段过渡到垄断阶段)以来约一个世纪左右的历史时期。在这个历史时期里,人类生活的各个领域都发生了空前激烈的变化,教育领域里也是这样。大致说来,十九世纪末、二十世纪初,主要资本主义国家的教育是在基本普及初等教育和建立起各级教育制度的基础上,逐步进行改革,中等和高等学校学生数增长较慢。只有美国的中学生数增加较快,1890 年 20 万,到 1912 年已超过 100 万,增加四倍多。这是与当时美国开发新边疆、大量移民和工业迅速发展的形势相适应的。十月革命胜利后,苏联改选了帝俄时代的旧学制,提出统一劳动学校基本原则,建立了新型学样,这是教育史上的新篇章。经历了两次世界大战,人类进入二十世纪后半期,全世界面临着新科学技术革命。苏联人造卫星上天,知识以惊人的速度不断更新。经济学家开始论证教育是经济增长的决定因素。于是"教育先行",所有发达资本主义国家、苏联和一些亚非国家,纷纷提出教育改革法案,对教育事业大量拨款,延长义务教育年限,进行课程改革,加强国家对学校的管理。高等教育过去为上层阶级子女所享有,现在大学作为"知识工业"的基地,学生数爆炸式地增长,日益大众化了。为了适应社会的急剧变化和新科学技术革命的需要,"终身教育"成为一种国际的思潮。此外,在教学中广泛应用新技术,微型计算机进入了课堂。人们宣称,这是教育史上的"黄金时代"。可是,到了七十年代初,资本主义世界面临着经济危机,教育经费大量缩减,教育质量下降,教育对经济增长的作用也受到怀疑。同时,随着婴儿出生率的下降,在校学生数锐减。人们认识到,"教育处于困境中"。对于教育发展的前景应如何重新思考和规划,已成为许多国家共同关注的一个迫切问题。

教育理论上种种流派的纷纷出现,相互激荡,是外国现代教育史上的另一个特点。其中主要的有欧洲新教育和美国进步主义教育、要素主义教育、新行为主义教育、结构主义教育以及新人文主义教育,等等。这些教育理论,一般具有一定的哲学、心理学和社会学的理论依据,有的还进行过长期的实验,在许多国家里广泛传播,对确定人的培养目标、改革课程和教学方法起着重要的作用。

外国现代教育在异乎寻常的曲折的道路上前进。尽管错综复杂,令人眼花缭乱,可是实质上受经济、政治、民族文化传统等因素所制约,是有着深刻的历史和认识根源的。

本书主要阐述外国现代教育的理论和实践及其历史演变,特别着重发达国家和苏联在历次教育改革中的经验以及各种教育理论所探讨的主要问题。我们可以从中吸取一些供批判性地思考和借鉴的东西。

本书的结构是:主要资本主义国家和苏联的教育,按历史顺序,分列几章;教育思想方面凡具有代表性、影响较大的人物列为专章,其他人物结合各国教育改革进行论述;亚非发展中国家摆脱了殖民主义的统治,在教育上进行了种种变革,也列为专章。

本书共十五章,由下列同志参加编写:第一章、第十三章,张法琨、单中惠;第二章、第十一章,单中惠;第三章、第四章,马荣根;第五章,赵祥麟;第六章、第七章、第八章,赵荣昌;第九章、第十五章,邓明言;第十章,吴志宏;第十二章,余震球;第十四章,张法琨。由赵祥麟负责全书统稿。本书的照片插图由马荣根搜集提供。

本书在编写过程中承蒙王天一、任钟印、李明德、李文奎、方克敏、范云门、吴琅高等同志于百忙中参加审稿会议,并提出了宝贵的意见。责任编辑施希仁同志认真审读了全稿。谨此表示衷心的感谢!

由于水平所限,本书在结构和内容上的错误和缺点,恳请读者批评指正。

编者

1986 年 8 月

目 录

前言 ………………………………………………………………… 1

第一章 十九世纪末至二十世纪初欧美和日本的教育 —— 9
一、英国 ………………………………………………………… 9
二、法国 ………………………………………………………… 15
三、德国 ………………………………………………………… 20
四、俄国 ………………………………………………………… 28
五、美国 ………………………………………………………… 33
六、日本 ………………………………………………………… 40

第二章 欧美教育革新运动的兴起 —— 48
一、欧洲的新教育运动和美国的进步教育运动 ……………… 48
二、欧洲新教育家的实验和理论 ……………………………… 54
三、美国进步教育家的实验和理论 …………………………… 65

第三章 儿童研究和实验教育 —— 82
一、霍尔的儿童研究 …………………………………………… 83
二、莫伊曼和拉伊的实验教育学 ……………………………… 88
三、比纳的智力测量 …………………………………………… 94
四、桑代克的学习心理学 ……………………………………… 99

第四章 蒙台梭利 —— 105
一、儿童发展观 ………………………………………………… 106
二、论自由和纪律 ……………………………………………… 108
三、感官教育 …………………………………………………… 112
四、日常生活技能的练习 ……………………………………… 115
五、论教师 ……………………………………………………… 118

第五章　杜威 ———————————————————— 121
　　一、生平、思想来源和著作 ················· 121
　　二、哲学与教育理论 ····················· 125
　　三、教育的目的和功能 ··················· 128
　　四、课程和教材 ························ 131
　　五、思维和教学方法 ····················· 134
　　六、教育的职业方面 ····················· 137
　　七、道德教育 ·························· 138

第六章　十月革命胜利至五十年代中期的苏联教育 —— 143
　　一、十月革命胜利初期至国民经济恢复和发展时期(1917—1930)的
　　　　教育 ······························ 143
　　二、社会主义建设时期(1930—1941)的教育 ····· 156
　　三、卫国战争时期教育的变化和战后教育的恢复
　　　　(1941—1956) ························ 165
　　四、苏联早期的教育思想 ················· 170

第七章　列宁 ———————————————————— 178
　　一、无产阶级在国民教育方面的纲领性要求 ····· 178
　　二、关于文化革命的理论 ················· 180
　　三、新生一代的共产主义教育 ·············· 183
　　四、教育与生产劳动相结合和综合技术教育 ····· 186
　　五、共产主义道德教育 ··················· 188
　　六、论教师 ···························· 189
　　七、论无产阶级教育事业的管理和领导 ········ 191

第八章　马卡连柯 —————————————————— 195
　　一、生平和教育活动 ····················· 195
　　二、教育的目的、原则和方法 ·············· 197
　　三、集体主义教育 ······················ 201

　　四、纪律教育 ··· 206
　　五、劳动教育 ··· 208

第九章　第一次世界大战后至第二次世界大战期间的英、法、美教育 —— 212
　　一、英国 ··· 212
　　二、法国 ··· 219
　　三、美国 ··· 222

第十章　怀特海 —————————————————————— 230
　　一、论教育中的"无活力的概念" ······················ 231
　　二、教育的节律性原理 ································ 234
　　三、普通教育与专门教育的有机结合 ·················· 238
　　四、大学教育的目标 ·································· 241
　　五、艺术和美学教育 ·································· 244

第十一章　德国、意大利和日本的法西斯教育 ———————— 247
　　一、纳粹统治时期的德国教育 ·························· 247
　　二、墨索里尼统治时期的意大利教育 ·················· 254
　　三、军国主义化的日本教育 ···························· 259

第十二章　1958年后苏联的教育改革 ——————————— 267
　　一、1958年的教育改革 ································ 267
　　二、1964年开始的教育改革 ···························· 270
　　三、1977年《决议》的颁布 ···························· 272
　　四、1984年的教育改革 ································ 275
　　五、苏联现行学制 ···································· 279
　　六、苏霍姆林斯基的教育思想 ·························· 284

第十三章　第二次世界大战后欧美和日本的教育 ———————— 288
　　一、美国 ··· 288

二、英国 ·············· 301
　　三、法国 ·············· 307
　　四、联邦德国 ·············· 312
　　五、日本 ·············· 317

第十四章　皮亚杰 —————————————— 324
　　一、皮亚杰的儿童研究活动及其著作 ·············· 324
　　二、论教育科学的发展与儿童心理学的关系 ·············· 326
　　三、论儿童认知结构与智慧发展 ·············· 327
　　四、论儿童教育的基本原则和方法 ·············· 333
　　五、皮亚杰在当代世界教育中的地位 ·············· 337

第十五章　亚非发展中国家的教育 —————————————— 339
　　一、概况 ·············· 339
　　二、印度 ·············· 341
　　三、坦桑尼亚 ·············· 353

第一章　十九世纪末至二十世纪初欧美和日本的教育

十九世纪末至二十世纪初,资本主义已进入到帝国主义阶段。资本主义各国之间的政治斗争和经济竞争,以及各国人民争取自由和民主运动日益激烈。与此同时,随着工业革命的发展,社会生产率迅速增长。一些主要资本主义国家对教育进行了多方面的改革,使教育更有效地成为维护统治秩序、加强经济力量和促进科学技术发展的有力的工具。

第一,发展和改革初等教育。各国的工业革命对初等教育产生了巨大的影响。它们都力求把初等教育办得更有成效,努力提高初等教育投资效率。一方面使初等教育更好地为改善社会福利和提高社会文化水平服务;另一方面使初等教育更好地为缓和社会矛盾和促进社会合作服务。

第二,组织和扩大中等教育。建立能为社会培养各种人才的中等教育体制,已成了这个时期各国教育改革的重要任务。为使中等教育具有良好的社会效益,各国都积极改革中等教育的课程内容和制度,逐渐调整传统的教育领导体制和组织结构,逐渐加强现代语言和自然科学的教育,并使传统学科和现代学科的教学结合起来。

第三,建立和加强职业教育。为不同职业需要的人提供更充分的教育准备,以满足技术革新的需要,已成为这个时期各国最关切的事情。为此,它们都努力培训大批具有中等水平的工业管理的技术人员,并注意培养各种工业管理的技术专家。

这个时期,这些主要资本主义国家初等和中等教育逐步发展,迫切需要训练合格的老师。赫尔巴特派非常活跃,形成了世界性的赫尔巴特派运动。随着欧美教育革新运动(欧洲新教育、美国进步教育)的兴起和发展,赫尔巴特派教育运动的影响渐趋衰落。

一、英国

十九世纪末、二十世纪初,英国已经成为一个典型的殖民主义国家。它在世界各地侵占了大于本土一百五十倍的殖民地,号称"日不落帝国",在经济发展和军事力量上占世界首位,获得"世界工厂"、"世界银行"之称。随着政治和经济的巨大变化,教育不断地进行了改革。

1. 1895年布赖斯委员会调查报告的提出

为了调整和改革中等教育,制定中等教育制度,1894年3月,英国女王根据自由党政府成员罗斯伯里(Lord Rosebery)的建议,任命成立以布赖斯(James Bryce)为主席的"皇家中等教育委员会"。1895年8月,布赖斯委员会在全面考察英国中等教育的功能后,提出了一份调查报告建议:

(1)建立中央教育行政管理机构,以便彻底解决中等教育(包括商业和技术教育)的问题。这个机构应该承担教育局、科学与艺术局和慈善委员会的教育职能,由教育大臣领导。

(2)建立地方教育机构,并设置由专家组成的咨询委员会。它们应该具有广泛的权力,包括视察和帮助一切没有地方税收资助的学校。其大部分成员由郡议会选出。

(3)中等教育不是免费提供给所有人的,但接受公共资金补助的学校应该提供一定的免费名额。

(4)中等教育课程应予扩充,包括古典著作、自然科学以及技术和手工训练等,考虑到文学、科学和技术三个因素在课程内容上的平衡。

(5)为了扩大和改善中等教育,中等学校教师应该通过专业训练课程来培养和提供。

布赖斯委员会调查报告的提出,为英国中等教育的发展指引了方向。虽然这份报告的建议主要涉及到中等教育问题,但其中关于教育行政管理的建议,在以后的教育立法中被采用。正因为这一点,布赖斯委员会调查报告被称为"英国教育史上的一个里程碑"。英国的《教育时报》曾指出:"这份划时代的报告被广泛地讨论着,并对以后许多年的教育思想和管理产生影响。"[①]

由于布赖斯委员会调查报告的影响,1899年,英国议会通过一项教育法令,决定成立"教育委员会",由主席和委员若干人组成。它是英国新的中央教育行政管理机构,代替原来的教育局和科学与艺术局等。它的主要职权是管理和检查初等、中等和职业教育,并分配补助金。它对高等教育也有一些影响。从1900年4月起,教育委员会开始工作,一直到1945年,才被"教育部"

---

① W·F·康乃尔:《二十世纪世界教育史》,1980年英文版,第41页。
W. F. Connell, *A History of Education in the Twentieth Century World*, New York: Teachers College Press, 1980, p.41.——编校者

所替代。此外,还设立一个顾问委员会,由对教育感兴趣的人组成,协助教育委员会的工作。在英国教育史上,教育委员会的成立第一次统一了对初等和中等教育的管理。

2. 1902年《巴尔福法案》的颁布

进入二十世纪的英国,虽然成立了教育委员会,但补助金分配问题仍然存在,许多受到国教派保守党支持的"私立学校",恃其强有力的政治背景,要求公平分配由地方税款拨付的补助金。由于面临这个问题和前已涉及到的中等教育问题,当时的英国保守党政府首相巴尔福(A. J. Balfour)任命新担任教育委员会常务干事的莫兰特①(Robert Morant)来研究解决。1901年9月,莫兰特在给巴尔福的信中写道:"除非你准备在下届议会的教育问题上掌舵,否则在那之前将不能成功地做什么事情。"②此后,莫兰特在韦布③(Sidney Webb)和加尼特(William Garnett)等人的帮助下,起草了一个旨在解决上述问题的提案,并由巴尔福于1902年3月24日提交英国下议院,一直到12月18日被通过,成为《1902年教育法》。它在英国教育史上一般称为《巴尔福法案》,从1903年4月1日起生效。

《巴尔福法案》的主要内容是:

(1) 废除原来的地方教育委员会和督促就学委员会,在各郡和郡级市设立地方教育局,负责当地小学的物资供应和教学监督。公私立小学的水电、教师工资等费用均由国家和地方共同负担。

(2) 地方教育局具有兴办和资助中等学校、中等专科学校和职业学校的权力,并提供地方税款。

(3) 地方教育局具有否决学校管理委员会选择的不合格的校长和教师的权力。

(4) 责成地方教育局对私立的和几乎所有的教会学校进行资助,以进一步加强控制。

(5) 规定地方教育局调查本地区的教育需要,并制定扩大和协调不同类型教育的计划。同时,考虑本地区初等教育与中等教育的关系。

---

① 今译:莫朗特。——编校者
② H·C·登特:《英国教育发展百年史,1870—1970》,1970年英文版,第58页。
　 H. C. Dent, *1870 -1970: Century of Growth in English Education*, London: Longman, 1970, p. 58.——编校者
③ 今译:韦伯。——编校者

据统计,"《巴尔福法案》颁布后,英国全国共设立了330个地方教育局,替代原来的2,559个地方教育委员会和788个督促就学委员会"①。

《巴尔福法案》是英国进入帝国主义阶段后所制定和颁布的第一个重要的教育法案。"它标志了英国教育的一个新时期的开始。"②它的颁布,对英国现代的教育领导体制具有很大的影响。由此,形成了国会、教育委员会和地方教育局相结合,并以地方教育局为主体的英国教育行政领导体制。这种教育领导体制一直沿用到现在,并没有很大的区别,只是"教育委员会"的名称在1944年《白特勒法案》③颁布后改成"教育部"而已。

《巴尔福法案》的颁布对英国中等教育的进一步发展也有重要的影响。这一时期,大多数高等小学都变成了中等学校,地方教育局也建立了本地区所需要的中等学校。因此,接受公共资金补助的中等学校有了很大的发展。据统计,"1902年,在该教育法案生效之前,接受补助的中等学校有272所,共31,716名学生;到1912年时,这种中等学校增加为1,000多所。近190,000名学生,约增长为6倍"④。

此外,《巴尔福法案》的颁布结束了英国教育的长期混乱状态。它第一次把初等教育和中等教育放在一起论述;并在一定程度上,为初等教育和中等教育的发展提供了公共的财政保证,使教育成为地方服务设施之一。应该说,它是1870年《初等教育法》和1895年布赖斯委员会调查报告提出的建议后的一个发展。

该教育法案颁布后,虽然公立中学提供一定的免费名额,但是并没有取消中学的学费,加上初等学校与中等学校仍互不衔接,因此,英国劳动人民子女仍然普遍不能受到中等教育,而在受完初等教育后即中止正规的教育。可以说,迎合资产阶级需要的双轨教育制度,是这个时期英国教育制度的一个重要特征。

3. 初等教育和中等教育的发展

由于国家增加对初等教育的补助,这一时期英国初等教育的机会更加扩

---

① S·J·柯蒂斯、M·E·A·博尔特伍德:《1800年以来的英国教育史》,1966年英文版,第168页。
S. J. Curtis, M. E. A. Boult wood, *An Introductory History of English Education Since 1800*, London: University Tutorial Press, 1966, p. 168. ——编校者
② E·P·卡伯莱:《教育史》,1920年英文版,第645页。
E. P. Cubberley, *The History of Education*, Boston: Houghton, 1920, p. 645. ——编校者
③ 今译:《巴特勒法案》。——编校者
④ H·C·登特:《英国教育发展百年史,1870—1970》,第61页。
H. C. Dent, *1870-1970: Century of Growth in English Education*, London: Longman, 1970, p. 61. ——编校者

大，学生人数增加很快。"与1870年相比，1900年初等学校的学生人数增加了5倍，为600万人。国家对初等教育的补助从1891年的400万英镑增加到1900年的近900万英镑。"①但是，应该指出，尽管十九世纪七十年代后英国的一些教育法案已规定初等教育免费，但实际上，免费的初等教育一直到1918年才得以实现。

与此同时，初等学校的课程内容在这一时期也得到了扩充。初等学校的修业年限为6—8年，设有阅读、文法、书法、英国文学、算术、地理、历史、科学常识、图画、唱歌、体育和手工等科目。城市的初等学校拥有比较好的直观教具。1899年成立的教育委员会，虽规定了接受国家补助的学校所应提供的一些科目的最低限度的知识标准，但没有规定强制的教学计划和大纲。该教育委员会的常务干事莫朗特于1904年颁布了《初等学校规则》，强调公立初等学校的目的是形成和加强男女儿童的品格，发展他们的智力，根据他们不同的要求，使他们从实际上和智力上适应未来生活中的工作。

这一时期英国中等教育由于布赖斯委员会调查报告的提出和《巴尔福法案》的颁布，发展比较快。但就中等学校的类型来说，除了传统的公学以外，以古典语言为主的文法中学仍是一种主要的类型。但是，它也开始增加自然科学科目，并在课程内容中占有比以前更大的地位。

根据《巴尔福法案》，设立了利用地方税收和国家补助的"现代中学"。它设有英语、现代外国语、数学、自然科学、历史、地理、绘画、体育、音乐和手工等课程。此后，现代中学逐渐成为英国中等教育的一个重要组成部分。

此外，还有两种中学：一是"认可学校"。它是符合一定的要求，并根据《巴尔福法案》接受政府补助和监督的私立学校。一般它有六个年级，招收12至18岁的学生。二是"中心学校"。它设在一些大城市里。数目不多，提供四年制课程。

女子中等教育在这一时期也有了较大的发展。早在十九世纪末，已建立了33所为女子提供中等教育的学校，招收女生7,100多人。

总之，原来古典主义传统占主要地位的英国中等教育在这一时期受到了更大的冲击，并沿着实科教育与现代化的方向发展。虽然英国教育委员会没有制定中等学校的教学计划和教学大纲，但它要求接受政府补助的中等学校必须注

---

① F·艾培：《近代教育的发展》，1934年英文版，第694页。
　　F. Eby, *The Development of Modern Education*, New York: Prentice-Hall. Inc, 1934, p.694. ——编校者

重实科教育。该教育委员会于1904年也颁布了《中等学校规则》。它规定,中等学校是一所全日制或寄宿学校,为未满16岁或超过16岁的儿童提供比初等学校范围更广泛、程度更高的普通教育、体育和德育。学习科目主要有英语、外国语、历史、地理、数学、自然科学和绘画。其中,英语、历史和地理每周至少4.5小时;一门外国语每周至少3.5小时(二门外国语则每周至少6小时);数学和自然科学(包括理论和实际)每周至少7.5小时。另外,还有手工劳动和体操,女孩要学习家务。

1907年,自由党执政,又颁布了重新修订的《中等学校规则》。它规定,由政府拨款补助的中等学校,应该提供25%的免费入学名额,给根据成绩测验(大多数学校安排在11岁)结果选出的儿童。因此,在英国教育史上它以"免费学额

二十世纪初期英国学制图

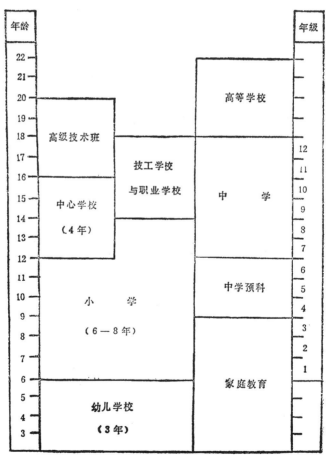

制"著称。这是二十世纪以来半个多世纪统治英国初等学校高年级的一种剧烈的竞争性考试的开端。这个规则试图提供一个进入中等学校的更广泛的机会。但是,直到1920年,在免费进入中等学校的约30%的儿童中,只有6%来自公立初等学校。

这一时期英国的职业教育也有了一定的发展。地方教育局也注意提供中等教育水平的技术训练,设立技工学校与职业学校;同时,通过成人业余补习学校或全日制的技术班,提供低级水平的技术训练。但是,由于英国的教育传统影响,加上缺乏周密计划和充裕经费,职业教育的发展逊色于同时期的德国、法国等国家。1918年,英国政府的报告指出,1914年时在成年男子中只有7%受过任何种类的职业技术教育。

二、法国

十九世纪末二十世纪初,法兰西第三共和国(1875年成立)[①]也进入帝国主义阶段。作为一个"没有皇帝的帝国",除在教育领导体制上沿袭十九世纪初拿破仑时期所确立的中央集权制外,在教育上也进行了一些改革,以适应帝国主义政治和经济竞争的需要。

1. 大学区制的继续实施和初等教育的发展

这一时期,法国继续实施大学区制。这种中央集权的教育领导体制与拿破仑时期相比,并没有什么变化。中央政府设置公共教学部,部长由总统任命。在公共教学部的管辖下,整个法国被划分为十七个与普通行政区不同的大学区,教育实施划一。公共教学部对学制、课程设置、教材选择、考试、教师资格和任命、教师工资的支付,乃至学校(公立的和私立的)每周和每日的教学安排都作出统一的规定,在全国范围内执行。中央政府的公共教学部部长是整个法国最高的教育行政长官,作为内阁的一个成员,可以提出教育立法,作出教育预算,并发布教育命令。

为了加强政府对教育的中央集权的领导,在二十世纪初,法国政府对教会势力在学校教育中的影响采取了一系列措施。1902年,政府宣布解散50多个从事传教和教育等活动的教会组织,并封闭了3,000多所教会学校。1904年7月7日,法国议会又颁布一项法令,废除1850年颁布的由教会掌握国民

[①] 1870年法国九月革命后宣布建立的共和国。直到1875年才通过共和制宪法。1940年法国遭纳粹德国入侵,7月维希政府成立,第三共和国终结。——编校者

教育领导权和监督权的《法卢法案》，重申教会同国家分离，禁止教会在法国境内实施各种教育，停办教会学校。这不仅沉重地打击了教会在教育领域中的传统势力，而且为坚持中央集权领导的大学区制的继续实施提供了一定的保证。

自实施义务、免费和世俗化三个原则之后，法国的初等教育在这一时期得到了发展。国家增加了对初等学校的拨款补助。"到1920年时，法国已有公立初等学校3,579所，学生数占小学生总数的80％；私立初等学校2,960所，学生数占小学生总数的20％。"[①]一般男女儿童是分校进行教育的，其中有在不满500个居民的地区才准许初等学校男女同校。

这一时期，直到1918年为止，法国初等学校根据1886年和1887年颁布的教育法案而制定的教学计划和教学大纲基本上没有什么变化。在初等学校中，设有法文、算术、历史、地理、自然及农业常识、唱歌、图画、体育和手工等，以及代替宗教课的道德与公民课。

在初等学校之上，还设立三年制的高等小学。名义上它不叫中等学校，实际上是一种类似于市立中学第一阶段的普通教育。它的课程有法文、应用算术、初等代数、几何、物理、工农业常识、经济知识、法国历史、经济地理、外国语、簿记、会计和手工等。此外，它从二年级起分为农业、工业和商业三组。但是，在1918年以前，高等小学的数量很少。1941年后，高等小学并入市立中学。

这样就形成了为劳动人民子女而设立的一轨学校：母育学校——初等学校——高等小学或职业学校。与之相对的是为资产阶级子女设立的另一轨学校：家庭教育或中学预备班——中等学校（国立中学或市立中学）——大学或高等技术学校。这种双轨教育制度，是这一时期法国教育制度的一个重要特征，并一直实行到二十世纪前半期。

初等学校教师的资格须在师范学校毕业，并经国家的统一考试合格才能取得。为了提高师资水平，法国的每一个县（全国共87个县）各设两所师范学校，一所招收男生，一所招收女生。

总之，由于这一时期初等教育的发展，使得法国人口中的文盲数逐年减少。例如，"1870年，文盲在已婚的男子中占26.8％，在已婚的女子中占39.4％；到1890年时，已分别降为8.7％和12.8％；到1901年时，又分别降为4.4％和

---

① J·德比斯：《法国的义务教育》，1981年英文版，第91页。
   J. Debiesse, *Compulsory Education in France*, Paris: Unesco, 1951, p. 91.

6.3%"①。

2. 1899年里博委员会研究报告的提出

法国中等教育的文实之争,由来已久。从十九世纪六十年代起,古典派和实科派就进行了激烈的争论。1891年,早在第二帝国(1852—1870)时就已创办的一种实科性质的专科中学开始改称为"现代中学"。它不设古典语言,课程内容以现代语和理科为主。由此,法国中等学校分成古典中学和现代中学两种。

为了解决中等学校的课程设置和培养方向的问题,1898年,法国议会设立了一个专门研究中等教育问题的委员会,由里博(Alexandre Ribot)担任主席。在法国教育史上,它以"里博委员会"著称。在对当时法国的中等教育进行详细考察,并广泛地听取对教育感兴趣人士的意见的基础上,里博委员会于1899年提出了研究报告,共分6卷。这个研究报告几乎涉及到法国中等教育的每一个方面,并提出了改革意见。

该委员会指出,在现代社会和经济变革中,科学已取得很高的威望,并要求在中等学校中受到更大的重视。现代生活条件需要有创见、敏于行动和富于理解力的人,而传统课程却容易使学生变得好作理性分析和冥思苦想。因此,值得注意的重要问题是改革中等学校的学习内容,开设多种多样的课程;既开设古典学科,又开设现代学科;既注重训练智力,又注意适合现实生活。该委员会认为,他们的主要任务就是制订把古典学科与现代学科结合起来的最佳方案。

里博委员会的报告发表后,法国议会同意于1902年进行中等课程改革,颁布了教育法令,规定中学课程分为两个阶段,在学了四年或五年预备课程之后,再学七年中学课程。中学课程的前四年有两个选择方案:一是古典课程,从第一年开始就把拉丁语作为必修课。从第三年开始才把希腊语作为选修课;二是现代课程,不设古典语言课,而着重开设法语和自然科学课程。中学课程的后三年,学生可以任选某一类专业课程:拉丁语和希腊语,或拉丁语和现代语,或拉丁语和自然科学,或自然科学和现代语。这四类专业课程中的任何一类,最后一年都按传统集中学习为取得学士学位所必须的哲学或数学,学生毕业后均有资格升入大学。

根据里博委员会的报告而进行的1902年中等学校课程改革,对古典课程和现代课程都给予同样的重视,使中等学校课程具有多样性;它强调通过古典

---

① 卡伯莱:《教育史》,第602页。
E. P. Cubberly, *The History of Education*, Boston: Houghton, 1920, p. 602. ——编校者

语言的学习或不包含古典语言的学习,都能够实现传统的智育目标;它认为,无论是现代的实用科学还是传统的语言文学,都可以合理组织,互相补充。这种课程组织的方法改善了实科教育的地位。

3. 中等教育的改革

从1902年到第一次世界大战期间,法国中等教育的发展缓慢,入学人数增长的速度也不快。"1900年,各种形式中等学校的入学人数近10万人;到1920年,才增长为15万人。"①无论是国立中学,还是市立中学都不能更好地扩充它的教职人员。可以说,与同期的初等学校和小学生数相比,中等学校和中学生数是很小的。

进入中等学校的学生要缴的学费很高,国立中学每年的学费达600—800法郎,市立中学的学费稍低一些。因此,作为法国学制另一轨的中等学校基本上是为资产阶级子女服务的。当时有人试图利用奖学金来使低下层子女获得进入中等学校的机会。但是,在1919年时,奖学金名额的80%给中产阶级的子女,14%给技工和工人的子女,6%给农民的子女,表现出明显的阶级性。至于法国中等教育实行免费,一直到1933年才得以实现。

自第一所女子国立中学于1881年秋在蒙彼利埃开办后,在一些教育家和学者的积极提倡下,法国女子中等教育在这一时期发展较快。后来,除了女子国立中学外,又增设了女子市立中学。它们修业年限为5年,在所设置的课程中,没有古典语言,数学和自然科学的内容也比较浅,但注重现代语、卫生、家政、手工、音乐和图画等。它们所收取的学费也比男子中学低。据统计,在1897年以后的10年里,女子国立中学迅速发展,学生数成倍增长;但至1907年,与男子国立中学113所、学生57,000人相比,女子国立中学只有47所,学生16,000人。虽然女子中学的修业年限短,知识水平低,但是,女子中等教育的发展是这一时期法国中等教育最有意义的改革。

在这一时期里,法国的中等学校开始重视现代语和自然科学的课程,并从教学计划中削减负担过重的教学时数,更广泛地采用实物教学的方法,更强调物理、化学等科目的实验。中学教科书也具有简明扼要和图文并茂的特色。

与其他主要资本主义国家中等教育不同的是,法国的中等学校实行学士学

---

① W·F·康乃尔:《二十世纪世界教育史》,第44页。
W. F. Connell, *A History of Education in the Twentieth Century World*, New York: Teachers College Press, 1980, p. 44.——编校者

位制度。中学毕业生通过国家统一考试合格后可以授予学士学位。这种学士学位考试分两次进行,第一次是在学生进入中学后的第六年结束时举行,第二次是在学生毕业(即进入中学后的第七年结束)时举行。参加第二次考试者,必须先通过第一次考试且合格。两次考试均合格者,可获得学士学位,也表示取得了升大学或就业的资格。这种对中学毕业生授予学士学位的制度一直沿用到现代。

在职业教育方面,不仅从1892年以后手工训练开始介绍进法国公立学校制度中,而且初等职业学校也得到了发展,以训练有技能的工人。同时,还有一些提供中级水平的职业学校,学习年限一至三年。这些职业学校均是由企业、公共机构或私人开办的。从1900年至1914年,法国也流行学徒训练制度,旨在提高学徒的基础文化素质和劳动技能。但是,一直到第一次世界大战后,1919年《阿斯蒂埃法案》(Astier Act)颁布,法国的职业教育才得到进一步的发展。

4. 高等教育的缓慢进展

法国的大学在这一时期基本上还是继承中世纪的传统,分成文、理、法三大学院,有的还设置了医学院和神学院。在学院下面分设系科。

但是,随着经济发展和科学技术的进步,对法国的大学也提出了改革的要求。因此,在大学恢复了内部行政管理和财政上的部分自治后,从1898年起,学费、注册费、图书费、实验费等收入归大学,国家学位和证书的考试费以及其他费用等收入归国家。这样,为了争取更多的中学毕业生入学,增加学校的收入,大学之间的竞争更加剧烈,尽力提高教学质量和学校声誉。

特别是法国的许多社会知名人士都认为,普鲁士之所以能够成功是因为它发挥了著名大学的优越性。为此,法国政府于1896年7月10日颁布法令,把学院联结成大学(整个法国建立了15所大学),各学院的审议会联合为大学总审议会。大学校长由代表国家的大学区总长兼,院长和教师由国家任命,大学毕业文凭和学位颁发由国家掌握。各大学在向德国大学学习和模仿的基础上,开始加强学术研究工作,特别是自然科学的研究工作,并注意了图书馆和实验室的建设。一些著名大学的学生人数也有了较大的增长,例如,在十九世纪和二十世纪交替之时,巴黎大学已有17,000名学生。

虽然法国的大学在这一时期有了一些进展,但却是缓慢的。特别是由于在中央集权的教育领导体制下,国家对大学许多方面的控制过于严格繁琐,加上院与院之间、院与外界之间互不往来,教学与社会需要联系不够等因素,到第一

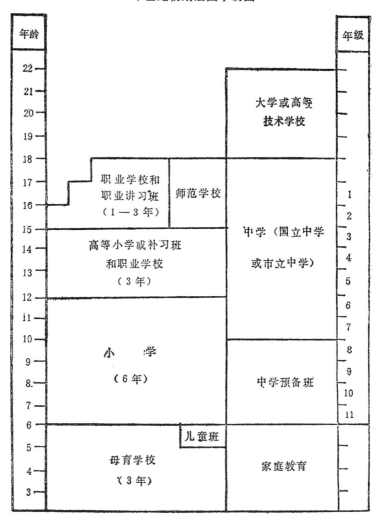

二十世纪初期法国学制图①

次世界大战后,法国的大学就显得更加不适应经济和科学技术发展的需要。

三、德国

在结束长期封建割据局面后实行统一的德国,到十九世纪末二十世纪初时,已变成一个垄断资本主义工业大国,经济得到了迅速的发展。随之,各级学校教育,特别是中等学校进行了一些改革。德国的赫尔巴特学派也大力宣传和推行赫尔巴特的教育理论。但同时,民族沙文主义、军国主义和反社会主义渗

---

① 法国的"年级"是逆数的,十一年级相当于小学一年级,一年级相当于高中二年级。

透到了这一时期德国的整个学校教育领域。

1. 中等学校的改革

德国中等教育的文实之争,早在十九世纪七八十年代就已开始。在古典派和现代派之间,就中等学校结构和课程内容的问题展开了激烈的争论。就其实质来说,它反映了德国资产阶级与容克贵族在中等教育上的不同要求以及两者之间的矛盾。针对这种争论,德皇威廉二世于1890年在学校工作会议上发表演说,支持中等学校开设现代课程,认为应该予以重视的是德语,而不是希腊文、拉丁文。他不满当时中等教育的状况,严厉指出填鸭式教学和学生负担过重,只能造就无用的人。"我们文科中学的基础必须是德语。我们的职责是把学生教育成年青的德国人,而不是年青的希腊人或罗马人。"[①]年青的德国人须具有两个特点:他们必须是忠诚的,爱国的;他们必须熟悉近代德国史和近代政治问题。因此,他们在学校里必须为实际的生活作好准备。当时德国最著名的学者之一保尔森也强调指出:"对我们大多数学生,甚至那些准备读大学的人来说,现代语和自然科学是更加基本的科目,比所谓古典主义教育更为必需。他们需要一所与现实联系更加紧密的学校,即现代中学。"[②]

文实之争的结果,引起了德国1892年的中等学校改革。其改革的主要之点是减少古典中学,即文科中学拉丁语和希腊语所占的课程分量;实科中学只教拉丁语,不教希腊语,而偏重现代语和自然科学;高级实科学校则完全不教拉丁语,而增加现代语、数学和自然科学的教学。同时,要求三类中学都增加德语和德国史的教学。这个改革方案只是一个妥协的结果。于是,这一时期德国出现了三种类型的中等学校:

(1) 文科中学。它是九年制的,以学习拉丁文和希腊文为主。它的目的是使学生毕业后直接升入大学。从教育历史来看,这种文科中学作为中等学校的一种主要类型,是德国中等教育制度的支柱。但随着经济发展的需要,它的课程设置也有了一些变动。普鲁士邦的文科中学1892年1月6日的教学计划规定,设有宗教、德语、拉丁文、希腊文、法语、历史和地理、数学、自然历史、物理及化学基础和矿物学、写字、图画、唱歌和体育等。随后,其他邦的文科中学也纷

---

① J·拉萨尔:《德国中学》,1916年英文版,第124页。
② W·F·康乃尔:《二十世纪世界教育史》,第45页。
W. F. Connell, *A History of Education in the Twentieth Century World*, New York: Teachers College Press, 1980, p. 45. ——编校者

纷仿效普鲁士邦的教学计划。据统计，在1895—1896学年中，文科中学的学生人数是76,078人，前期文科中学（六年制的初级中学）的学生人数是4,544人，大约占全部中等学校学生总数的57%。①

（2）文实中学。它也是九年制的，以学习现代语、数学和自然科学为主，在古典语言方面，仅教拉丁语，希腊语由英语替代。它的目的是使学生毕业后能在大学里学习数学和自然科学方面的专业课程。这种文实中学适应了当时德国的社会需要，但实质上是古典主义教育和实科教育矛盾调和的产物。一般地说，它在德国南部的一些邦比较受到重视。它的课程设有宗教、德语、拉丁语、法语、英语、历史和地理、数学、自然历史、物理、化学和矿物学、写字、图画、唱歌和体育等。据统计，1896年，文实中学的学生人数是24,534人，前期文实中学（六年制的文实初级中学）的学生人数是6,465人，大约占全部中等学校学生总数的23%。②

（3）实科中学。它也是九年制的，不教古典语，而以学习现代语、数学和自然科学为主。它的目的是培养高级的技术和商业人才，为毕业后参加实际生活事务作好准备。它的课程设有宗教、德语、法语、英语、历史和地理、数学、自然历史、物理、化学和矿物学、写字、图画、唱歌和体育。这种实科中学的毕业生不能升入大学。

与此同时并存的还有三类六年制学校：前期文科中学的课程相当于文科中学的前六年，前期文实中学的课程相当于文实中学前六年，而前期实科中学的课程相当于实科中学的前六年。

1900年普鲁士教育工作者大会提出，要使中等学校的课程现代化，对中学进行具有重大价值的改革，以符合现代德国的迫切需要。大会要求，三类中学的地位相等，都开设九年课程，都能够为大学的大多数科系培养学生；但是每类中学又按其本身的特点，努力注重于普通教育的某个方面。同年11月26日，德皇威廉二世在给当时的宗教、教育和卫生事务部部长的敕令中指出，在普通文化的训练中，三类中学具有同样的价值；尽快地废除使得大学入学人数减少的中学毕业考试等。

1901年，德国政府又颁布法令，宣布实科中学、文实中学和文科中学这三类中学从智力培养的角度来看具有同等价值；并正式确认这三类中学的毕业生都有权报考大学。法令还对这三类中学的教学计划作了一些调整，但是指导思想

---

① J·拉萨尔：《德国中学》，第125页。
② 同上书，第127页。

并没有变化,课程设置和内容侧重也没有很大的变动。实际上,在第一次世界大战以前,文科中学作为中等学校的主要类型,仍然是最流行的学校,以语言学科训练作为中等教育基础的传统仍然被普遍接受。

这一时期,德国的女子中等教育也得到了发展。早在十九世纪九十年代初,在柏林、莱比锡和卡尔斯鲁德等城市就设立了女子文科中学。女子中等学校大部分是私立的,少数的得到国家的资助。1896年,普鲁士邦已有128所女子中学,其中4所得到国家的资助。到十九世纪末,也有少量的国立女子中学开始建立起来。但是,女子中学的教学范围和内容,都比男子中学狭窄。

显而易见,在主要适应资产阶级和容克贵族需要的中等学校系统中,德语、德国历史和地理、宗教在教学计划里都占有很大的比重,其目的是培养学生的"德意志精神",使他们成为效忠国王和国家的"德意志民族主义者"。

2. 职业技术教育的发展

十九世纪末二十世纪初,德国的职业技术教育发展很快。在1900年时,德国已有9所颇具规模的高等工科学校,它们的学生数10,400人,约占德国大学生总数的四分之一。它的建立与发展,推动了德国工业化的进程,促进了德国科学技术应用于工业的巨大成功。至于中级水平的技术人员则由各种专门技术学校提供所需的训练。还有,业余的工业补习学校提供学徒式训练和初等教育。职业学校和中等技术学校也提供初步的工商业训练。

在1900年至第一次世界大战期间,尽管德国的高等技术教育没有得到扩展,例如,在1914年时,其他大学的学生人数已从1900年时的44,000人增加到61,000人,而高等工科学校的学生人数在同一时期仅从10,400人增加到11,400人,但是,它得到了加强,并且更加专门化。

值得注意的是,为了向民众广泛普及各种职业技术教育,职业学校肩负起这个使命。因此,高级和初级水平的职业学校得到了更迅速的发展。高级职业学校提供六年中等学校课程和二年职业实习,以及管理和技术训练;初级职业学校为适应已经完成初等学校教育和学徒式训练的需要,提供一至三年课程,以使他们有可能成为领班工人或具有较高水平的技术工人。

此外,业余的工业补习学校使得18岁以下的已经就业的青年,能够继续受职业的补习教育,以适应生产劳动和技术革新的要求。这种学校一般由市镇设立,并由工商企业主和校长组成行使监督职责的学校委员会。学生每周接受两个半天的基础文化教育和职业训练。教师分别由基础学校或高等国民学校教师和具有经验的实际工作者兼任。学校经费由市镇和工商企业负担,不足的部分由国家予以补助。国家规定工商企业主有义务送受雇的徒工进业余的工业补习学校;也规定 18 岁以下的已经就业的青年有进业余的工业补习学校学习的义务,否则就要受罚。因此,这种学校的数量增加很快,还在 1900 年时,整个普鲁士已有 1,070 所,在校学生 152,900 人。

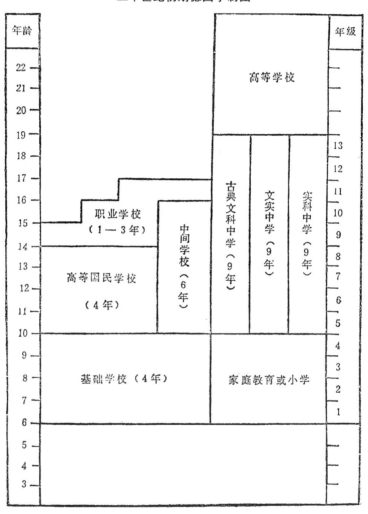

二十世纪初期德国学制图

就职业技术教育来说,在整个德国,以巴伐利亚州的首府慕尼黑办得最完善。慕尼黑的职业教育学校分为三种:一是工业性质的,注重机器操作、木工和绘制等;二是商业性质的,如纺织、银行和保险等;三是普通性质的,学习人文学科、艺术和社会学科等。

对德国劳动人民的子弟来说,一般先进四年制的基础学校再升入四年制的高等国民学校学习。在完成八年强迫义务教育之后,他们大都升入初级职业学校,或就业后再进业余的工业补习学校。这就清楚地表明了这一时期德国职业技术教育的阶级性。但是,这一时期德国职业技术教育的迅速发展对它的工商业的惊人繁荣起着比较大的作用,那是毫无疑问的。

为了适应一部分职员和小商人子弟的需要,在基础学校之上,设立了"中间学校"。它收取学费,对学生进行一般的普通教育,同时也进行一些职业教育。在这一时期的德国教育制度中,它属于为平民子弟所设立的一轨学校。

3. 赫尔巴特学派运动的兴起

这一时期,为了适应训练合格师资,发展中小学教育的需要,德国赫尔巴特主义者大力宣传著名教育家赫尔巴特(Johann F. Herbart)的教育理论,发起了赫尔巴特学派运动。其主要代表人物有:

(1) 齐勒尔(Tuiskon Ziller)

在德国,首先发起赫尔巴特学派运动的是莱比锡大学教育学教授齐勒尔。他早年曾旁听赫尔巴特的教育学讲演。1856年任文科中学教师时开始宣传赫尔巴特的教育学说,发表《普通教育学导论》和《儿童管理》等著作,而引起人们的注意。随后,在莱比锡大学任教时,他设立附属教育学研究班和实习学校,推行赫尔巴特的教育理论。1865年又发表了《教育性教学原理的基础》。三年后,他发起成立赫尔巴特学会,并称之为"科学教育学学会",入会者遍及德国各地。从此,赫尔巴特的教育学说流行于整个德国。1876年,他又发表了《普通教育学讲演》一书。

在如何使教学有助于道德品质的培养方面,齐勒尔继承和发展了赫尔巴特的理论。他特别强调各学科内容与道德观念的密切关系,以便通过教学来训练学生的品格;统觉原理是教材选择和编排的重要理论根据;教学以培养多方面兴趣为重。

同时,他把赫尔巴特的形式阶段理论由"四段"发展为"五段",即把第一阶段"明了"分为"预备"和"提示"两个阶段。他还根据赫尔巴特关于课程组织中"相关"和"集中"的思想,提出"集中中心"(Concentration center)说和"文化分期"(Culture epoch)说。所谓"集中中心"说,就是以某一个或某一组课题内容为中心来组织整个教学内容,把所有有关学科的内容都围绕一个中心进行教学。所谓"文化分期"说,就是教学内容应与儿童的心理发展阶段相适应,而儿童的心理发展阶段是与人类历史发展阶段相适应的,因此,过去时代文化的产物是教学内容的主要源泉。

(2) 斯托伊(K. von Stoy)

斯托伊也是一位十分活跃的赫尔巴特主义者。他曾到哥丁根大学①听赫尔巴特讲学,跟随赫尔巴特研究哲学和教育学,并开设教育研究班,实际应用赫尔巴特的教育理论。后来,他于1843年和1874年两次到耶拿大学任教,一面讲授教育学、哲学和心理学,一面主管教育研究班。

他积极宣传赫尔巴特的教育理论,但更注重在实践中修改和补充赫尔巴特的教育理论。例如,他不像齐勒尔那样重视多方面兴趣的培养,而只强调儿童思想品德的陶冶,培养儿童的道德观念体系;他也不像齐勒尔那样重视"统觉"和"形式阶段"的理论,而只强调各学科间的联系和学科本身的顺序。

(3) 赖因(Wilhelm Rein)

赖因是德国赫尔巴特学派最主要的代表人物。他是齐勒尔的学生。1872年,他在莱比锡大学受教于齐勒尔时,就已发表了《赫尔巴特的管理、教授和训育》,对赫尔巴特的教育理论产生兴趣。1878年,他又与几位教师合著了《国民学校的理论和实际》,详细论述了赫尔巴特学说在普通学校中的实际应用。1887年,他在耶拿大学接任斯托伊的教育学讲座职位,讲授赫尔巴特的教育理论,并使得教育研究班吸引了世界各国的许多教育学者;同时,他还开办了附属实验学校。赖因生前也曾受聘前往英国、瑞典等国讲学,宣传赫尔巴特教育理论。

赖因主张,教育学作为一门科学,必须以伦理学和心理学为基础,以生理学和卫生学为辅助;教育学也应该与经济学相并立。同时,他又把教育学分为历史的教育学和系统的教育学两大类,系统的教育学又分为理论的和实际的。可以说,他实际应用赫尔巴特学说,使理论的教育学更加完善,又使教育的方法学更加系统化。

他强调,应该把教育方法学分为教授学和教导学。在继承赫尔巴特的理论的基础上,他认为要根据伦理学和心理学来选择和排列教材,依照一定的教学阶段来讲授知识,是教师最重要和最基本的工作。他也把教导学分成管理、训练和养护三方面。与赫尔巴特相比,他更强调儿童体育的重要性。

对于赫尔巴特形式阶段理论的改造,由"四段"到"五段",赖因作了比齐勒尔等人更清楚、通俗和严谨的表述。他认为,教师的第一个任务就是要唤起学生大脑中原有观念,使他愿意去"嫁接"新教材,因此要为引起学生对教学的兴

---

① 今译:格廷根大学。——编校者

趣和集中注意力作好准备。然后,在学生的大脑对感知的教材有所准备时,教师就要清楚、明了和有吸引力地呈现教材。接着,教师再运用各种方法,使学生把新教材与大脑中的原有观念紧密地联合起来,形成一种新的模式。再就是概括或抽象,使新老模式建立牢固的联系,达到系统化。最后,教师引导学生以适当的方法应用新知识。

由于德国赫尔巴特主义者的努力,赫尔巴特学派运动也在美国、英国、日本等国开展,并对那些国家的教育理论和实际产生一定的影响。

4. 魏玛共和国时期的教育

第一次世界大战结束后,德国资产阶级于1919年8月11日宣布成立共和国,并通过《魏玛宪法》。根据政治和经济变化的需要,魏玛共和国在教育上进行了一系列的改革。

《魏玛宪法》第146条规定,"公立学校应上下联贯一气,中间学校和中等学校都应建立在共同的基础学校之上。""各校招收学生,全视其能力与志向如何而定,不得因其父母的经济和社会地位或宗教信仰的派别而有所歧视。"接着,1920年4月,在柏林召开了为期8天的全国教育会议,与会人员达600多人,广泛地讨论了教育改革等问题,并通过了《基础学校法》。

于是,从二十年代起,魏玛共和国的学制逐步完成。在初等教育上,废除贵族化的、以直升中学为目的的预备学校,规定四年制的基础学校为统一的初等国民学校。全国所有儿童一律进基础学校学习。学生读完基础学校后,经过考试,少数成绩优异者升入各类中学,大多数进入四年制的高等国民学校继续学习,以完成八年(6岁至14岁)的义务教育。此外,从14岁到18岁,高等国民学校的毕业生还能在业余的补习学校里受到职业方面的继续教育。但是,这些学校的设备条件很差,教学效果也很差。

在中等教育方面,除原有的文科中学、文实中学和实科中学三种类型外,又增设了两种学校:一是德意志中学。它与基础学校相衔接,学习年限为九年。以学习"德意志学科",如德语、德国地理、德国历史等为主,并带有浓厚的民族沙文主义色彩。正因为这一点,在1933年希特勒上台后,德意志中学更加受到重视。二是上层建筑中学。它与高等国民学校三年级相衔接,学习年限六年。但这种学校数量很少,仅设在一些乡村或小城镇。至于中间学校的性质和修业年限与第一次世界大战结束前相同。由于中等学校要收取高昂的学费,所以进入中等学校的绝大多数学生仍然是资产阶级和贵族的子弟;即使上层建筑中学名义上为高等国民学校的"优才生"提供完全中学教育的机会,但它数量很少,而且程度远比九年制中学低,结果是徒有其名而已。这也说明了魏玛共和国的学制并没有根本改变它的双轨性。

在高等教育方面,重视科技教育和学术研究,建立了各种类型的高等技术学校。在魏玛共和国时期曾担任十一年教育部长(1919—1930)的柏克(Carl. H. Becker)博士强调,德国大学要成为讲授科学和研究学术的场所,并实行大学自治。因此,这一时期德国的科学技术和文化发展很快,居世界各国的首位。应该说,在第二次世界大战后,联邦德国高等教育的发展方向实际上是按柏克的改革设想来进行的。

此外,魏玛共和国的中小学教师培养制度也有改变。根据《魏玛宪法》第143条规定:师资训练一律采用高等教育的原则进行改组。从1924年起,小学教师改由属于高等学校的师范学院来培养。而且,只有中等学校毕业生通过严格的考试选拔才能进入师范学院学习,培养成未来的小学教师。师范学院学习年限为四年,分成两年学习年和两年实习年两个阶段。至于担任中学教师需在大学学习四年,经学业考试合格获得见习教师的资格;见习与试教两年后,再经专业考试合格担任助理教师;此后经正式任命成为任期终身的中学教师。这样,中小学师资队伍的质量有了很大的提高。

总之,魏玛共和国在教育上的一系列改革,使得它的教育发展速度比第一次世界大战结束前的时期快。但是,这一时期,不仅神学仍是学校教育的正式课程,而且在整个学校教育领域仍充斥着民族沙文主义和军国主义的精神,这就为纳粹法西斯上台打下了思想基础。

四、俄国

十九世纪末二十世纪初,俄国已成为一个封建的和军事专制的帝国主义国家。由于俄国的资本主义发展比西欧各国迟缓,文化教育也非常落后。直到1905年资产阶级民主革命前后,各级学校才稍有发展。十九世纪七十年代初制定的、表现出明显的封建等级性的学校教育制度,基本上延续到十月革命前。

1. 初等教育的缓慢发展

与西欧国家相比,俄国的初等教育十分落后,发展也很缓慢。由于沙皇政府大力支持教会所办的教区学校,并禁止在有教区学校的地区开办地方学校,教区学校就成了这一时期俄国初等学校的最主要类型。它的数量逐年增加,到1905年时,已增加到43,000所,约占俄国全部初等学校的50%。在教区学校里,学生的大部分时间和精力花在学习神学、斯拉夫语和教堂诗歌上,几乎不学自然和地理等基础知识。教师大都是牧师和僧侣。它的修业年限原是两年,一直到十九世纪九十年代,当多数地方学校由三年制改为四年制时,才延长为三年。可以说,教区学校的教育和教学工作的全部内容都渗透了宗教神学精神。

1905年革命后,由于俄国各地开展反对教区学校的斗争,许多地区的教区学校关闭了,所以教区学校的数量有所下降。到1911年时,已减少为38,000所。但是,在十月革命以前,教区学校仍是俄国初等学校中最主要的一种类型,也是最落后的一种类型。

因为沙皇政府实行反动的愚民政策,用于国民教育的经费少得可怜,所以整个俄国的国民文化教育水平远远落后于西欧国家。据统计,"1897年,在俄国男子中文盲占70.7%,在妇女中文盲占86.9%"①。到二十世纪初,在俄国全部人口中将近80%是文盲。

与此同时,沙皇政府推行民族压迫的俄罗斯化政策,致使俄国的少数民族和边疆地区的文盲现象更为严重。少数民族甚至被禁止使用自己民族的语言文字进行教学。1905年,沙皇政府的教育部长曾呈报说,高加索学生的民族语言已渐趋消灭。十月革命后,苏维埃政府的一位领导人曾回忆说,在他童年时期生活过的那个村庄里,只有两个识字的人,而且是当地修道院的神父和修道士,其余人都是文盲。他们连什么是真正的学校,什么是教师和教科书都弄不清楚,至于什么是报纸或者杂志那就更不用提了。

对于沙皇政府的愚民政策和俄国文化教育的严重落后状况,列宁曾于1913年在《论国民教育部的政策问题》一文中尖锐地指出:"学龄儿童有22%,而学生只有4.7%,也就是说差不多只有五分之一! 这就是说在俄国有将近五分之四的儿童和少年被剥夺了受国民教育的权利!""人民群众这样被剥夺了受教育、获得光明、求取知识权利的野蛮的国家,在欧洲除了俄国以外,再没有第二个。"②

在十月革命以前,整个俄国的初等学校基本上分为三种:(1)一级小学,学习年限三至四年,一般开设神学、俄语、算术和唱歌等课程;(2)二级小学,学习年限五年,分成前三年和后两年两个阶段;第一阶段开设的课程与一级小学相

---

① [苏]康斯坦丁诺夫著,李子卓、于卓等译:《教育史》,人民教育出版社1957年版,第377页。
② [苏]《列宁论国民教育》,人民教育出版社1959年版,第160页。

同,第二阶段开设俄语、算术、初级几何、代数初阶、自然、地理和历史等课程;(3)高等小学,与一级小学相衔接,学习年限四年,开设神学、俄语、算术、代数、几何、地理、历史、图画、唱歌和体操等课程,还为女生加设手工课。它是1912年开办的,代替1872年建立的市立小学。名义上规定,高等小学一、二年级的学生在通过外国语考试后可以进入文科中学的相应年级,但是由于高等小学并不开设外国语课,因而这个规定只是徒有虚名而已。与高等小学平行的,是与一级小学相衔接的初等职业学校(工、农、商)和师范学校,学习年限为三至四年。此外,根据行政领导机构和经费来源的不同,俄国的初等学校又可以分别称为:教区学校、部立小学、地方小学、铁路小学和工厂小学等。这就是在沙皇俄国的学制中为劳动人民和低下层群众的子女所设的一轨。

2. 等级森严的中等教育

中等教育作为在沙皇俄国学制中的另一轨,是为贵族、僧侣和资产阶级子女服务的。在进入中学前,他们先进入中学预备班或聘请家庭教师进行指导;中学毕业后可以直升大学。中学与小学之间不衔接。

十九世纪末,古典文科中学是俄国中等学校的主要类型。虽然为了适应资本主义经济发展的需要,也开设了实科学校,但它的毕业生只能升入高等技术学校,而不能升入大学。不仅如此,而且与西欧国家相比,俄国中等学校的数量也很少。据统计,"1896年,俄国总共只有898所普通中学,其中614所是男子中学,284所是女子中学。而且其中有290所男子中学和61所女子中学是属于宗教事务局管辖的"①。

由于俄国工商业在这一时期的发展比较快,1896年,开办了一种新的中等学校,即八年制的商业学校。它的设备条件较好,设置商品学、会计学、簿记学和商品地理等一些实用的课程。从1912年起,它归工商部管辖。同时,许多私立中学也开办起来。它们聘请优秀教师任教,并采用新的教学方法。但是,这些中等学校都要收昂贵的学费,也并非劳动人民子女能进入。

在十月革命以前,整个俄国的中等学校实行男女分校,分别称为男子中学和女子中学。在男子中学方面,主要包括:(1)文科中学,学习年限八年,开设神学、俄语、拉丁语和希腊语(1900年以后取消)、哲学入门、法律、数学、物理、历史、地理、德语、法语、自然和图画等课程。其中人文学科占全部课时数的61.9%。它的毕业生可以免试升入大学。(2)实科学校,学习年限六至七年,设

---

① [苏]康斯坦丁诺夫著,李子卓、于卓等译:《教育史》,人民教育出版社1957年版,第380页。

有基础科(普通教育科)和商科。开设的课程有俄语、数学、自然科学、绘画、制图和历史等,不设拉丁语。相对来说,它比较注重数学和自然科学的教学。此外,还有由工商资产阶级出资开办的八年制商业学校和专为军官与贵族的子弟而设立的七年制陆军幼年学校。其中,陆军幼年学校传授普通知识的范围和性质与实科学校相近,并设有体操和军事等学科。它特别强调培养学生对沙皇俄国的君主制度和等级制度的忠诚精神。

在女子中学方面,主要是从十九世纪七十年代起开办的七年制女子文科中学。相对男子文科中学来说,它传授的知识范围比较窄,程度也比较低。此外,还有教会专门为正教僧侣的女儿所设立的教区女校和由皇后施政院所开办的贵族女子中学(或称"贵族女子学院")。其中,教区女校是半寄宿学校,传授的普通教育内容比女子文科中学更少;贵族女子中学是寄宿学校,明文规定有等级限制。

总之,沙皇俄国的中等教育制度表现出森严的等级性,每个等级都有专为它自己子女所设立的中等学校。对此,列宁曾在1897年所著的《民粹主义空想计划的典型》一文中尖锐地指出:"既然一般的中学(更不必说特权的贵族学校等等)就有56%的学生是贵族和官吏的子弟,那么等级制度直到现在还在我国中学中占统治地位。"①

3. 高等教育的落后状态

沙皇俄国的高等学校完全是贵族和资产阶级的子女所垄断的教育场所。与西欧国家相比,它的高等教育处于十分落后的状态,高等学校的数量也很少。据统计,1896年,整个俄国的高等学校总共48所。大学一般分历史哲学系、数理系、法学系和医学系等4个系。高等学校实行男女分校,女子高等教育更为落后。1896年,在全部48所高等学校中,仅有4所女子高等学校。对于女子接受高等教育,沙皇皇后就特别抱有敌视和反对的态度,竟断言女人的事务就是料理家务和厨房。

为了加强对大学的监视和控制,沙皇政府禁止大学生组织各种社团或科学研究小组等集体活动,摧残民主思想和科学精神在大学里的发展。1899年,国民教育部实施了《高等学校学生服兵役期限暂行条例》,规定大学生参加反政府的集体活动,将被开除学籍并遣送去服一至三年的兵役。根据这个条例,同年秋天,183名基辅的大学生和28名彼得堡的大学生被遣送去服兵役。

---

① [苏]《列宁论国民教育》,人民教育出版社1959年版,第18页。

二十世纪初期俄国学制图

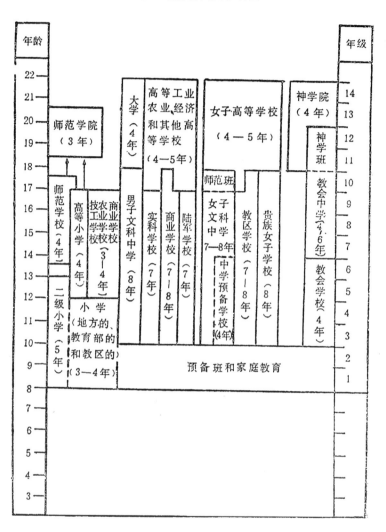

由于马克思主义思想的传播,许多大学生和进步教师积极参加反对沙皇政府统治的革命运动。在1905年革命中,大学生们举行了各种集会,公开发表反对沙皇政府的言论,要求恢复大学自治和建立学生组织的自由,开除校内反动的教职人员等。其中莫斯科大学的学生最为活跃。列宁和布尔什维克党利用高等学校开展活动,指出在推翻沙皇政权之前,任何的学校改革都是不能实现的;号召大学生和进步教师把大学变成革命讲坛,揭露沙皇政权统治的罪恶,并准备举行武装起义。在布尔什维克党领导下的大学生和进步教师的革命斗争,对十月革命的胜利也起了一定的作用。

五、美国

十九世纪末二十世纪初,美国在很大程度上已治愈了南北战争的创伤,成为一个高度发展的工业国家。到1918年时,它的工业生产总值已远远超过其他主要资本主义国家。工农业的迅速发展、西部拓荒、移民人口的增长以及现代科学实验的兴起,极大地推动了这一时期美国教育的发展。

1. 全国教育协会的一系列重要报告

在美国教育发展过程中,1870年成立的"全国教育协会"(National Educational Association,简称NEA)是最有影响的一个全国性的教育组织。它的前身是1857年建立的"全国教师协会"。尽管全国教师协会不是一个官方组织机构,但是它所任命的委员会发表的报告对这一时期美国教育的发展产生了极其重要的影响。

为了改革中等教育,全国教育协会于1891年任命了一个"十人委员会"。它由一些对中等学校与大学合作感兴趣的大学校长、教授以及教育学者组成,著名教育家、哈佛大学校长埃利奥特(Charles W. Eliot)担任主席。这个委员会于1893年发表了关于中等学校课程计划的报告。报告提出了四项重要建议:

(1)中学的一切科目,应该以同样的方法教给一切的学生,而不必考虑他们将来可能的目标,例如,升学、就业等。

(2)彻底地学习少数几门科目,胜过粗略地学习许多门科目。尽可能地把这些科目结合起来,形成一种组织严密和相互联系的学习课程,是合乎需要的。

(3)应该把一切科目看作具有同等价值。这主要不是就科目的内容,而是就学生学习后所得到的智力训练来衡量的。

(4)中学课程可以在语言学习的基础上分成四组:人文科学与三种外语(其中一种现代语);拉丁文、自然科学与两种外语(其中一种现代语);现代语与两种外语(都是现代的);以及英语与一种外语(古典的,或现代的)。

这份报告发表后,美国教育界对它进行了广泛的讨论。全国教育协会主席认为,"这份报告是美国迄今为止所发表过的最重要的教育文献"①。但是,也有人批评说,这份报告所建议的中等学校课程过于偏重为升大学作准备。不过十人委员会认为,它所建议的这些课程可以训练学生的观察、记忆、表达和推理的

---

① W·F·康乃尔:《二十世纪世界教育史》,第37页。
W. F. Connell, *A History of Education in the Twentieth Century World*, New York: Teachers College Press, 1980, p. 37.——编校者

能力,对于准备升学和生活两者都是适用的。

此后,全国教育协会又于1895年任命了一个"十三人委员会"研究学院的入学条件问题。这个委员会也称"学院入学条件委员会",于1899年发表报告,提出建立与六年制小学相衔接的六年制中学;在这种类型的中学里,准许学生选修他们自己的各类科目。报告还规定了中学里的学习单元,并介绍了所有学生应该学习的固定的或核心的科目。学院的入学条件以学生完成中学开设课程的一定数量的"学分"为根据。这种学分后来叫做"卡内基学分"①。至1909年,已为美国各学院和中学所普遍接受。采用这个办法,使得学满规定学分的中学毕业生能够在中学校长的推荐下,在学院或大学注册入学。应该说,十人委员会的建议在这份报告中得到了进一步的扩展。

就十人委员会和十三人委员会分别提出的两个报告来说,前一份报告不仅在教育界得到了更广泛的讨论,而且影响也更大一些。但是总的说来,它们对美国中等教育的课程和教材的影响达三十多年之久,而且实行学分制和选科制至今仍是美国中等教育的一个特点。

在初等教育方面,全国教育协会于1893年任命了一个"十五人委员会"专门研究初等学校课程的问题,并于1895年发表了报告。报告建议,在初等学校的课程中,应该设置语法、文学、算术、地理和历史五个科目;此外,在学生的学习时间中,还要安排自然科学、美术、手工、音乐、生理卫生、道德等科目。十五人委员会报告的发表,也对这一时期美国初等教育的发展产生较大的影响。

2. 初级中学的建立

在中等学校的学习年限上,美国各州历来是不同的。自四年制的公立中学出现后,就与八年制的初等学校一起构成了"八四制",并在美国各州颇为流行。一般认为,"八四制"源自"美国公立学校之父"贺拉斯·曼(Horace Mann)等人对德国八年制国民学校制度的仿袭与介绍,再加上中学四年而成。

对于"八四制",美国的许多教育家提出了批评。其中最著名的批评乃是埃利奥特于1888年在全国教育协会大会上发表的演说。埃利奥特指出,当时哈佛大学新生的入学年龄在过去的60年间逐渐提高到18岁零10个月,因此毕业生的年龄也随之提高到27岁。为了不浪费学校教育时间,他建议将小学七年级和八年级移到中学里去。其他许多教育家也认为,实施"八四制",中途辍学

---

① "卡内基学分"(Carnegie unit)一译"卡内基单位"。"一个单位是在整个学年每周上课五节的课程。"详见 I·L·坎德尔:《比较教育》,1933年版,第796页。

率较高,初等教育期间课程重复多,且不符合儿童期与青年期的身心发展,等等。后来,全国教育协会的十人委员会和学院入学条件委员会也赞成和采纳埃利奥特的建议。这样,在十九世纪末,美国又出现了"六六制",即小学六年,中学六年。原来流行的"八四制"开始受到了冲击。

但是,在学制问题上,美国教育界仍有许多看法和建议,一些社区也开始进行三年制初级中学的试验。早在1895年,在印第安纳州的里士满就建立了一所初级中学,包括八年制小学的最后两年。但是,由于它没有一个独立的组织机构和单独的校舍,而被看作是初级中学的一个先例。

后来,一直到1909年8月,在俄亥俄州的哥伦布建立了美国最早的初级中学。紧接着,1910年1月在加利福尼亚州的伯克利也建立了初级中学。它们包括了八年制小学的七年级和八年级以及四年制中学的一年级。这些初级中学的建立,引起了美国全国的注意,并为美国的初级中学运动开辟了前进的道路。1912年,全国教育协会任命的"节省教育时间委员会"也发表了报告,支持六年制的中等教育,并进一步建议把六年时间分成各为三年的初级和高级两部分。这两部分也被具体化为"初级中学"和"高级中学"。因此,初级中学很快在美国各地建立起来,深受人们的欢迎。据统计,到1918年时,美国已有557所初级中学,116,000名学生。于是,美国又出现了"六三三制",即小学六年,初中三年,高中三年,并迅速地得到了推行。到二十世纪四十年代,美国已普遍采用"六三三制",至今它仍是最主要的学制模式。不仅如此,美国的"六三三制"对其他一些国家的学制也曾产生了很大的影响。

随着初级中学的建立和"六三三制"的普遍采用,原来流行的"八四制"开始被冲垮了。但是,有些州或社区继续实施"八四制",或"六六制"、"六二四制"、"六四四制"、"六三五制"。

这一时期,美国的中小学教育发展很快。到1918年时,全国每一个州(当时美国共48个州)都已颁布了义务教育法令,初等教育普及率已达90%以上。就中等教育来说,1890年,入中学人数只有20万人;1900年,增加为50万人;到第一次世界大战结束时,已达到160万人。

3. 初级学院运动的兴起

十九世纪末二十世纪初兴起的初级学院运动,是这一时期美国高等教育发展的一个最有意义的步伐。

早在1892年,著名教育家、芝加哥大学校长哈珀(William R. Harper)就把大学的第一和第二年级称为"阿卡德米学院",而把后两年称为"大学学院"。后来，它们的名称分别改称为"初级学院"和"高级学院"。哈珀的设想，是把传统的四年制大学课程划分成两部分。他认为，后两年更加近似于专业教育或研究生教育，前两年则更加类似于中等教育。与此同时，加利福尼亚大学也于1892年对学校体制进行了改革，建立了"初级证书"制度。这种制度把大学四年分成两个阶段：第一、二年级和第三、四年级；学生必须在读完第一、二年级时取得"初级证书"才能升入三年级。但是，最早出现的初级学院并不是一个独立的教育机构。芝加哥大学和加利福尼亚大学的做法也影响了一些中学，而增设中学后(即大学一、二年级)的课程。因此，当初级学院刚在美国出现时，也有人把它称为"中等以上教育"或"中学后教育"。

作为一个独立的教育机构的初级学院，是1902年在伊利诺斯州①的乔利埃特所建立的第一所公立初级学院，即乔利埃特初级学院。初级学院在早期发展中曾遍及加利福尼亚州。在初级学院运动中，处于领先地位的还有伊利诺伊州、密执安州明尼苏达州和衣阿华州等。

初级学院招收高中毕业生，授以两年比高中稍广一些的普通教育和职业教育；由社区以及私人团体和教会开办，不收费或收费较低；学生就近入学，可以走读，无入学考试，无年龄限制；课程多种多样，办学形式也多种多样；学生毕业后可以就业或转入大学三年级继续学习。

这一时期的初级学院由于校舍、设备等条件比较简陋，师资条件不甚理想，加上创办历史短，因而教学质量不能令人满意。但是，由于它能够满足希望进入大学继续学习的人数迅速增加的要求，能够适应许多希望进入大学但因路远和学费昂贵等原因而不能进入大学的中学毕业生的需要，也由于它能够适应美国社会实际生活的需要，具有多方面的适应性，因此，初级学院的数量增加得非常迅速。据统计，1912年，有40多所；1915年，增加到约80所；1918年，达到130所；到1920年时，已有200所，学生人数16,000人。很多中学毕业生能够通过初级学院而完成他们的正规教育，接受实际生活所需要的训练。同时它也能够为地方社区服务。正因为如此，初级学院的出现深受人们的欢迎。

初级学院运动的兴起，为美国高等教育的大众化和民主化作出了努力。特别是由于它能适应美国社会和经济发展的需要，而使它开始成为美国高等教育结构中的一个重要的组成部分。初级学院在发展过程中也逐步形成了它自己独特的职能和特点，在美国高等教育结构中增加了新的层次，使美国的高等教

---

① 今译：伊利诺伊州。——编校者

育制度发生了深刻的变化。

4. 赫尔巴特学派的教育活动

这一时期,由于德国赫尔巴特学派运动的影响,美国也出现了宣传和应用赫尔巴特学说的热潮。在赫尔巴特学派的教育活动中,主要代表人物是德加谟(Charles De Garmo)和墨克麦里兄弟①(Charles A. Mcmurry;Frank M. Mcmurry)等。

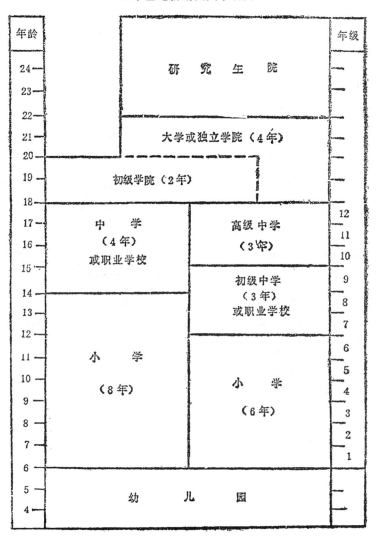

二十世纪初期美国学制图

---

① 今译:麦克默里兄弟。——编校者

德加谟和墨克麦里兄弟三人都曾是伊利诺伊师范大学的学生。在德国留学期间,他们曾在耶拿大学赖因办的教育研究班参观学习过一段时间,受到了德国赫尔巴特学派的影响。回国后,德加谟担任宾夕法尼亚州的斯旺奇莫尔学院院长;C·墨克麦里曾在伊利诺伊大学实验学校和乔治·毕波特师范学院任教;F·墨克麦里曾在伊利诺伊大学和哥伦比亚大学师范学院任教。从他们开始,在1888年至第一次世界大战开始期间,美国每年都有许多学者到德国耶拿大学的教育研究班学习赫尔巴特教育学说。这些人回国后大都成了师资训练上有影响的人物。通过他们的活动,赫尔巴特学说传播到美国。

1892年,美国的赫尔巴特主义者成立了赫尔巴特俱乐部。它发起翻译赫尔巴特的教育著作,并编写了许多论述赫尔巴特教育学说的著作。其中,德加谟的《方法要义》(1889)和C·墨克麦里的《普通方法纲要》(1892)这两本书的出版,是美国赫尔巴特学派运动兴起的标志。

1895年,全国赫尔巴特教育科学研究会成立。德加谟任会长,C·墨克麦里任秘书长。杜威也是该研究会的领导成员。1902年,它改名为全国教育科学研究会;1910年,又改名为全国教育研究会。它从成立起就出版关于美国教育重大问题的年鉴。这部年鉴是论述和分析美国十九世纪末以来许多重大教育理论与实际问题的重要工具书。

美国联邦政府内政部教育局局长哈里斯在他的1894—95年度报告中曾指出:"今天美国的赫尔巴特学派教育学的信徒要比德国国内更多。"①从1895年到第一次世界大战期间,美国所出版的有关教学法理论的书籍,多数都渗透着赫尔巴特学派的思想;在讨论教育问题时,人们都使用赫尔巴特学派的教育术语;许多学校也试行赫尔巴特学派的"教学阶段"和"文化分期课程"的做法。

大约从1910年前后起,由于美国进步教育运动的兴起,美国的赫尔巴特学派渐趋衰落。但是,赫尔巴特学派的影响在美国的教育理论和实践中仍然持久地存在。

5. 1917年《史密斯—休士法案》②的颁布

早在二十世纪以前,由于工商业发展的影响,美国的职业技术教育已有了一定的发展。自手工艺学校1883年在马里兰州的巴尔的摩开办以后,在威斯

---

① W·F·康乃尔:《二十世纪世界教育史》,第61页。
W. F. Connell, *A History of Education in the Twentieth Century World*, New York: Teachers College Press, 1980, p. 61——编校者

② 今译:《史密斯—休斯法案》。——编校者

康星州和俄亥俄州等地也建立了同样的机构。不仅如此,职业技术教育的发展也影响到中小学的课程,而且这种影响渐趋加强。因此,在1900年以后,在初等学校课程中对手工训练、自然科学常识、烹调和缝纫的强调已在3R(读写算)之上。许多中等学校在它的课程中提供了手工训练、打字、速写、簿记、商业法律、家政学和工业技术等。此外,工业中学、商业中学和农业中学也建立了起来,并得到了较快的发展。

许多教育团体和工人组织对职业技术教育的积极提倡,也推动了这一时期美国职业技术教育的发展。其中最有代表性的是1906年成立的"全国促进职业教育协会"。该协会由麻省理工学院院长普利切特担任主席。它的主要目的是推动一个能对职业教育切实提供财政补助法律的制定。普利切特也亲自召集有关的权威人士开会讨论,并在会后发行了三本小册子,其中之一是《职业教育论丛》。1908年,该协会还组成了一个以普利切特为首的十人委员会,提出了《职业训练与普通教育体系的关系》的报告,分送总统和其他政府高级官员。报告指出:"从我们国家的经济福利的角度来看,职业教育的问题亟待解决","从国家的进步着想,应该由有关人士对它进行切实的考虑";并建议联邦政府对有关问题进行调查。同时,该协会又通过国会议员戴维斯等人的协助,屡次把职业教育立法化方案提交国会。

在全国促进职业教育协会成立后的十年中,它为促进美国职业教育发展所作的努力得到了公众的广泛支持。美国劳工同盟在1908年召开的第25届年会上就宣布说:"有组织的工人对职业教育问题具有最大的兴趣。"全国制造业者协会从1900年初起也提出了许多报告,强调进行职业预备教育和充实包括手工训练在内的初等教育,并主张采取财政措施把普通教育、职业教育和继续教育有机地结合起来。人们普遍认为,职业教育的发展不是一时的风尚,而是社会的一种现实需要。

在社会公众的巨大压力下,这一时期美国联邦政府对职业教育也很重视,以适应政治和经济变化的需要。1914年,国会任命了一个"职业教育国家补助委员会",专门研究对职业教育提供补助的问题。国会议员史密斯(Hoke Smith)任该委员会主席。该委员会在讨论研究的基础上提出了报告,共2卷。报告内容涉及到职业教育的必要性;联邦政府向州拨给经费的必要;依靠联邦政府开办的职业学校的种类;向学校提供补助费;联邦政府支付经费的学校范围;向职业学校支付经费的条件;以及关于以上各点的立法化提案等七个方面。该委员会还建议,联邦政府拨给州的补助经费应该用于师资培养和支付教师工资以及国会议员对职业教育进行调查研究的开支上；职业学校作为民众教育机构应该向14岁以上的少年提供有用的并且有利于就业的知识技能；职业学校应该分为全日制学校、定时制学校和夜校三种，等等。

"职业教育国家补助委员会"的提案于1914年6月1日提交给国会，但被搁置起来。后来，国会于1917年通过了这个职业教育法案。在美国教育史上，它以《史密斯—休斯法案》(Smith-Hughes Act)著称。同年2月23日，经威尔逊(Woodrow Wilson)总统签字，该法案正式生效。

《史密斯—休斯法案》规定，由联邦政府拨款补助各州大力兴办大学程度以下的职业教育，包括工业、农业和家政等专门职业。法案还规定，联邦政府要与州合作，提供工业、农业、商业和运输业等方面科目的师资训练，补助进行这种师资训练的教育机构，并支付在中学里的职业教师的工资。法案又规定，在公办的普通中学内开设职业科，设置选修的职业课程，把传统的专为升学准备的普通中学，大量改成兼具升学和就业双重职能的综合中学。

在该法案生效后，联邦政府又于同年6月设立了专门委员会——联邦职业教育委员会，由农务、工务、商务三位署长和教育总署署长以及总统任命的三名委员（市民代表）组成。它的任务是监督支付补助费，开展调查研究活动，以及加强联邦政府与州之间的联系。从此，在发展职业教育上，联邦政府与州之间形成了一种新的关系。

《史密斯—休斯法案》的颁布，是美国职业教育发展中具有极其深刻意义的一个步骤。它不仅使美国中等职业教育制度化，而且为美国所有公立学校里的职业教育提供了牢固的财政基础。因此，该法案颁布后，美国的职业教育更快地发展起来，中等职业教育进入了新的历史时期。

六、日本

十九世纪末，日本已成为一个新兴资本主义国家。它仅用50年时间走完了西方资本主义国家需要200年左右走完的路。二十世纪初，日本也进入帝国主义阶段。为了与欧美列强竞争，它不仅继续普及初等教育，而且大力发展中等教育和职业教育。日本天皇于1890年颁布的《教育敕语》，乃是第二次世界大战结束前日本教育的根本原则。

1. 1890年《教育敕语》的颁发

在承认天皇统治合法性的《帝国宪法》颁布的第二年，即1890年10月30

日,天皇颁布了《教育敕语》。它是由皇宫的一位儒学教官元田永孚和政府的一位西学派法官井上毅(1893年出任伊藤内阁的文部省大臣)共同起草的。这是继《军人敕语》之后,以天皇的名义第一次对日本全体国民直接颁发的有关国民教育的训示。

《教育敕语》分为三部分。第一部分宣称,天皇祖先建立了日本国;日本的道德准则是以一代又一代地统治这个国家的天皇祖先积累下来的美德为根据的,具有忠孝精神的日本国民应该遵奉。第二部分提出,日本国民必须遵守的具体行为准则是:"帝国之光肇自教育。凡我臣民皆须孝敬父母,热爱兄弟,夫妇和睦,朋友忠诚;谦和处世,仁慈待人;修业习艺,启智善德;促进公益,遵宪守法;一旦危急,则义勇奉公,以捍卫天壤无穷之皇运。"① 第三部分指出,天皇祖先传下来的这种道德准则,在所有地方和任何时间都是真理,日本国民都要遵守,天皇和他的臣下也同样要遵守。

虽然《教育敕语》比较简短,但是它概述了日本教育的总原则,成了指导学校教育工作的基本原则。二十世纪初,文部省大臣菊池男爵曾指出:"我们的整个道德教育,在于把适当领会的这个敕语精神,逐渐灌输到儿童们的心灵里去。"② 它把强烈的民族感情集中于对天皇的忠诚,并以此作为道德义务,使家庭和个人道德行为与忠于天皇和国家的道德两者紧密结合起来。可以说,"忠君爱国"成了日本教育工作的根本方针。

《教育敕语》颁发以后,它无孔不入地制约着日本的学校教育工作。它的抄本和天皇、皇后的照片被送到全国各学校,并向学生宣读。学校举行仪式时必须唱歌颂天皇的《君之代》一类歌曲。政府也组织人力精心审查和编写学校的教科书;并根据《教育敕语》中提出的道德准则来选择和编写修身课教材中的一些事例。道德教育在学校教育中占据了最重要的地位,不仅讲授《教育敕语》内容的修身课成了重点科目,而且一切别的科目也都要按《教育敕语》的精神来讲授。总之,日本国民教育的所有措施,都围绕《教育敕语》所确立的原则而建立起来。

对于天皇颁发的《教育敕语》的内容,日本全体国民都要坚信不渝,不得有丝毫怀疑。如果学校教师对此有些反感和抵制,就要遭到迫害和开除。任何一

---

① W·F·康乃尔:《二十世纪世界教育史》,第32页。
W. F. Connell, *A History of Education in the Twentieth Century world*, New York: Teachers College Press, 1980, p. 32. ——编校者

② 同上。

个大学教授,哪怕在一部学术著作里,如果怀疑了这些教条,就会因反日活动的罪名而被开除。

此后,天皇至少又颁发了三次有关国民教育的敕语(1908、1923、1939),以便使1890年颁发的《教育敕语》的精神充实起来。由于确定国民教育的目标与原则的《教育敕语》符合日本统治阶级的利益,它不仅对这一时期日本教育的影响甚大,而且延续到第一次世界大战之后。作为日本军国主义教育体制灵魂的《教育敕语》,一直到第二次世界大战后(1948年6月)被日本国会宣布无效。

2. 初等教育的基本普及

从1872年《学制令》颁布以后,由于日本在提高就学率和普及初等教育方面采取了一系列有效的措施,到1891年时,初等教育入学率已从28%增加到50.3%。它为九十年代后更快地普及初等教育打下了基础。

1890年,日本对1886年颁布的《小学校令》曾进行了修改,但义务教育的时间没有变动,仍是三至四年。此后,到1900年时,又进行了一次修改,不仅规定初等教育(义务教育)的期限统一为四年,而且也规定初等教育免费,开始确立了免费义务教育原则。同时,它还鼓励在寻常小学里增设修业两年的高等小学班,为把四年的义务教育年限延长为六年作准备。在修改《小学校令》的同时,政府也开始严格实行免费义务教育政策,使得初等教育入学率急剧上升。据统计,"在1899—1901这两年期间,这个比率从72.8%上升到88.1%,猛增了15%。尤其是直到那时还很低的女子入学率,从59%增到81.8%,跃升了23%"①。到1905年,初等教育入学率又增到95.6%。

1907年,日本又颁布了《再改正小学校令》。它规定一律废除私立小学,全部改为公立;并规定把寻常小学的修业年限延长为六年,属于免费义务教育;同时,还鼓励在六年制寻常小学之上,再设置修业两年的高等小学校,为把义务教育年限延长为八年作准备。至此,六年的义务教育制度完全确立,而且在以后的四十年里没有改变。这样,从1886年至1907年的大约二十年时间里,《小学校令》几经修改,日本普及初等教育的组织形式和施教形式已基本建立起来。

随着初等教育入学率的迅速提高,男女之间入学率的差别也几乎消失了。据统计,"1895年,男童的入学率为76.7%,女童为44%;1905年,日本男童的入学率增至97.7%,女童增至93.3%;到1915年时,男女童的入学率分别为

---

① [日]麻生诚、天野郁夫合著,刘付忱译:《教育与日本现代化》,人民教育出版社1980年版,第25页。

98.9%和98%，相差仅0.9%"①。因此，从1915年左右起，日本义务教育政策的目的，在于保持已经达到的初等教育普及水平并进一步发展。

在普及初等教育的同时，日本初等学校的课程设置几经变化，也基本上确定下来。1890年，初等小学开设修身、阅读、作文、书法、算术、体操和裁缝（女生）等课程；高等小学增设日本地理、日本历史、世界地理、理科、图画和唱歌等。1900年，为了减少学科的数目，提高教学质量，阅读、作文和书法三门课程合并为日语一门课程；日本地理和世界地理则合并为地理。到1907年时，初等学校的课程开设修身、日语、算术、日本历史、地理、理科、图画、唱歌、体操、裁缝（女生）和手工等。根据文部省的规定，每所学校都要详细地制订出课程的教学计划，并提出每周的教学报告。

为了更快地普及初等教育，日本在积极重视和发展师范教育的同时，努力改善小学教师的待遇，鼓励他们立志于初等教育事业。早在1893年，政府就向国会提出了一项国家补助金法案，拟以资历为基础增加小学教师的薪水，但未获通过。后来在日本公众的强烈要求下，国会终于在1896年通过了这项法案，决定增加小学教师的薪水，但又严格规定对在同一所学校里任教五年以上的教师给予补助。1899年，政府又决定，正式教师任教十五年以上，在他60岁以后可以得到终身养老金。

此外，日本的中央政府和地方政府也都注意普及初等教育。原来义务教育的费用主要由地方政府负担，造成各地普及教育的情况相差很大和教师流动频繁。为了解决这个问题，1899年，中央政府建立了一项资助普及初等教育经费的基金，共1,000万日元。基金的100万日元年息按各地小学生人数的比例进行分配，用于补助普及初等教育的设施和奖励工作特别努力的教师等。与此同时，地方政府也增加了普及初等教育的费用。1900年，地方政府用于初等教育的平均费用，约占它的总预算的40%。

由于日本政府十分重视普及初等教育，并采取一系列相应的措施，再加上公众对教育重要性的认识日益提高，因此，到1920年时，初等教育（六年制初等学校）入学率已达到99.03%，基本普及了初等教育。这样，日本国民的文化水平得到了普遍提高，劳动力的大部分受完了义务教育，从而为日本经济的迅速发展准备了良好的条件。

---

① ［日］日本国立教育研究所编，张渭城、徐禾夫等译：《日本教育的现代化》，教育科学出版社1980年版，第103页。

3. 中等教育的发展和高等教育的扩充

随着经济的发展,日本从十九世纪八十年代后期起开始把力量转到中等教育方面。1894年,颁布了《高等学校令》,把原来的寻常高级中学改称为高等学校(高中);修业年限根据学校性质而定,作为大学预科(为升入大学作准备)的为三年制,作为专门学校的为四年制。1899年,又对1866年颁布的《中学校令》进行了修改,决定把原来的寻常初级中学改称为中学校,修业年限仍为五年;并规定中学校的目的是使学生受到必要的中等普通教育。到十九世纪末,由中学(中学和高等学校)加上女子中学和中等技术学校等三类学校构成了日本的中等教育制度。

中学一般开设道德、日语、代数、几何、三角、物理、化学、历史、地理、汉语和两门外国语等课程,反映了重视基础科学和外语教学的特点。为了保证学习质量,中学实行严格的考试。

为了适应新时期的需要,1917年成立了教育专门委员会,作为内阁的咨询机构,成员有各地代表36人。会议提出了关于中等教育的基本思想:"关于中学,当学生升入高年级时,学科的选择范围应予扩大,这样,学生才能按照他未来的计划并根据学校所在地的实际情况选择学科。""为了使教育有效地适应学生毕业后的实际生活,应该设置不同的课程,如文科课程、理科课程和职业训练课程。"①它对这一时期中等教育的改革产生了一定的影响。

1918年又颁布了新的《高等学校令》。其要点是:(1)高等学校(大学预科)是为年轻人提供较高水平的普通教育;(2)除国立学校外,允许开办私立学校和地方公立学校;(3)学习年限七年,包括普通部四年和高等部三年;(4)高等部分文、理两科;(5)普通部受完四年教育的学生可升入高等部。

因此,由于日本政府的重视和社会需求的增长,中等学校入学人数增加很快。据统计,"1895年,中等教育入学率仅为1.1%;1905年,为4.3%;1915年,已达19.9%;到1925年时,又增为32.3%"②。中学生人数与适龄青少年人数的比率也从1915年的6.2%增长到1925年的13.4%。

在普及初等教育和发展中等教育的基础上,从二十世纪初起,日本开始注意高等教育的扩充。除了原有的帝国大学和著名的私立大学外,也建立起一些新的

---

① [日]麻生诚、天野郁夫合著,刘付忱译:《教育与日本现代化》,人民教育出版社1980年版,第28页。
② [日]日本国立教育研究所编,张渭城、徐禾夫等译:《日本教育的现代化》,教育科学出版社1980年版,第104页。

大学和学院。到 1905 年时，已有大学和学院 48 所（包括国立、地方公立和私立）。

1917 年成立的教育专门委员会也对高等教育提出了方案，建议保持综合大学制度，同时又允许单科的学院制的存在；并且，除国立大学外，也允许开办私立的和地方公立的大学，等等。

第二年，在这个方案的基础上颁布了新的《大学令》。其要点是：(1)专业学院重新作为大学内的学院，并要尽量缩小不同学科间的障碍；(2)单科的专业学院仍可独立存在；(3)增设新的学校，包括经济学院和商业学院；(4)地方公立的大学和私立大学都允许存在。1918 年《大学令》的颁布，对日本高等教育的扩充起了推动作用。其间，政府拟定了一个扩充高等教育机构的计划，在以后十年里付诸实施。据统计，"1918 年，大学 5 所，学生数 9,040 人；专科学院 96 所，学生数 49,348 人。到 1929 年时，大学增加到 46 所，学生数 67,555 人；专科学院增加到 156 所，学生数 87,191 人"[①]。其中，大学数增加至 9.2 倍，学生数增加至 7.5 倍；专科学院数增加至 1.6 倍，学生数增加至 1.8 倍。它也表明，在二十世纪二十年代以后，日本高等教育得到了进一步的扩充和发展。大学和学院所培养的大批人才，在日本社会的发展和工业现代化中起了很重要的作用。

由于中学要收取较高的学费，大学入学考试竞争激烈，所以进入中学特别是进入大学学习的大都是资产阶级和富裕家庭的子弟，而大多数劳动人民的子弟只能受完六年制的初等义务教育。此外，虽然高等教育在这一时期开始得到了扩充，但是它的入学率是很低的，1905 年为 0.9%，1915 年增为 1%，即使到 1925 年也只有 2.5%。

4. 职业教育体系的建立和发展

随着产业革命的开始，日本也十分注重职业教育的发展。从 1893 至 1894 年担任第二次伊藤内阁文部省大臣的井上毅就认为，国民的专业知识和技能是构成富强国家的"无形资本"，而这种知识和技能的培养是"国家独立的保障，犹如训练陆军和海军人员的情况一样"。他对欧美国家工业现代化与学校制度的关系、日本工业发展的实际情况和工业结构以及学校在工业社会中的作用，也进行了详细的研究。在他的领导下，1893 年颁布了《实业补习学校规程》，1894 年又颁布了《徒工学校规程》、《简易农学校规程》和《实业教育国库补助法》等。应该说，井上毅所制定的职业教育政策的核心，是提高国家对职业教育费的补

---

① [日]日本国立教育研究所编，张渭城、徐禾夫等译：《日本教育的现代化》，教育科学出版社 1980 年版，第 80 页。

助标准,以加强各级职业教育。例如,《实业教育国库补助法》决定,每年拨出 15 万日元作为补助实业学校的经费。

因此,从 1895 年起,日本各地职业教育发展非常迅速。在这种情况下,到 1899 年时,又颁布了新的《实业学校令》,决定把实业学校、农业学校、商业学校、商船学校、实业补习学校和徒工学校都包括在一个职业学校系统内。这表明井上毅曾建议的职业教育体系已开始在日本建立起来。

从二十世纪初起,日本职业教育体系不断完善和发展。在高等小学校里,重视开设职业训练性质的科目。1907 年,开始增设农业、工业和商业英语等科目。1911 年,又规定小学把手工、农业、商业等科目作为必修课开设,允许学生选修其中一门,并适当增加授课时间。

实业补习学校为那些已经在寻常小学毕业而就业劳动的少年进一步补习文化,并培养有关的生产知识和技能,目的是训练未来的熟练工人。实业补习学校在二十世纪以后增加很快。据统计,"1894 年,它只有 19 所,学生 1,117 人;到 1905 年时,增为 2,746 所,学生 121,502 人;到 1925 年时,又增至 15,316 所,学生 1,051,437 人"[①]。

徒工学校分 A 类和 B 类两种。A 类徒工学校招收高等小学校毕业生,修业三年;B 类徒工学校招收寻常小学毕业生,修业两至三年。

实业学校作为中等技术教育学校,分工、农、水产、商和商船等科。它也招收高等小学校毕业生,职业训练期限为三年。

1903 年颁布的《专门学校令》又规定,把高等学校专门部独立出来,自成体系,以区别于大学的专门部。

为了进一步发展职业教育,1917 年成立的教育专门委员会也研究了职业教育的基本政策。它强调指出,"总的来说,职业学校的现行制度不需要修改。"但是,它建议,增加国家对职业教育的补助金,改进有关的行政结构,放宽对职业学校的有关规程,改善职业学校教师和其他人员的待遇,密切与企业界的合作,以及鼓励辅助性的职业教育,等等。

总之,自成体系的日本职业教育在这一时期的迅速发展,适应了工业现代化进程的需要,为垄断资产阶级提供了大批掌握了一定知识和技能的劳动力。

---

① [日]日本国立教育研究所编,张渭城、徐禾夫等译:《日本教育的现代化》,教育科学出版社 1980 年版,第 95 页。

二十世纪初期日本学制图

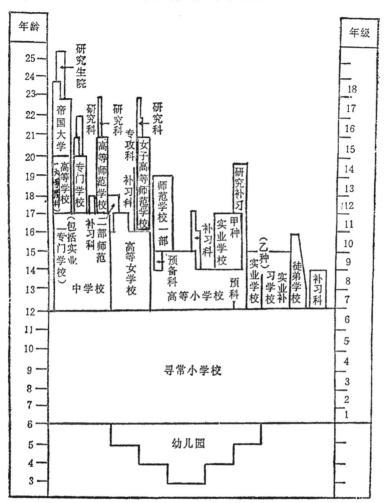

但是,职业学校的地位较低,特别是实业补习学校和徒工学校虽属于中等教育范畴,却被排斥于中等学校之外。

尽管欧美国家和日本十九世纪末至二十世纪初的教育发展,由于它们的社会背景和历史传统等因素的不同,具有不同的情况和特点,但总的来说,它们都在继续普及初等教育的基础上,努力改革和扩大中等教育,大力加强和发展职业教育,以适应帝国主义阶段政治和经济的需要。

同时,应该指出,与西欧国家相比,俄国的教育水平十分落后,并表现出明显的宗教性和森严的等级性。德国和日本的学校教育所带有的民族沙文主义和军国主义色彩,在第一次世界大战后越来越突出。

第二章 欧美教育革新运动的兴起

从十九世纪后期起,美国开始走上实现工业化的道路,欧洲国家也相应地加快了工业化的进程,这就对欧美国家的学校教育提出了新的要求。因此,原来在欧美国家里占统治地位的、历史悠久的传统教育理论和方法,显然已不能完全适应这种要求。正是由于工业和经济迅速发展,以及新的社会需求的影响,到十九世纪末二十世纪初,在欧美国家里,开始出现了一种新的教育思潮,兴起了一个范围广且影响大的教育革新运动。在这个教育革新运动中,许多教育革新家在教育理论方面尖锐地批判了传统教育的理论和方法,广泛地进行了新的形式、内容和方法等实验,试图使学校教育适应新时代的要求。

一、欧洲的新教育运动和美国的进步教育运动

十九世纪末二十世纪初兴起的教育革新运动,曾对欧美国家的学校教育产生过很大的影响。这个教育革新运动在欧洲称为"新教育"运动,在美国称为"进步教育"运动。

1. 新教育运动与"新教育联谊会"

早在十九世纪九十年代,新教育的思潮已开始在英国形成。十九世纪末二十世纪初,又扩展到德国。随后是法国、瑞士、比利时和意大利等国。1889年,英国教育家塞西尔·雷迪(Cecil Reddie)在阿博茨霍尔姆创建了一所乡村寄宿学校。这是欧洲第一所"新学校",是欧洲大陆上很多这类学校的典范,标志着新教育运动在欧洲的开始。德国教育家赫尔曼·利茨(Hermann Lietz)和法国的社会学家、教育家埃德蒙·德穆林(Edmond Demolins)也分别于1898年和1899年开办了同样类型的新学校。之后,逐渐形成了盛行一时的新教育运动。这个运动的领导人,大多是有教学实际经验的教师,对课程内容和教学方法的改革有着极大的兴趣。在他们看来,"新学校"是新教育理论的一种实验室。

这种新学校是一种学费昂贵的寄宿学校。它们一般都设在远离城市的郊外风景优美的乡村里。学生都是富裕人家的子弟。学校的校舍设备都很完善舒适,并有条件很好的体育馆、阅览室、图书馆和实验室。学校非常注重体育,经常进行体操、游戏和各种运动,增进学生的身体健康。为了发展学生的体力,还要求学生进行农艺劳动,例如,种花、种菜、割干草和修鸽棚等。在学校里,学

生的独立精神得到了充分的发挥。教学也特别注意学生的兴趣,满足学生的创造性要求。学校采用家庭式的教育管理方式,整个制度注意促进学生个性的全面发展。学校的自治也注意使学生养成组织社会生活的能力。苏联教育家克鲁普斯卡娅在她写的《国民教育和民主主义》一文中曾指出:"从教育学的观点来看,农村寄宿学校在很多方面是组织得合理的,但是就这种学校的目的和精神来看,它只是满足资产阶级中某些人的特殊需要的学校。"①

为了给欧洲各国的新学校提供一个联络中心,1899年,德穆林的追随者、瑞士教育家阿道夫·费列尔(Adolphe Ferriere)在日内瓦建立了"国际新学校局"(International Bureau of New School)。1913年,注册加入"国际新学校局"的新学校已有一百所之多。在1915年的一次讲话中,费列尔说:"最重要的是,新学校是带有一种家庭环境的乡村寄宿学校。在那里,儿童的个人经验,实际上是在与手工劳动的联系中发展的智力教育和通过儿童自我管理而进行的道德教育两方面的基础。"②很清楚,他把乡村寄宿学校作为新学校的一种重要形式。在欧洲新教育运动初期,由于欧洲进步主义者的努力,新学校的发展取得了很大的成就。

与此同时,费列尔在日内瓦的同事、日内瓦卢梭研究所的第一任所长克拉帕莱德(E. Claparede)指出,新教育的核心是在一种活动的过程中。后来,皮埃尔·博维特(Pierre Bovet)把新学校称为"活动学校"。在德国,以"劳作学校"(Arbeitsschule)著称。此外,欧洲的一些新教育家,例如,玛丽亚·蒙台梭利(Maria Montessori)、奥维德·德可乐利(Ovide Decroly)、乔治·凯兴斯泰纳(Georg Kerschensteiner),在乡村寄宿学校之外,提出了实际上与杜威观点相似的教育理论,并开始在欧洲流行。

在共同的教育实验中,欧洲新教育运动的发展出现了联合的趋势。1914年,一批新教育家在英国举行会议,讨论教育的新理想。此后,他们每年举行一次年会,并提出了建立一个国际新教育组织的要求。最后,在费列尔的倡议和组织下,1921年,来自英国、法国和德国的新教育家在法国的加来举行了国际讨论会。讨论会的主题是"儿童的创造性表现",并探讨组成一个协会的可能性。

---

① [苏]《国民教育与民主主义》,见《克鲁普斯卡娅教育文选》,人民教育出版社1959年版,第247页。
② W·F·康乃尔:《二十世纪世界教育史》,1980年英文版,第119页。
W. F. Connell, *A History of Education in the Twentieth Century World*, New York: Teachers College Press, 1980, p.119. ——编校者

会议决定成立"新教育联谊会"(New Education Fellowship,简称 NEF),并出版《新时代》杂志。

1922 年,刚成立一年的新教育联谊会仿照美国进步教育协会的做法,也提出了"七项原则"。其总的精神是强调活动以及儿童个人的自由和完善的发展。但在 1929 年资本主义世界经济危机发生后,新教育联谊会的成员开始考虑到学校的社会责任。例如,1932 年在法国举行的讨论会,就把"教育与变革中的社会"作为会议的主题。同年,该联谊会指出"教育应该能够使儿童领会我们时代的社会和经济的复杂性",强调学校应该担负现代社会和经济的一部分责任。

从 1932 年起,新教育联谊会开始举行国际讨论会,每两年一次。该联谊会在整个欧洲,在亚洲和非洲的一些国家,以及英语世界的大部分地区都建立了分会。到 1966 年,它改名为"世界教育联谊会"(World Education Fellowship,简称 WEF),继续发挥它以前所起的作用。

2. 进步教育运动与"进步教育协会"

差不多就在新教育运动开始在欧洲兴起的同时,教育革新的思潮也开始在美国出现,并在二十世纪三十年代占据了统治地位。被称为"进步教育之父"的弗兰西斯·W·帕克(Francis W. Parker)的教育实践和思想吸引了大批支持者。他作为一位教育革新者,开创了进步教育思想在美国发展的道路。

在美国的大部分进步学校里,都强调"自由"的原则,并把活动看作教学工作的主要形式。那些兴趣中心、设计或工作单元,都是从儿童的兴趣和需要出发的,最后趋于对现实世界的理解。一般说,这些学校中的班级人数较少,而教室面积很大,以"建立"一个镇,设有邮局、银行和杂货店等,便于儿童在"社区"里开展活动。学校课程在人类生活的基本问题上发展起来。儿童通过经验而学习,个人的才能发展得到了注意。在学校中,儿童实行自我管理,以追求个人的自由和完善的发展;教师则提供帮助和指导。

进步教育思想在美国的广泛传播,对二十世纪前半期美国的学校教育产生了很大的影响。为了能提供交换看法的机会和场所,并使进步教育思想更加普及,1919 年 4 月 4 日,支持进步教育思想的教育工作者宣布成立"进步教育协会"(Progressive Education Association,简称 PEA),进步教育家玛丽埃塔·约翰逊(Marietta Johnson)在该协会的成立中起了关键的作用。著名的美国教育家、前哈佛大学校长查尔斯·W·埃利奥特(Charles W. Eliot)担任了该协会的名誉主席。

进步教育协会成立的目的,在于进一步推动进步教育思想的传播和进步学校的实验,以影响整个美国的学校教育。1920年,进步教育协会发表了著名的"七点原则声明":(1)学生有自然发展的自由。(2)兴趣是全部活动的动机。(3)教师是一个指导者,而不是一个布置作业的监工。(4)进行有关学生发展的科学研究。(5)对儿童身体的发展给予更大的注意。(6)适应儿童生活的需要,加强学校与家庭之间的合作。(7)在教育运动中,进步学校是一个领导。这些原则在进步教育协会所办的教育刊物中继续得到了阐述和宣传。正如科布(Stan wood. Cobb)在1929年时回忆说:"可以简单地说,我们的目的是改革美国的整个教育制度。"①1938年,该协会出版的《进步教育的发展》一书又重复阐述了这些原则的要点。

1924年,进步教育协会创办了《进步教育》杂志,由格特鲁德·哈特曼(Gertrude Hartman)担任编辑。杂志开始每年出版三次,以后变成了季刊。它宣传进步教育理论,并刊登了美国和西欧的进步主义者教育实验的资料,并为进步学校的教师和教育理论家提供了一个讨论教育问题的论坛。

在进步教育协会成立之初,入会者颇多。1920年时,约有会员数百人;1928年,会员增加到6,000人;1937年,为8,500人;到1938年时,会员人数已达10,440人。其中,会员大部分是在私立学校工作的教师。可以说,进步教育在三十年代成了美国主要的教育潮流。1938年10月,美国《时代》杂志曾连续刊登了有关进步教育协会的图片报道,并强调指出:"没有一所美国学校完全地逃脱它的影响。"当时在美国教育界占有举足轻重地位的哥伦比亚大学师范学院成了进步教育协会的大本营,那里的教育学教授也成为进步教育协会的发言人。

美国教育家杜威起初拒绝加入进步教育协会。1926年,埃利奥特去世,进步教育协会要找一位新的名誉主席。经过反复的讨论,该协会的执行委员会决定邀请杜威来担任,并于1927年4月30日写信给他说:"我们协会所坚持的正是你主张的哲学思想。"杜威这时才接受了邀请,一直担任到1952年去世。但是,杜威对进步教育协会的一些成员在教育实验中的做法,并不完全表示赞同。

由于进步教育协会的努力,进步教育思想在美国得到了比较广泛的传播,不仅对初等学校,而且也对一些教育学院产生了影响,从东部的哥伦比亚大学师范学院到哈佛大学、芝加哥大学,从中部的俄亥俄州立大学到西部加利福尼

---

① 劳伦斯·A·克雷明:《学校的变革》,1961年英文版,第241页。
L. A. Cremin, *The Transformation of the School*:*Progressivism in American Education*, *1876－1957*, New York:Knopf, 1961, p.241.——编校者

亚州的斯坦福大学。可以说,到1930年,进步教育思想不仅为美国的学校所接受,而且为初等学校教师所熟悉和经常地在实践中加以应用。但是,进步教育协会由于过分强调儿童个人的发展而受到了严厉的批评,尤其是在1929年资本主义世界经济危机发生之后。因此,该协会的一些主要成员开始强调学校的社会责任,并使协会的发展路线作了修正。进步教育协会的一个主要成员乔治·S·康茨(George S. Counts)在一次会议上就作了一个著名的演说,题为"学校敢于建立新的社会秩序吗?"1941年,进步教育协会在所发表的《进步教育的哲学与挑战》一文中,又制订了三条哲学原则:一是为解决生活问题而进行思考;二是为解决共同问题而进行合作;三是注重学生社会责任感的培养。应该指出,其中"社会"这个词是进步教育协会以往从来不提的。

由于进步教育运动没有解决美国社会需求的问题,加上一些进步教育家的理论和实际做法过于偏激,不能提高知识质量,遭到许多提倡传统教育思想的教育家的尖锐批评和攻击。1944年,进步教育协会改名为"美国教育联谊会"(American Education Fellowship)。总的说来,在第二次世界大战以后,进步教育协会失去了原有的生气开始走下坡路;它的成员也已经减少。到1953年,它又恢复了原名。最后,1955年6月,H·戈登·赫尔菲什(H Gordon Hullfish)主席宣布这个组织解散。两年之后,《进步教育》杂志也停办了。

然而,在现代美国教育史中,进步教育运动和存在过36年的进步教育协会仍构成了重要的一章。正如当代美国著名的教育史家劳伦斯·A·克雷明(Lawrence A. Cremin)所指出的:"进步教育协会在1955年的解散和两年之后它的杂志《进步教育》的停办,标志了在美国教育中一个时代的结束。"①尽管到二十世纪六十年代中期时,一些进步学校复兴,但是,旧的协会并没有恢复。

3. 欧美教育革新运动的相互关系及一般特点

欧洲的新教育运动和美国的进步教育运动开始是分离的,各自通过它们的教育实验和刊物,分别在欧洲与美国产生影响。大约在1910年之后,它们开始合作和交流,并发展成为一种具有各种各样形式、又具有共同的基础而被看作为统一的国际教育革新运动。

---

① 劳伦斯·A·克雷明:《学校的变革》前言。
L. A. Cremin, *The Transformation of the School*: *Progressivism in American Education*, 1876－1957, New York: Knopf, 1961, Preface. ——编校者

进步教育协会在它成立之初,就介绍了"国际新学校局"的工作,特别是对英国教育家雷迪的阿博茨霍尔姆学校、德国教育家利茨的乡村教育之家和法国教育家德穆林的罗歇斯学校给予了充分的注意。后来,它又发展了与"新教育联谊会"的联系。1925年,哈特曼和约翰逊曾作为美国进步教育协会的代表参加了新教育联谊会在英国爱丁堡召开的讨论会。1929年夏季,又有二百多名美国代表参加了新教育联谊会在丹麦埃尔西诺尔举行的讨论会。可以说,到1932年时,进步教育协会实际上已成为新教育联谊会的"美国分会"。

　　尽管地理环境不同,但是由于具有共同的背景,在三十年代初,欧洲的新教育运动和美国的进步教育运动都发生了一种富有特色的变化。在三十年代之前,它们都特别强调创造性活动和个人的自由发展;而从三十年代初起,它们也开始强调学校的社会责任和教育在社会改造中的作用。应该说,1929年发生的资本主义世界的经济危机,是它们的一条分界线。

　　就欧美教育革新运动的一般特点来说,大致可以概括成四个方面:(1)反对学校过分考虑对学生灌输知识;强调学校的责任在于鼓励学生去解决问题,以及学习如何应用科学的方法。(2)反对传统的学校课程,认为它极少考虑到现代社会的需要;主张学校的课程应该更多地反映现代社会,学生应该有更多的机会去锻炼能力和参加具有生活特点的活动。(3)反对固定不变的学校生活和呆板的管理组织形式;认为学校的一切要适合于手工劳动,适应社会的变化。(4)反对学校在精神上对学生的压抑;强调学校应该为学生的个人自由和完善发展创造条件。总之,欧美教育革新运动在内容上强调现代社会的需要,养成资产阶级民主和合作的观念,以及在这个社会中的个人发展;在方法上,使每一个人注重于解决问题和获得实际经验;在组织上,促进学生的自我管理和社区生活。

　　对此,费列尔曾强调指出,教育革新运动的"一种新的精神在世界上传播开来……;旧的传统学校将不能抵制它。在旧的传统学校的地方,将在通过经验而提炼的科学知识基础上,建立起一座更宏伟的大厦;总有一天,我们将可能看到,人们不再憎恨他们童年时代的学校,因为在学校里,他们将使自己身体健康、精神和谐和心智丰富。"①

---

① A·费列尔:《活动学校》,1927年英文版,第13—14页。
　Adolph Ferrière, *The Activity School*, London: George Allen & Unwin, Ltd, 1929, pp. 13-14.——编校者

二、欧洲新教育家的实验和理论

在欧洲的新教育运动中,许多国家的教育家创办了"新学校",其中比较著名的是,英国雷迪的阿博茨霍尔姆学校(乡村寄宿学校),德国利茨的乡村教育之家和法国德穆林的罗歇斯学校。有一些教育家在自己的教育实验中,也提出了新的思想,其中比较有代表性的,是德国凯兴斯泰纳的劳作学校理论和比利时德可乐利的教学法,以及意大利蒙台梭利的教学法。

1. 雷迪的阿博茨霍尔姆学校

英国教育家雷迪,1858年10月10日生于伦敦。他曾就读于费迪斯学院和爱丁堡大学。1884年,他在德国的格廷根大学获得化学博士学位。在大学读书期间,他已具有一种强烈的社会主义思想倾向;在八十年代,他参加了新生活协会,是一个活跃的社会主义者。但到1898年新生活协会解散时,他已不是一个社会主义者。1885年,他在英国德比郡创办了阿博茨霍尔姆(Abbotsholme)学校,并担任校长,一直到1927年退休为止。

欧洲的第一所新学校阿博茨霍尔姆学校的创办,在欧洲的新教育运动中占有很重要的地位。雷迪他自己曾这样说:他开办了一所学校,"我们的理解和抱负,或许能在那里得到实现"①。在教育实验中,他力图使乡村寄宿学校适合现代资产阶级生活的需要,并把这种形式作为英国社会改造的一个基础和一种伟大的力量。

阿博茨霍尔姆学校建立在面积宽广和风景美丽的郊外乡村里。它是一所寄宿中学,招收11—18岁的男生。学生都穿学校的制服。从提供一种全面教育的目的出发,每天的学校生活分成三个部分:上午主要是学术活动;下午是体育锻炼和实际的户外活动;傍晚是娱乐和艺术活动。雷迪对学校生活的每一部分都提出了详细的计划。

雷迪强调,学校的任务主要是促进学生个人的自由发展,良好的身体和心灵的健全发展,而不要用知识去压抑学生的发展。因此,学校的课程包括五个部分:(1)体育活动和手工劳动。在进行体育锻炼的同时,要求学生在133英亩的学校土地上参加农业生产劳动,并参加其他手工劳动。学校还制订了一个在农场、木工间和金工间有组织地进行活动的课程计划。(2)艺术方面的课程。

---

① W·斯图尔特:《英国教育中的进步主义者和激进主义者》,1972年英文版,第144页。
W. A. C. Stewart, *Progressives and Radicals in English Education 1750－1970*, New Jersey: Kelley, 1972, p. 144. ——编校者

要求学生学习最好的传统艺术和现代艺术，进行唱歌、戏剧表演等活动。(3)与古典主义课程不同的文学和智力方面的课程。其中，最主要的是英语，同时也有法语和德语；还包括数学、物理、化学和生物，以及历史、地理和社会科学等。(4)社会教育。这是学校课程的一个重要部分。每个班级的规模比较小，一般不超过15人。整个学校与一个社区密切联系，要求学生在晚上或周末参加社区的社会娱乐活动或俱乐部等。(5)道德和宗教教育。这主要是通过学校教职员的影响、学生所生活的环境以及非教派的教堂来进行。雷迪认为，对学生的培养来说，这五个部分的课程是不可分割和密切联系的。因为只有这样，才能使学生获得知识、力量和技能，在各方面得到良好的发展。

在阿博茨霍尔姆学校的整个生活中，合作、和谐和领导，是雷迪所强调的三个基本思想。因此，在学校中，教师与学生之间要建立一种真诚的信赖关系。在各种活动中，广泛地采取学生小组的形式；学校工作根据提供一种"全面的和协调的生活"的要求来进行设计；并在活动中使学生学习如何去领导。1901年，雷迪说："我们特别需要造就一个领导阶级。我们能通过明智的和有生气的教育来造就它。"①

大约从1889年到1899年，是阿博茨霍尔姆学校的全盛时期。在它刚创办时，仅有16个学生；10年之后，学生增加到61人。尽管雷迪的理想是使学生人数达到100人，但是从未能实现。从1900年起，由于雷迪的性格变得越来越古怪，加上他与学校教职员之间的相互埋怨，学校开始衰落，学生人数逐渐减少。1914年夏季学期时，学生人数减为39人；到1917年2月，又减少到13人；最后，1927年雷迪退休时，竟仅仅只有2人入学。可以说，阿博茨霍尔姆学校实际上已到了关闭的边缘。

为了造就一代新的资产阶级领导者，雷迪既重视儿童的个性发展，也没有忽视教育的社会目的。应该说，雷迪的教育实验是一个极大的成功，为新的教育思想和新的教育实践，为其他的新学校树立了一个模式。世界各国的上百个新学校，是直接或间接地仿照阿博茨霍尔姆学校而建立的。德国人就把雷迪称为他们乡村教育之家运动的"奠基人"。从世界范围来说，在一些回忆录里，有人也把雷迪称为"新教育之父"。

雷迪的后继者罗德里克·贝姆罗斯(Roderick Bemrose)经过10年的努力，

---

① 约翰·布尔：《雷迪的一生和性格》，1901年英文版，第49页。
John Bull, *His Orign of Character*, London: George Allen, 1901, p. 49. ——编校者

又使阿博茨霍尔姆学校恢复了生气。到1937年,它的学生人数已达到105人。由于在1969年第一次招收女生,实行男女同校教育,学生人数又增加到200多人。

应该指出,阿博茨霍尔姆学校的第一个分支,就是雷迪的同事约翰·黑登·巴德利①(John Haden Badley)1893年在英国南部苏塞克斯建立的贝达尔斯②(Bedales)学校。1900年,它迁到了朴茨茅斯北部的彼得斯菲尔德附近。

毕业于剑桥大学三一学院的巴德利曾在阿博茨霍尔姆学校工作过两年,在一定程度上也接受了雷迪的教育思想。因此,贝达尔斯学校基本上与阿博茨霍尔姆学校有着相似的目的、课程和组织形式。可以这样说,贝达尔斯学校首先是以阿博茨霍尔姆学校的分支而闻名的。但是,巴德利又与雷迪不同,他更多地趋向于培养有创造力的个人,对教学过程更加感兴趣,学校管理也更加民主和自由,并且主张男女同校教育。因此,在某种程度上,巴德利的做法比雷迪的做法更受人们的欢迎。

贝达尔斯学校原招收9—15岁的男生。刚开办时,只有3个学生。1894年,开办后第一年,学生人数已达30人。1899年开始招收女生(4名)。1903年,入学人数已超过100人;到1921年时,又超过了200人。这时,它已不仅仅是一所中等学校,而且包括了从幼儿园教育到中等教育。1935年,70岁的巴德利才从做了43年校长的职位上退休。

1939年,在阿博茨霍尔姆学校成立五十周年时,巴德利又回到了那里,并在纪念册上写道:"我能作为了解它最早开始的那些人中的一位来回顾,并分享在理想环境下进行创造性活动的喜悦心情。到目前为止,这种理想还在传播,并在教育中开创了一个新的纪元。……这是雷迪所提出的远见,……而使阿博茨霍尔姆成为了一个模式。一些不同形式的'新学校'从它那里得到了它们的一般形式,并受到了鼓舞。"③

2. 利茨的乡村教育之家

英国的乡村寄宿学校运动对欧洲的一些国家,例如,瑞士、法国、丹麦、奥地利等国都有影响,特别是德国教育家利茨直接地从雷迪的阿博茨霍尔姆学校那

---

① 今译:约翰·赫顿·巴德利。——编校者
② 今译:彼得莱斯。——编校者
③ W·斯图尔特:《英国教育中的进步主义者和激进主义者》,第411页。
W. A. C. Stewart, *Progressive and Radicals in English Education*, 1750‑1970, New Jersey: Kelley, 1972, p. 411. ——编校者

里汲取了一些东西,创立了著名的乡村教育之家(Landerziehungsheime)。

德国乡村教育之家运动的奠基者利茨1868年生于鲁根岛,在自己家的农场里长大。他曾在哈勒大学和耶拿大学学习。在耶拿大学实习学校时曾受到德国教育家赖因(Wilhelm Rein)的影响。由于赖因的介绍,他于1869年访问了雷迪的阿博茨霍尔姆学校,并在那里教了一年书。在教育思想上,他也受到了法国教育家卢梭和瑞士教育家裴斯泰洛齐等人的影响。

利茨认为,课堂教学呆板及作息时间和考试制度规定过严的城市学校生活,对儿童心理的发展是有害的。因此,他最早对当时德国的教育制度提出了挑战。此外,他又从对自己童年时期在农场里快乐日子的回忆中,强调农村是一种教育力量。于是,1898年,他依照阿博茨霍尔姆学校的模式,在哈尔茨山区的伊尔森堡创办了第一所乡村教育之家,招收8—12岁的儿童,以游戏作为一切教育活动的中心。1901年,他又在图林根的豪宾达开办了第二所乡村教育之家,招收16—20岁的男生,以手工劳动和田间农业劳动作为主要的课程。1904年,他在富尔达附近的比贝尔斯泰因建立了第三所乡村教育之家,招收12—16岁的男生,专门教授科学与艺术,但游戏和手工劳动也包括在教育计划之内。

首先,利茨认为必须精心选择学校的地点。因此,利茨所办的乡村教育之家均设在风景优美的乡村里,校舍建筑就在包括着山、森林、溪流和牧场的大自然环境之中,而远离喧闹和杂乱的城市,以使学生的身体和心理在大自然环境中得到充分的发展。此外,学校还有寝室、膳厅、会场、工厂和田园等设备条件。就校舍设备来说,比贝尔斯泰因乡村教育之家在德国的学校中,甚至在整个欧洲的学校中,也可算得上是最优良的。

其次,利茨认为,作为一种寄宿学校的形式,每一个乡村教育之家均应提供一种无拘束的家庭气氛,教师和学生在那里一起生活。教师要尽量多地接近和了解学生,并成为他们的"保护者",乃是乡村教育之家的精神。在乡村教育之家中,教师和学生均是其中的一员,对乡村教育之家的生活问题,都有着发言权。教师决不对学生作过分强制的命令、训斥和责难等,而是在作出表率的同时,给予帮助和鼓励。总之,这种乡村教育之家,与其说是学校,不如说是家庭生活的场所,儿童的乐园。利茨的乡村教育之家的一位教师曾回忆说:在那里充满了亲密友爱和互相信任的气氛。

还有,利茨强调在乡村教育之家中必须注意提供各种活动。学生分成一个一个小组进行学术、体育和艺术活动,以及参加手工劳动和实际的工作。对学校的一天计划,利茨作了这样的规定:每天大约5小时的学术活动,5小时的体育活动和手工劳动，10小时睡觉，4小时吃饭、淋浴和休息等。在具体安排上，上午是学术活动；下午是手工劳动、体操、游戏与艺术活动。每天傍晚，全体学生还集合在一起，进行愉快的谈话和讨论，以及音乐和娱乐活动。它表现出两个特点：一是所有的活动都是建立在学生的兴趣和经验之上，以适应对现代社会了解的需要；二是学校把手工业和农业活动作为学术活动的一种补充，并把附近的农村作为学生聚会、野餐和散步的地方。在利茨看来，这样不仅可以使学生成为一个有知识的人，而且成为一个会去探索和行动的人。

在乡村教育之家中，利茨力图把智力活动与广泛的体育活动、社会教育和艺术欣赏协调地结合在一起。在体育方面，学生要参加体操、游戏、各种竞技、远足、长距离赛跑、爬山等，以锻炼身体。在劳动方面，根据学生的兴趣和能力，在园丁和农夫的指导下，学习果树、蔬菜和花草的栽培，或者从事伐木和饲养动物等，此外，还要学习木工、金工等技术，使学生尽量能够生产生活上的必需品，并从中丰富自己的生活经验。在艺术活动上，学生要学习图画、雕刻及进行音乐的练习与创作，并从事自己房间内的装饰设计；校内设有乐队和合唱团，在每学期末还举行展览会，以培养学生的艺术能力和情操。在教学方面，学生主要学习德语、数学、自然科学、历史和地理等，但教学方法要以直观教学和实物教学为主。利茨自己在管理三个乡村教育之家的同时，还亲自讲授历史和宗教史等。利茨希望通过这些活动的协调配合，培养学生"能够清楚地和深刻地思考，热情地探索，以及勇敢地和果断地行动"①。

1918年，利茨在去世的前一年，曾在自己的一封信中谈到他20年的教育实践经验。他说，乡村教育之家"把这些思想付诸实践，就需要来自它们领导的创造力、判断力、勇敢、严密的思考力和毅力，它们的工作人员的能力、真诚和献身的精神，父母亲或他们的代理人的信任和了解，最后但并不是最不重要的，需要那些跟我们一起生活的人的灵活性、接受能力和热情"②。

利茨的乡村教育之家不仅对德国的学校教育有影响，而且也从德国扩展到其他一些欧洲国家。原在利茨学校工作的教师，后来也到德国的其他地区建立

---

① W·F·康乃尔：《二十世纪世界教育史》，第128页。
W. F. Connell, *A History of Education in the Twentieth Century World*, New York: Teachers College Press, 1980, p. 128. ——编校者
② W·F·康乃尔：《二十世纪世界教育史》，第130页。
W. F. Connell, *A History of Education in the Twentieth Century World*, New York: Teachers College Press, 1980, p. 130. ——编校者

新学校,到第一次世界大战时,已有12所。其中著名的有古斯塔夫·温尼肯(Gustav Wyneken)和保罗·吉布(Paul Geheeb)1906年9月在德国中部扎尔费尔德共同创办的威克斯多夫(Wickersdorf)学校,以及1910年吉布因与温尼肯意见不合而单独在黑森建立的奥登瓦尔德(Odenwald)学校。

3. 德穆林的罗歇斯学校

新教育运动在法国的影响,最早始于教育家德穆林。

德穆林曾在英国的阿博茨霍尔姆学校和贝达尔斯学校学习过。1867年,他写了《英国民族的优越性在哪里?》一书,指出英国教育的特色,在于它的教育内容比较广泛,教育方法也比较自然,并认为乡村寄宿学校的建立给英国人带来了更多的好处。此书曾被译成十多种文字,广泛流传。他提出了这样的一个问题:"我们必须怎样做,才能给我们的儿童提供一种既能保证个人的自由又能保证国家权威的教育呢?"为此,他于1898年写了《新教育》一书。比较系统地提出了他自己对新教育的见解。他强调指出,传统的古典主义教育忽视现代知识的传授和实际能力的训练,不利于学生的创造性活动能力的发展,并坚决要求在学校的师生之间建立一种合作的关系。1899年,他就在离巴黎约两小时路程的诺曼底风景区创办了罗歇斯学校(Ecoledes Roches)。

在德穆林的主持下,罗歇斯学校的工作实际上追随了贝达尔斯学校的路线,但它又有点像阿博茨霍尔姆学校,只强调招收男生。学校开办时有8—19岁的学生80人,到第一次世界大战爆发时,大约已有二百多名学生(其中也有几个女生)。学生分别组成一些"小家庭"(house group)。在学校里,每个"小家庭"占一幢楼,各有其特殊的家庭生活规则。家庭附有花园和家畜,给学生提供参加实际活动的机会。教师(与其他新学校不同的是,其中有许多女教师)与学生住在一起,参与学生的活动,帮助学生"小家庭"生活的改善,在师生之间建立起密切的联系。

罗歇斯学校的目的,是通过各种活动的训练,使每个学生身体健康,心智得到完善的发展,并培养良好的道德。学校的课程包括现代语、数学、自然科学、历史、地理和手工劳动等。但学生享有充分的自由,在学术上并没有给他们施加过分的压力。在学校生活的各个方面,大部分由学生管理和进行指导。校内也设有各种委员会,由学生自己主持和组织学校的一些重要活动,例如,出版校报、管理体育运动和安排手工劳动等。像许多新学校的做法一样,一般上午用来安排学术活动,下午则安排进行户外的实际作业、游戏、体育运动,以及参加学生自己所喜欢的活动。罗歇斯学校也特别注重体育运动,每个学生每天有一小时练习体操,每周有三个下午用来进行体育运动,学生还组织了球队进行竞赛,所以有人把它称为"运动学校"。

德穆林的罗歇斯学校的成功,引起了许多人的注意和仿效。1907年,在罗歇斯学校开办后8年,德穆林去世。他所创办的学校则由他的后继者保罗·鲁西尔斯(Paul Rousiers)和乔治斯·伯蒂尔(Georges Bertier)主持下去。

4. 凯兴斯泰纳的劳作教育理论

德国教育家凯兴斯泰纳,1854年生于巴伐利亚的首府慕尼黑。他自小立志当初等学校教师,17岁时毕业于弗赖辛师范学校。在担任3年小学教师后,由于对科学的兴趣,他辞去教职,又自己补习了3年中学课程,于1877年进慕尼黑大学学习数学和物理,又兼学教育学和哲学。1883年,他开始作为一个中等学校教师在巴伐利亚的一些中学里教了12年书。1887年,他在慕尼黑建立了第一所职业学校。1894年,他被任命为慕尼黑的教育局长,在职25年,主持进行学校教育改革。之后,他又担任慕尼黑大学的教育学教授,一直到1932年1月15日去世为止。他生前曾多次赴美、英和欧洲大陆国家演讲。

早在1905年,在题为《小学的改造》的讲演中,凯兴斯泰纳就已使用了"劳作学校"(Arbeitsschule)一词,与"书本学校"相对立。1908年,在瑞士苏黎世举行的裴斯泰洛齐诞辰160周年纪念大会上,他又发表演讲,明确指出:"将来的学校应该是劳作学校。"直到这时,他提倡的"劳作学校"才引起了许多教育家的兴趣和注意。人们一般认为,这是"劳作学校运动"的开始。1912年,他又写了《劳作学校的概念》一书,比较系统地阐明了对"劳作学校"的见解。但应该指出,他所说的"劳作学校"主要涉及当时德国资产阶级为劳动人民子女设立的国民学校、职业学校等。

作为德国资产阶级利益忠实代表的凯兴斯泰纳认为,对学生必须进行贯彻国家主义思想为主的公民教育。他曾这样说:"我以为国家公立学校的目的——也就是一切教育的目的——是教育有用的国家公民。"①在他看来,不管一个人的政治信念、宗教信仰和道德观念怎样,他都要成为一个为"最高价值的国家"服务的公民。从而把教育看成是德国资产阶级对人民进行心灵"陶冶"和严格的思想控制的重要工具。

凯兴斯泰纳要求在为国家服务的过程中,每一个公民都要在国家中从事一项具体的职业。所以,公立学校就要帮助和培养学生"将来能在国家的组织团

---

① [德]凯兴斯泰纳著,刘钧译:《工作学校要义》,商务印书馆1935年版,第12页。

体中,担任一项工作,或一种职务,并且把这种职务或工作做得能够多么好就多么好!"①"让个人自己去练习。将所任的职务看作郑重的公事。"同时,以儿童的天赋为条件,发展儿童的性格和力量。具体来说,公立学校有两个不可缺少的任务:一是性格训练;二是职业训练。由此,凯兴斯泰纳强调必须把公立学校办成"劳作学校"。它的用意,在于以极少的知识材料,得到极多的适应力、本领和工作兴趣,以完成国家公民教育的使命。通过劳作教育,使学生既可以养成个人的职业技能,又能养成为国家服务的精神,而成为具有独立精神、和谐发展和行动自由的人,即德国资产阶级所需要的新型劳动力。

他还指出,"那种死记知识的教育——征服了一切国民学校和高级学校的死记呆背的教育——已不是我们今日所需要的国民教育和人类教育了"②。因此,学校应该是一个共同的劳作团体。在劳作学校中,从学生的兴趣和需要出发的劳作活动是一个核心。它的重要性表现在三个方面:(1)有效的学习依靠思想与行动的适当结合。凯兴斯泰纳曾这样说:"我们需要人,而不是一本词典。"③(2)教育中的活动方法对品行发展是必要的。劳作活动,特别是为社会服务的活动,是人类教育中的一种最强有力的道德力量。(3)对职业技能的培养来说,劳作活动是必不可少的。它能使学生获得具体的经验,并培养合作的能力。凯兴斯泰纳曾这样说:"学校改革之最有价值者,是在将学校由个人欲望发展的地方,改变为社会服务的机构;由单纯培养知识的地方,改变为多方面的人文机构;由善求知识的地方,改变为善用知识的机构。"④

在凯兴斯泰纳看来,劳作活动首先具有教学的价值。学生要求获得经验的知识和生产的技能,唯一的方法是参加劳作活动。特别是学生的能力,不是靠一般的教育,而是在实际的生产作业中养成的。可以这样说,在学习的过程中,学生的劳作活动具有最高的价值。这样,可以使学生从自己的经验中获得知识,遵循亲身观察和亲身经验的"新路"。所以,学校教育应该以劳作活动为基础。这也是符合儿童心理发展规律的。

与此同时,劳作活动还具有训练的价值。在他看来,劳作活动是训练公民

---

① [德]凯兴斯泰纳著,刘钧译:《工作学校要义》,商务印书馆1935年版,第13—14页。
② [德]凯兴斯泰纳著,刘钧译:《工作学校要义》,商务印书馆1935年版,第94页。
③ W·F·康乃尔:《二十世纪世界教育史》,第143页。
　　W. F. Connell, *A History of Education in the Twentieth Century World*, New York: Teachers College Press, 1980, p.143.——编校者
④ 舒新城著:《现代教育方法》,商务印书馆1930年版,第431页。

性格,加强思想控制的最有效的方法。在劳作活动中,性格的训练具体表现在学生的意志力、判断力、敏锐性和兴奋性等四个方面的培养上。凯兴斯泰纳说劳作学校的"组织必须以性格陶冶为最高条件"。就这一点意义来说,他又把劳作学校称为"性格陶冶的学校"。

因此,在劳作学校中,应该设有手工厂、实验室、学校园地、缝纫室和烹饪室等。教师与学生一起共同组成劳作小组。学生参加手工劳作活动,应该像真正的工人从事其职业一样,竭尽全力去做。只有这样真正的手工劳作活动,才能使职业技能熟练,同时又能打下一切正确知识的基础。在凯兴斯泰纳看来,知识必须从经验中去获得,技能必须从生产作业的练习中去培养。对最重要的经验知识与生产技能的忽视,是根本的错误。由此,他主张手工劳作教育除在各门科目中进行外,还应该成为独立的一门科目,并且必须由有能力的专业教师来担任。这样,就产生了建立手工师范学校的需要。

在担任慕尼黑教育局长期间,凯兴斯泰纳除了对国民学校进行改革外,还设立了业余补习学校。业余补习学校招收那些在国民学校里没有受完初等教育的人。每周上课八至十小时,均安排在晚上和星期天。除讲授手工业训练方面的课程外,还进行公民教育。

凯兴斯泰纳亲自领导和主持了慕尼黑的劳作学校实验。他的劳作教育理论,对整个德国和欧洲一些国家的学校教育也有较大的影响。1919 年,在魏玛时期制定的德国新宪法第 148 条中,就规定了劳作教育的实施。1920 年,德国教育大会又通过决议,指出新学校必须是劳作学校,并制定了具体的实施办法。瑞士、英国和法国等国也有采取"劳作学校"做法的。俄国教育家布隆斯基(П. П. Блонский)的主张和做法实际上也源于此。

对凯兴斯泰纳和他的做法,苏联教育家克鲁普斯卡娅曾作过这样的评价:"他对资产阶级国家非常崇拜,异常坚决地保全资产阶级的利益,并且使自己的教育活动吻合这种利益。他是一个学识渊博的人,精通最新的教学方法,曾经到法国、瑞士、奥地利去考察职业教育情况。但是,他希望建立新学校。他想建立一种采用新方法达到老目的的学校。"[1]

5. 德可乐利的教学法

在欧洲现代教育革新家中,比利时的德可乐利也是一个重要的代表。他

---

[1] [苏]《克鲁普斯卡娅教育文选》,《国民教育与民主主义》,人民教育出版社 1959 年版,第 248—249 页。

1871年生于比利时东佛拉芒省雷内克斯市。在受完中等教育后,他进入了根特大学学习医学,并以优秀成绩获得了博士学位。大学毕业后,依靠旅行奖学金的资助,曾在柏林和巴黎短期进修。1901年,他回到布鲁塞尔,利用自己的住宅创办了"变态儿童研究所",招收许多身心有缺陷的儿童,并取得了显著的成绩。1903年,他被任命为布鲁塞尔市的特殊教育督学。1907年,他又开办了驰名世界的"隐修学校",(L'Ecole de L'Ermitage),专门招收正常儿童(这所学校一般以"德可乐利学校"著称,1925年迁到于克勒,至今尚在)。1913年,他担任布鲁塞尔高等师范学校教授。1920年,他任布鲁塞尔大学儿童心理系主任。他积极赞助"新教育联谊会"的创立,并于1921年和1923年出席它的大会,作关于自己教学法的讲演。在德可乐利的一生中,他作为一个医学博士、一个教育心理学家和一个实际的学校教师,把教育理论与实际很好地结合了起来。

　　对当时流行的学校教育,德可乐利曾提出了尖锐的批评。他认为,它们具有过多的学术性,而没有很充分地适应儿童的年龄、能力和兴趣;学习的课目是互相隔离的,而不能为学生所掌握;学生花在获得知识上的时间和努力过多,而花在表达上太少;它们给儿童活动的机会太少,等等。他曾这样说:"农业或商业不是凝固不变的,教育也没有更多的理由依然故我。经验表明,物理的和社会的环境,生活的需要和条件都在变;因此,就必须适应这些新的因素。教育的方法必须革新。要革新,就得像工业、畜牧和种植那样的试验和尝试,即我们所说的实验。教育这事业,必须比人类的任何其他事业更灵活、更有进化的能力。"①

　　因此,德可乐利创办了教育实验的基地,并在实验中确立了自己教育理论的宗旨:一是"在生活中进行为生活预备的教育"。概括起来说,教育就是生活。二是"组织适宜儿童发展倾向的环境,提供适当的刺激"。他认为,儿童是一个将参加社会生活的人,教育应该使他愉快地作好这一准备;儿童是一个正在生长的整体,在每一个年龄期都有变化,有时可能是细微的和感觉不到的变化;同一年龄的儿童之间存在着差异,而不存在着相似的复制品;某一年龄的儿童会表现出其所特有的几种兴趣,心智活动应该以这种不同的兴趣为根据;感觉和筋肉运动是儿童生活中最主要的活动。

　　由此出发,德可乐利提出,学校应该设在一个自然环境中。在这个环境中,

---

① [法]让·夏都:《大教育家》,1961年法文版,第43页。
Jean Château, *Les grands pédagogues*, Puf 1961, p. 43.——编校者

儿童学习的地方也就是他生活的地方。儿童在日常生活中能与各种自然现象接触。同时,学校又是简化的社会,要用一种简单的形式来表示儿童的社会生活。学生的人数不能太多,学校应该实行男女同校教育(从4岁继续到10岁或12岁)。课程分为关于个人的知识和关于环境的知识两大类。教室应该就是工作室或实验室,学生以活动为主,讲课及参观仅是它的补充。分组时,应尽量把各方面极相近的儿童编为一组。一般地上午用来教读写算和从事各种练习,例如,观察、图画、唱歌和体育等;下午用来学习手工和外国语。教师应该是由聪明能干和富有创造力、想象力的人担任;他们热爱儿童,渴望了解和帮助儿童。在学校生活中,教师要注意培养儿童的自制力、创造力和合作的能力。他的"隐修学校",就是基于这些原理而建立起来的。刚开办时,它仅有几个学生,后来发展到300多个4—18岁的学生。它设有宽敞的工作室、宽广的场地、漂亮的花园允许学生进行各种活动。一句话,"自然从各方面围绕着他们"。

德可乐利的教学法的基础是兴趣中心。"兴趣是个水闸。依靠它,能打开注意的水库和指引注意流下来。"[①]在他看来,每个兴趣中心都像设计单元一样,应付一个大问题,由此出发学习各门学科。每个兴趣中心均有一个中心概念贯串全过程,以作为其他一切学科的枢纽。而兴趣中心又是以儿童的需要为根据的。儿童的需要大致可以分为四类:(1)营养的需要;(2)环境保护的需要;(3)自卫的需要;(4)工作及活动的需要。例如,"果子"是兴趣中心,"我饿"是儿童的需要;"衣服"是兴趣中心,"我冷"是儿童的需要,等等。这些需要中的每一个就构成一学年的兴趣中心,每学年的工作就在一种兴趣中心周围组织起来。这种以兴趣为中心的课程在实施时,可以先选择与儿童目前的兴趣有关的较小的中心开始,以后逐渐扩大,研究较大的兴趣中心。

德可乐利学校的全部工作均以观察为基础,继之以联想,最后是表达。这是具体教学过程的三个步骤,其中表达是最重要的一个步骤。他认为,观察可以使儿童接触第一手的现象和材料,获得直接的经验;联想(空间的与时间的)是根据儿童的好奇心,把直接的经验集合、分类和比较,使儿童认识由观察而得的经验与由回忆而起的经验(或由间接而得的经验)两者间的关系;表达是用制作、图画、剪纸(具体的形式)和读书、谈话、写字、拼音、作文(抽象的形式)来表

---

① W·F·康乃尔:《二十世纪世界教育史》,第145页。
W. F. Connell, *A History of Education in the Twentieth Century World*, New York: Teachers College Press, 1980, p.145.——编校者

现观念。例如,以"果子"的单元教学为例,先观察果子的种类、数目、形状、颜色、大小、轻重、味道、表皮的粗细,以及果子出售的情况等;其次,联想到果子的来源、运输和储藏等;最后,读和写果子的名称,进行有关果子的游戏,画果子的形状,用泥做各种果子的模型,编有关果子的故事等。

在对身心有缺陷的儿童进行教育时,德可乐利采用的方法基本上与对正常儿童采用的方法相似。在他的"变态儿童研究所"里,不仅有智能低下的儿童,而且有聋哑儿童和问题儿童。他认为,对他们的教育需要给以特别的注意,可采用露天游戏、从事园艺和饲养小动物等进行身体活动,并进行手工活动,读写算教学的进度应该比正常儿童的进度慢得多。

为了正确地观察和判断儿童的身心发展,德可乐利采用了智力测验的做法。在使用《比奈—西蒙量表》[①]的基础上,他与布伊斯(Buyse)一起合编了《布伊斯—德可乐利量表》,并合写了《智力测验的实践》一书(1930年)。此外,1907年,他第一个利用电影来对儿童的活动进行观察。到第一次世界大战之后,他更广泛地运用这一手段,摄制了《儿童心理发展的各阶段》、《儿童的社会反应》和《0—6岁儿童的模仿行为》等;对教学实验的发展有着很大的影响。

德可乐利写过不少著作,但是,没有一本系统地阐述他自己教育理论的著作。他的工作标志着新教育运动在比利时的扩展。他先于意大利教育家玛丽亚·蒙台梭利,在教育实验的基础上,研究儿童的心理和教学,成为实验教育学的先驱者之一。他的教学法也有"比利时设计教学法"之称。特别是由于阿米莉·哈梅德(Amelie Hamaide)著的《德可乐利方法》一书的出版和翻译,加上一些国家的教育家不断地访问"隐修学校",使得德可乐利与他的教学法为许多新教育家所熟知。

三、美国进步教育家的实验和理论

在美国的进步教育运动中,以帕克的昆西学校实验为开始,很多进步教育家陆续地进行了一些教育革新实验。其中比较突出的,是约翰逊的有机教育学校。海伦柏克赫斯特[②](Helen Parkhurst)的道尔顿计划,卡尔顿·沃尔西·华虚朋(Carleton Wolsey Washburne)的文纳特卡计划,威廉·艾伯特·沃特(Wlliam Albert Wirt)的葛雷计划和威廉·赫德·克伯屈(William Heard

---

① 今译:《比纳—西蒙量表》。——编校者
② 今译:海伦·帕克赫斯特。——编校者

Kilpatrick)的设计教学法。

1. 帕克的昆西学校实验

被称为"进步教育之父"的帕克,1837年生于新罕布什尔州的贝德福。16岁起,他就开始了一个乡村教师的生涯。1862年,他参加联邦军队,曾担任过上校(故他后来以"Colonel"著称)。退伍后,他继续投身于普通学校教育的实践,在俄亥俄州的德顿工作了一段时间后,开始研究近代教育理论,并模仿美国"公共教育之父"贺拉斯·曼(Horace Mann)的做法,于1871年到欧洲学习考察。在欧洲的两年半时间里,他一面在德国柏林的威廉国王大学学习,一面又到法国、荷兰、瑞士和意大利等国访问,直接地观察了当时欧洲教育革新的情况。当回到美国时,他决定要在学校教育工作中进行同样的革新。从1875年至1880年,他担任了马萨诸塞州昆西市教育局长,第一次把他的进步主义思想付诸教育实践,并表现出了他进行教育革新的卓越才能。后又担任过波士顿公立学校的督学。1883年,他成为芝加哥库克县师范学校校长,一直到1901年。他在教育实践基础上,开始更加系统地阐述自己关于教育革新的思想。1901年,他担任了芝加哥大学教育学院(前身是私立芝加哥教育实验中心,即芝加哥研究所)的第一任院长。

帕克认为,儿童应该是被规划和组织起来的学校教育工作的中心;儿童将在一种为民主作持久和统一努力的社区环境中得到发展;学校的课程应该尽可能地从实践活动中引出;学校应该对表现性的工作感到极大的兴趣并加以鼓励等。

帕克领导和主持了马萨诸塞州的昆西学校实验。它以"昆西制度"而闻名于整个美国,并引起了人们和许多教育家的极大注意。在昆西学校实验中,帕克根据"教育要使学校适应儿童,而不是使儿童适应学校"的原则,放弃了固定的课程,而把教师们自己设计的材料、杂志和报纸介绍到教室里来,以代替教科书;并强调儿童自己的活动和对周围事物的直接观察,注意培养儿童的自我表现能力。例如,儿童学习语言是从最简单的字和句子开始,而不是从死记硬背字母表开始;学习算术是通过实物使儿童自己主动地学,而不是仅仅通过规则来学习;学习地理是结合到附近地区农村的远足来进行,等等。帕克还把艺术活动和手工劳动介绍到昆西学校中来,并在课程中占了重要的地位。可以说,昆西学校实验的整个重点,是放在对儿童的观察、理解和描述能力的培养上。帕克强调,这样可以促使儿童个人的发展,而这正是学校教育的主要目标。在1878—1879学年昆西市学校委员会报告中,他曾这样写道:"我重复一遍,我只是尝试更好地应用已建立起来的教学原理。这些教学原理直接来自于心理的法则。由它们而形成的方法在每一个儿童的发展中都找得到,我没有详细提供新的原理、方法,没有尝试什么实验,也不存在特殊的'昆西制度'。"①

后来,在库克县师范学校时,担任校长的帕克继续实践他在昆西学校实验中的思想,并使他于1875年开始的工作达到了一个惹人注目的顶点。这所学校,也成了邻近地区公立学校的模式。

1894年,他写了题为《关于教育学的谈话》一书。书分两卷:上卷阐述理论,下卷详述各科的教学。尽管这本书中的一些思想是从裴斯泰洛齐、福禄培尔和赫尔巴特那里来的,但更主要的是他对自己的教育工作实践,特别是对昆西学校实验的系统总结。这本书可能是美国最赢得国际声誉的一本教育学论著。

帕克强调,学校应该组成"一种理想的家庭,一种完善的社区和雏形的民主政治"②。这样,既可尊重儿童活动的本性的自由发展,又可以养成他们为社会服务的习惯,成为资本主义社会的一个成员。

在学校课程方面,他认为应该重视旅行活动、自然观察、儿童读物,以及艺术和体育运动;并且,要注意从儿童的兴趣出发,极大地激发儿童对各种活动的热情。他说:"每个儿童热爱的自然:鸟、花和动物是他们用之不尽的好奇心和惊讶的一种源泉。我们应该把这种热爱带到教室里去。……儿童也具有一种具体地表现他思想的强烈愿望。我们也应该把这种冲动倾向带到教室里去。……"③

他提出,要使公立学校成为世界上最好的学校。因此,需要在每一个教室里配备一位受过专业训练的、有文化修养的、忠诚教育工作和热爱儿童的教师。他既具有巨大的热情,又具有教育科学的知识。

在美国进步教育运动中,帕克占有极其重要的地位。他的昆西学校实验,

---

① 劳伦斯·A·克雷明:《学校的变革》,第130页。
L. A. Cremin, *The Transformation of the School: Progressivism in American Education, 1876 - 1957*, New York: Knopf, 1961, p.130. ——编校者
② 帕克:《关于教育学的谈话》,1894年英文版,第450页。
F. W. Parker, *Talks on Pedagogics: An Outline of the theory of concentration*, New York: E. L. Kellogg, 1894, p.450. ——编校者
③ F·伯茨:《美国的公共教育》,1978年英文版,第202页。
R. F. Butts, *Public Education in the United States: From Revolution to Reform*, New York: Holt Rinehart and Winston, 1978, p.202. ——编校者

使他成为后来在美国形成的"昆西运动"的领导人。他培养出来的或接受他的教育思想的许多教师,也成了进步教育运动的热情的支持者和积极的参加者。帕克认为,他自己所作的努力是在以下两个方面:"一方面,使得儿童成为教育过程的中心;另一方面,通过提高课程中的一些科目对儿童的意义,使得它们相互联系起来。"①著名教育家杜威在与帕克的交往中,也受到了他的教育思想的影响。著名心理学家 G·斯坦利·霍尔(G. Stanley Hall)每年都去访问库克县,正如他在给帕克的一封信中所说的:"去拨准我的教育钟表。"以帕克的名字命名的"弗兰西斯·W·帕克学校"(Francis W. Parker School),在弗洛拉·J·科克(Flora J. Cooke)②的领导下,完全遵循了帕克所确定的路线。

2. 约翰逊的有机教育学校

约翰逊是美国进步教育协会的创建者之一。在二十世纪二、三十年代,她一直是它的领导成员之一。1864 年,她生于明尼苏达州,并在那里受教育。从 10 岁起,她就有了献身教学工作的理想。她曾在初等学校里教过各个年级,也具有在中学里从事教学工作的经验。在设在曼卡托的州立师范学校里,她也曾是一位"关键的教师"。1903 年冬天,约翰逊一家决定移居到亚拉巴马州③的一个海边小镇费尔霍普。第二年,又搬到密西西比州的梅里迪安附近的一个农庄,一直到 1907 年,应康明斯(H. S. Comings)夫妇的邀请,约翰逊又回到了费尔霍普,在那里创办了一所私立学校,名为"费尔霍普学校"(Fairhope School),一般以"有机教育学校"(School of Organic Education)闻名。约翰逊后来回忆说:很多人来到了费尔霍普,但最后都走了;而"我完全专心致志于开办一所学校,并乐意地抓住这一机会。我是那样地渴望去'实行'一个计划,即努力使孩子来上学并让我进行实验"④。

约翰逊经常阅读内森·奥本海姆(Nathan Oppenheim)著的《儿童的发展》一书,并从中获得了对自己实验的一种刺激和支持。一些年以后,她回忆说:

---

① 劳伦斯·A·克雷明:《学校的变革》,第 131 页。
L. A. Cremin, *The Transformation of the School: Progressivism in American Education, 1876-1957*, New York: Knopf, 1961, p. 131. ——编校者
② 今译:弗洛拉·J·库克。——编校者
③ 今译:阿拉巴马州。——编校者
④ M·约翰逊:《带着一种理想的三十年》,1939 年英文版,第 14 页。
Marietta Johnson, *Thirty Years with an Idea*, Alabama: The University of Alabama Press, 1974, p. 14. ——编校者

"《儿童的发展》成了我的教育圣经。"①她也阅读过一位有才华的学者、教师C·汉福德·亨德森(C. Hanford Henderson)和杜威早期写的一些小册子。特别是亨德森写的《教育与广泛的生活》一书,给了她很大的影响。她接受了亨德森的教育思想,即教育的目的在于发展整个人的有机体,它的感觉、身体、智力,以及趋于改善生活和文化的社会力量;同时也从亨德森那里借用了"有机教育"这一术语。所以,约翰逊强调说:"我们必须牢记,我们正在与一个统一的有机体打交道。"②

约翰逊曾在《什么是有机教育》一文中指出,学校的目的是"对身体健康给予帮助,发展最好的智力理解,以及保证富有感情的生活的真实和自然"③。由此出发,包括从幼儿园到中学的费尔霍普学校分成了生活班级,以代替固定的年级。它包括六个部分:幼儿园(6岁以下的儿童),第一生活班级(6—7岁),第二生活班级(8—9岁),第三生活班级(10—11岁),初级中学(12—13岁)和中学(14—18岁)。在整个课程计划中,以活动为主,并在活动的基础上再进行智力学习。正式科目的安排尽可能地推迟,一直到10岁(第三生活班级)时才开始。后来,由于家长们的反对,才降到8岁(第二生活班级)。尽管如此,约翰逊坚决反对教师在学习上对儿童施加任何的压力,而要求充分考虑到儿童这个有机体的自发性、主动性以及他们的兴趣和需要,在教室内外对他们的生活给予指导。在费尔霍普学校里,采用以下的活动,例如体操、自然研究、音乐、手工、郊野地理、讲故事、感觉训练、数的基本概念、表演和竞赛等,来代替学校的一般课程。只有从初级中学起,才标志着趋于更加正式的科目的真正转变。到那时,学生第一次开始使用算术书,自然研究成为基础学科,文学、历史和地理开始通过比较传统的读物来入门。但是,在那里,没有强迫的作业,没有指派的功课,没有考试和测验,没有不及格。总之,没有什么是不自然的,而是继续鼓励每个儿童的自然发展。约翰逊坚持认为,"儿童期的延长是人生的希望"。

---

① M·约翰逊:《带着一种理想的三十年》,1939年英文版,第8页。
Marietta Johnson, *Thirty Years with an Idea*, Alabama: The University of Alabama Press, 1974, p. 8.——编校者
② M·约翰逊:《带着一种理想的三十年》,1939年英文版,第52页。
Marietta Johnson, *Thirty Years with an Idea*, Alabama: The University of Alabama Press, 1974, p. 52.——编校者
③ 劳伦斯·A·克雷明:《学校的变革》,第149页。
L. A. Cremin, *The Transformation of the School: Progressivism in American Education, 1876-1957*, New York: Knopf, 1961, p. 149.——编校者

作为实施有机教育理论的费尔霍普学校实验表现出四个基本特点：(1)需要。根据儿童的需要来制定学校的课程计划，以达到促进儿童自然发展的目的。而儿童的需要又应该是有兴趣的，因为兴趣是教育中的一个极其重要的因素。(2)活动。学校是一个工作的场所，而不是一个工厂。与劳动者不同，学生作为一个艺术的工作者，可以从有创造性的工作活动中获得经验，并得到乐趣和愉快。每个儿童的全部精力能在艺术的工作中表现出来。可以说，费尔霍普学校就是一所活动学校。(3)训练。一个受过良好教育的儿童，就是一个受过良好训练的儿童。教师的一个重要任务，应该是保证儿童能获得对他们来说是最好的经验。在学校教育的过程中，应该采用一种平衡和训练的方式来发展个人的有机体。(4)社会意识。学校应该实行男女同校教育，使男女学生从儿童期起就习惯于在一起工作。学校应该把社会关系的适当发展，看作是它的最重要的任务之一。学校应该建立在以无私、没有偏见、合作为特征的高度发展的社会意识，以及与其说是批评性的毋宁说是创造性的建议的基础上。

约翰逊还在康涅狄格州的格林威治开办小学教师暑期班，介绍费尔霍普学校的实验，并对当时的普通学校提出了尖锐的批评。她认为，普通学校的组织是给教师提供了方便，而对于学生能否得到充分的发展却置之不顾。这种组织，犹如把花草安置在暖房里，强迫它们开不能结果的花一般。而且，这些学校不提供使儿童生长的机会，也不能使他们自己发现知识，反而强制地把他们禁锢在一个小范围里。这样，就必然会使儿童厌恶学校，而对科目学习失去兴趣。她强调指出，儿童的生存和发展完全依赖于活动；学校教育的方法必须遵循儿童自然发展的特点来提出；课程计划要根据儿童的兴趣和需要来制订。一句话，儿童的发展是良好教育的关键。

费尔霍普学校刚开办时，仅有 6 个儿童，后来才得到了发展。约翰逊主持学校实验 30 年；但是，在 1915 年以前，影响并不大。约翰逊的实验与德可乐利的工作在很多地方是相似的，但它的刻板性可能少一些。著名教育家杜威在对这所学校进行访问之后，曾在《明日之学校》一书中，以非常赞同的口吻介绍过它，并把它作为"教育是自然发展"的一个实验，把约翰逊称做是"根据卢梭的教育原理去实验"的一个人。之后，费尔霍普学校才引起了人们的注意，并到那里去参观。

3. 帕克赫斯特的道尔顿计划

帕克赫斯特是道尔顿计划(Dalton Plan)的创立者。1887 年，她生于威斯康星州的杜龙德。1904 年中学毕业后，做过一段时间的乡村教师。后在威斯康星州立师范学校学习3年,又在哥伦比亚大学学习体育教育。1914年,曾赴意大利蒙台梭利国际师范学校学习,受蒙台梭利教育思想的影响颇深。她担任过一些地方的初等教育和师范教育的视导员。1919年9月,她在纽约的伯克希尔残疾学校实施早在1911年时就已开始拟定的实验室计划,并初有成效。1920年2月,她应马萨诸塞州的一个纺织工业中心道尔顿市道尔顿中学校长欧内斯特·杰克曼(Ernest Jackman)的邀请,去那里施行实验室计划,并在国内外产生了较大的影响。帕克赫斯特称之为"道尔顿实验室计划",以资纪念,一般都简称为"道尔顿计划"。

帕克赫斯特对当时美国学校的教育方法非常不满。她认为,美国的学校完全是书本学校。"儿童的天性是好学习的。他们有很强的好奇心,但一定要引起他们对学科的兴趣。我们的教育方法不能达到这个目的。只有在这些地方改革之后,才可能培养出许多与众不同的人来。"①在她看来,教育最重要的任务,是利用环境来扩展学生的经验。早在1908年,她读了埃德加·詹姆斯·斯威夫特(Edgar James Swift)的《心理的发展》一书,深有感触。她曾这样说,这本书对她与她的工作影响很深;她第一次使用的"教育实验室"的概念就是从这本书中得来的。

道尔顿计划确立了三个原则:一是自由。儿童在专心学习任何的科目时,必须要使他自由工作,不可加以妨碍和阻止。在学习上,不要给学生任何的压力,允许他们按自己的速度作出学习的安排,并养成他们自己支配自己的能力。不要用课程表硬性规定学生在某时学某一门科目,某时听某一教师的讲课。二是合作。这是指儿童团体生活的相互作用。学校应成为实际的社会组织,学生在学校中应该互相交往,互相帮助,共同地自由生活。三是时间预算。在学生明确应该做什么事情后,采用包工的形式,使他们在规定的时间内,自己作出计划。

要使每一个学生能够对自己学习的速度和方法负起更大的责任,这就是道尔顿计划的实质。从这个意义上说,它又可以称为"个别教学制度"。因此,在道尔顿中学实验里,废除课堂教学,学生可以根据自己的兴趣和能力,自己选择科目自由地学;废除课程表,根据所选的课程,规定学习时间的长短,但具体由

---

① 帕克赫斯特:《道尔顿制教育》,1923年英文版,第2页。
Helen Parkhurst, *Education on the Dalton Plan*, New York: E. P. Button &. Company, 1922, p. 2.——编校者

学生自由安排;废除年级制,鼓励学生主动地学习,遇到难题时,先由学生集体讨论,后再请教师辅导,等等。

帕克赫斯特认为,在实施道尔顿计划时,需要有三个条件:一是实验室(或称作业室);二是指定作业(或称学习工约);三是成绩记录表。

实验室,是学生进行作业的地点,兼有教室、自修室、图书馆和实验室的作用。它按学科分设,而不再是为一个班级所独占的教室。室内除桌椅、黑板外,还备有书籍、图表、仪器和标本等。教师的座位,随作业室布置而有所变化。各年级的学生可以自由地进入实验室,也没有时间的限制。学生自己找座位坐,并进行某门学科的作业。学生没有兴趣时,可以随时离开。如遇到疑难问题时,学生可以自己查参考书,或问同学,或小组讨论,或请教师解答。每一门学科的实验室,安排1至2名教师,以便随时指导学习,或在必要时进行集体讲授。

指定作业,是学生必须完成的作业内容。它将每一门学科的全部内容,按月分别作出安排,确定指定的作业。每个月的指定作业,有简单的导言,用生动有趣的语言介绍学科的大概内容,并规定每周的具体要求,以及参考资料的目录。可以说,这是师生之间一个月的学习工约,也是一份包工合同。通过它,学生明确了自己指定作业的内容,以及对于作业所应负的责任。然后,学生可以按照自己的兴趣和能力,自由支配时间,在各门学科的实验室里自修。学得快的学生可以提前更换新的学习工约,而不受入学时间的限制;学得慢的学生则可以延长旧的学习工约,而不用拼命赶进度。对学生来说,自己执行学习工约,什么时间学完全部课程,就什么时候毕业,既没有入学时间的问题,也没有升留级的问题。在帕克赫斯特看来,这是实施道尔顿计划的枢纽。

成绩记录表,是用于记录指定作业的完成进度情况。它有三种形式:一是学生作业记录表。按学科不同而分为不同的颜色。学生到各实验室工作时要携带此表,在离开实验室时将其表交给教师。教师则划去与作业进度相应的格数,并签名。二是教师实验室记录表。每一门学科实验室一份,记载学生一个月内完成作业的进度,由教师保存,定期交教务处并调换新表。三是每周进度统计表。它是由教务处保存的对各个学生的每周作业总进度的统计。

在二十世纪二十年代里,道尔顿计划曾在许多国家里流行。1920年,英国教育家贝尔·雷尼(Belle Rennie)等在参观道尔顿中学实验后,回国就竭力提倡道尔顿计划,并于第二年秋天在伦敦设立了一所女子中学来具体实施该计划。同年,帕克赫斯特本人也被邀请到英国去讲演。到二十年代中期,英国大约已有 2,000 所学校实行道尔顿计划。伦敦还设有道尔顿计划协会,对这个计划进行研究。道尔顿计划对许多欧洲国家,包括苏联的学校教育产生过较大的影响。帕克赫斯特曾于 1924 年和 1925 年分别到日本和中国作讲演,宣传道尔顿计划。由于过分强调个别差异,加上实施时容易造成放任自流,到三十年代末,人们对道尔顿计划的热情开始减退。

4. 华虚朋的文纳特卡计划

与道尔顿计划一样,华虚朋创立的文纳特卡计划,也是一种个别教学制度。1912 年,从斯坦福大学毕业后,华虚朋担任一所乡村小学的校长,开始了他的教育生涯。1914 年起,他在加利福尼亚州立师范学校任教。由于校长弗雷德里克·伯克(Frederick Burk)的介绍,从 1919 年到 1945 年,他担任了伊利诺伊州文纳特卡的地方教育官员。他曾是帕克的学生。1921 年,他到欧洲各国考察访问,回国后曾与迈伦·斯特恩斯(Myron Stearns)合著了《欧洲新学校》一书。1948 年至 1960 年,他是纽约市立大学布鲁克林学院的教育学教授和师范教育部主任。他也是美国进步教育协会的一位领导成员。

1919 年,刚上任的华虚朋就决心在芝加哥郊区文纳特卡的学校开始他的教育实验,使儿童的学习个别化,并力图把个人发展和社会工作结合在一起。因此,这个实验被称为"文纳特卡计划"(Winnetka Plan)。

华虚朋认为,最迫切的一个教育问题,是如何使学校的功课适应儿童的个别差异。而文纳特卡计划则可以发展每个儿童的创造性与社会意识,帮助每个儿童得到全面的和完善的发展。

实施文纳特卡计划,首先需要作好三个步骤的准备:第一,教师或教师团体应该确立个别训练的特殊标准,规定学生掌握什么和掌握到什么限度。这样,任何教师,在任何时候,只要稍加思考,就可以在自己的工作中逐步应用。第二,由教师编出一些诊断测验,以检查儿童的学习结果。由于儿童的学习是循序渐进的,所以,整个测验也应分成几个小的部分,以测出儿童在某一阶段所学习的某一部分的结果。这样,并不是为了给儿童打分数,而主要是在于了解儿童需要教师什么样的帮助。第三,教师编写让儿童自我学习与自我订正的教材,以便允许每个儿童按照他自己的速度前进。这样,也可以节省教师的很多时间和精力。在华虚朋看来,第三个步骤是教师感到最困难的,但对文纳特卡计划的实施来说,它却是至关重要的。任何教师实行了上述的三个步骤,也就自然而然地把学校作业与儿童的个别差异互相协调了起来。

就具体安排来说,学校教师可以把儿童应该完成的指定作业安排在整个上午或整个下午的时间之内,其余的时间安排团体活动与创造性活动。但是,华虚朋强调,团体活动与创造性活动,是课程中活跃而有生命力的部分,也是真正的教育。给儿童以"三R"(即读写算)的工作,固然重要,但那只是一种训练。而教育的最大功能,在于使儿童表现自己。因此,团体活动与创造性活动,就是为了这个目的而存在。这种活动一般包括班级设计、音乐欣赏与表演、演戏、手工、有组织的游戏、体育运动、俱乐部、学校自治活动、学校报纸和学校商店等。

华虚朋认为,必须对儿童进行个别教学。这样,既能完成学校指定的作业,又能适合各年龄阶段儿童心理发展的过程。在他看来,如果"当一个人必须处在前进步伐一致的班级计划之下时,那正是学校作用的失败"①。因此,在算术科目中,要求进行许多能引起学习动机的游戏与练习,以及速度的测验;用儿童化的语言解释许多运算方法,并进行诊断测验。在阅读科目中,要求进行阅读测验,以测量他们的能力;给儿童提供适合他们程度的书籍;进行朗读练习,运用口试,写阅读报告、口头报告等方法测量儿童对阅读过的书籍的理解程度;教师应对个别同学给以特殊帮助等。在社会科目中,选择每个儿童都熟悉的材料;准备好一套提供给儿童的问题,并附有指导书,使儿童尽量个别地进行单元作业;对每个儿童进行诊断测验;进行社会问题的讨论及组织团体活动等。

在文纳特卡学校的教学中,教师都采用特别准备好的材料,并利用电影、参观等方式使儿童感到有兴趣。在多数儿童的课程表中,均有自由活动的时间,以便他们拿出一部分时间花在各门有兴趣的学科上,或努力弥补自己在学习上的缺陷。这种具有充分弹性的安排,使得一个儿童,往往还坐在五年级的教室里,但却有几门课程已做完六年级的作业。在一个四年级教室里,人们可以发现这样的情况,一个儿童开始做混合乘法运算,而另一个儿童在做长除法,还有一个儿童正在学习分数。

华虚朋也强调,文纳特卡学校是个社会化的学校,以培养儿童的社会意识。在那里,应该有团体活动、学生会、社会化的学校议会、音乐会、文学欣赏与文学创作等。例如,在六年级的"中世纪欧洲"单元中,在一个六年级教室里,学生们把一个二十世纪的教室布置成一个中世纪的寺院;而在另一个六年级教室里,学生们"建造"了一座中世纪的村庄。还有,应该允许学生根据他们的特殊兴趣

---

① 劳伦斯·A·克雷明:《学校的变革》,第297页。
L. A. Cremin, *The Transformation of School*: *Progressivism in American Education*, 1876-1957, New York: Knopf, 1961, p.297. ——编校者

和能力进行选科,如印刷、木工、金工、美术、科学研究、图书馆工作、打字、音乐俱乐部等。文纳特卡学校的选科,总共有二三十种之多,每个七、八年级的学生可以任选几种。

总之,在华虚朋看来,文纳特卡计划的实施,可以使儿童的生活快乐和自由,养成儿童必需的知识和技能,充分发展儿童的个性和才能,培养儿童的社会意识。正如他自己所说的,我们应使学校的功课能适应儿童的个性;我们应该启发儿童的个别兴趣和能力;我们应该帮助儿童内心情绪的适应;我们应该发展儿童的社会意识。

为了推广文纳特卡计划,华虚朋开设了文纳特卡教师暑期学校,组织文纳特卡学校的教师和愿意实施文纳特卡计划的其他学校的教师进修,每期六周。此外,还组织了文纳特卡师范研究院,附设于文纳特卡学校,对一些有经验的教师提供儿童心理卫生的训练,适应儿童的方法训练,以及儿童个别差异的适应、团体活动与创造性活动的组织等各种教育问题的研究。

在文纳特卡受过训练的教师,在美国各地的一些学校担任了领导职务。由文纳特卡学校教师编写的教材被出版,并被广泛地使用。针对一些人的怀疑和批评,1926年,由联邦基金会资助,芝加哥大学教育学院在威廉·S·格雷(William S Gray)院长领导下,对这种教学制度进行了调查,结论是表示完全赞同。在以后的二十多年里,文纳特卡计划被作为个别教学制度的一个极为突出的模式而迅速地在美国各地传播。但是,由于它影响学科的深入学习,加上实施起来颇为困难,从五十年代起,渐渐衰退。

5. 沃特的葛雷计划

沃特曾是杜威在芝加哥大学任教时的一个学生。1874年1月21日,他生于印第安纳州的马克尔。大学毕业后,从1899年至1907年,他担任印第安纳州布拉夫顿的督学。早在那时,他就注意各种教育问题的研究,曾针对当时美国学校的缺点,提出了一个教育革新计划,试图把学校课程与学校组织更多地混合起来,但是没有机会去实施。一直到1907年,地处密执安湖南岸、在芝加哥东南二十七英里的美国新兴钢铁工业城市印第安纳州的葛雷市教育委员会聘请他担任那里的教育局长,使他得到了一个把自己教育思想付诸教育实践的机会。当时,沃特年仅三十三岁。他的教育实验以"葛雷计划"(Gray Plan)或"分团学制"(Platoon Plan)闻名,并引起了人们的广泛兴趣。1914年,他也曾帮助在纽约公共学校系统中推行这个计划。

在沃特的主持下,葛雷市的学校实验基本上是以杜威的教育理论为根据的。一位年轻而有才干的新闻记者伦道夫·伯恩(Randolph Bourne)曾这样指出:"追随杜威教授哲学的那些人,在葛雷的学校里,得到了最完满和最令人赞美的应用。"①它"不是要给每个学生提供某个职业所需的专门知识,而是保持童年的天然兴趣和热情,使他们能够控制自己的身心,并且保证他们能够做其他的事情"②。

沃特认为,葛雷的学校在组织上应该把幼儿园、小学和中学都包括在内,使儿童在良好的环境中受到教育,并有机会去选择他自己认为最适宜的活动,尽最大的可能发展他的个性。作为社会化的学校,也应该是一种与职业的模式联系在一起的雏形的社区生活;在适当的条件下,使学生如生活在实际社会中的人一样。所以,学校的作业应该以游戏与运动、知识的研究、工厂与商店以及实验室的工作、校内与校外社会的活动等四方面为基础。"这不仅仅是给每一个儿童大量地提供扩展的教育机会——在操场、花园、图书馆、体育馆和游泳池、艺术和音乐室、科学实验室,以及礼堂里——而且使学校成为社区艺术和学术生活的真正中心。"③

因此,这种学校一般都包括四个部分:一是设备齐全的体育运动场。在葛雷市的每一所学校里,都有几个很大的运动场。二是教室。但是,教室的设备与普通学校不同,根据儿童的兴趣和需要,教室的布置可以变动;各科教室分开,并陈列与本科有关的各种器具;理科教室与工厂相连。三是工厂与商店。它们的种类很多,例如木工厂、金工厂、制图室、铸造场、机器室、印刷所、电气间、园艺场、缝纫室、烹饪室等。四是礼堂。它是儿童聚会的场所,经常举行各种讲演、辩论、集会、演戏和各种游艺活动。

与杜威一样,沃特也强调从经验中学习。这是葛雷学校课程编制的总原则。因此,葛雷学校的所有设施都是为了实际应用,而不是为了装饰门面。例如,木工厂要真的替学校制桌椅,印刷所要真的印刷材料和报纸,园艺场要真的栽培植物和饲养动物,缝纫室和烹饪室也都一样要真的进行实际操作。特别应

---

① 伯恩:《葛雷学校》,1916年英文版,第144页。
Randolph Bourne, *The Gary Public Schools*, Scribner's, 1916, p. 144. ——编校者
② 杜威:《明日之学校》,1915年英文版,第177页。
John Dewey, Evelyn Dewey, *Schools of Tomorrow*, New York: E. P. Dutton &. Company, 1915, p. 177. ——编校者
③ 劳伦斯·A·克雷明:《学校的变革》,第155页。
L. A. Cremin, *The Transformation of the School: Progressivirum in American Education, 1876-1957*, New York: Knopf, 1961, p. 155. ——编校者

该指出,与普通学校不同的是,葛雷学校的校舍大楼四周有极宽的走廊,如街道一样,可以让许多儿童自由地往来。在走廊的两旁,陈列着儿童的各种成果和制作品,使儿童在经过时受到刺激,以激发他们创造制作与实际研究的动机。

一般地说,葛雷学校的课程被分成四组:(1)学术工作。它包括阅读、拼写、文法、算术、地理、历史等科目。(2)科学、工艺和家事。它包括理科、图书、木工、金工、印刷、缝纫、烹饪等。(3)团体事业。它包括各种集会、表演和辩论等。(4)体育和游戏。在具体安排上,最初的一、二、三年级不分科,并且每天学习手工及图画一小时,其余的年级均采用分科教学制,由专科教师担任。各科升级的时间,以两个月为单位。分级方法是以学生的能力为标准。在每一种标准课程上,学生在测验和评定的基础上,按快、中、慢分类。学生每天须有四小时在教室或实验室里学习,一小时在礼堂里听讲,再有一小时做体操或游戏,还有两小时自由活动。

为了节省经费,并充分利用校舍和各种设备,葛雷学校在最初时采取"两校制"(Two School System)。它的意思是,在同一个教室里,安排两个班级。如果上午甲班在教室里上课,乙班就在其他场所活动;那么,下午乙班在教室里上课,甲班就在其他场所活动。这样做,就破除了一个班级独占一个普通教室的习惯,而由两个班级轮换使用,同时,又能使儿童自然地减轻学习疲劳状态。后来,葛雷学校采用分组的教学组织形式,各个组的学生可轮流使用学校的设备。在教室不能独占的情况下,葛雷学校的每个学生都有一个木柜,可以存放书籍和文具等。这种木柜都设在宽敞的走廊两边。

学生一走进葛雷的学校,就觉得与在家里一样自由自在;对于做事的趣味和责任心,也与在他们自己家里一样。除鼓励学生之间的合作交往和互相帮助外,每所学校都有一个由学生共同选举出的自治委员会,协助维持学校秩序。学生可以有最充分的自由,在最适合于他们的场所去工作。葛雷的学校还注意把学校的学习与社会和日常生活互相联系起来,使它们保持密切的关系。

葛雷计划的实验被看作进步教育的最卓越例子,并成为进步教育流行最广的形式。伯恩曾在《新共和》杂志上给予它高度的赞扬;1916年,他又写了题为《葛雷学校》一书,并把它作为杜威教育信条的例证。在第一次世界大战中,葛雷计划引起了争论,沃特与他的董事会邀请普通教育委员会成员参观后提出了一份无偏见的调查报告。后来,杜威在《明日之学校》一书中,专门对葛雷学校作了评述性的介绍。到1929年时,美国41个州的202个城市的学校部分地或全部地采用了葛雷计划;但到1950年时,只有一些城市的学校在继续使用。

6. 克伯屈的设计教学法

克伯屈是杜威在哥伦比亚大学师范学院的一位亲密的同事,也是美国进步教育运动主要的理论指导者。1871年11月20日,他生于佐治亚州的怀特普莱恩斯。在默塞尔大学毕业后,从1895年至1896年,他在约翰·霍普金斯大学进行研究。后来,他在佐治亚州的公立学校和默塞尔大学任教,并在1903年至1905年间,担任了默塞尔大学的代理校长。1898年,他在芝加哥大学的一个暑期班里第一次与杜威相识。1907年,他进入哥伦比亚大学当研究生,曾听过杜威讲授的课程,受到了很大的影响。1912年,克伯屈获得哲学博士学位。从1918年到1938年,他担任哥伦比亚大学师范学院的教育哲学教授。1938年起,他成了该院的名誉退休教授。

1918年9月,克伯屈在哥伦比亚大学的《师范学院学报》第19期上,发表了一篇题为《设计教学法》的文章。在以后的二十五年中,它重印了六万本,而被称为二十世纪最有影响的一篇有关教学理论的论著,也使克伯屈在国内外赢得了名声。

在应用杜威教育理论的基础上,他提出的"设计教学法"(Project Method),把建立在学生兴趣和需要之上的"有目的活动"作为教育过程的核心,并主张它是一切有效学习的根据。为了进行有目的的活动,他提出了"设计教学法"的理论。"我采用'设计'这个术语,就是专为表明有目的的行动,并且特别注重'目的'这个名词。"①概括地说,设计教学法是废除班级授课制,打破学科体系,把学生有目的的活动作为所设计的学习单元,并由此来组织学校的工作。

按照活动的目的、内容和性质不同,设计教学法可以分为四种方式:第一,生产者的设计,或称建造的设计。它以生产物质的或精神的产品为目的,例如建造房屋、制作工具、烹饪食物、拟订章程、写信和演戏等。第二,消费者的设计,或称欣赏的设计。它以使用和享受别人的生产成果为目的,例如听故事、听乐曲、欣赏画和看戏剧等。第三,问题的设计。它以解决理智方面的问题和困难为目的,例如,为什么会有露水,假如在森林里迷了路怎样走出森林,为什么纽约比费城发展得快,等等。第四,练习的设计,或称"特种学习设计"。它以获得某方面和某种程度的技能知识为目的,例如,学习阅读、拼法、书写和算术等。在进行其他设计的时候,儿童也往往会感到有进行练习的必要。在四种方式的设计中,克伯屈认为建造的设计是重点,因为这种设计最能体现教育的"社会

---

① 康绍言、薛志鸿编译:《设计教学法辑要》,商务印书馆1923年版,第3页。

化"。此外,这四种方式的设计分类也不是固定的,有些大的学习单元可能包括有几种方式的设计。

克伯屈特别强调,"有目的的活动"能提供最适当的学习条件。因为对一个学生来说,他的目的越坚定,希望达到目的的心理倾向就越强烈,动作的准备状态就越充分,导致行为实现和成功的可能性也就越大。由于获得成功而引起情绪上的极大愉快,因此,所获得的学习效果也就越显著。在他的老师、著名心理学家爱德华·L·桑代克(Edward Lee Thorndike)"尝试和错误说"的基础上,他提出了成功——愉快、失败——苦恼的"学习律"。在克伯屈看来,人与动物一样,能比较容易地学习他们准备去做和得到成功而引起愉快的那些行为方式,但对学习他们没有准备而被迫去做,以致失败而引起苦恼的那些行为方式却感到困难。所以,"在一种社会情境中有目的的活动,对有价值的民主生活来说是必不可少的,应该成为典型的学校过程的单元"①。

克伯屈主张,一般的设计方法由四个步骤组成:决定目的(包括引起动机)、订立计划、实行和评定。在实行这四个步骤的过程中,都以学生为主。但目的的决定,取决于环境和教师的引导。例如,一个学生因为墨水用完了要上街去购买,感到不方便。对此,有的同学就说:"假如学校里有个小商店那该多好。"班上其他同学也支持这个说法,这时,教师就抓住时机说:"我也赞成。大家来商量一下吧。"全班同学听了很高兴,并决定筹备小商店(决定目的)。接着,大家又讨论了如何筹备和分工(订立计划)。然后,分头按照商定的计划去做,在学校里办起了小商店(实行)。最后,全班同学再议论在这过程中哪些事情做得好,哪些事情做得不好,谁最卖力,谁有缺点,等等(评定)。在这个设计单元中,通过实际的活动,可以使学生学习按心理次序组织起来的活教材。例如,组织学生阅读招股章程的样本,仿照制订招股章程,写广告和价目表,记账和算账,采购各个品种的货物,动手布置商店,编一首歌庆祝小商店的开办,等等。

在克伯屈看来,每一个设计都具有四个特点:(1)它是一种要求合作计划的活动。可以说,每一个有目的的活动,不是由教师提出的,而是从学生的兴趣中浮现出来的一些事情,然后由学生与教师一起讨论和订计划。(2)它是以一个问题为中心的。检查和解决问题的过程,是一个设计的中心。(3)它是一种生

---

① W·F·康乃尔:《二十世纪世界教育史》,第 283 页。
W. F. Connell, *A History of Education in the Twentieth Century World*, New York: Teachers College Press, 1980, p. 283.——编校者

产的活动。在一个设计中,每一个学生都作为一个生产者而出现。(4)它是一种评价的和有目的的练习。对学生来说,一个设计就是一次练习,通过它而获得技能与知识。

克伯屈曾这样指出:"假如你希望教育孩子自己去思考和计划,那么让他作出他自己的计划。"①因此,在实施设计教学法时,教师的任务在于利用环境,激发学生的学习动机,引导决定活动的目的,帮助学生选择活动所需要的教材等。

克伯屈提出的设计教学法显然是受到杜威和桑戴克,特别是杜威的影响。1909年5月14日,克伯屈曾在他自己的日记中写道:"在我的思想中,杜威教授起了极大的影响。"杜威则在给克伯屈主修课程的约翰·A·麦克文尼尔(John A Macvannel)教授的信中写道:"他是我有生以来最好的学生。"②

早在二十世纪初,"设计"这一术语就已开始在美国盛行。克伯屈的"设计教学法"提出后,更引起了许多教育家的兴趣和注意。1925年,克伯屈又写了题为《方法原理》一书,对"设计教学法"作了更为详尽的阐述。到二三十年代,设计教学法不仅在美国的一些初等学校和中学的低年级里被采用,而且传到了西欧、苏联和中国等国。

二十世纪前半期的欧美教育革新运动是历史的产物,是为了适应资本主义发展的需要。如雷迪宣称,他所创设的是一所统治阶级子弟的学校;它的主要任务是培养统治者所需要的"领导能力"以及"为殖民生活作充分的准备"。在美国,进步教育运动是当时美国全国范围的、广泛的资产阶级社会改革运动的一个组成部分。此外,这个教育革新运动在理论上与方法上所存在的一些问题和缺陷也是十分明显的,如主张学校工作以活动为中心;提出完全实行个别教学;废除班级组织形式和升留级制度;取消一切作业、考试和测验,等等。

另一方面,在欧洲和美国教育发展的过程中,这个革新运动构成了一个重要的篇章。可以说,这个教育革新运动是不同地区和国家的教育家联合起来,

---

① 克伯屈:《方法原理》,1925年英文版,第212页。
W. H Kilpatrick, *Foundations of Method: Informal Talks on Teaching*, New York: the Macmillan Company, 1925, p. 212. ——编校者
② 劳伦斯·A·克雷明:《学样的变革》,第215—216页。
L. A. Cremin, *The Transformation of the School: Progressivism in American Education 1876 - 1957*, New York: Knopf, 1961, pp. 215 - 216. ——编校者

对传统教育发动的一次巨大的冲击。它不仅在二十世纪前半期的欧美国家里占有统治地位,而且在世界范围内也曾有过很大的影响。它强调注重学生创造性能力的培养;反对传统的学校课程;改变呆板的学校管理和组织形式;鼓励学生自由和完善的发展,等等。这不仅在一定程度上是符合教育工作基本规律的,而且对促使教育工作者多方面地思考一些重要的教育理论问题,乃至改变人们的传统教育观念来说,是具有极其深刻意义的。更值得注意的是,这个教育革新运动的一些理论,在今天许多国家中,特别在初等教育方面,继续起着作用。

第三章　儿童研究和实验教育

在人类史上很长的一段时间里,儿童一直被认为是小大人。直到卢梭的《爱弥尔》问世,才第一次较系统完整地提出教育必须充分考虑儿童的特性。然而,由于当时心理学还不发达,卢梭在很大程度上是依靠自己的思辨来想象儿童的特性的。1882 年,德国的生理学家和实验心理学家普莱尔(Wilhelm Preyer)发表《儿童的心灵》一书。该书记录了普莱尔对自己孩子的系统观察的素材。它标志着科学的儿童心理学的诞生。1883 年,美国的心理学家和教育学家霍尔发表了《儿童心理的内容》。由于这份报告的调查对象是在校学生,对教育的影响就更大。普莱尔和霍尔的这两篇文章遂成为儿童研究运动的基石。从 1890 年到第一次世界大战前夕,这场运动迅速扩展,波及欧洲、北美,甚至南美和日本。世界各国创办了 20 种左右的儿童研究杂志,有 25 个国家建立了全国性的儿童研究协会,出版了大量的儿童研究专著。瑞典女教育家爱伦·凯(Ellen Key)提出的二十世纪是儿童的世纪,正是那一时期思潮的反映。

儿童研究运动的兴起,一方面是由于心理学的迅速发展,它已成熟到足以使研究的对象从成人转移到儿童。另一方面,这一时期欧美各国都已普遍实施初等义务教育,大批儿童的入学要求教育工作者认真地考虑如何根据儿童的特性更有效地实施教育。心理学和教育的发展促进了公众对科学地研究儿童行为的兴趣高涨。儿童研究运动研究的范围是较广的。他们关心儿童身心的健康,特别关心学业对儿童健康的影响,儿童的疲劳是当时重要的研究课题。其次他们还关心儿童的情感、态度和兴趣,儿童的游戏被当作热门的调查课题。内容的广泛促成了方法的多样性,如对儿童的观察,成人对童年的回忆,对儿童日记和作品的分析,对儿童发展的系统记录和提纲式的问卷法。其中提纲式的问卷法被认为是最科学的方法。

随着运动的深入,人们逐渐发现问卷法并不如他们所说的那么精确。二十世纪初,一种主张用新方法来进行研究的思潮开始在欧美崛起,即"实验教育学"。1901 年,德国的莫伊曼①主张用更精确的心理实验方法来研究教育问题,他称这种教育学为"实验教育学"。几乎在同时,德国人拉伊出版了以《实验教

---

① 今译:梅伊曼。——编校者

育学》为书名的专著,对实验教育学第一次作了系统的阐述。在法国,比纳也主张用实验方法对儿童智力的发展进行研究。1905年,他的《智力量表》出版。在美国,桑代克更把动物心理实验的方法运用到教育上,提出了著名的学习定律。实验教育学的方法特征是主张采用严格控制的心理学的实验室实验的方法,而不是当今教育上更普遍运用的自然实验法。因此实验教育学的实验一般都在心理实验室中进行,或在严格控制的非寻常的教育环境中进行。他们一般更倾向于从生物学、生理学、心理学的角度来分析人的发展和教育的问题,而忽视人的社会性和社会对人的发展的制约性。他们一般反对对教育现象仅作质的描述,而主张作量的表述,因此十分强调运用数学统计的方法。

实验教育学在这一时期的流行,主要原因有二。首先,"实验教育学思潮是作为赫尔巴特的唯心主义教育学说的对立物而出现的,它的一个明显特点是试图站在自然科学的立场上研究现象"①。这可以解释两个现象。第一,实验教育学在德国发起,在美国达到高潮,而这两个国家正是受赫尔巴特的影响最大的国家,因此主张改革的呼声也最强烈。第二,实验教育学的这些大师基本上都受过严格的实验心理学的训练。实验心理学由于把自然科学的实验方法引入心理学,使心理学脱离哲学成为独立的科学,这就促使这些对教育问题感兴趣的心理学家也主张借用同样的方法使教育学成为科学。其次,这时由于义务教育的实施,上学成为强制性的要求,可是由于各种因素的影响,留级率也惊人的高。当时教育界人士较普遍地只从智力的角度、个体差异的角度来看待这一问题。于是用实验的方法来鉴定智力和个体性向便十分风行。

一、霍尔的儿童研究

霍尔(Granville Stanley Hall,1844—1924)生于美国马萨诸塞州。1863年,进入威廉学院,在那里他选读多种学科,其中包括对他学术思想的形成有很大影响的进化论。1874年,他阅读了冯特的《生理心理学》,对新心理学产生兴趣。1878年,他的关于空间肌肉知觉的论文获得了美国的第一个心理学博士学位。后来到德国去学习心理学,成为冯特的第一位美国籍学生。1883年,霍尔建立了美国第一所心理学实验室。1887年,他创办了美国第一份心理学杂志《美国心理学杂志》,1891年又办了《教育研究》杂志。这两份杂志对美国心理学和儿童研究运动的发展起了很大的推动作用。1888年,霍尔任克拉克大学的首任校

---

① [日]大河内一男著,曲程等译:《教育学的理论问题》,教育科学出版社1984年版,第230页。

长,在他领导下,该校成为当时美国教育和教学心理学的中心。霍尔对儿童的心理和教育问题的研究,引起了社会各界的极大热情,形成了所谓儿童研究运动,霍尔被誉为"儿童研究之父"。霍尔一生著述丰富,有 14 本专著和 350 多篇论文,其中最重要的著作是 1904 年出版的《青年期的心理和教育》。

1. 复演的理论

霍尔的复演理论实质上是运用达尔文的生物进化论来解释人的心理发展的理论。这理论认为,个体发生、发展的过程是一个重演种系的发生、发展的过程。"在这过程中,个人一般重复他祖先的历史,缓慢地从原生动物发展到后动物阶段,以至我们的机体都经历了阿米巴,蠕虫,鱼类,两栖类,类人猿,人类。"①这种个体发展的动力,尤其在发展的早期,主要来自种族祖先的遗传。它是一种获得性遗传,即祖先在那时生存的特定环境中,为了适应当时的外界环境,逐渐形成了某种习惯,这种习惯作为遗传素质被保存下来。因此,一个现代人在他发展的过程中,将依次表现出最古老的祖先到近代祖先的各种生活习惯和性格特征。

霍尔认为,真正的教育必须遵循复演的顺序,适应儿童在发展的不同时期表现出的不同需要。他说这条原则应该成为未来新教育的基础。这观点对以后主张儿童中心的美国进步教育起了促进作用。他被认为是美国进步主义教育形成时期的有重大影响的人物之一。

尽管霍尔十分强调种族遗传在个体发展中的作用,但他并不排斥教育的作用。首先,根据复演理论,越是古老的遗传素质越是根深蒂固,因此在儿童期和少年期,儿童的发展几乎全由遗传决定,于是,教育的主要工作就是创造使这种遗传素质能充分展现的场所。霍尔认为,6—7 岁之前的儿童复演类人猿时期的生活,这时期儿童表现为动物的好动。他们的思维推理能力尚在休眠状态,在教育方法上应要求儿童绝对服从。8—13 岁的少年复演后类人猿时期原始人的生活。他们的思维能力仍潜伏着,因此他们应该象原始人服从酋长一样服从成人的命令。但由于感官的发达,对外界刺激的敏感,再加上他们的活动受意志和欲望所驱使,这时期应加强感官和意志的训练,学校应该用严厉的部落习俗和纪律束缚儿童。该时期作为狩猎生活的反映,应该训练儿童的大肌肉。霍尔

---

① 罗伯特·华生:《心理学史基本读物》,1979 年英文版,第 209 页。
R. I. Watson, *Basic Writings in the History of Psychology*, New York: Oxford University Press, 1979, p. 209. ——编校者

认为最能满足上述要求的环境是乡村。乡村是这时期最理想的学校生活的环境。教育作用还表现为在13—14岁时,儿童进入青年期。这是人生的第二次生命的开始,思维和情感迅速发展,进入质变阶段,复演本能减弱,社会影响大大增强,真正的教育开始了。这时要根据男女性的差别施以不同的教育,鼓励、指导的方法代替过去压制的方法,广泛的阅读,培养利他精神等都是这时期教育的重点。其次,从发展的角度来讲,现代人是种系发展到目前为止的进化的结果,而现代人又只是未来人的过渡产物。为了使未来人有一种更好的复演倾向,现代人必须不断地自我完善和自我提高。教育的最终目的是人种改善,促进进化,于是教育就成为种族改善的最佳途径。这种观点导致霍尔更注重天才儿童的教育,主张把最有才能的学生跟一般学生分开教育,这样就能使整个人类更早进入"超人的王国"。

复演理论作为一种儿童发展理论,基本上已被理论界否定,因为它忽视了环境对人的身心发展的决定性作用。并且就这理论本身来看,儿童期复演类人猿,少年期复演原始人的假设也是缺乏根据的。但就霍尔本人的意图来说,他的复演理论是企图说明儿童心理发展的规律,要求教育工作者遵循儿童的发展规律。他是美国第一个企图把发展心理学运用到教育上的现代心理学家,对美国的教育产生了不小的影响。

2. 论游戏

霍尔认为要使儿童正常发展,必须遵循儿童发展过程中依次出现的各种动作本能。首先要允许儿童进行各种自发的活动。基于对本能活动的高度评价,促使霍尔十分推崇游戏的作用,并根据他的复演理论提出了独特的游戏复演理论。他不同意格罗斯(Gross)的游戏预备说。格罗斯认为,游戏是儿童对他们未来生活的一种无意识的准备和练习。霍尔批评说,儿童绝不会练习尚属于未来的新经验。游戏只能跟过去的经验有关。真正的游戏只能是遗传的原始机能的产物。

霍尔认为,游戏是复演祖先的生活,儿童在游戏中能最充分地感受到祖先的快乐。由此引起极大的快感。游戏的价值表现为,它不是一般的体操,不仅能活动身体,更能活动精神。"在最纯粹的游戏上可以有身体和精神的统一。"① 游戏能培养儿童的勇气与自信,锻炼意志,它能成为儿童不幸时的慰藉,困难时

---

① [美]霍尔著,李浩吾译:《青年期的心理与教育》,世界书局1929年版,第95页。

的指导。为此,游戏是"最好的伦理学校"①。其次,游戏能引导本能向健康方面发展。"本能这类东西,若放置不管,就有倾向错误方向的危险,而欲引导之于善良的方向,就赖于游戏。"②游戏还具有易于自我控制、可塑性大的特点,儿童不受束缚,有相当大的自由活动的余地。在教育实践中,为了满足儿童游戏本能的需要,霍尔主张应该"容许他们在山野中掠夺、渔猎、争斗、遨游、嬉戏,尽量地逞其种种本能。只有尽其游戏本能,才能被造就为比现代第一流学校所能培植的更富于人性、更大度的人"③。

游戏既然是复演祖先生活的一种表现,它随着儿童的发展,就表现为不同的形式。儿童时代的游戏形式在青少年时期不复存在,但在那时仍有出自兴趣和自发性的运动和活动,例如舞蹈和各种竞技活动。这种活动在个体发展上出现得较晚,但它们对青年的发展也是必不可少的。例如,体育比赛能培养服从团体、遵守规则的良好习惯。在所有各项运动中,军事训练价值最大,它既有助于节制争斗的本能,又能训练勇敢、忍耐的优秀品质。对血气方刚的男子汉来讲,正当的发怒不仅是无害的,并且是有益的。他批评当时传统学校中女教师的柔性教育压抑了男孩的男性气质,主张通过军事训练消除柔性教育的不良影响,培养强悍的气质,促使个人健康发展,使种族更强大。

3. 儿童的研究和问卷法

1882年,霍尔提出报告,主张应以儿童研究作为新教育的核心。1883年,霍尔发表研究论文《儿童心理的内容》。几乎在同时,他又出版了题为《儿童的研究》的小册子。从1894到1903年,霍尔和他的同事印发了102份问卷提纲,题目十分广泛,包括从儿童早期的自我意识到儿童的道德和宗教经验等,使儿童研究逐渐成为波及全国的一场运动。

霍尔之所以如此热衷于问卷法,主要有两个原因。根据他的复演理论,人类的心理是不断进化的,现在我们成人的心理仅仅是发展到某一阶段的产物。但我们并不了解现代人的心理是怎样发展过来的,要了解我们祖先的心理,就必须借助于儿童心理,因为唯有他们才能表现出祖先的各种本能。"我们必须到学校去找人的心理,……当我们能最完整地写出它在世上的历史时,我们才

---

① [美]霍尔著,李浩吾译:《青年期的心理与教育》,世界书局1929年版,第97页。
② [美]霍尔著,李浩吾译:《青年期的心理与教育》,世界书局1929年版,第138—139页。
③ [美]霍尔著,李浩吾译:《青年期的心理与教育》,世界书局1929年版,第3页。

能更好地了解心理。"①问卷法于是成为研究心理发展的一种方法。其次,良好的教育只有在对儿童的深切了解的基础上才能有的放矢地进行。在霍尔的领导下,对波士顿的一些初入学的学生的问卷调查是这方面的一个典型例子。

调查对象是1880年9月入学的400名学生,问卷上有134个问题。这些问题可分七大类:数学、天文、气象、动物、植物、当地地理常识和其他杂类。问卷的结果用百分比的形式表示。调查结果表明,在动物知识方面,80%的儿童不知道蜂房是什么;77%不知道母牛;62%不知道蛇;47.5%不知道猪。在植物知识方面,92.5%的儿童不认识田野中的小麦;32%不认识树上的梨;21%不认识树上的苹果。在气象知识方面,72%的儿童不知道露水是什么;73%从来没看见过冰雹;65%从未见过彩虹。在数学概念方面,92%不知道三角形是什么;35%不知道圆是什么;28%不懂得数字"5"的含义。根据这个调查统计的结果,霍尔提出了教育改革的措施。(1)调查表明不少儿童形式上会用某种术语,但实际上并不真正了解其含义。因此,儿童应多接触实物,对小学生正式传授知识之前,应该花几个月的时间给学生实际知识。(2)父母给儿童最好的入学准备是让他们熟悉自然界,特别是农村的见闻。因此,宁可送儿童到农村去也不应该送往城市幼儿园。(3)教师在接一个新班时,应该详细地了解儿童到底真正掌握了多少知识,而不应被他们似是而非的知识所迷惑。(4)传授知识的顺序应该是先教儿童普遍了解的知识,后教生疏的知识。

霍尔的问卷法对教育诊断来讲意义是重大的,它不再依靠教师个人的无根据的猜测,而是根据儿童的直接反应,显然这有助于发现教育上所存在的问题。问卷法无疑促进了儿童研究运动,推动了美国教育的发展。但霍尔的问卷法确实存在一些问题。霍尔根据一个地区的400名学生的问卷答案,就得出一个普遍的结论,显然是缺乏说服力的。霍尔拟定的134个问题是否能代表儿童的全部知识或代表教育上应努力追求的目标呢?实际上,霍尔基本上是根据复演理论以乡村知识作为儿童的理想知识结构的,那肯定是片面的。并且他的问卷法是允许教师追问的,每次以三个儿童为一单元,这就导致指导语的不一致,影响实验的正确性。

---

① 罗伯特·华生:《心理学史基本读物》,1979年英文版,第210页。
R. I. Watson, *Basic Writings in the History of Psychology*, New York: Oxford University Press, 1979, p. 210. ——编校者

二、莫伊曼和拉伊的实验教育学

1. 莫伊曼

莫伊曼(Ernst Meumann,1862—1915)是德国的心理学家。青年时期在莱比锡大学跟实验心理学奠基人冯特学习实验心理学。1900 年被苏黎世大学聘为正式教授,开始讲授实验教育学。由于当时该校允许师范毕业生可选听大学课程,这就使莫伊曼直接接触到实际教育工作者,并且给了他把他所擅长的实验心理学的研究方法应用到教育上的机会。1905 年以后,他先后在柯尼斯堡大学、明斯特大学、哈勒大学和莱比锡大学一面讲授哲学,一面继续研究实验教育学。1911 年到汉堡大学工作,1915 年 4 月去世。

莫伊曼关于教育方面的著作主要有《学习心理学》和《实验教育学讲义》。《实验教育学讲义》在 1913—1914 年出第二版时,增至三巨册,厚达二千多页,论述了广泛的教育问题,内容十分丰富,包括了到那时为止所有的教育心理学方面的最新研究成果。在相当长的一段时间里,这本书一直作为大学的标准教科书,由于卷帙浩繁,后来莫伊曼又出了一册简编《实验教育学大纲》。

莫伊曼认为要使教育学成为一门科学,必须先确定教育学的性质。他认为,传统教育学是一种概念和规范的学科,它的作用就是告诉教育实际工作者如何进行教育和教学。这种教育学最根本的缺陷是它没有用科学的方法,尤其是经验科学的实验方法进行严密的论证,它所提出的规章准则都是些未经证实的东西。莫伊曼认为传统教育学所采用的方法主要是两种。其一,这些教育家往往富于幻想,凭直观思维来代替严格的科学论证。它的代表人物是卢梭。其二,他们仅仅依靠逻辑推理来构造教育学。例如,赫尔巴特就是从教育目的推导出整个教育学的体系的。因此,传统教育学所提出的规章和准则基本上都是推测和思辨的产物。跟教育和教学没有或很少有联系。其次,这些规则往往带有教育理论家个人经验的色彩,它缺乏经验科学最基本的特征普遍的可验证性。这样,教育学就不能成为科学。还有,传统教育学的规则是作为规范,作为教学指南以结论的形式提供给教育实际工作者的,于是教师就照抄照搬。这样,教育科学就停止不前,不能得到发展。

莫伊曼认为,新的实验教育学的主要价值在于它不是罗列教育研究成果,或规定教育和教学准则,而是使每个教育工作者都清晰地知道他所采用的方法和措施根据所在。这样,实验教育学就能提高教育工作者的独立性。而旧教育学只能盲目崇拜权威,例如,迷信赫尔巴特的"形式教学"的模式,照搬这种模式结果使教学过程极不自然。莫伊曼的批评切中时弊,是有一定道理的。

莫伊曼认为,要使实验教育学具有科学的性质,它必须首先是一种教育研究,它的科学性主要表现为观察和实验。观察不同于偶然的感知,它是有目的、有计划地进行感知,这就使它能根据教育目的,系统完整地得到一切所需感知的内容。这样,不仅同一人的多次重复,即使不同的人都能对同一事变有同样的感知结果。这种同一性就是实验教育学的优点之一。莫伊曼推崇观察,但他把"反省法"(即自我观察)也列为实验教育学的基本方法,这显然受了冯特的影响。现在一般认为,反省法的运用有很大的局限性,尤其当被试是没有受过训练的中小学生时,反省法的可靠性是很成问题的。观察虽然有价值,但它可能旷日持久,甚至得不到我们所需的变化。为此,需要直接干预,根据实验意图,制造出要调查的事件,然后进行测量和统计,这就是实验。由于实验的本质是通过干预促使要观察的现象发生,这就要求系统地寻找各种变量的因果关系。由于实验是在各种因素的严格控制之下进行的,使它具有科学的客观性。

莫伊曼极端地推崇科学实验的验证,以至他认为无实验根据的任何思辨都是违背实验教育学的精神的。这种观点强烈地影响了他对教育学体系的看法。他认为教育学实质上由两部分组成。一部分主要职能是描述和说明,它可以由实验进行普遍的证实。例如,小学生的阅读和书写的心理过程和一般规律等。另一部分是教育学的组织方面,即根据教育和教学的一般概念,组织跟教育有关的具体事实,在这方面就不存在一种普遍性。例如,教育目的和教育的具体组织方式是因时空的变化而起变化的,它很难用实验的方法来验证。因为这种系统描述必然带有各种猜测和假设,这就从根本上违背了实验教育学的精神。莫伊曼的最后结论是:"实验教育学只能是陈述事实的学科,而不应该包括教育学的整个领域即'事实的发现'和'系统的构成'应该分开,实验教育学必须跟'系统'教育学对立。"由于教育目的和系统组织的复杂性而主张回避,这无论如何是行不通的。莫伊曼后来也承认教育目的和组织的变化受到各种因素的制约,这种制约本身也可体现出一种普遍的规律性。他相信在未来,"随着实验研究的进展这种制约性将能得到验证。"① 莫伊曼看到教育目的的变化有规律性,这无疑是一个进步,但他不理解自然科学和社会科学有着不同的研究方法,教

---

① 莫伊曼:《实验教育学讲义》,1914年德文版,序言。
Ernst Meumann, *Vorlesungen zur Einfuhrung in die Experimentelle Padagogik und ihre Psychologis chen* Leipzig: Wilheim, 1922, Aus dem Vorwort Zur ersten Auflage. ——编校者

育目的的制约性只能用历史唯物主义的方法才能正确解决,指望用实证方法进行证实只能是幻想。

莫伊曼还详细地论述了实验教育学的研究范围。它包括:(1)调查青少年总的身心发展的规律。例如,身心发展是渐进的还是跳跃的。(2)调查儿童心理的各组成部分的发展情况。例如感知觉、想象、记忆、思维、意志和情绪等方面的发展规律和特点。(3)研究儿童的个体差异。(4)研究儿童的特殊禀赋,即天才儿童的特点。(5)研究儿童在学校教育方面的一些特点,例如儿童在脑力劳动和体力劳动方面的有利条件和不利条件的因素等。(6)教学方法调查。针对不同学校和不同学科,具体分析研究各种读书方法、计算方式等的优劣。(7)调查教师的工作,学校制度的合理性等。莫伊曼正确地指出教育学是一门独立的学科,它不应该仅仅是心理学、伦理学在教育上的应用,教育学应有它自己独特的目的,即从教育和陶冶儿童的角度来考虑各个具体的教育问题。但从上述的实验教育学的研究领域来看,第(1)到第(4)项完全属于普通心理学或儿童心理学的范围,第(5)项属于教育心理学的范围,只有第(6)和第(7)项才可列入教育学的范围内。这种研究领域的划分,一方面表明莫伊曼作为一个心理学家注重从心理学的角度来考察教育问题,这跟他所主张的实验教育学真正的研究人员应主要是受过训练的实验心理学家,研究的主要场所应该是心理实验室,是完全一致的。另一方面也体现了莫伊曼所一再强调的观点:实验教育学应注重发现和研究事实,而不谈教育学的系统组织问题。

莫伊曼作为实验教育学的开山鼻祖,第一个系统地论述了实验教育学的性质、方法、研究领域和任务,要求把教育学建立在实验研究的基础上。尽管他所采用的方法是脱离教育实际的,主张在心理实验室的环境中进行实验,并且排斥教育工作者作为实验研究的主角,但他对实验方法的推崇,对从理论到理论的脱离实际的教育思想和方法的批判,无疑对教育科学的发展起了促进作用。并且在一些具体的实验研究中,例如儿童的美感,学校心理卫生等方面的研究结论,至今仍有教育价值。但正如康乃尔所指出的,莫伊曼处理教育实验,擅长分析,缺乏综合。① 莫伊曼确实深受冯特的构造心理学派的影响,他注重从感觉、记忆、注意等孤立的心理机能来研究儿童的心理,而不把儿童当作完整的个

---

① W·F·康乃尔:《二十世纪世界教育史》,1978年英文版,第102页。
W. F. Connell, *A History of Education in the Twentieth Century World*, New York: Teachers College Press, 1980, p. 102. ——编校者

体看待,不从诸种功能的综合来理解儿童的心理。并且他对实验结果的统计处理不很严密,以至他的一些结论在当时就受到人们的怀疑。他主张实验教育学只能处理可由实验验证的具体事实,反对建立教育学完整的体系,这无疑是受了当时盛行的实证主义哲学思潮的影响。

2. 拉伊

拉伊(Wilhelm Lay,1862—1926)是德国教育家。他在师范学校毕业后,在弗赖堡的一所女子小学任教师。大学期间,学习生物学、数学、哲学和教育学等学科。1886年大学毕业后,他的《理科教学法》一书出版,引起人们的注目。1893年,他被聘为卡尔斯鲁厄师范学校的教师,后升为该校校长。在该校历时三十年。他的很多教育实验的成果都来自在该校和该校附小的实验。1903年,他的论文《实验的教学》被哈勒大学授予名誉博士学位。在1904—1906年期间,他跟莫伊曼合作编辑《实验教育、实验教育合作研究》机关刊物,宣传实验教育,报道实验教育的成果。他的主要著作有《实验的教学》、《实验教育学》和《行动学校》等。

拉伊认为"旧教育与新教育的主要区别,在于搜集经验和研究的方法"①。因为,只有依靠严密的观察、统计和实验才能改造旧教育学。实验教育学中的观察一开始就必须选定有典型意义的对象。然后用计量的方法求得精确数据,这就是教育统计。由于教育的情境极复杂,为了理清各种现象之间的因果关系,就必须先使情境简化,使观察能在有控制的情境中进行,这就是教育实验。拉伊认为教育实验是新旧教育的根本区别之所在,一切观察所得出的结论只能是一种推测,要检验这推测是否正确,必须有赖于实验的验证。

拉伊认为,教育实验应包括三个阶段。第一阶段是假设。拉伊并不排斥旧教育学的一切研究成果和实际经验,他只是批评旧教育学往往只用演绎和归纳的方法把经验上升为原则和原理,而新教育学却要求把这些由经验上升的原则和原理从实验上进行验证。在旧教育学中作为最终产物的原则和原理,在实验教育学中是作为最初的假设,它有待于实验验证它的真伪。第二阶段是实验。尽管拉伊要求实验情境简化,但他更强调实验情境要符合教室的特点。"教学的实验……必须满足的一个条件,就是实验时的情境与教室中教学的情境愈相

---

① 拉伊著,金澍荣、黄觉民译:《实验教育学》,1938年商务印书馆版,第154页。
[德]拉伊著,沈剑平、瞿葆奎译:《实验教育学》,人民教育出版社2007年版,第8页。——编校者

似愈好。"①拉伊主张实验情境要尽可能接近教室特点,而莫伊曼强调以心理实验室作为实验的场所,两者显然不同。这个不同导致他们的第二个分歧,莫伊曼主张教育实验的主角是训练有素的实验心理学家,而拉伊主张以有实际经验的教师为实验教育的主角。"举凡假定的成立,教育的研究,计划与实行,结果的解释,结果的证实和最终在实际教育工作上的应用……只有从长久的实际经验中,经过各方面理论上和实际上的试验的教育家才能够具备。因此,我们不必有所谓特殊的学校心理学家。"②第三阶段是实际应用。拉伊认为,实验教育学跟实验心理学不同,实验心理学更注重对一般心理过程的分析,而实验教育学更注重对实验所获得的知识加以运用。这种实际运用不仅是实验教育学的最终目的所在,也是进一步检验实验结果是否正确的机会。

拉伊批评莫伊曼所主张的"实验教育学"必须与"系统"教育学对立的观点。指出:"每个个别的教育研究,必须按照普通的教育观点施行,否则不能算是教育的,仅是心理的或卫生的研究或其他同类的研究而已。"③教育最终就是要根据"系统"教育学来建立标准和规范,教育的任务、措施和方法都必须按照既定体系的结构来选择和整理。他说:"事实的发现与系统的构成的假设是一起的,二者不能分开,正如一株树的树梢跟树根不能分开一样。"④

这里我们可以看到,拉伊跟旧教育学和莫伊曼的分歧很大一部分体现在"假设"这一概念上。在旧教育学中被认为是理所当然的一些教育原则和原理,在拉伊看来,这些东西仅仅是尚未得到实验验证的"假设"而已。对莫伊曼来说,实验教育学仅仅是验证各种教育方法和措施的真伪,只是"事实的罗列",一旦获得"事实"就算达到实验教育学的目的。相反,拉伊认为,这些"事实"是构造教育系统的一种"假设",通过在教育实践中的运用就可检验这种"假设"是否

---

① 拉伊:《实验教育学》,1938年商务印书馆版,第157页。
〔德〕拉伊著,沈剑平、瞿葆奎译:《实验教育学》,人民教育出版社2007年版,第11页。——编校者
② 拉伊:《实验教育学》1938年商务印书馆版,第159页。
〔德〕拉伊著,沈剑平、瞿葆奎译:《实验教育学》,人民教育出版社2007年版,第12—13页。——编校者
③ 拉伊:《实验教育学》,1938年商务印书馆版,第162页。
〔德〕拉伊著,沈剑平、瞿葆奎译:《实验教育学》,人民教育出版社2007年版,第16页。——编校者
④ 拉伊:《实验教育学》,1938年商务印书馆版,第163页。
〔德〕拉伊著,沈剑平、瞿葆奎译:《实验教育学》,人民教育出版社2007年版,第17页。——编校者

能达到某种价值标准,这就产生一种系统的教育学。拉伊主张事实的发现与系统构成的一致性,最充分地表现在书写是学习拼写单词的最有效的方法这一实验。正是这个实验证实了行动是教育的最基本的原则,由此构成行动教育学的系统。注重实验方法和强调行动在教育上的价值,这两者构成了拉伊教育思想的最基本特点。因此,拉伊的教育思想既可称作实验教育学又可称为行动教育学。

为了检验哪一种方法是学习拼写单词的最佳方法,按不同的学习方法拉伊把学生分为四大类,其中两类又分为若干组。第一类,主试将要测试的单词读出来,要求学生默写,其中第一组学生只听,不带任何言语动作;第二组学生听,允许小声地念;第三组学生听,并可高声读出来。第二类,主试将要测试的单词写在黑板上,要求学生看,其中第一组学生只看,不带任何言语动作;第二组学生看,可小声地念;第三组学生看,同时可高声读出来。第三类只有一组,就是口头拼写,主试将字母写在黑板上,要求学生高声按字母一一拼出。第四类也只有一组就是看着单词抄写。隔了一段时间后进行测验,将测验的结果进行统计。结果发现,第一类的第一组每个学生平均错误次数为 3.04,第二组为 2.69,第三组为 2.25;第二类的第一组为 1.22,第二组为 1.02,第三组为 0.95;第三类为 1.25;第四类为 0.54。根据这些统计资料,拉伊认为言语器官和手的活动所产生的运动觉,在拼字学习上有显著促进作用,其中抄写的价值最大。因此,活动远比视、听的感知在教育上有更大的价值。

根据其他的一系列实验,拉伊提出行动教育学。他认为每一种生物的活动都可表现为"感受——类化——表现"。所谓"感受"就是对外界各种变化的感知,在所有的感受印象中,最主要的是"运动的意象",即当我们在说话、唱歌、写字以及游戏时能产生一种感觉的综合。如果我们能有目的地重演这动作,它就会成为一切技能和习惯的根据。这里的"类化"是对感知印象的整理,拉伊称"类化是一种心理上的消化"。通过类化,人就对感知觉形成一种评价,由此形成适应。感受、类化仅仅是完整的行为中的两个环节,一个行为最终必须以动作行为表现出来,只有这样,这个心理反应才算完成。因此,"活动、动作、表现是心理发展的基础"[①]。表现和活动应成为学校教育的中心环节。"活动以及由此而产生的心理过程,是行动学校和动作的教育学中的最重要的部分。"[②]

[①] 拉伊:《实验教育学》,商务印书馆 1938 年版,第 34 页。
[②] 拉伊:《实验教育学》,商务印书馆 1938 年版,第 115 页。

拉伊认为,教育的基本原则就是活动的和表现的原则。首先,他强调以行动作为整个教育的最基本原则,这跟当时仍占统治地位的主智主义的赫尔巴特学说决然不同。他把仅注重理智的学校称为"读的学校"、"坐的学校"。拉伊主张通过行动进行学习,通过表现实现自我的发展。他称自己的学校是"活动学校"。由于这种活动是受自我意志支配的,它又可以称作"主意的学校",以此表示跟"主智学校"的对立。其次,行动的教育它的最终目的是为了使这些活动跟社会伦理准则、社会价值观相协调。因此必须以伦理、经济、政治等因素来确定教育目标,进而指导身心的发展。当然,这使我们更清楚地看到拉伊跟莫伊曼在实验教育学体系的看法上的分歧,莫伊曼是耻谈思辨的、规范的目的的,而拉伊却要求教育应该与价值观念、规范科学(伦理、政治等)相一致。

拉伊认为,传统学校的很多弊病是由于各门学科之间缺乏联系,不成系统,为此以行动为特征的学校就必须改变传统的教学方法,使所有学科在"感知"、"类化"和"表现"的统一性上把各学科联系起来。传统学校忽视动手的、活动的教育,拉伊要求加强这方面的教育,无疑是正确的。但要求任何学科、任何教学都在"感知——类化——表现"上统一,这只能走上新的形式主义道路。

三、比纳的智力测量

比纳(Alfred Binet,1857—1912)生于法国南部的尼斯。比纳的中学时代是在巴黎圣路易中学度过的。最初研究法律,曾获得法学学位。但他兴趣广博,后来对心理学感兴趣。1889年,比纳和亨利·比尼在索邦创办了法国第一所心理实验室。同时,他研究昆虫的神经系统,于1894年获得理科博士。1895年,比纳和维克多·亨利创办了法国第一本心理学刊物《心理学年报》。比纳的主要研究成果都刊登在这本刊物上。1900年,比纳和学前教育家凯果玛特夫人在巴黎设立"儿童心理研究会",并创办了一所隶属于该会的"学校教育实验室"。比纳的不少研究成果均取材于该实验室。比纳对教育和心理学最大的贡献是智力量表。这个量表引起各国教育和心理学界极大的注意。比纳的教育思想主要体现在1909年出版的《关于儿童的新观念》一书中,该书是他一生最后的一本书,系统地论述了在教育上研究个别差异的重要性。比纳是那个时代法国最伟大的心理学家。

1. 个别差异和教育

比纳认为传统教育最大的弊病是对教育对象的疏忽。传统的儿童观有两个特点,它把儿童看作是成人的雏形,儿童跟成人只有量的差异。并且,把儿童看作是彼此雷同的,根本不注意儿童之间存在着感觉类型、思维方式、品行特点的差异。这种儿童观导致了在教育上教师只重视所传授的知识本身的价值,而不关心儿童的受纳性,即使教师注意到儿童的特点,往往也只注意到全体儿童的共同特点,而不注意儿童个体之间的差异。为此,比纳要求把新教育建立在个体心理学的基础上。他说:"儿童性向的决定,乃教授与教育的最重大事项,我们应遵从其性向以教训他们,及指导他们向着某一种职业。所以教育学应以个人心理学的研究为基础。"①

尽管比纳十分强调个别差异在教育上的重要性,但他在采取具体的教育措施时,是比较积极和现实的。积极的是,他不同于那些只注意个别差异,进而主张搞天才教育,否定或贬低普及教育价值的人。他对个别差异的研究是着眼于如何更有效地因材施教,而不仅仅是淘汰低能者。注重现实,表现在他并不赞成完全的个体化教育,认为在当时学校经费和师生比例的条件下,上述主张只能是"要求过多,反毫无所得"。为此,从教育学的角度来讲,班级教学不应废除,"没有它,就没有模仿、竞争心与团结精神,这些都是人类进步非常有利的刺激物"②。

比纳认为,既要重视个别差异,又要充分利用集体教学的有利因素,最佳方案就是平行班的方法。"我们可照学生的性向,将他们分配于这些班中,在某班中多教文学,在某班中多教科学,在某班中又多授实际功课与工厂的工作。"③比纳的这个主张在他在世时,法国就已经采纳了。1902年,法国对中等教育进行了一次重要改革,实行分科分组的教育,尽管这种分科分组的设置主要是由"现代派"对"古典派"在课程领域的挑战而产生的结果,但比纳从个别差异角度的研究支持了这种变革。直到现在,法国仍然是世界上学科分组最多样复杂的国家。

比纳的整个研究工作似乎都是围绕着重视个别差异而组织起来的。他认为教育上最重要的问题就是如何训练个体的潜在能力。比纳广泛研究人的各种差异,其中特别有意义的是对人的思维方式的研究。他区分出三组思维方式,分析逻辑的思维方式对直觉灵感的思维方式,客观的思维方式对主观的思

---

① [法]比纳著,曾展谟译:《儿童学的新观念》,商务印书馆1931年版,第11页。
② [法]比纳著,曾展谟译:《儿童学的新观念》,商务印书馆1931年版,第12页。
③ [法]比纳著,曾展谟译:《儿童学的新观念》,商务印书馆1931年版,第12页。

维方式,实际的思维方式对思辨的思维方式。比纳主张无论是教育方法,还是教学内容,均应根据个别差异而"因人施教"。他对思维方式的研究和分类,在当时处于世界领先的地位,即使从现代的标准来衡量,这项研究仍然极有价值。

2. 智力量表

十九世纪末,二十世纪初,由于义务教育的实施,一些低能儿童跟正常儿童一样也要接受普通的学校教育,结果他们年复一年地留级,给学校和学生本人都带来了不少麻烦。为此,1904年法国公共教育部任命了一个委员会,要求他们制订鉴别低能儿童的方法,使他们能接受特殊教育。1905年,比纳和医生西蒙提出了他们的第一份量表,这份量表和以前所有的智力测验有如下的不同之处。

首先,比纳以前的智力测验方法往往只鉴别感知、运动的敏锐程度,它只能判断一种特殊的心理能力,比纳批评它们"不能认识某种智慧的全体"。他说人有一般智力,而且"正是这个全体,我们应当去估量"[1]。他认为,智力是一种综合,它有四种功能:思维的定向、意义理解、发现和判断。人的思维从对外界的感知到产生一种意识,这个过程是个创造过程。它是基于意义理解之后的一种发现,这个思维过程有赖于思维定向的不断修正,使思维沿着正确路线进行,直至最终形成判断。判断是四种功能中最重要的。"在我们看来,似乎智力有一个基本功能,这一功能的改变或缺乏在实际生活中是举足轻重的。这一功能就是判断,或称之为机智,或现实感。"[2]为此,这份量表并不注重人的低级智力功能,而是"主要目标针对受试者的判断能力"[3]。

第二,当时的心理测验有一种普遍的趋势,为了求得测验结果的精确,主张尽可能排除生活中各种无关变量。比纳认为智力测验的关键是选择有代表性的样本试题,而表现智力高低的最现实的方法就是看其对环境的适应能力如何,因此,制定这种样本试题唯一的途径,不是排除生活的影响,而是到生活中去寻找。比纳、西蒙的量表就是建立在广泛调查的基础之上的,它们的测验项目绝大多数选自日常生活中的实例。如识别食物,执行简单命令和模仿简单姿势,给名词下定义和解释抽象概念等。比纳认为,智力测验必须尽可能多地参照各方面的测验项目才可靠。由于每个人个性不同,各种心理能力不同,某一

---

[1] [法]比纳著,曾展谟译:《儿童学的新观念》,商务印书馆1931年版,第107页。
[2] 张述祖审校:《西方心理学家文选》,人民教育出版社1983年版,第106页。
[3] 张述祖审校:《西方心理学家文选》,人民教育出版社1983年版,第105页。

方面的单项测验往往并不能代表一个人的一般智力,因此不是单一的精确,而是多样的统一才能反映一个人的智力水平。他这份量表几乎包括了触觉、视觉、运动、识图和名词定义等各个方面。

第三,这个量表不是按测验的类型如记忆、感知等来分组,而是根据测验项目难度的递增来排列的。比纳认为,正常的人应该随着年龄的增长,智力也相应地发展。这份量表共有 30 个项目。例如:1. 看一个运动物体时,要求头和眼运动的协调。6. 能执行简单命令和模仿简单姿势。9. 看到图片上的实物,能说出它的名称。15. 能复述含有 15 个单词的句子。20. 能回忆几件已知物体的相似之处。25. 词语填空,有意略去句子中某一单词,要求被试能正确填充。30. 抽象名词的定义。由于量表是按难度排列,它就可用来测定被试心理已经发展到何种程度。例如,比纳认为"白痴"的智力水平不可能超过第 6 项测验,"愚笨者"不能正确解答第 15 题以后的试题。这个量表的优点就是它能比较客观和方便地鉴别低能者,让他们接受特殊教育。

第四,由于这个量表是教育上实际需要的产物,它体现了实用性的特点。比纳说:"我们的目的要使我们所有的测验简单、迅速、方便、准确……"①他要求 10 个试题测验的总时间不超过 20 分钟,为了在短时间内达到精确,比纳这个量表不采用当时流行的直接度量法,例如,判断儿童的计算能力是根据错和对的百分比进行计算,而是采用了全或无的两分法,要么对要么错,这样既快又正确。

1905 年量表发表之后,很快得到较普遍的好评,但它也反映了一些不足之处,为此,比纳和西蒙于 1908 年出版了第二份量表。这份量表的主要修改之处是测验项目不再按难度排列,而把难度相仿的测验题归成一组,代表正常发展的某一年龄的儿童应达到的智力水平,这就引入了一个十分重要的智力测验的术语"智力年龄"。例如,四岁儿童的智力年龄标准是:能说他是男的还是女的,能说出钥匙、小刀、铜币的名称,能背诵三位数的数字,能比较两条线的长短。引入"智力年龄"概念后,使智力测验的结果能迅速地表明一个人智力落后或超前多少。例如,6 岁的儿童只达到 4 岁的智力年龄标准,那就说明他智力水平落后于正常儿童两年。反之,当 4 岁的儿童达到 6 岁的智力年龄标准,那就是超前两年。

1911 年,他和西蒙对量表又作了一次修改,出版了第三份量表。这份量表

---

① 张述祖等审校:《西方心理学家文选》,人民教育出版社 1983 年版,第 105 页。

相对于 1908 年量表无大变化,仅作了细节调整,使量表更规范化了。除 4 岁智力年龄的测验项目外,其余每一个年龄组都有 5 个测验项目。计算智力年龄的方法也有所改变,每通过一个测验项目就算 0.2 智力年龄,这样测验的结果就更精确了。

比纳的智力量表成为后来广泛运用的斯坦福——比纳智力量表的蓝本。尽管智力测验在后来实际运用中产生了一些问题,引起了争论,但我们应该具体分析,不能把比纳的原意和后来实施中的问题搅在一起。例如,对智力测验最大的批评是:智力测验以智力的不变为依据。由此,排斥了智力测验失败者受较高级的教育的权利。无疑,在美国,二十至三十年代测验运动风行期间,有不少人认为智力是天生的,不能增长的(桑代克就是这样)。可是比纳却持完全不同的观点,他认为:"断定一个人的智慧有一定的数量,这个数量谁都不能增加。我们应当抗议与反对这种粗野悲观意见,我们试图指出,这是毫无根据的。"①对比纳来说:"测验本身并不是目的,而是一个开始,他的目的在教室中。"②这样我们就可理解在《儿童学的新观念》一书中,比纳是把智慧的测验和智慧的教育并列在一章中论述的,并且相当详细地论述了对低能儿童的以心理矫正术为主的教育方法。

就智力测验本身对二十世纪的教育发展而言,它的影响是很大的。"在儿童、发展、教育心理学中,测验带来了对心理过程的客观测量,并且推进了对智力概念的理解。"③从这个角度来讲,比纳的富有创见的贡献是不可抹杀的。

3. 教育研究方法

作为一个实验心理学家,比纳对实验极为重视,他认为只有实验才能给人以科学的精确性。"新教育学应当根据于观察与实验,首先它是为实验的。"④

新教育必须立足于实验,这就要求教师不仅是一个教育者,还应该是一个观察者。只有善于观察,才能针对儿童的不同性向进行有效的教授。但单靠观

---

① 比纳:《儿童学的新观念》,商务印书馆版,第 130 页。
[法]比纳著,曾展谟译:《儿童学的新观念》,商务印书馆 1931 年版,第 130 页。
② S. B. 萨拉松:《比纳不幸的命运和学校心理学》,载美国《师范学院学报》1976 年 5 月。
S. B. Sarason, *The Unfortunate Fate of Alfred Binet and School Psychology*, Teachers College Record, Vol. 77, No. 4 May 1976, pp. 579 - 592. ——编校者
③ S·B萨拉松:《比纳不幸的命运和学校心理学》,载美国《师范学院学报 1976 年 5 月》。
S. B. Sarason, *The Unfortunate Fate of Alfred Binet and School Psychology*, Teachers College Record, Vol. 77, No. 4 May 1976, pp. 579 - 592. ——编校者
④ [法]比纳著,曾展谟译:《儿童学的新观念》,商务印书馆 1931 年版,第 34 页。

察难免带有主观因素,造成不精确,教育要真正成为一门科学,必须进行教育的测量。他认为教育的测量至少有三大益处。一能认识儿童的真实程度。二能鉴定教师工作的成效。三能判断教育方法的优劣。比纳不仅在智力量表上充分运用教育测量手段,并力求精确,对其他各种个别差异,诸如,身长体重、视听觉、记忆、学生成绩,各种性向等都普遍采用平均值作为正常规范,然后以这为尺子逐个鉴定每个学生超出或落后的程度。

比纳无疑对实验教育学作出了不少贡献,他是个注重现实的人。他不单单推崇实验、观察、精确的测量,更看到实验教育的不足之处,认为不能全盘地否定传统教育。旧教育学基于实际的经验,跟现实有着良好的接触和适应,所以在实际运用中效果较好。新教育学是基于实验的,内容比较精确,但不少的试验往往十分粗糙、不全面,出于实验室的人所想出。他们没有学校的设想,没有实际价值。比纳主张未来的教育学应该把两者调和起来。

四、桑代克的学习心理学

桑代克(Edward L Thorndike,1874—1949)从1899年到他去世一直在美国哥伦比亚大学师范学院教心理学,在那里他把他的动物研究技术应用到对儿童和年轻人的学习研究上,提出了不少在当时是较新颖的见解。一生中,他最关注的问题是如何通过教育改变人。因此,正如霍尔被认为是美国发生心理学的创始人一样,桑代克被认为是教育心理学的奠基人。诚如詹姆士·E·罗索所说:"桑代克教授发展了教育心理学这门学科,使它成为师范学院各系学生重要的一门学科,由此形成了早期师范学院的特点,这是前人从未做过的,后人也永远没有机会再作这个贡献了。"①

桑代克是多产的心理学家和教育家,他发表了507篇论著,比较著名的有《教育心理学概论》、《教育学》、《人类的学习》,及与他的学生盖兹合著的《教育之基本原理》。这些书均已译成中文,对中国教育界的影响是很大的。

1. 学习律

桑代克是行为主义心理学的拥护者,主张从外部行为的观察来研究动物和人的心理。他认为动物是通过不断的尝试错误而获得经验的。这种尝试——失败——再尝试——成功的过程就是学习的过程。这种学习行为的实质就是

---

① 詹姆士·E·罗索:《评价桑代克1926—1940》,见美国哥伦比亚大学《师范学报》,1940年5月号。

在刺激和反应之间形成了一种联结,即"感应结"。人和动物的一切行为可分为本能和习惯两大类,本能是先天联结,习惯是后天联结,任何习惯的形成必须以本能为基础,本能是行为的基石。

桑代克认为人的学习可塑性要比动物大得多,行为也更复杂,但也是基于本能,以刺激反应的联结为准则的。所谓学得知识,掌握技能,它的实质就是"能够以某种正确的方法反应某种情境"。由于教育就是要求受教育者养成某种正确的反应,因此,教育过程的实质就是安排情境,控制反应,使学习者形成适当的感应结,并且通过练习强化,最终形成习惯的过程。

为了有效地控制反应,桑代克进一步提出三条学习定律。

(1) 准备律　桑代克认为,一切反应由个人自己的内部状况和外部情境所共同决定。内部状况主要指反应者的内部心理状态。学习不是消极地接受知识,而是一种活动,因此他必然要有某种需要,体现为兴趣和欲望。兴趣和欲望是否跟反应一致,产生的反应效果是截然不同的。"一个人如准备以某种方法动作,则以该种方法动作在他是满足,而不是该种方法动作在他是烦扰。"①尽管准备律主要是一种心理状态,但桑代克认为良好的心理准备还应包括对该情境起反应所必不可少的素养和能力的准备,良好的素养和能力有助于心理准备的完善。这体现在教育上就要求学习的循序渐进。

(2) 效果律　主要是指反应者的内部心理状态,它强调反应者对反应的结果持何种态度。"各人都要反复那些有一种满意的效果伴随发生的反应,因而随即将它们学会,各人都不愿反复那些有一种感到厌烦的状况伴随发生的反应,因而不能将它们学会。"②这定律强调个体对反应结果的感受将决定个体对练习的欲望的强弱。桑代克认为这条定律是最基本的学习原则。在1929年,他明确宣布要修正效果律:"我要讲三个字,这是很少能够从讲坛上听到的,即'我错了'。"③指出,感到满足比感到厌烦能产生更强的学习动机。这条定律要求学习要有严格的计划,使学生在每天的学习中能感受到自己的进步,因此产生学习积极性。

(3) 练习律　练习律实质就是强化刺激与反应的感应结。"一个已形成的可以改变的联结,若加以应用,就会使这个联结增强,如不应用,就会使这个联

---

① [美]桑代克,盖兹著 宋桂煌译:《教育之基本原理》,商务印书馆1934年版,第82页。
② [美]桑代克,盖兹著 宋桂煌译:《教育之基本原理》,商务印书馆1934年版,第81页。
③ 罗伯特·洛克:《桑代克对学习心理学的贡献》,见哥伦比亚大学《师范学院学报》(美国),1940年5月号。

结减弱。"①也就是用进废退。到了后期,桑代克进一步对练习律作了修正,指出单纯的重复练习并不一定能引起进步,要使练习产生有效的进步,它必须能产生一种满足感。这一修正实质上已使练习律隶属于效果律了。

桑代克认为,一切习惯的形成必须充分考虑儿童的本能需要和后天习得的需要。他说:"人类一切控制的基本法则,便是利用人类的需要。"强调有效的学习必须建立在儿童对学习有强烈的兴趣和喜悦上,这种对儿童需要的尊重无疑给当时盛行的进步主义教育思潮以心理学上的支持。但桑代克认为人性只是教育的起点,教育的真正任务是改造人性,以遵循人的基本需要为出发点逐渐地改造人性,必须由教师仔细地规定和严格地控制反应的顺序,通过不断的练习最终形成所需的习惯,这样,进步主义教育思潮十分强调的儿童的自由在桑代克的教育体系中是没有地位的。

根据上述的学习定律,桑代克认为教师的主要职责是控制环境,消除一切不利于注意力集中的干扰因素。教师必须注意学生是否疲劳和厌倦,教师可先将作业中的乐趣讲给学生听或以自己的热情激起儿童的准备。在整个练习过程中不可使学生感到十分困难,这会使他们感到苦恼,最终导致气馁。并且从练习一开始,就必须严加监视,尽可能避免错误和失败,即使有过错,教师也不能过分强调,桑代克认为这会起暗示作用,由此形成错误的感应结。对学生的点滴进步必须迅速肯定和奖励。这种方法在教授和掌握一些基本知识和技能时会起到较好的巩固作用,但由于它脱胎于动物学习的研究,不免带有刻板和机械训练的特征。这种方法运用到德育上,强调的是通过练习形成道德习惯。尽管桑代克也提出由于道德情境的多变,单纯习惯不足以应付多变的情境,但他的教育体系决定了它重视"行"的训练,不注意"知"的提高,这将导致学生无分析无批判地服从教育者所因袭的陈规。

2. 课程论

桑代克的课程论思想主要建筑在刺激反应和共同要素迁移说与分化教育的思想之上的。

根据刺激反应学说,"个人对 XYZ 的情境即有 ABC 的反应",任何学习行为,它的实质就是情境 X 跟反应 A 形成感应结,情境 Y 跟反应 B 形成感应结,因此对一个正常人来讲,"结合的数目动辄以百万计"。② 世界是复杂多样的,如

---

① [美]桑代克,盖兹著宋桂煌译:《教育之基本原理》,商务印书馆1934年版,第88页。
② 桑代克著,陆志韦译:《教育心理学概论》,商务印书馆1926年版,第205页。

何才能使人更有效地掌握众多的知识呢？传统的形式训练说主张提高人的心智能力来解决这问题。形式训练说是建筑在官能心理学之上的，它认为注意力、记忆力、推理力是每个人的最基本的心智官能，具有较好的某种官能在所有的情境中都能表现出良好的功能。桑代克反对普遍的形式迁移，主张共同要素迁移，"在一种情境上所成立的反应不能迁移到其他一切的情境上，但他们可以迁移到与建立此反应的原情境有很多共同点的其他情境中"。由于不同学科处理不同的情境材料，因此不可能有某种能普遍迁移到一切学科领域的记忆力或推理力，要能有效地掌握知识适应世界，只有对众多的学科所内含的不同材料——建立感应结。桑代克在课程论上反对形式学科，主张接近生活实际的实用学科。"学习生活愈接近实际生活，则良好的反应便越易迁移到实际生活中。"①他还说，"了解疾病是由于咳嗽而飞扬到空气中的病菌的事实及学习养成遮着嘴咳嗽的习惯，显然比学习最小公倍数及如何计算更有价值"②。

桑代克认为社会是一个整体，为了使这个社会整体有一个较高的效益，就必须根据人的禀赋定向培养，使他未来的生活环境跟他的禀赋相适应。"人的智力大约可分为两类：一类能用表象工作，另一类只用事务工作，有些儿童能掌握数目、文字、词汇、化学符号等……他们可称为'表象的思想家'。""另外一些儿童……做买卖、种树及实际工作就很成功，他们是'事务的思想家'。"③这种个体差异"影响直接的教育目的的实施，因有这些事实，所以课程必须能顺应每个学生的才能与缺点。"④桑代克批评当时小学课程狭隘，仅局限于一些读、写、算的学科，并且教学时只着眼于形式训练。他主张在小学阶段就必须大大扩充课程内容，使个人对自然界、家庭、社会、经济、政治等各方面的情境作好初步适应的准备，在这个基础上，根据学生的不同智能和职业才能作好分化的准备，"竭力指导学生对于未来升学或就业的准备，实是小学的职能之一"⑤。在中学阶段，课程内容必须有更大的分化，"须适应比较明确的职业期望"。他认为最理想的是：这种课程的分化，"能使智力最低的部分学生于初中毕业后或未及毕业即具有就业所需的准备，那么，对于个人及社会才最为有利"⑥。

---

① ［美］桑代克,盖兹著,宋桂煌译：《教育之基本原理》,商务印书馆1934年版,第145页。
② ［美］桑代克,盖兹著,宋桂煌译：《教育之基本原理》,商务印书馆1934年版,第156页。
③ 罗炳之著：《外国教育史》(下),江苏人民出版社1981年版,第287页。
④ ［美］桑代克,盖兹著,宋桂煌译：《教育之基本原理》,商务印书馆1934年版,第201页。
⑤ ［美］桑代克,盖兹著,宋桂煌译：《教育之基本原理》,商务印书馆1934年版,第285页。
⑥ ［美］桑代克,盖兹著,宋桂煌译：《教育之基本原理》,商务印书馆1934年版,第288页。

桑代克课程论思想有两个明显的特点。(1)首先,他不承认有普遍迁移的可能性,主张扩大学科领域。由于他否认一般的智力训练的可能性,他就十分推崇实用的学科。桑代克反对传统的学校课程脱离生活实际,这是应该肯定的,但过分强调生活实际,必然会罗列一大堆学科,忽视一些基础学科,这不利于学生掌握基本知识和技能,不利于思维能力的提高。(2)在小学阶段就要求课程分化,结果这种教育就会只注重职业训练,而忽视普通教育。"连美国一些评论家都批评他的想法是倒退到学徒制。这必然不利于处于社会底层的广大的劳动人民子女的教育。"①

3. 教育研究方法

桑代克作为一个心理学家,他的影响现已大大削弱,但他对动物和人类学习的研究方法和结论在心理学史上的影响是不可抹杀的。同样,他把这种方法直接运用到教育研究上,对教育史的影响也不可低估。

桑代克说:"思考教育问题的人的恶习和不幸就是选择了哲学的或通俗的思维方法而不是科学的方法。"②他主张,教育科学最基本的要求是所有的教育现象和教育理论必须有严格的验证。作为一个科学工作者,他们头脑中所贮藏的事实之间的相互联系应该是都经过验证,得到确认,具有真实性的。桑代克提出的一些教育原则和方法,确实基本上都是建立在心理实验之上的。

除了严格的实验验证以外,更需要对实验结果进行精确的测量。"当我们对自然进行观察和实验时,我们就了解了它们的真相。当我们对它们测量时,我们就把它们变为我们的奴仆。"③桑代克认为,正确的测量是改进教育的唯一途径。"教育结果的测量愈客观、明确、精密,则决定改良的教育方法而促其实现的可能性愈大。"④对教育测量的推崇,不仅表现在他高度评价心理的教育测验的重要性,并且他自己还设计了很多测验项目。桑代克成了美国当时测验运动的一个领袖。

---

① C·默尔:《美国教育家的社会观》,1978年英文版,第472页。
  Merle Curti, *The Social ideas of American Educators*: *with new chapter on the last twenty-five years*. Totowa, New Jersey: littlefield, 1978, p. 472. ——编校者
② C.默尔:《美国教育家的社会观》,1978年英文版,第460页。
  Merle Curti, *The Social ideas of American Educators*: *with new chapter on the last twenty-five years*. Totowa, New Jersey: littlefield. 1978. p. 460. ——编校者
③ 美国《教育大百科全书》,1971年英文版,第九卷,第234页。
  L. C. Deighton, *The Encyclopedia of Education* (Vol. 9), New York: Macmillan. 1971. p. 234. ——编校者
④ [美]桑代克、盖兹著,宋桂煌译:《教育之基本原理》,商务印书馆1934年版,第259页。

尽管对美国当时的测验运动,现在人们普遍提出批评,认为这种测验旨在排斥和贬低各种外来移民以维持白人中产阶级的统治。但应该承认,教育测验和心理测验本身仍有相当的教育参考价值。如果把测验当作一种工具,并和其他资料参照使用,使我们能更正确地理解学生的能力、倾向和成绩。因此,问题是如何解释测验的结果,即是否能以正确的观点解释各种测验数据。尽管桑代克十分推崇科学方法,但由于他主张人的智力的先天决定,要求以人的智力才赋决定人的未来职业和社会地位,这就导致他对智力测验的结果作了错误的解释。例如,他用智力测验论证了黑人智力的低下。默尔说得好,"桑代克带有他时代的阶级偏见,这种偏见损害了他的结论的科学性"①。

---

① C·默尔:《美国教育家的社会观》,第498页。
Merle Curti, *The Social ideas of American Educators: With New Chapter on the last twenty-five years*. Totawa, New Jersey: Littlefield, 1978, p. 498. ——编校者

第四章　蒙台梭利

蒙台梭利(Maria Montessori，1870—1952)意大利女教育家。她年轻时爱好生物学，后对医学感兴趣，考入罗马大学医学系。1896年成为罗马大学第一个女医学博士。毕业后，任罗马大学附属精神病诊所的助理医生。在当助理医生期间，她主要的治疗对象是低能儿童。这促使她深入研究低能儿童教育的先驱、法国心理学家依塔尔(Jean Itard，1774—1838)和塞贡①(Edouard，Seguin 1812—1880)的教育思想和方法。依塔尔和塞贡的思想及方法深深地影响了蒙台梭利。蒙台梭利后来曾说："她的方法的成功是她十年研究的结果"，也可以说是"对依塔尔和塞贡四十年所做工作的小结"。②

1898年，在都灵召开的教师代表大会上，蒙台梭利表示："儿童智力缺陷主要是教育问题，而不是医学问题。"③这引起了与会者的强烈反响。这以后，罗马教育部长任命她为国立精神治疗学校的指导。蒙台梭利在这里成功地使低能儿童的读写能力，在国家考试时胜过同龄的正常儿童。后应罗马住宅改善协会的邀请，于1907年在罗马贫民区圣洛凡扎开办一所"儿童之家"。她最初使用

---

① 依塔尔曾在1800年对一个早年被丢弃，然后在森林中长大的"野孩"进行治疗，但结果未能使他回到人类文明社会中。塞贡继承老师事业，提出"生理教育法"，主张通过发挥人的正常生理功能，促进智力发展。他在欧洲和美国开设了专门治疗低能儿童的诊所，成为十九世纪训练心理缺陷者的最著名人物。
② 蒙台梭利：《蒙台梭利方法》，1964年英文版，第46页。
　Maria Montessori, *The Montessori Method*, New York: Schocken Books, 1964, p. 46. ——编校者
③ 蒙台梭利：《蒙台梭利方法》，1964年英文版，第31页。
　Maria Montessori, *The Montessori Method*, New York: Schocken Books, 1964, p. 31. ——编校者

于低能儿童的这套教育方法，经适当修改，对正常儿童也取得了极大的成功，由此引起国内外人们的广泛注意。在随后几年里，采用类似教育方法的"儿童之家"在很多国家大量涌现。1909年，蒙台梭利总结"儿童之家"的经验，出版了《适用于幼儿之家的幼儿教育的科学教育方法》一书（英文译名《蒙台梭利方法》）。该书很快被译成二十多种文字，流传世界各地。1919年开始，蒙台梭利在不少国家开办国际教师训练班，学生来自世界各大洲，这些学生回国以后，往往组织蒙台梭利协会，由此形成蒙台梭利运动。这样，蒙台梭利方法进一步扩大到世界范围。从1925年到1951年，她连任九届国际蒙台梭利协会召开的大会主席。

蒙台梭利的主要著作，除《蒙台梭利方法》外，还有《高级的蒙台梭利方法》两卷、《儿童的秘密》、《教育人类学》、《儿童的发现》和《蒙台梭利手册》等。

一、儿童发展观

蒙台梭利的教育思想在很大程度上是由她的儿童发展观决定的。她认为，儿童并不只具有一个肌体，儿童更有着一种内在的生命力，它像个"生殖细胞"一样，规定着个体发展的准则。正是这种生命力本能的自发冲动，赋予儿童积极的生命动力。这种生命动力促进个体不断发展。随着个体的不断发展，这种潜伏着的生命力就渐渐呈现出来，她称之为"生命力的体现。"蒙台梭利说："生长，是由于内在的生命潜力的发展，使生命力量呈现出来，它的生命力就是按照遗传确定的生物学的规律发展起来的。"[①]

蒙台梭利的生命力自发冲动的学说，几乎完全建筑在生物学的本能概念上。但蒙台梭利认为，人的潜能和动物的本能有两点根本的区别。第一，幼小的动物几乎一生下来依靠本能就能独立生活，而刚出生的婴儿什么本领也没有，"他诞生时唯一的本领就是哇的一声哭"。这就要求给予良好的环境，使潜能充分健康地呈现出来。第二，动物的本能具有种的同一性，即同一种动物有相同的本能，而人的潜能却是各不相同的。因此，这种潜在的差异就使得儿童的自由成为教育上必不可少的前提。

蒙台梭利还认为，这种心理的潜能必须在运动中体现出来。"运动是生命

---

① 蒙台梭利：《蒙台梭利方法》，第105页。
Maria Montessori，*The Montessori Method*，New York：Schocken Books，1964，p. 105.——编校者

必不可少的部分",一个儿童的发展是通过肌肉的自主活动实现的。因此,心理潜能和肌体运动必须协调。儿童的运动需要一个相应的环境。虽然跟生命力相比,"环境无疑在生命现象中是第二位的因素,它能改变,包括助长和抑制,但它从来不能创造"①。但是,生命潜力,这种精神的胚胎,就像人的胚胎需要母亲的子宫一样,它也需要一种相适应的特殊环境。因此,为了促成人体的正常发展,必须提供一个良好的环境。"把头等重要性归咎于环境,这形成了我们教育方法的特点。……成为我们整个体系的中心。"②

蒙台梭利所说的环境是广义的,它包括儿童的活动环境、教具和教师。一个良好的环境意味着,要尽可能排除有害于生命力呈现的任何外界的不利因素,因为不利因素将"窒息他们的自发冲动,结果也许就窒息了生命本身。"③蒙台梭利认为,成年人的世界跟儿童的世界是截然不同的,成人的世界是成人需要的产物,它不可能满足儿童的各种内在需要。因此,所谓良好的环境,就是特地为儿童设置的环境。它必须包括:有利于儿童自由活动的教室,根据儿童的爱好以及适应儿童力量和体形而设计的桌椅和教室的摆设,促进儿童感官发达和运动协调的各种教具,以及不断观察并及时给予指导的教师,所有这一切目的都在于促进儿童生命力的正常发展。

蒙台梭利说:"发展是一系列的再生。"④即在连续的发展过程中,某种形式的智力活动日益成熟,但到了某个时期,这种智力活动的形式日益消退,让位于新的形式的活动。由此就可划分出不同的时期。在正常的情况下,发展将经历三个阶段。第一阶段(出生到6岁),儿童精神专注,最基本的特征是出现一个又一个敏感期。蒙台梭利强调,这是一个创造力旺盛的时期,是各种功能的形成时期,在这时期任何的疏忽和偏差都将导致永久的缺陷。在整个第一阶段还可进一步划分出两个时期,第一时期出生到3岁。这一时期儿童没有有意识的

---

① 蒙台梭利:《蒙台梭利方法》,第105页。
　Maria Montessori, *The Montessori Method*, New York: Schocken Books, 1964, p. 105.——编校者
② 蒙台梭利:《蒙台梭利方法》,第80页。
　Maria Montessori, *The Montessori Method*, New York: Schocken Books, 1964, p. 80.——编校者
③ 蒙台梭利:《蒙台梭利方法》,第104页。
　Maria Montessori, *The Montessori Method*, New York: Schocken Books, 1964, p. 104——编校者
④ 蒙台梭利:《精神的专注》,1948年英文版,第15页。
　Maria Montessori, *The Absorbent Mind*, New York: Dell, 1948, p. 15.——编校者

思维活动,他只能无意识地吸收一切外界刺激。因此,这一时期成人无法直接对他进行教育。第二时期,儿童逐渐从无意识转化为有意识,慢慢发展了记忆、理解和思维能力。这时,他逐渐表现出对成人影响的敏感。整个第一阶段,儿童从无意识到有意识经历了巨大的变化,它被称为创造性时期。第二阶段(6岁到12岁),这时期相对来讲是平稳的发展时期,儿童的个性日益完善,现实世界的一种模式在形成中。这时儿童能有意识地进行学习,能耐心地听人家的指导,并能理解教师的要求。这个阶段是最适宜于进行学习的时期。在这时期,儿童开始形成学习技能(书写、计算等)和艺术技能。今后终身的智力兴趣就在这时期确定下来。第三阶段(12—18岁),这个阶段跟第一阶段一样,儿童将经历巨大的变化。这种身心的巨大变化是走向成熟的前奏。这时期只有通过实际工作和经验才能顺利发展。儿童在实际生活中探索对他自己来说有着强烈兴趣的一些领域,选定他终身的行动方式。蒙台梭利认为,不良的教育和文化传统可能减缓儿童的发展节奏。蒙台梭利的主要兴趣是在学前教育方面,她的大量著作是论述第一阶段的发展。

  蒙台梭利的儿童发展观是建筑在生物学的本能基础上的。尽管她也强调环境的作用,但环境充其量也只是提供潜能发展的场所。对生命潜力的过分强调导致了某种神秘的色彩。但从她的论述中,我们能感觉到一种强烈的要求,即必须尊重儿童的心理特点和个体差异。这对无视儿童的传统教育来讲,确实是一个挑战。

二、论自由和纪律

  根据蒙台梭利的儿童发展学说,儿童的生命潜力是通过自发冲动表现出来的,它的外在表现就是儿童的自由活动。对儿童的自由活动采取何种态度,是区分教育好坏的分水岭。蒙台梭利对旧学校压抑学生的自发冲动的做法给以猛烈的抨击。"在这样的学校里,儿童像被钉子固定的蝴蝶标本,每个人被束缚在一个地方——课桌椅上。"[①]这给学生带来极大的痛苦,在身体方面,骨骼畸形;在心灵方面,教师为了把知识塞进儿童的头脑,用奖励和惩罚诱逼儿童服从

---

① 蒙台梭利:《蒙台梭利方法》,第14页。
  Maria Montessori, *The Montessori Method*, New York: Schocken Books, 1964, p. 14. ——编校者

强加的纪律。"奖励是一种刺激,它只能产生非自然的或强加的力量"①,导致儿童心灵的创伤。蒙台梭利说:"这些纪律不可能通过命令、说教或任何寻常的维持秩序的手段而获得。"②一切想直接达到纪律的目的都是不能实现的。真正的纪律对儿童来说必须是主动的,而不是被动的,即真正的纪律只能建立在自由活动的基础上。"活动、活动、活动,我请你把这个思想当作关键和指南:作为关键,它给你揭示了儿童发展的秘密;作为指南,它给你指出了应该遵循的道路。"③因此,自由活动不仅是潜在生命力发展的唯一途径,而且也是达到良好纪律的唯一方式。"纪律必然通过自由而来。"④

为了有利于儿童的自由活动,蒙台梭利在"儿童之家"安排了一个良好的活动环境:有一个较大的花园连着教室,儿童可以自由进出;轻巧的桌椅,连4岁的儿童也能轻易地搬动;每个教室有长排的矮柜,放置各种教具,供儿童任意使用。甚至连课程安排上,也打破了30—20分钟为一节课的传统,改为只要儿童专注于一项活动,时间可以不受限制。正是在这种自由活动中,打破了成人强加给儿童的观念:动就是坏,不动就是好。她认为这是实施新教育的第一步。因为在自由活动中,儿童体验到自己的力量,这正是激励他们发展的最大动力。但我们这里必须对蒙台梭利的自由观点有个正确的了解。无疑,自由是蒙台梭利方法的最基本原则,但蒙台梭利从来没有脱离开纪律空谈自由。对蒙台梭利来说,"自由和纪律是同一事物不可分离的部分——就像一枚铜币的两面一样。"⑤给儿童以极大的活动的权力,并不意味着允许儿童可以任意妄为。蒙台梭利提出两条限制:第一,"儿童的自由应以集体的利益作为它的极限,以我们通常

---

① 蒙台梭利:《蒙台梭利方法》,第22页。
  Maria Montessori, *The Montessori Method*, New York: Schocken Books, 1964, p. 22. ——编校者
② 蒙台梭利:《儿童的发现》,1967年英文版,第304页。
  Maria Montessori, *The Discovery of the Child*, New York: Random House, 1967, p. 304. ——编校者
③ 转引自斯坦丁:《蒙台梭利:生平和合作》,1962年英文版,第230页。
  E. M. Standing, *Maria Montessori: Her life and work*, New York: New American library, 1957. p. 230. ——编校者
④ 蒙台梭利:《蒙台梭利方法》,第86页。
  Maria Montessori, *The Montessori Method*, New York: Schocken Books, 1964, p. 86. ——编校者
⑤ 转引自斯坦丁:《蒙台梭利:生平和合作》,1962年英文版,第281页。
  E. M. Standing, *Maria Montessori: Her life and work*, New York: New American library, 1957. p. 281. ——编校者

认为的良好教养作为它的行为规范"①。即不允许冒犯的打扰他人,不能有粗暴和不文明的行为。第二,必须正确使用教具。除此之外,其他所有活动都是允许的。

纪律必须建立在自由活动的基础上,但这并不意味着任何自由活动都必然能导致良好的纪律。蒙台梭利认为,自由活动可分为两类,身心分离的活动和身心结合的活动。正常的活动必须是精神能量在活动中充分展现出来,即全神贯注地进行活动。如果只有心灵的活动而身体不动,就表现为胡思乱想,如果只有身体的活动而心灵不动,则表现为肢体盲动,这两者都是身心分离的活动。只有身心结合的活动,才是真正有助于形成良好纪律的活动。运动和智力活动的协调是蒙台梭利方法的指导原则。蒙台梭利称这种协调的活动为工作。各种感官和日常生活技能的练习,在她看来都是工作。她说:"真正的纪律是通过工作第一次显现出来的,到了某一时刻,儿童对一项工作有了强烈的兴趣,我们从她脸上的表情和长时间全神贯注于一项活动,就可以看出,这个儿童已走上了纪律之路。"②

儿童之所以能全神贯注地进行工作,是因为他所从事的工作,能满足他的内在需要。由于这种内在需要由儿童发展阶段和个性特点所决定,为了适应个别差异,就必须给儿童选择作业的自由。并且,由于每个儿童有不同的发展节奏,就不能强求儿童以同一进度从事各种训练,这就形成了蒙台梭利方法的一个特点,即"个别作业"。其次,由于工作是儿童内在的需要,儿童并不企求他人的帮助,他们要自己进行工作,努力使它达到最完善的程度。他们并不遵循以最小的支出获取最大利益的经济规律,宁可花费大量的精力而不追求外在的目的,这就表现为另一个特点,即"反复练习"。蒙台梭利描绘了一个女孩重复一项练习达四十多次,她全神贯注,外界任何干扰都不能中断她的练习,直到完成为止。蒙台梭利认为,正是通过人人都全神贯注、反复操作自己的作业,良好的纪律形成了。如康乃尔所说:"自由、工作和纪律是蒙台梭利为儿童建造的大厦的三根主要支柱。"③自由和纪律似乎是两个很难调和的概念,可是通过工作联系起来了。

---

① 蒙台梭利:《蒙台梭利方法》,第87页。
Maria Montessori, *The Montessori Method*, New York: Schocken Books, 1964, p. 87. ——编校者
② 蒙台梭利:《儿童的发现》第304页。
Maria Montessori, *The Discovery of the child*, New York: Random House, 1967, p. 304. ——编校者
③ W·F·康乃尔:《二十世纪世界教育史》,1978年英文版,第178页。
W. F. Connell, *A History of Education in the Twentieth Century World*, New York: Teachers College Press, 1980, p. 132. ——编校者

首先,工作之所以能促进纪律的形成,是因为工作有助于肌肉的协调和控制。儿童能遵守纪律,实际上意味着儿童有正确支配自己行动的能力,而这时期儿童最大的困难是缺乏控制肌肉的能力。因此,让儿童有充分的活动自由,通过不断反复地练习,使肌肉动作协调起来。在"儿童之家"有走直线、走斜线、踮着脚尖走路、儿童自我服务等练习,它们都具有协调和控制肌肉的教育意义,连精巧易碎的玩具和小摆设也包含着促使儿童"学会谨慎、学会自觉、学会指挥身体行动"①的目的。

其次,工作有助于培养独立性。蒙台梭利说:"必须这样指导儿童个人的自由表现,使得通过活动达到独立。"②这里有两个目的,从社会意义上讲,"儿童之家"是专为双亲白天外出的子女开办的,因此,培养生活自理能力有重要的意义。从心理意义上讲,长期依赖他人,儿童自己的能力得不到发展,并且会导致道德品质的堕落。如果儿童是通过自由选择,在无人帮助的情况下独立完成作业的,这就使他学会"依靠自己",学会尊重他人的工作权力。这样,人人专注于自己的工作,"儿童之间没有妒忌,没有争吵",良好纪律就体现出来了。这里我们要注意两点:首先,蒙台梭利这里所讲的独立性主要是个生物学的概念,即能自我支配活动,依靠自己的器官满足自己的欲望和要求;其次,培养自我料理的能力与蒙台梭利的教育目的是一致的,蒙台梭利所要培养的理想人物是"在智力方面早熟,能克制自我,能平静地生活,他宁可有秩序地工作,而不愿意疲沓懒散"③通过儿童自己的工作,培养他们依靠自己,不依赖他人,不侵犯他人,这样,独立的活动与自由的价值观念就联系起来了。

第三,工作有助于培养意志力。服从是自我约束的一个很重要的标志,而儿童服从的先决条件是他有相应的活动或抑制能力,即意志力。因此,"意志和心灵的形成必须先于服从"④培养意志的途径就是儿童全神贯注于作业。例如,

---

① 华东师大、杭州大学教育系编:《现代西方资产阶级教育思想流派论著选》,人民教育出版社 1981 年版,第 94 页。
② 蒙台梭利:《蒙台梭利方法》,第 95—96 页。
Maria Montessori, *The Montessori Method*, New York: Schocken Books, 1964. pp. 95 - 96. ——编校者
③ 蒙台梭利:《儿童的秘密》,1966 年英文版,第 148 页。
Maria Montessori, *The Secret of Child*, New York: Ballantine, Books, 1966, p. 148.——编校者
④ 蒙台梭利:《蒙台梭利方法》,第 366 页。
Maria Montessori, *The Montessori Method*, New York: Schocken Books, 1964, p. 366——编校者

长达几小时专注于一项作业,就表现出一种顽强的意志力。或者,当一个儿童小心翼翼地端一碗汤时,他必须抑制自己,对外界任何刺激不起反应,即使一只小虫爬到身上、脸上,也要克制自己。在工作过程中,对意志的激发和抑制的能力就发展起来了。蒙台梭利宣称,她的方法的每一部分都包含着意志力的训练。

蒙台梭利学校的一个显著特点是儿童有较好的纪律。"蒙台梭利学校的参观者,总是深受感动。人们被教室里的肃静所震惊,……每个人都认真地工作。这里没有教师的高叫声,孩子也表现出尊重其他人。"[①]这种纪律不是由强制的命令,而是通过自由活动和工作达到的,这是比较符合儿童心理特点的。她把肌肉的协调和意志力的培养作为形成良好纪律的途径,这是富有启发性的。她强调儿童的工作在教育中的价值,强调儿童独立性的培养。在形成纪律的过程中,她完全排斥"说理"的作用,斥之为说教、命令,认为只要自发的工作,在工作中就能懂得"善"和"良好的规范",这种观点同蒙台梭利对该时期儿童智力水平的估价有关。因为在她看来,儿童这时期仍处于潜意识阶段,任何说理是无效的。并且,她认为,集体操练将压抑儿童的个性,是违反儿童自由原则的。

三、感官教育

重视儿童的早期教育,重视感官的训练和智力的培养,这是蒙台梭利方法的一大特点。在《蒙台梭利方法》一书中,几乎有四分之一的篇幅,是专门论述感官教育及与感官教育有密切联系的知识教育的。蒙台梭利认为,在学前阶段,儿童各种感觉特别敏锐,处在各种感觉的敏感期。例如:视、听、触、摸等感觉的敏感期在2—4岁,对良好的行为规范的敏感期在2—6岁。在敏感期,儿童心灵吸收的东西在他的整个一生都能保存着,而在其他时期所吸收的东西则永远不可能有这种性质。一旦疏忽了,永远不能弥补。为了使感官能得到最充分的发展,在"儿童之家"里要对儿童进行各种感官教育。蒙台梭利针对人的各种感官,专门设计了各种教具。这种教具基本上每一套都由若干部件组成,所有部件除了某一维度有量的差异之外,其余的性质都相同。例如,训练感知重量的教具,所有部件都同质,同形,但每个部件之间有量的差异。儿童通过操作这套教具,对重量的感觉就敏锐了。

---

① [美]威廉·C·格莱因著,计文莹等译:《儿童心理发展的理论》,湖南教育出版社1983年版,第104—105页。

感官教育的重要性还表现为：感官是心灵的门户,感官对智力发展具有头等重要性。儿童在入"儿童之家以前,已吸收和积累了大量的印象,但由于这是在无指导的情况下儿童独立完成的,事物的本质和非本质的印象都混杂在一起,而正确的智力活动是建立在清晰的概念之上的,所以,整理印象应该是"智力发展的第一步"。她的这个思想表现在感官教具的运用上,就是尽可能排除其他感觉渠道的干扰,使被训练的感官得到的印象尽可能纯正、清晰。例如,为了训练触觉,要求儿童在暗室中,甚至蒙着眼睛,操作触觉的教具,以排除视觉的干扰。这种训练必然能提高注意力集中的程度,这同蒙台梭利所强调的唯有全神贯注地工作才具有最大的发展价值的思想是一致的。

为了使感官教育能有效地进行,蒙台梭利设计的感官教具能控制错误,即儿童在操作过程中能根据教具的暗示进行"自我教育"。自我教育是蒙台梭利方法的一个十分重要的原则,她一再强调："人之所以成为人,不是因为教师的教,而是因为他自己的做。"[①]例如,有一套训练视觉感知能力的教具,在一块木板上有10个大小不等的孔,每个孔相对于一个圆柱体,每个圆柱体直径只差一毫米,要求儿童能正确地把混杂在一起的圆柱体放进相应的孔中。如果儿童要把一个圆柱体放进比它小的孔,则放不进,如果把它放进比它大的孔,最后则至少有一个圆柱体放不进去。正是在操作教具的过程中,提高了儿童在观察基础上的分析和推理的能力。英国教育家沛西·能高度评价蒙台梭利的自我教育的理论,认为儿童依靠自己的力量进行自动学习,能获得高度的首创精神。"发现的教学法"就是自我教育的产物。[②]

蒙台梭利重视感官教育还与她的基本信念有关。她说："智力低下与其说是医疗问题,不如说是教育问题。"通过感官教育,可以在早期就发现某些感官缺陷,只要它是在敏感期之前被发现的,就有可能得到较大的改善。不然的话,很可能直到病情很严重时才被发现,到那时即使花费巨额费用于治疗,效果也不会好。

感官教育的实施要遵循循序渐进的原则,因为感官教育主要是针对敏感期的,而敏感期的出现是服从于个体的发展节律的。并且,这种循序渐进还有实践意义,即在实践上使感官教育同读、写、算的教学联系起来。"一旦感官教育

---

① 蒙台梭利:《蒙台梭利方法》,第172页。
　Maria Montessori, *The Montessori Method*, New York: Schocken Books, 1964, p.172. ——编校者
② [英]沛西·能著,王承绪译:《教育原理》,人民教育出版社1964年版,第231页。

走上正路,并唤起兴趣,我们就可开始真正的教学。"①

在"儿童之家",写字的练习先于阅读的练习。蒙台梭利认为文字的书写关键在于握笔,即肌肉的控制能力,因此,通过触觉的训练就能循序渐进地过渡到书写练习。蒙台梭利识字法的特点是通过触觉而不是视觉。它的渐进程序是这样的:(1)手、眼联合感知圆柱体的差异。(2)单纯用眼感知锥形、立方体等物体的差异。(3)单纯用手触摸,感知沙纸上略高的字迹。(4)用笔临摹字迹,进行肌感的训练。(5)用水彩笔、铅笔或粉笔等自发地写字。

掌握了文字书写的技能之后,就转入阅读学习。阅读教学也以感官教育为基础。蒙台梭利认为,阅读教学可分解为字形的识别和语音的辨别,语音和文字符号这两者同该符号所意指的物体相联系。前两者分别经过触觉和听觉的训练得以提高,在这基础上采用游戏的方式,让儿童抽出写有单词的卡片,走到盛有各种物体的大盒中,取出卡片上单词所指的物体。在识单词的基础上,进一步发展到学习短语和句子。例如,当儿童抽到一张卡片上标有"关上窗户"的指示,儿童如能正确理解,就能以实际行动表示他已经懂得这句话的意思了。

数和算术的教学也遵循由简单到复杂的程序,有时根据生活中的实际事例进行算术教学,但主要的途径仍然是各种感官教具。例如,有一套长方形的木条,它们中最长的一米,最短的一分米,在感官训练中,它们已被作为识别长度的教具而使用过,现在儿童又通过对这些木条的排列,学习加减法的运算,并逐渐发展到乘除法的运算。

蒙台梭利在教具的设计和方法的运用上,都有一定的独创性。当时的意大利教育十分落后,正如一位历史学家所说的:"在意大利社会史中教育是最阴暗的一章。"②在意大利有一半人是文盲,但在蒙台梭利的学校里,4岁的儿童毫不费劲就学会了写字,这在当时无疑是个奇迹。"尽管当前心理学界和教育界对儿童早期文字学习的利弊仍有争议,但一般认为,阅读对于已经有了阅读准备的孩子是无害的。"③蒙台梭利把感官教育和读、写、算的教学有机地联系起来,使儿童在不知不觉之中"爆发式"地学会写字和阅读,使儿童在没有心理压

---

① 克拉玛:《蒙台梭利传》,1976年英文版,第76页。
  Rita Kramer, *Maria Montessori: a Biography*, New York: Putnam, 1976, p. 76.——编校者
② 克拉玛:《蒙台梭利传》,第26页。
  Rita Kramer, *Maria Montessori: a Biography*, New York: Putnam, 1976, p. 26.——编校者
③ 戴尔·兰:《早期童年教育问题》,1980年英文版,第58页。
  G. R. Dale, *Aspects of Early Childhood Education: Theory to Research to Practice*, New York: Academic Press, 1980, p. 58.——编校者

力的状况下,提前进行文字学习,这确实是有启发性的。但在蒙台梭利学校,语言的学习主要并不是通过儿童之间的语言交往而获得的。蒙台梭利认为语言的学习是一种"爆发式"的顿悟,这就忽略了儿童之间及儿童与成人之间语言交流的作用。在蒙台梭利学校里,学习语言文字的顺序是从字母到音节,再发展到词和句子。根据她的循序渐进的思想,强调的是词汇的学习,而忽略了句子结构的学习。从现代语言学习的理论来看,蒙台梭利的语言学习方法显然是落后的。这主要是因为对语言结构的理论研究,在蒙台梭利时代还未充分发展起来。

蒙台梭利在感官训练上采用分解的方法,把复杂的整体分解为简易的几部分进行练习,这种做法有它的合理性。但把它推到极端,以至把感官训练视作唯一的方式,认为对现实世界的观察可能导致印象的不清晰,甚至主张蒙着眼睛训练单一感官,那只会忽视对大自然的观察。同时,单纯利用感官教具进行自我教育,易于受到操作顺序的束缚,长期使用这种教具,必须不利于儿童的自由创造。蒙台梭利教具的优越性在于:学生能获得较高的基本学术技能和操作技能,学习时比较专心致志,蒙台梭利学校的儿童在学习情境和学习模式变化不大的情况下比其他儿童能取得较好的成绩,尤其对有缺陷的儿童来讲效果更好,但一般在创造性思维方面,就显得差一些。

四、日常生活技能的练习

在蒙台梭利的教育体系中,所有的练习可分为两大类:一类为"发展的练习",另一类为"日常生活技能的练习"。注重日常生活技能的练习,也是蒙台梭利学校的一个显著特点。

首先,第一个"儿童之家"是建立在罗马的一个贫民区的,儿童的父母几乎都收入微薄,甚至是失业者,他们必须每天外出就业或寻找工作。他们居住的房屋大间套小间,室内昏暗,又不卫生。罗马的城市住宅改善协会对房屋要进行改修,但又担忧留在家中无人照管的小孩会碰坏改建后的新住宅,为此,才拨款建立"儿童之家",以便把儿童组织起来。"儿童之家"开放的时间特别长,根据季节的不同,每天要持续八到十小时,在这段时间里,必须要料理儿童的各种生活问题。因此,"儿童之家"十分强调要求儿童学会自己穿衣和脱衣,自己洗手,自己刷牙,自己梳头,甚至自己动手给小伙伴端菜和分食物。正如蒙台梭利所说:"儿童之家"有两重意义,教育的和社会的。她认为,"儿童之家"是家庭式的学校,一切家务和自我服务应该尽可能由儿童自己料理。"除非独立,没有一个人能有自由。"①培养自我料理的能力是培养独立的人的很重要的一部分工作。

其次,蒙台梭利的教育思想和方法有一个历史渊源,它是从低能儿童的教育方法演变而来的。塞贡的"生理教育法"主张以人类实际生活的需要作为激励低能儿童活动的动机,通过活动增长智力。蒙台梭利认为,尽管她的儿童是智力正常的儿童,不存在动机激发的问题,但正常生理功能的发挥是协调肌肉运动的费力最小、收效最大的方法。因为,任何实际生活技能都是一种综合性的运动,它要求神经系统和肌肉的高度协调。并且,这种方法使人的生理需要跟训练结合起来,达到事半功倍的效果。"我们的方法最重要的实用方面之一,就是在儿童生活中训练肌肉,以至紧密地联系他们的日常活动。"②在"儿童之家"里,有不少练习是走路,正确的呼吸,正确的说话,甚至连开抽屉,开门锁,看书等都有一系列的练习。

蒙台梭利学校重视实际生活技能,这是它的积极方面,但蒙台梭利错误地把重视现实世界的需要同想象活动对立起来。蒙台梭利明确反对儿童的游戏。她说:"我认为在儿童生活中,游戏没有什么重要性,儿童感到有更重要的事情要做时,他们是不愿意进行这种琐碎不足道的游戏的,他们把游戏看作像我们的下棋和打桥牌,这只是闲暇时候的娱乐,但要他们长期进行就会感到痛苦。"③蒙台梭利把"玩具"列作儿童不喜欢的东西,而把她的教具统称作"教材"。蒙台梭利反对游戏,主要是批评带有丰富想象力的游戏。她认为,丰富的想象力意味着"他们对生活有着一种伤感和浪漫的色彩"④。因此蒙台梭利批评福禄培尔鼓励儿童想象的游戏,认为这种游戏将在儿童心灵中创设一种幻景,它不能提供同社会的真实接触。

这种忽视想象力,甚至反对培养想象力的倾向,还进一步表现在绘画和音

---

① 蒙台梭利:《蒙台梭利方法》,第95页。
　Maria Montessori, *The Montessori Method*, New York: Schocken Books, 1964, p. 95. ——编校者
② 蒙台梭利:《蒙台梭利方法》,第210页。
　Maria Montessori, *The Montessori Method*, New York: Schocken Books, 1964, p. 121. ——编校者
③ 蒙台梭利:《儿童的秘密》,第122页。
　Maria Montessori, *The Secret of Child*, New York: Ballantine Books, 1966, p. 122. ——编校者
④ 蒙台梭利:《儿童的秘密》,第122页。
　Maria Montessori, *The Secret of Child*, New York: Ballantine Books, 1966, p. 122. ——编校者

乐的教育上。在《蒙台梭利方法》一书中,共有 22 章,其中没有一章是专门论述绘画和音乐的。1948 年出版的《儿童的发现》第三版的整个结构类似于《蒙台梭利方法》,章目扩展到 26 章,列入音乐和绘画两章,这两章在全书 340 页中仅占 14 页。表面上看,这种忽视美感培养的倾向似乎有所改变,但细看内容,就会发现基本观点没有什么值得注意的变化。在《儿童的发现》一书中,蒙台梭利明确反对"自由绘画",她说:"这在我的体系中并没有地位,我避免这些无用的、不成熟的、令人厌倦的努力。"①蒙台梭利认为,绘画的关键是手的娴熟。因此,在"儿童之家"所从事的触觉和肌体感的各种训练,已经为真正的绘画打下了基础。这些儿童不必经过自由绘画的训练,也将比其他学校的儿童画得更精确。"教绘画最好的方式并不是让儿童完全自由,而是通过训练手,为他提供自然发展的工具。"②由此可见,蒙台梭利体系中的绘画教育是建筑在感官教育的基础上的,这实际上只是一种无想象力的对外界事物的临摹。在这种观点指导下,对儿童的绘画教育实际上仅仅是培养精细的观察能力和良好的手控能力。音乐教育也是完全建筑在感官教育上的。最初进行节奏感的训练,然后要求儿童把听到的音响在乐器上再现出来,这实际上是听觉辨音训练。最后是记住乐谱,把听到的音响用音符记下来。这种音乐训练的方式本身有一定的价值,但在整个音乐教学中不强调对音乐的美感和情操的培养,这就失去了音乐教育的很大一部分价值。

注重实际生活的教育,并通过活动,促进儿童的生理发展,这些是符合幼儿期的生理特点的。但蒙台梭利狭窄地理解培养实际生活的能力,使之同一切自由联想截然对立起来,贬斥想象游戏,忽视绘画和音乐中的想象力和情感的培养。她还反对在"儿童之家"讲神话故事,认为这些故事只能使儿童产生幻想,并且听故事对学生来讲是被动地接受,违反了活动的原则。因此,神话故事在"儿童之家"也是不能存在的。这不能不说是一种严重的缺陷。我们这里有必要补充说一点,蒙台梭利并不全盘否定想象在人类文化中的价值。她在主要论述 7—11 岁少年教育的《高级蒙台梭利方法》一书中,有很长的一个章节是专门

---

① 蒙台梭利:《儿童的发现》,第 280 页。
　Maria Montessori, *The Discovery of the Child*, New York: Random House, 1967, p. 280. ——编校者
② 蒙台梭利:《儿童的发现》,第 284 页。
　Maria Montessori, *The Discovery of the Child*, New York: Random House, 1967, p. 284. ——编校者

论述想象力的。但她认为,想象只能通过对现实世界的正确感知才能有积极意义。她说:"想象只能以感觉为基础。"①这里,我们不难看到,感官教育在蒙台梭利教育体系中的地位是多么重要,以至它排斥了想象力的培养在学前教育中的地位。

五、论教师

在蒙台梭利学校,儿童的自我教育是主要的教育方式,这样,教师的作用就必然要有相应的变化。蒙台梭利认为,旧式学校的教师仅仅"动口",照抄照搬某些权威的思想。而科学的教育学要求教师自己"动手",进行科学实验,努力揭示儿童的秘密。揭示秘密的最好方法是科学的观察,因此,观察应该是教师必须具备的素质。"儿童从最初的不协调活动到自发的协调活动,对这些方面进行观察就是教师的书本。这是一本鼓舞她行动的书,如果她要成为一个真正的教育工作者,这也是她必须学习和研究的唯一的一本书。"②这里有必要指出,蒙台梭利有着惊人的观察力。她教育思想中的一些基本原理和教育方法几乎全是对儿童直接观察的结果。观察是蒙台梭利教育研究方法的一个基本特征。她认为,新教育改变了传统的教育模式,由原来的儿童被动和教师主动,变为儿童主动和教师"更多地被动,而不是主动"③。

观察虽然重要,但并不是最终的目的。蒙台梭利认为,教育科学不同于一般的科学,它的对象是活生生的人,教育的目的在于唤起人。因此,"刺激生命——然后让其自发发展、展现——教育工作者的最重要的工作就在这里"④。教师的工作除了消极的观察,还应进一步引导。这种引导同传统的做法不同,不是直接教儿童方法和观念,而是给儿童提供活动的环境和进行作业的教具,

---

① 蒙台梭利:《高级的蒙台梭利方法》,1919年英文版,第248页。
Maria Montessori, *The Advanced Montessori Method*, London: Heinemann, 1919, p. 248. ——编校者
② 蒙台梭利:《蒙台梭利方法》,第94页。
Maria Montessori, *The Montessori Method*, New York: Schocken Books, 1964, p. 94. ——编校者
③ 蒙台梭利:《蒙台梭利方法》,第87页。
Maria Montessori, *The Montessori Method*, New York: Schocken Books, 1964, p. 87. ——编校者
④ 蒙台梭利:《蒙台梭利方法》第105页。
Maria Montessori, *The Montessori Method*, New York: Schocken Books, 1964. p. 105. ——编校者

使他们通过自己作业,达到自我发现和发展。蒙台梭利说:"如果没有一个受过训练的教师,那么良好的环境是无用的,甚至可以说比无用还要糟。"①由于儿童发展的最佳条件是作业与儿童成熟的程度相匹配,因此,指导的关键就在于对儿童的成熟程度进行观察,在这基础上,引导儿童选择相应的作业。教师先要对教具有充分的了解,对每套教具的难度和在使用中所产生的内在兴趣都要有亲身体验,由此可以推断出在每项教具上儿童将花费多少精力和持续多少时间。指导的另一含义是维持良好的纪律和阻止不良行为。儿童在3岁期间表现出强烈的秩序敏感性,即他们喜欢把东西用完后放回原处。蒙台梭利认为,这是"儿童之家"能建立良好秩序的基础。为此,教师应该确保使教室中每一教具放在固定的地方。秩序的敏感性加上井然有序的环境,这样,每个儿童都能在使用完教具后把它送回原处,儿童看到的将始终是一个整洁的环境。正是在这个意义上,她说:"教师应该是良好环境的卫士。"②不良行为同由于肌肉控制力弱而产生的不协调行为是两码事,教师之所以要阻止不良行为,是因为它将危及自己和他人的发展。在蒙台梭利体系中,教师最主要的工作是指导,所以,蒙台梭利直接把"教师"的名称改为"指导者"。③

蒙台梭利认为,教师在指导儿童运用教具上主要可分为两个时期:第一时期,让儿童接触教具,鼓励他运用。为了使儿童能正确地操作教具,教师应该示范性地先操作一遍。第二时期,对一个已经自发地活动,对教具的内在差异有所觉察的儿童,教师可以进一步确定儿童的感知是否正确,可能的话,甚至用言语进行适当的解释。但蒙台梭利一再强调,教师的言语必须简洁、易懂和正确。

蒙台梭利方法强调儿童有选择活动的自由,相信儿童有自我教育和自我约束的能力,这对当时盛行的传统教育是一个强有力的挑战。她重视儿童早期的智力发展,主张通过自由活动形成纪律,她精心设计了各种富有教育意义的教具,所有这一切对二十世纪初蓬勃兴起的新教育无疑起了促进作用。但由于蒙

---

① 斯坦丁:《蒙台梭利:生平和著作》,第276页。
　E. M. Standing, *Maria Montessori: Her Life and work*, New York: New American Library, 1957. p.276.
② 斯坦丁:《蒙台梭利:生平和著作》,第304页。
　E. M. Standing, *Maria Montessori: Her Life and work*, New York: New American Library, 1957. p.304.
③ 蒙台梭利:《蒙台梭利方法》第173页。
　Maria Montessori, *The Montessori Method*, New York: Schocken Books, 1964. p.173. ——编校者

台梭利方法脱胎于早期的低能儿童的特殊教育方法,这就使得她的方法不仅在实践上带有机械训练的性质,并且在理论上带有旧时代的烙印。她的感官教育就是建立在形式训练说的基础之上的,给儿童以自由是基于人类性善的学说之上的。

  这种新旧思想和方法的混合,引起了教育界和心理学界对她方法的极大争议。总的来说,"蒙台梭利作为一个成功的教育实践家是富有创造性的,她的方法对二十世纪学前教育产生了极大的影响,成为当前学前教育的主要方法之一"①。但在教育理论的发展上,她远没有取得同教育实践相应的地位。正如她的孙子马里奥·蒙台梭利所说:"她不是一个理论家,她没有构造一个不同的理论模式来为她以后的实际运用铺平道路。在她力图阐述已有的理论无法解释的现象时,常常从这些理论中借用一些术语,并使这些术语同它们原有的框架分离开来,运用到她自己的理论中。这就是对她思想的批评有许多误解的根源。"②

---

① [法]G. 米拉雷特著,刘辛宇译:《世界各国学龄前教育动向》吉林人民出版社 1983 年版,第 63 页。
② 蒙台梭利:《人的发展的教育》,1973 年英文版,第 4 页。
Mario M. Montessori, *Education for Human Development*:*Understanding Montessori* New York:Schocken Book's, 1976. p. 4.——编校者

第五章 杜威

一、生平、思想来源和著作

约翰·杜威(John Dewey, 1859—1952)生于美国东北部佛蒙特州柏林顿市附近的一个农庄。他的父亲是零售店的商人。1875年,他入佛蒙特大学。他念的哲学课程实际上是一门神学课。这种哲学,杜威称之为苏格兰神学,是二元论的,它反对感觉经验主义怀疑论的倾向。杜威说,对于这门课程,他只学会一些直觉哲学的名词,感到既没有吸引力,也没有对他产生什么影响。使他特别感兴趣的是一门生理学,课本是赫胥黎的《生理学原理》,这使他认识到生物有机体以及生物有机体的各部分的相互依存,从而有助于他可能以相互依存和相互联系的统一体来观察事物的本性。

1879年杜威于佛蒙特大学毕业后在宾夕法尼亚州南方石油城中学教了两年书;1881年他回柏林顿市附近的一个乡村学校教了一年书。就在这一年里,他在佛蒙特大学哲学教授托里(H A P. Torry)的指导下,开始系统地研究哲学,学习了哲学史和德国古典哲学著作。同年,他在当时著名的黑格尔学派和《哲学理论杂志》编者哈里斯(W. T. Harris)的大力支持下,确立了终身研究哲学的信念。

1882—1884年,杜威在约翰·霍普金斯大学攻读哲学,完成了论文《康德的心理学》,获博士学位。霍普金斯大学的建立(1876)标志着美国高等教育的新纪元,它为这位青年哲学家打开新的理智世界。杜威最感满意的是他与莫里斯(George Morris)的共事。通过莫里斯,他接受了黑格尔唯心主义哲学。如他自己说的,"黑格尔的主观和客观、物质和精神、神与人的综合,决不仅仅是理智的公式,它是作为一种巨大的解放力量起作用的"。① 尽管在后来同黑格尔主义逐渐疏远开来,可是他承认认识黑格尔,在他的思想上留下不可泯灭的痕迹。② 在他看来黑格尔体系的形式和框架在很大程度上是人为的,可是黑格尔思想的内容极深刻,他的许多分析极敏锐,"黑格尔比任何别的成体系的哲学家(不包括柏拉图)具有更加丰富多采的洞察力"。③

在霍普金斯的第二年,他选读了皮尔斯(Charles Sanders Pierce)的逻辑学。可是他感到失望,因为皮尔斯讲的大部分是数学逻辑和科学方法论。而他认为这是一门科学而不是哲学的课程。只是在多年后当提出他的工具主义逻辑时,才认识到皮尔斯的逻辑著作的重大意义,并把它作为自己理论的基础。④

1882年,霍尔(G. Stanley Hall)在霍普金斯大学建立了生理心理学、实验心理学课程和科学教育学讨论班。杜威读完了这些课程,并在霍尔建立的心理实验室独立地进行实验工作。跟霍尔一起,他遇到以科学的、进化论的观点来研究儿童发展的理论问题,并感到偏重哲学方面的"理性心理学",必须让位于实验心理学。

1884—1888年,杜威在密执安大学任哲学讲师和助教;1888—1889年,为明尼苏达大学哲学教授;1889—1904年,担任密执安大学哲学系主任。在密执安大学的后几年,杜威开始日益信奉来源于进化论生物学的机能主义心理学。詹姆斯的《心理学原理》在引导杜威把有机体和环境的相互作用以及它积极地适应环境的思想,起着关键性的影响。詹姆斯认为意识状态(心理)是自然的现象。杜威说,这个客观的心理的概念,"在我的一切思想中起着越来越大的作

---

① 杜威:《从绝对主义到实验主义》,1930年。见罗伯特·乌利希:《三千年的教育智慧》,1963年英文版。
Robert Wlich, *Three Thousand Years of Educational Wisdom*, Cambridge: Harvard University Press, 1954, pp. 622-624.——编校者

② 杜威:《从绝对主义到实验主义》,1930年。见罗伯特·乌利希:《三千年的教育智慧》,1963年英文版。
Robert Wich, *Three Thousand Years of Educational Wisdom*, Cambridge: Harvard University Press, 1954, pp. 622-624.——编校者

③ 杜威:《从绝对主义到实验主义》,1930年。见罗伯特·乌利希:《三千年的教育智慧》,1963年英文版。
Robert Wich, *Three Thousand Years of Educational Wisdom*, Cambridge: Harvard University Press, 1954, pp. 622-624.——编校者

④ C·戴克休齐:《杜威的生平和思想》,1973年英文版,第30—31页。
George Dykhuizen, *The life and mind of John Dewey*, London: Southern Illinois University Press, 1973, pp. 30-31.——编校者

用,而且作为转变旧的信仰的发酵物起着作用的"①。特别要提到的是达尔文对他的深刻的影响。在他看来,当《物种起源》对于绝对永恒的东西进行抨击,把曾经认为是固定的和绝对的各种形式看作发生着和消逝着的东西时,就带来了一种思维形式,这种思维形式最后必将改造了认识的逻辑,也就因而改造了对于道德、政治和宗教的探讨。② 此外,米德(George H Mead)的社会行为主义和维布伦(Thorstein Veblen)的经济社会学也给他重要的影响。③

杜威是在上述种种思想影响下逐步构成自己的实用主义(或称之为实验主义、工具主义)哲学的。用他自己的话来说,就是从"绝对主义到实验主义"。值得注意的是,"杜威在回忆中认为,自己思想的发展像一条变色龙,能接受各种不同的甚至互不相容的种种影响,总想从每种思想中吸取某些东西,而且还力图使它有所前进,在某种程度上同从他先前学到的东西在逻辑上一致起来"④。他又说,"总的说来,影响他的力量,来自人的和事的比来自书本的多——并不是说,没有从哲学的著作中学到大量的东西,而是说,从书本里学到的东西同由于感到与自己的经验有关而必须加以考虑的东西比较起来,只是一些学术性的东西。"⑤ 在这里,杜威没有说明来自"人和事"以及他所经验到的东西是什么,但是不难看出,十九世纪末正是美国在南北战争结束后的大规模扩张和改造的时期,城市人口急剧增加,新的工业和技术以及大型的工业联合企业迅速发展,整个经济从自由资本主义过渡到垄断资本主义阶段。杜威的实用主义思想体系是顺应上述历史现实的需要而产生并为它服务的。

杜威对教育事业的兴趣是他在密执安时开始的。当时美国的公共学校正

---

① 阿瑟·G·沃思:《作为教育家的杜威》,1966年英文版,第68页。
A. G. Wirth, *John Dewey as Educator: His Design for Work in Education*(1894 - 1904), New York: John Wiley, 1966, p. 68. ——编校者
② 赵祥麟、王承绪编译:《杜威教育论著选》,华东师范大学出版社1981年版,第381页。
③ 克伯屈在《回忆杜威和他的影响》一文里,关于杜威教育思想的来源,写道:"有些人认为他是从卢梭和福禄培尔得来的。关于这一点有一次我问过他,他明确地告诉我,直到他已经形成了他的教育观点时为止,随便哪一本他都没有读过。在另一个场合里,他说过,在他的教育思想里,从帕克那里曾得到帮助;当杜威来到芝加哥时,帕克正在芝加哥从事教育活动。关于杜威的人生哲学(也就是关于他的教育哲学)的来源,他自己说得很清楚。他的心理学是得之于詹姆斯。这意味着,正如杜威以后所发挥的,他同詹姆斯两人都深深地受惠于达尔文的《物种起源》。"
④ 杜威:《从绝对主义到实验主义》。
John Dewey, *From Absolutism to Experimentalism in Contemporary American Philosophy*. New York: The Macmillan Company, 1930,1, pp. 13 - 27. ——编校者
⑤ 杜威:《从绝对主义到实验主义》。
John Dewey, *From Absolutism to Experimentalism in Contemporary American Philosophy*. New York: The Macmillan Company, 1930,1, pp. 13 - 27. ——编校者

蓬勃发展,同时把学校以及学院的课程结构和内容,从僵化的、划一的教材和教学方法中解放出来,已经成为学校制度的一个中心问题。密执安大学是美国公共教育体系的一个组成部分,在许多方面,它是这个州的公共教育的指导力量。从1871年起,密执安大学规定,凡教学计划符合大学学术条件的任何中学毕业生都准入学。杜威是从事这个调查的成员之一。他很快觉察到教育的实践和理论的重要性。他说,"他对于建立在不健全的和脆弱的基础上的'高等教育',从来不感到多么乐观"[①]。他还觉察到,中等教育的质量决定于儿童在初等阶段所接受的训练,这促使他去研究初等学校教学计划。他认为传统的教学工作不符合少年儿童的学习过程。他把学校工作的缺点归于极端贫乏的教学计划和方法以及各个阶段缺乏协调作用。于是他开始从事于使教育学、心理学和哲学相互结合起来的研究。1894年他怀着这个设想去芝加哥大学任哲学、心理学和教育学系主任,并着手创办芝加哥实验学校,作为教育学的实验室。

芝加哥实验学校开办于1896年,亦称"杜威学校"。正式名称叫"大学初等学校"(University Primary School),后来叫"芝加哥大学实验学校"(Chicago University Laboratory School),是芝加哥大学的一个组成部分,在芝加哥大学哲学、心理学和教育学系的管理指导下进行实验工作。杜威认为,教育学应该像经济学、政治学和宗教一样受到重视,特别是在科学和技术的时代里,更应是这样。由此他得出结论,即关于教育问题的研究,需要一个实验学校,"它将检验和显示在实际工作情况中理论工作的结果"[②]。

芝加哥实验学校开办时学生共16人,教师3人,到1903年学生增至140人,教师和讲师增至23人,助教(大学研究生)10人。学生年龄从4岁到14岁。由于实验的任务,学生分为若干"小组",不分"班"。经费来源于学费和私人捐款。实验学校只存在八年。在这个期间里,杜威经常与同事和学生家长讨论学校的方针和方法,提出很多的设想。杜威还开好几门课程,包括教育心理学、教育哲学、教育方法论、教育理论的发展,等等。更重要的是他发表了许多论著,包括《我的教育信条》、《学校与社会》、《儿童与课程》,其中《学校与社会》是他对

[①] 杜威:《从绝对主义到实验主义》。
John Dewey, *From Absolutism to Experimentalism in Contemporary American Philosophy*. New York: The Macmillan Company, 1930, 1, pp. 13 – 27. ——编校者
[②] 阿瑟·G·沃思:《作为教育家的杜威》,第15—16页。
A. G. Wirth, *John Dewey as Educator: His Design for Work in Education (1894 - 1904)*, New York: Hohn Wiley, 1966, pp. 15 - 16. ——编校者

实验学校学生家长和赞助人的几个讲演汇集而成,也是他的著作中拥有最广泛读者的一本著作。此外,他还写了包括第一次对工具主义详细阐明的《逻辑理论研究》。①

1904—1930 年杜威担任哥伦比亚大学哲学教授。在这期间,他写的《我们怎样思维》、《教育上的兴趣和努力》以及《人性与行为》,给教育心理学的研究以巨大的推动力量。他还发表了一系列关于他的一般教育理论和哲学观点的重要著作:《明日之学校》(与他的女儿伊夫林·杜威合著)、《民主主义与教育》以及《伦理学》(1908 年与塔夫茨合著)、《哲学的改造》、《经验与自然》、《确定性的寻求》。

1930 年杜威退休,但仍继续从事写作。《艺术即经验》、《逻辑:探究的理论》,分别阐述了他的艺术观点和逻辑观点。他的《经验与教育》,分析了传统教育与进步教育的冲突,总结了他自己关于教育方法和目的的观点。《〈教育资源的使用〉一书引言》(1952)是他最后一篇教育论著:他借写《引言》的机会,回顾了半个多世纪以来他和进步教育的联系,并表达了他对进步教育的希望。1952 年他在纽约逝世。美国南伊利诺斯大学"杜威研究中心"出版他的全集共 40 卷。②

二、哲学与教育理论

哲学与教育理论两者的密切联系,是杜威实用主义教育哲学的主要特点。在他看来,哲学上的问题是由于社会实践中普遍地感到的种种困难而产生的。哲学的主要任务是由于"研究上述情况的种种论点和问题,并提出关于实现社会改革的方法和种种广泛的假设"③。以上的事实所以不易为人们所察觉,乃是由于哲学家们成为特殊的阶级,他们用的是专门的术语,"以致与实际生活的问

---

① 关于芝加哥实验学校的理论和实践。详见:(1)凯瑟林·坎普·梅休和安娜·坎普·爱德华:《杜威学校》,(1936,1965),在这本著作里,可以看到这个实验最生动、最具体的原始记录和材料;(2)阿瑟·G·茨思:《作为教育家的杜威——他的教育工作的设计(1894—1904)》(1966),详细阐述了杜威关于芝加哥实验的哲学和心理学理论、实验学校的课程和方法论。

② 关于杜威的一生,除前面提到的杜威自己写的《从绝对主义到实验主义》一文外,有(1)Paul·A·谢尔普的《杜威的哲学》(1939),内容有杜威的女儿简·M·杜威写的《杜威传》以及罗素、怀特海、桑塔亚纳、克伯屈等写的对于杜威的哲学、逻辑、社会政治哲学、伦理学、教育哲学所作的阐明和评论(2)·G·戴克休齐的《杜威的生平和思想》(1973)。有作者引言,这是一部最详细的杜威传记。

③ 杜威:《人的问题》,1946 年英文版,第 11 页。
John Dewey, *Problems of Men*, New York: Philosophical library, 1946. p. 11. ——编校者

题和论点完全脱节"①。正因为这样,杜威虽然在哲学上承袭皮尔斯、詹姆斯的思想,但是他倾向于不把哲学作为纯学术的东西,而是把它同人生的事务、社会目的和政治联系起来。杜威还批评了不少人没有认识到教育过程的复杂性。为了更多地理解教育过程,从而进一步改变教育过程,就要求更多的思想,更多的科学。他指出,"教育哲学并不是一般哲学的一个穷亲戚",因为最后讲来,"它是哲学最有重要意义的一个方面"。② 实际上如他所说的,欧洲哲学是在教育问题的直接压力下(在雅典)起源的。这一事实,便是哲学与教育哲学密切联系的见证。因此,他宣称,如果把哲学看作必然有影响于人的行为,把教育看作塑造人的理智和倾向的过程,我们可以给哲学下一个最深刻的定义,即"哲学是一般的教育理论",同时,"教育乃是使哲学上的分歧具体化并受到检验的实验室"③。

由于杜威是一个系统的思想家,因此,他的教育观点给哲学家们提供了关于他的哲学观点最具体的论证和阐明。由于同样的理由,人们必须理解他的哲学的概念,才能充分理解他的教育观点。如他自己所宣称,他所提出的哲学,既可以叫做"经验的自然主义",也可以叫做"自然主义的经验论"。他宣称,教育是经验继续不断的改造或改组。"属于经验,由于经验和为着经验",便是他在《经验与教育》里对自己的教育哲学所作的一个概括。④ 很显然,他的整个教育理论是以他的经验唯心主义为依据的。

在西方的传统哲学里,认识的来源到底是理性概念,还是知觉和感觉,一直聚讼纷纭。杜威指出,它的症结在于把理论和实践、知识和行动隔离开来。他把这种隔离的思想的根源,上溯到柏拉图和亚里士多德,认为他们都是把"经验"看作同肉体、感觉、物质以及变化不定的东西联系在一起,而理智所涉及的是精神和理想,它无求于外,是自足的、常住不变的。到了十七世纪,新的探究方法使人们对于自然界有了完全崭新的看法,于是对"经验"的看法也改变了。这种改变明显地表现为"历史上的经验主义(感觉经验主义),理性主义以及调

---

① 杜威:《人的问题》,1946年英文版,第4页。
　　John Dewey, *Problems of Men*, New York: Philosophical library, 1946. p. 4.——编校者
② 赵祥麟,王承绪编译:《杜威教育论著选》,华东师范大学出版社1981年版,第426页。
③ 赵祥麟,王承绪编译:《杜威教育论著选》,华东师范大学出版社1981年版,第228—230页。
④ John Dewey, *Experience and Education*, New York: Macmillan, 1957. p. 21——编校者

和两者之间的康德主义"①。杜威不同意传统的经验主义把感觉素材从它们与某一特殊探究的联系中孤立起来,把它们当作零散的、原子的存在;也不同意先验的理性主义把理性看作从天而降,高踞于经验之上。杜威同意康德说的,"没有概念的知觉是盲目的,而没有知觉的概念是空洞的",可是他不同意康德所强调的把理性作为经验的裁决者。②

杜威还是一个彻底的联结主义者。③ 他的关于经验这个中心概念的性质所作的表述,是同他的以生物学为基础的心理学观点联结在一起的。1896 年他发表的《心理学中的反射派的概念》一文,被认为是心理学著作中对教育学极有影响的一个里程碑。在这篇文章里,他抨击了新旧二元论观点,试图提出统一性的心理学原理来取代它们。不过这不是把它的攻击力量集中在旧的二元论,而是集中在刺激——反应(S—R)的心理学的种种曲解上。他认为,如果不把刺激和反应看作有机体的一种继续的、协调的动作,那么反射弧便成为"不连续的各个部分拼凑的东西,一种不相联系的过程的机械的原理"④。在他看来,刺激——反应公式是心理学家分析的结果。不是人类经验中基本存在的事实。基本的因素是有机体的整个动作。儿童把手伸进烛光,或者避开它,不是由于看见烛光"引起的"反应。它们是存在于有机体活动的一种机能,而且为早先关于烛光以及完全爆在烛光中的经验所决定的。在这个意义上,必须把它们看作是一系列很好协调起来的动作。心理学家如果仅仅集中观察刺激和反应,而看不到那完整的动作,就把整体的经验割裂成虚假的、孤立的实体。他的结论是,正确的观点必须把经验看作一个连续的整个的东西,即使经验连续中断了,它也会重新恢复。存在的基本事实是有生命的、能动的有机体的不断发展的经验。有机体的行动或机能——为了达到一定目的的伸手、看、听、记忆、意图——是心理活动的基本单位。因此,应当把刺激和反应看作是内在于行为的相互依存的机能或协调作用。

---

① 杜威:《确定性的寻求》,1966 年中译本,第 130 页。
John Dewey, *The Quest for Certainty: A Study of Relation of Knowledge and Action*, New York: Minton, Balch & Company, 1929. p.151. ——编校者
② 洪谦主编:《西方现代资产阶级哲学论著选》,商务印书馆,第 670 页。
③ 阿瑟·G·沃思:《作为教育家的杜威》,第 79 页。
A. G. Wirth, *John Dewey as Educator: His Design for work in Education (1894 -1904)*, New York: John Wiley, 1966. p.79.
④ 阿瑟·G·沃思:《作为教育家的杜威》,第 79 页。
A. G. Wirth, *John Dewey as Educator: His Design for work in Education (1894 -1904)*, New York: John Wiley, 1966. p.79. ——编校者

根据自己对现代生物学和生物心理学的一些发现所作的解释，杜威认为经验是人的有机体与环境相互作用的结果。所谓相互作用，是说有机体不仅被动地适应环境，而且对环境起着作用。其结果，环境中所造成的变化又反过来对有机体及其活动起反作用。"行动与遭遇的这种密切联系，就形成了我们所谓经验。"在这里，杜威所谓"经验"，具有无所不包的性质，人（经验的主体）和自然（经验的客体）都包括在内。杜威毫不隐晦他的经验论的唯心主义性质。他说："精神和物质两者同属于一个东西，这就是那些自然的事件的复合。"①他同意詹姆斯说的，"经验"属于"双义语"，包括"经验的"（experienciny）和"被经验的"（experienced），而"经验的"是心理领域的东西。② 可见通过人和环境的这种相互作用，所认识的只能是作为人的活动和反应的结果的经验世界，而不是离开人的经验而独立存在的物质世界。

杜威极端强调操作、行动在认识过程中的重要性。观念、知识和经验是在操作中、在行动中、在新的探究过程中获得的。"行动处于观念的核心"，"认识本身就是一种行动"。胡适在《实验主义》一文里说："处处是行，处处是知，知即从行来，即在行里；行即从知来，又即是知。"③胡适的话说出了杜威知和行的关系的学说，即实用主义知识论的主要之点。杜威自己写道："在我的教育著作的背后存在着一个思想，这就是颇为抽象的知和行的关系的学说。"④这个学说，实际上是实用主义教育理论的核心的东西。

三、教育的目的和功能

在杜威的教育理论体系里，关于教育的目的和功能，是以生长、经验的改造、民主等概念来表述的。在他看来，学校比其他任何社会机构更能从事于个人能力的磨炼和提高，获得所需要的最美好的东西。学校必须用种种方式，发展智力、道德责任感、艺术的欣赏和表现、审美的感情和在日常事务中的实际能力以及一种完善的品格。

"教育即生长。"生长的概念在杜威思想中占有极重要的地位。胡克（Sidney

---

① 洪谦主编：《西方现代资产阶级哲学论著选》，商务印书馆1964年版，第200页。
② J·A·博伊兹顿：《杜威著作指南》，1970年英文版，第28页。
　　J. A. Boydston, *Guide to the works of John Dewey*, Carbondale and Edwardsville: Southern illinois University Press, 1970. p. 28. ——编校者
③ 葛懋春、李兴芝编辑：《胡适哲学思想资料选》（上），华东师范大学出版社1981年版，第84页。
④ R·D·阿香博：《杜威论教育》，1974年英文版，扉页；杜威在《确定性的寻求》一书里宣称，本书的基本的主题思想就是讨论知和行的关系。

Hook)称杜威是现代科学技术时代的"生长的教育家"①。杜威把真正需要的教育同生长等同起来,认为在教育中,除了更多的生长,没别的东西是与生长相关的,所以除了更多的教育,没有别的东西是教育所从属的。

生长本来是生物学或心理学的概念。杜威认为生长的基本条件是一种未成熟的状态。未成熟这个名词的"未"字有积极的意思。我们说未成熟的状态,就是说有生长的可能性。这句话不是说现在绝无能力,到了将来才有的,却是表明现在就有积极的能力——成长起来的能力。未成熟的状态的主要特点是具有"可塑性",即具有从经验中学习的能力。哪里有生活,哪里就有充满激情的活动。由此引出结论:"生长是生活的特征,所以教育即生长;在它自身以外,没有别的目的。"②学校教育的价值,它的标准,就看它创造继续生长的愿望到什么程度,它为实现这种愿望提供的方法到什么程度。

更重要的是,生长的概念是与杜威所理解的经验联系在一起的。杜威把生长的理想归结为这样的观念,即前面说过的,教育是经验继续不断的改造或改组,这种继续不断的经验或活动是有教育作用的。一切存在于这种经验之中。由此他给教育下了一个专门的定义:"教育就是经验的改造或改组。这种改造或改组,既能增加经验的意义。又能提高后来经验进程的能力。"③杜威认为这种以经验的继续改造为原则的教育,无论在理论上、实践上和教育史上的一些理论,如斯宾塞把教育作为将来生活的预备,福禄培尔把教育作为潜在能力的展开和洛克把教育作为心能的训练以及赫尔巴特把教育作为外部的形成等观点,是不相同的。杜威特别指出,"赫尔巴特的教育理论的弱点,在于给儿童提供的材料是从外面和上面所强加的,而不是在儿童活动的基础上产生的。这种教育学什么都考虑到了,却忽视了最重要的东西,即儿童具有寻找机会生动地表现自己的能力"④。另一方面,杜威高度地评价了卢梭关于教育即自然发展的思想,在《明日之学校》里反复引用卢梭的话,认为这是现代一切教育努力的基调,也是一切教育改革家竭力鼓吹的主张。

"教育即生活。"既然教育被认为是经验的继续改造,那么教育的过程和目

---

① [美]胡克:《杜威—"生长的哲学家"》,见《现代美国哲学》,商务印书馆1963年版,第261—270页。
② 赵祥麟、王承绪编译:《杜威教育论著选》,华东师范大学出版社1981年版,第158页。
③ 赵祥麟、王承绪编译:《杜威教育论著选》,华东师范大学出版社1981年版,第159页。
④ 杜威:《民主主义与教育》,1916年英文版,第84页。
John Dewey, *Democracy and Education: An Introduction to the philosophy of Education*, New York: The Macmillan Company, 1916, p.84.

的是完全相同的。上述观点,在杜威《我的教育信条》里早就提出的,这就是说,教育的目的是在教育过程之中,不是在教育过程之外。这是把教育作为经验的继续改造和传统教育的本质区别。杜威提出了"活动里面的目的"和从外面强加给活动的目的。"活动里面的目的"是说这种目的是由活动自身生长出来,从而指导活动有计划、有秩序地进行,因此,对活动的结果有预见性。这种活动是生动的,富于目的性的。相反的,从外面强加给活动的目的是静止的、呆板的。这种目的和当前的活动没有发生直接联系,不过是从外面发出的做这样那样事情的命令。这种目的,既不能激发智慧,也不能促进活动的顺利进行。很显然,杜威所强调的是活动的目的性或有目的的活动。他一直主张教育即生活,不是生活的预备,实际上他并不排除"预备"的重要性,而是说,只有通过有目的的活动,才能使教育起着真正"预备"的作用。用他自己的话来说,"我们如果使得生活继续发展,'预备'自然是需要的,正是因为这个缘故,所以我们要用全部的力量,使得现在的经验尽量丰富,尽量有意义。这样一来,'现在'即在不知不觉之中渗入'将来','将来'也就同时顾到了"①。

杜威要求教育家们反对"一般的和终极的教育目的"。这种目的在某种意义上也许具有普遍性和终极的意义,可是它们和一切特殊的联系割裂开来,以致教学过程成为仅仅达到预定目的的手段。这种目的往往是狭隘的、说教的,实际上带来的只能是消极的东西。相反的,学校所寻求的应当是具体的目的。杜威提醒人们,教育或学校没有什么目的,只是人——学生、教师、家长有目的。一个具体的教育目的,必须符合几个标准:第一,它必须与个人的特殊经验发生联系,那就是说,它必须是与个人的经验和教育有关的一个目的;第二,这个目的必须有弹性,既能指导活动,也能为活动所改变;第三,这个目的必须在有计划的程序中对自由的活动起着作用。

杜威把生长同民主主义结合在一起。在某种意义上生长是一个很广泛的概念,如胡克所理解的,"生长是一切成员的理想标准"。杜威把培养这样的成员寄托于他所企求的民主主义。那么什么是民主?他说:"民主主义不仅是一种政府的形式;它首先是一种联合生活的形式,是一种共同交流经验的方式。"②这种生活方式的特点是,第一,成员的大量的种种共同利益相互渗透;第二,成

---

① 杜威:《民主主义与教育》,1916年英文版,第63页
  John Dewey, *Democracy and Education: An Introduction to the philosophy of Education*, New York: The Macmillan Company, 1916, p. 63.
② 赵祥麟、王承绪编译:《杜威教育论著选》,华东师范大学出版社1981年版,第163页。

员和社会团体之间有充分的和自由的相互影响,相互交流。因此,民主社会比其他各种社会更加关心审慎的和系统的教育。和一个划分阶级社会只注意统治阶级子女的教育不同,民主社会必须教育成员,发展个人的首创精神和适应能力。他还主张,在民主社会里,学校必须大量扩充,以便不只在名义上,而且在实际上使全国青少年受到同等的教育,使他们成为自己职业的主人。他的结论是:"民主有许多意义,但如果有一种道德意义的话,那就在于解决这样一个问题,即一切政治制度和工业设施的最高检验,应该是它们对社会每一个人的全面生长所作的贡献。"①

杜威自称是一个渐进主义者,实际上他是一个社会改良主义者,他的高度估计教育在社会变革中的作用是可以理解的。可是他显然把美国现代资本主义条件下的民主理想化了。实际上,杜威所认为的教育的社会功能,早就明确说过,"教育是达到分享社会意识的过程中的一种调节作用,而以这种社会意识为基础的个人活动的适应是社会改造的唯一可靠方法"②。在他的晚期著作里,他还主张学校作为政治民主的安全工具,必须使受教育者养成在明智的社会中表现出一种倾向。杜威一直反对在学校中以任何形式对儿童进行"灌输",可是他主张,除非教育有某个参照点,否则,它必然是无目的的,缺乏一个统一的目标。必须承认要有一个参照点。在美国,有这样一个统一的参照点,这就叫做民主主义。

四、课程和教材

"对教学者来说,教材是内容广泛的、定义明确的,并有着逻辑的联系;对于学习者来说,教材是变动不定的,不完全的,只有通过个人的作业才联系得起来。教学的问题是要使学生的经验不断地朝着专家已知的领域发展。正由于这个缘故,教师既要懂得教材,还要懂得学生的需要和能力。"③在课程和教材问题上杜威一直为协调教和学两个方面的联系,不断地进行理论的探索和实验。

杜威创设芝加哥实验学校的指导思想之一,就是拟订一套课程和教材。他指出,习俗和惯例使我们大多数人看不到传统课程在智育方面的极度贫乏和缺

---

① [美]胡克:《杜威在现代思想界的地位》,见《现代美国哲学》,商务印书馆1963年版,第259页。
② 赵祥麟、王承绪编译:《杜威教育论著选》,华东师范大学出版社1981年版,第11页。
③ 杜威:《民主主义与教育》,1916年英文版,第216页。
John Dewey, *Democracy and Education: An Introduction to the philosophy of Education*, New York: The Macrnillan Company, 1916, p. 216. ——编校者

少组织,以致在教材里充斥着一些呆板而枯燥无味的东西。它远离儿童的经验,而又缺乏感人的知识内容和吸引力。他主张新编的教材,应当是既和儿童充满活力的经验相联系,又能构成现代最优秀的知识和思想中的重要而可靠的内容。

根据以上原则,实验学校按儿童的发展阶段进行编制。在第一阶段(4—8岁),使学校生活与家庭邻间间的生活密切联系;第二阶段(9—12岁),重点是获得读、写、操作、算的能力;第三阶段(13—15岁),即中等教育的开始,在儿童掌握每门学科所使用的方法和工具的范围内,一门一门地进行学习,并在一定程度上进行专门化的活动。每个组还安排了一些学科的教学专家,其中包括一位科学专家。

在芝加哥实验学校里,"作业"是一个中心概念。所谓"作业"是指儿童的一种活动形式,包括纺纱、织布、烹饪、木工等。实验学校的全部课程是由与各种作业形式平行的三个方面理智的活动所组成:(1)历史或社会的研究,(2)自然科学,(3)思想交流。举例来说,实验学校1900年冬季各个小组自然科学研究的题目,第四组(7岁)有金属研究、炭窑的结构、熔炼、浇铸铜件;第十组(13岁)有关于光的理论,偏振、干涉仪的使用,以太研究,颜色研究,音速、光谱和分光镜的研究等。①

在实验学校进行课程实验的过程中,杜威指出,儿童和课程之间存在明显的脱节,学校里用的教材是"已经分了类的各门科目,是许多年代科学的产物,而不是儿童经验的产物,于是在教育理论上形成两个派别。旧教育一派把注意力放在课程教材方面,放在教材的逻辑分段和顺序性上,教学的问题只不过是以确切的方法,在课堂上提供各种教材的问题;儿童只不过是未成熟而有待于成熟的人,他的本分是被动地容纳或接受。坚持这种看法,把儿童的生活和经验从属于课程,这便是学校里僵化的、机械的形式主义的根源。正因为这样,"学习"已经变成令人厌烦的同义语,一堂课等于一堂苦役。新教育一派不是这样,"认为儿童是起点,是中心,而且是目的。儿童的发展、儿童的生长,就是理想的所在,只有儿童提供了标准。对于儿童的生长来说,一切科目只处于从属的地位,决定教学质量的是儿童,不是教材"②。坚持这种观点就不可避免地导

---

① 赵祥麟:《杜威芝加哥实验的设计和理论述评》,华东师范大学学报,1982年第6期,第60—68页。
② 赵祥麟、王承绪编译:《杜威教育论著选》,华东师范大学出版社1981年版,第79—80页。

致放任和纵容。杜威反对"非此即彼",认为前者在道德上和理智上对儿童极端轻视,从外面强迫儿童;后者对他们过于热情地理想化,让他完全自流,同样都是错误的。

儿童和课程之间的关系不是互相对立,而是互相联系的。"儿童和课程仅仅是构成一个单一的过程的两极。正如两点构成一条直线一样,儿童现在的观点以及构成各种科目的事实和真理,构成了教学。从儿童现在的经验进展到有组织体系的真理,即我们叫做各门科目的东西,是继续改造的过程。"①因此,杜威主张有必要把经验的逻辑方面和心理学方面区别开来而又相互联系起来。从广义上说,"逻辑的立场,它的本身便是心理的"。主要之点是要把专门学科的教材或知识各部分,"恢复到原来的经验"。作为教师,必须把教材作为在生长的经验中相关的因素来考虑,那就是说,"教材必须心理化"。②

关于中等学校课程怎样在初等学校高年级专门化活动的基础上进行和提高,因实验学校停办,杜威自己没有进行具体讨论。不过在《民主主义与教育》里,他对于游戏主动作业、地理和历史、自然科学、文学和艺术等教材的性质,作了详细的论述。他并不反对中学阶段进行分科教学。

杜威十分重视科学的内容和科学方法的应用在课程中的地位,因为"科学,通过发明和技术的应用,是近代社会中产生社会变化和形成人生关系的最伟大的力量"。他同意斯宾塞说的"科学知识最有价值",但认为斯宾塞忽视了把一般材料变成科学的形式所经过的种种方法,于是也就忽视了科学之所以成为科学的方法。他还认为美感经验是"内在的东西",是"无价之宝"。艺术是一种价值,"艺术欣赏不是教育的奢侈品,而是使得教育具有价值的强烈表现"。

"一切学习都来自经验。"杜威于1936年回顾芝加哥实验的理论时,仍引用这个他称之为"一个古老的公式",重新阐明实验学校工作所根据的基本原理,并继续强调关于"教材"的迫切问题,是要在儿童当前的直接经验中发现一些东西,它们是在以后的年代里发展成为比较专门而有组织的知识的基础。杜威一再强调,我们一方面要注意到,教学必须从学习者已有的经验开始,这种经验和学习过程中发展起来的能力为进一步学习提供起点;另一方面要注意到,通过经验的生长,有步骤地扩充和组织教材。"进步的革命的主要之点不是废除教材,而是相反地要建立新教材,如同很好组织起来的旧教材一样,所不同的是这

---

① 赵祥麟、王承绪编译:《杜威教育论著选》,华东师范大学出版社1981年版,第81页。
② 赵祥麟、王承绪编译:《杜威教育论著选》,华东师范大学出版社1981年版,第89页。

种教材与学生的经验有更密切的联系。"①很显然,杜威认识到,儿童时期关于抽象概念和原理的理解是建立在直接经验的基础上的,正因为这样,他提倡使用设计和活动方法。杜威还充分估计到,抽象理解牢固的基础一经建立起来,就可能以更加抽象的词语表述的东西,组织中等和高等教育。认为不论任何年龄阶段,除非通过直接经验,抽象的东西的意义不可能得到理解,这是杜威的门徒无根据的推论,不是杜威自己的意思。② 不过杜威在 1936 年回顾芝加哥实验的理论时,不得不承认,要根据他的理论,解决教材的组织和选择这个问题,是非常困难的,"这个问题到现在还没有解决好,而且永远不可能得到彻底解决"③。在课程和教材问题上杜威进行了多方面的论证和长期的实验,可是得出的结论却显得十分软弱无力,以致不能作为一个标准在实践中起指导的作用,这是值得深思的。

五、思维和教学方法

关于学校中培养学生优良思维习惯的重要性这个问题,杜威认为在理论上没有人怀疑,但在实践上并没有得到承认。此外,就学生的心智方面而论,学校所能做或需要做的一切,就是培养学生思维的能力,对于这一点甚至在理论上也没有足够的认识。他把学生思维能力提到如此重要的地位,以致认为持久的改进教学方法和学习方法的唯一直接途径,在于把注意集中在要求思维、促进思维和检验思维的种种条件上。他说,思维就是明智的学习方法,这种学习要使用心智,也使心智获得酬报。正如胡适说的,杜威哲学的最大的目的,是怎样使人类养成那种"创造的智慧",也就是说,怎样使人有"创造的思维能力"。④

在《民主主义与教育》一书"经验与思维"一章里,杜威详细论述了思维在经验中的地位。他认为经验的构成包含主动的因素和被动的因素。主动的方面是活动("尝试"或"实验"),被动的方面是经受的结果。经验的效果和价值是由

---

① 杜威:《新学校中的自由》,1930 年,转引自劳伦斯·A·克雷明:《杜威与进步教育运动》,1959 年。
  L. A. Cremin, *John Dewey and the progressive Education Movement*, 1915-1952, in the school Review, Vol67. No2. 1959. pp. 160-173.
② 戴维·P·奥苏倍尔:《富有意义的语词学习心理学》,1963 年英文版,第 19—20 页。
  David. P. Ausubel, *The Psychology of Meaningful Verbal Learning*. New York: Crune & Stratton, 1963, pp. 19-20. ——编校者
③ 布鲁纳:《杜威之后,什么》,1961 年英文版。
  J. S. Bruner, *After John Dewey, What*? The Saturday Review, 1961, pp. 58-59. ——编校者
④ 葛懋春、李兴芝编辑:《胡适哲学思想资料选》(上),华东师范大学出版社 1981 年版,第 72 页。

这两个方面的联结测定的。单纯的活动并不构成经验。只有当活动继续深入经受的结果,当行动造成的变化回过来反映在我们自身所发生的变化中时,这样的变动才充满着意义。我们就学到了某些东西。所谓思维或反省,就是识别我们所尝试的事物和所发生的结果之间的联系。没有某种思维的因素,不可能产生有意义的经验。因此,可以认为,"思维等于我们的经验中智慧的要素鲜明的表现。它使我们有可能按照心中的目标而行动"[①]。

杜威认为,凡"有意义的经验",总是在思维的活动中进行,"思维的功能就是将经验到的模糊、疑难、矛盾和某种紊乱的情境,转化为清晰、连贯、确定和和谐的情境"。思维就在这两端之间进行着。在这两端之间,包括五个步骤:"(1)疑难的情境;(2)确定疑难究竟在什么地方;(3)提出解决问题的种种假设;(4)推断每个阶段所含的结果,看哪个假设能够解决这个困难;(5)进行试验、证实、驳斥或改正这个假设。"[②]这五个步骤的顺序不是固定的,五的数字原来也没有什么神圣。

杜威指出,重要的是,思维就是方法,就是在思维的过程中明智的经验的方法。因此,教学法的要素与思维的要素是相同的。这些教学法的要素就是:"(1)学生要有一个真实的经验的情境——要有一个对活动本身感兴趣的连续的活动;(2)在这个情境内部产生一个真实的问题,作为思维的刺激物;(3)他要占有知识资料,从事必要的观察,对付这个问题;(4)他必须负责一步一步地展开他所想出的解决问题的方法;(5)他要有机会通过应用来检验他的想法,使这些想法意义明确,并且让他自己去发现它们是否有效。"[③]

在教学过程中应怎样具体运用上述教学法的要求,以培养学生思维的能力,杜威进行了以下的论述。

1. 为了激发学生的思维,必须有一个实际的经验情境,作为思维的开始阶段。流行的教学方法,很难说在多大程度上能培养学生的思维习惯。一般教室的设备和布置都是和实际的经验情况相反的。学生一味听教师的话,死记呆背。要克服这种缺陷,必须有更多的实际材料,更多的资料,更多的教学用具,更多做事情的机会。"凡是儿童忙着做事情,并且讨论做事过程中所发生的问题的地方,即使教学的方式比较一般,儿童的问题却是自己提出的,问题的数量

---

① 赵祥麟、王承绪编译:《杜威教育论著选》,华东师范大学出版社1981年版,第177页。
② 葛懋春、李兴芝编辑:《胡适哲学思想资料选》(上),华东师范大学出版社1981年版,第73页。
③ 赵祥麟、王承绪编译:《杜威教育论著选》,华东师范大学出版社1981年版,第191页。

是很多的,他们提出解决问题的方法是先进的,各种各样的,而且有独创性的。"①

2. 必须掌握资料,提供对付出现的特殊困难所需要的种种考虑。思维的材料不是思想,而是各种行为、事实、事件和事物的种种联系。困难是引起思维的不可缺乏的刺激物。教学的艺术,一大部分在于足以激发思维,足以使学生得到一些富于启发性的立脚点,从而产生有助于解决问题的建议。目前学校中过分重视学生积累和获得知识资料,以便在背诵和考试时照搬。这种静止的和冷藏库式的知识理想,不仅放过思维的机会,而且要败坏思维的能力。

3. 所谓创造,就是用别人没有想到的方法,应用于日常习见的事物,新奇的是操作,不是所用的材料。由此在教育上得出一个结论就是:一切能设想到从前未曾领悟过的事物的思维,都是有创造性的。一个三岁的儿童,发现他能利用积木做什么事情;或者一个六岁的儿童,发现他能把五分钱和五分钱加起来成为什么结果,即使世界上人人知道这种事情,他也真是个发明家。富有同情心的观察者,看到儿童这种理智的创造力,无不为之神往。但上述的结论,不是说,学校如果具备了有利于发现式学习的条件,教师的工作就变得不那么劳累了,或者教师可以袖手旁观,保持沉默,而是说,教师是工作更复杂而繁重了。教育过程应按照真正协作的和民主的方式进行,教师要共同参与学生的活动。杜威曾尖锐地批评一些学校,标新立异,忽视成年人的指导作用,这乃是对独立思维条件的误解,是试图去做不可能做的事情。杜威一直认为小孩子不是什么都懂的,富于经验的教师,不仅有权力,而且有义务在学习中帮助学生。不过他坚持在师生共同参与的活动中,无论教师和学生,愈少意识到自己在那里施教或受教就愈好。

4. 凡教育改革家都抨击传统教育的被动的性质。他们反对好像海绵一样吸收知识的注入式的教学;他们抨击好像要钻进坚硬的岩石一般地把教材钻进学生的脑子。但是要创造一种条件,使学得的观念应用于实际,实在是一件不容易的事。积极的措施是学校里设置实验室、工厂和园地,并充分地运用戏剧、游戏和运动。总之,"最好的一种教学,是要记住学校教材与实际经验二者相互关系的重要性,使学生养成一种态度,习惯于寻找这两方面的接触点和相互的联系"②。

---

① 赵祥麟、王承绪编译:《杜威教育论著选》,华东师范大学出版社1981年版,第183页。
② 赵祥麟、王承绪编译:《杜威教育论著选》,华东师范大学出版社1981年版,第191页。

六、教育的职业方面

1900—1917年间,在美国,关于职业教育应如何进行,以适应科学技术时代的需要,展开了广泛的辩论。杜威在这个辩论中是主要的一方,特别是在《民主主义与教育》一书"教育的职业方面"一章里,全面系统地阐明了关于这个问题的观点。①

杜威是从最广泛的意义上来理解职业教育这个词的。职业是使个人的特殊能力和他的社会获得平衡的唯一手段。发现一个人适宜于做什么事情,并且获得实行的机会,这是幸福的关键。所谓适当的职业,不过是说一个人的种种倾向得以充分的发挥,同时对社会其他成员提供最佳的服务。柏拉图曾经说过,教育的任务在于发现各人的特长,并且训练他,使他尽量发展自己的特长,因为这种发展最能和谐地满足社会的需要。在这里,杜威认为,柏拉图确实提出了教育哲学的基本原理,他的错误不在他的原理,而在他对社会所需要的职业范围的狭窄的看法,使他看不到各个人的无限变异的能力。

杜威把哲学上的二元论和职业教育联系起来。教育上存在的种种对立,如劳动和闲暇的对立、理论和实践的对立、肉体和精神的对立、心意和世界的对立,而这种对立的后面,还有阶级的对立做它的背景。如果现在把职业分为"学术的专业"和低级的、卑贱的、不自由的职业两个类,那是从前人类关系的阶级构造的残余。他还尖锐地抨击了赫钦斯(Robert M. Hutchins)所赞助的职业训练运动,"把职业教育作为狭隘的实用教育,与自由教育绝缘"②。他还反对把职业教育解释为"工艺教育",作为获得将来专门职业技术的手段。职业是指任何形式的继续活动。它既包括专业性的和事务性的职业,也包括任何艺术的能力、特殊的科学能力以及必需的公民道德品质。

不断变革的现代工业制度要求教育必须改造,这是杜威所反复强调的。他指出,公立初等学校多半是作为学徒训练的替代物出现的,在真正的意义上,说不上教育的意味,因为它没有密切注意到现代工业职业实际的种种条件。中等教育也是一样,因为它没有把理论和实际结合起来,把学生引导到那种有赖于复杂的科学和技术的理论和设计的职业中去。因此,解决教育目前状况的关

---

① 阿瑟·G·沃思:《技术社会中的教育》,论述二十世纪早期美国关于职业教育与自由教育的辩论,1080年英文版。
② 赵祥麟、王承绪编译:《杜威教育论著选》,华东师范大学出版社1981年版,第402页。

键,在于逐步改造学校的教材和方法。主要就是使一切早期的职业预备都是间接的,不是直接的,就是通过主动作业进行职业的训练。只有这样,教育者和受教育者才能真正发现个人的能力倾向,指出在以后生活中应选择何种专门的职业。杜威特别强调,仅仅按照各种工业和专业的目前情况,给予学生技术上的准备,教育的改造不会成功;仅仅在学校模仿现有的工业状况,教育的改造更难成功;问题不在于使学校成为工商业的附属机构,而在于利用工业的各种因素,使学校生活更有生气,更富于现实意义,与校外经验有更密切的联系。

关于现代科学、技术和工业的迅速发展所引起的资本主义社会的激烈的变化,杜威是极其敏感并充分意识到的。他是从广阔的背景来探讨职业的目的及其在教育上的地位,并力图把职业教育和普通教育结合起来,这值得十分重视。不过上述的理论,用他自己的话来说,是就经济机会较差的人讲的,目的在于"塑造青少年的心灵,逐步地改变成人社会的更加重大和更难控制的特征";至于社会中享有特权的那部分人,要求他们能提高对工人的"同情"和所谓"社会责任感"。这明显地是他的教育理论中社会改良主义的具体表现。

七、道德教育

道德哲学是杜威教育哲学的一个重要方面。杜威在密执安大学和芝加哥大学期间一直教伦理学。在哲学领域里,他最关心伦理学。他先后发表《中学伦理学教学》(1893)和《伦理训练的混乱》(1894)两文,"强烈反对那种认为品格和行为可以通过反复灌输道德规则而得以改善的主张,并指出当时大学里的伦理训练中理论和实际脱离的现象"[①]。此后在他的许多著作里,特别在《学校与社会》《教育中的道德原理》《民主主义与教育》里可以看到他的关于道德教育理论的更系统的论述。

在杜威看来,道德教育的主要任务是在于协调"个人"和"社会"的关系。早在《我的教育信条》里,杜威强调教育过程有两个方面,一是心理学的,一是社会学的,两个方面有机地联系着,不可偏废。因为受教育的个人是社会的个人,而社会便是许多个人的有机结合。如果从儿童身上舍去社会的因素,我们便只剩下一个抽象的东西;如果我们的社会方面舍去个人的因素,我们便只剩下一个

---

① 阿瑟·G·沃思:《作为教育家的杜威》,第256—258页。
A. G. Wirth, *John Dewey as Educator: His Design for Work in Education* (1894-1904), New York: John Wiley, 1966, pp. 256-358. ——编校者

死板的、没有生命力的集体。这一点在芝加哥实验学校的《组织计划》里,说得很清楚:"一切教育的根本问题是协调心理(个人)的和社会的因素。……这种协调要求儿童能表现自己,但必须按照社会的目的来表现自己。"①杜威在《芝加哥实验的理论》一文中,再次把"个人的因素和社会的因素的协调或平衡",作为一个"公式"提出来。

为了达到上述所要求的协调,杜威提出一个设想,即把学校作为一个雏形的社会,使学校本身成为一种生动的真正的社会生活的形式,而不仅仅是学习功课和获得某些技能的场所;它的目的在于"培养个人与别人共同生活和协作共事的能力","在于把儿童看作社会的一员,使他能够理智地认识他的一切社会关系"。可见杜威虽然为个人主义作了巧妙的辩护,可是他的理想是要培养那种"善于与人共处的人"。

一般认为杜威一直强调儿童的兴趣和需要,儿童的个人完全自由和自我表现。他在批判旧教育消极地对待儿童时,要求"我们在教育上引起的改变是重心的转移。在这里,儿童是太阳……儿童是中心"。可是杜威认为与实验学校开办以来许多参观者带回去认为实验学校是"儿童中心"的印象相反,实验学校是把"教育的社会方面放在第一位","在意图上是'社会中心'的"。在这里,在杜威的心目中,"儿童中心"是就心理的因素,也即就方法论来说的;"社会中心"是就社会的因素,也即就道德教育的目的来说的。因此,"儿童中心"和"社会中心"两者,有机地相互交错在一起。

把"道德的观念"(moral ideas)和"关于道德的观念"(ideas about morality)区别开来,是杜威道德教育理论中的一个重要特点。"道德的观念"是在参与社会活动中形成的,它们能影响于行为,使行为变得更好;"关于道德的观念"是以记诵文字的方式传授的观念,这种观念的传授是必要的。但它们在数量上是相对地少,在影响上也是微弱的。道德的行为就是社会的行为,"一切能发展有效地参与社会生活能力的教育,都是道德的教育"。因此,应当把儿童置于必须自己作出道德选择的具体情境中去。我们不能在水以外学习游泳,离开了参与社会生活,学校就没有道德的目标,也就没有目的。正因为这样,他反对抽象地谈论教育目的就是一个人的全部能力的和谐发展,假如离开了社会关系下这个定

---

① 阿瑟·G·沃思:《作为教育家的杜威》,第 297 页。
A. G. Wirth, *John Dewey as Educator: His Design for Work in Education* (1894 – 1904), New York: John Wiley, 1966, p. 297.——编校者

义,我们便无法说明任何一个所用名词的意义是什么。

杜威认为形成儿童品格的源泉,除了作为社会机构的学校生活以外,还有方法和教材。这三者相互联系,他称之为"学校道德的三位一体"(moral trinity of the School)。①

关于方法,同样可以运用这个原理,即学校的社会化,乃是道德教育的基本要素。儿童生来就有一个自然愿望,要贡献,要做事,要服务。如果各种倾向不加利用,同时如果有其他动机代替这种倾向,那么,一种积累起来的反社会精神的倾向,比我们能想象的要大得多。

目前学校不仅缺乏社会的精神,而且往往在教导绝对的个人主义的动机和标准。为了使儿童坚持学习,必须寻求一些刺激,这就是对教师的爱戴以及不违反学校规则。这些动机是没有什么可以反对的。但毕竟是不够的。这种对一个特殊个人的依恋,虽然也有点社会性,但在性质上会变得自私的。杜威也反对在评定学业成绩中进行竞争和对抗,这容易使强者具有优越感,弱者自卑而受到压抑。事实上知识和艺术方面的规律是协作共同参与,过多和过早地让儿童投身于个人主义竞争的领域,是缺乏任何积极的教育作用的。

杜威强调适应儿童的主动性和创造性的方法,要把伦理的重点,从自私方面转到社会服务方面。他特别重视手工训练的价值,还要给儿童提供机会,参与具有美感性质的创造性的活动,帮助他们获得一定的个人能力以及认识他们与别人的关系。

关于教材方面,懂得怎样把道德价值的社会标准应用到学校的教材上去,是十分重要的。"必须考虑使一门学科成为培养儿童认识社会活动情况的手段。这个考虑给教材选择和价值判断提供一个标准。"②例如,"衡量历史教学的价值,在于如何把过去的事件作为解释现在的手段——让人们理解现在的社会组织和活动",等等。必须牢记,"当一门学科是按照了解社会生活的方式去教

---

① 杜威:《教育上的道德原理》,1909 年英文版,第 43 页。
John Dewey, *Moral Principles in Education*, Boston: Houghton Mifflin, 1909. p. 43. ——编校者

② 杜威:《教育上的道德原理》,第 31 页。
John Dewey, *Moral Principles in Education*, Boston: Houghton Mifflin, 1909, p. 31. ——编校者

的时候，它就具有积极的伦理学上的意义，这是个普遍的真理"①。

从上述可以看出，杜威关于道德教育的原理有着不少合理的因素。同时从政治上说，这些道德教育原理是从属于他所寻求的政治目的，即给予儿童的道德品格的训练，是根据美国这个资本主义国家特定的要求，是为了维护现实社会秩序的安全。他强调指出，美国在工业制度的冲击下已经经历了一个彻底的、根本的变化，在教育上也必须经历一个相应的完全的变革。他要求必须把每个学校都视为一个雏形的社会，引导和训练每个儿童成为社会的成员，受社会服务精神的熏陶。他认为，如果这样，那么"一个有价值的、可爱的、和谐的大社会"，就有着最可靠和最好的保证。事实上这只是杜威作为社会改良主义者的主观愿望而已。

杜威是一个专业哲学家。他在九十岁生日宣称，不管他在政治、教育、社会运动及其他领域里曾经做过什么，他认为自己"开头、最后和全部的时间都从事于哲学的专业"②。南伊利诺斯大学"杜威研究中心"认为，杜威的哲学阐明了美国哲学的主要特征，即"开放的开拓精神、实验的态度、多元的世界观、实际的唯心主义"。巴黎大学授予杜威荣誉博士时认为，杜威是"美国精神的最深刻、最完全的表现"，这与"杜威研究中心"上面所说的基本上是一致的。因为杜威和皮尔斯、詹姆斯一起是美国土生土长的实用主义哲学的主要发言人和辩护者。罗素曾经指出，"杜威的见解在表现特色的地方，同工业主义和集体企业的时代是协调的"。罗素的看法无疑是正确的，因为杜威作为社会改良主义者，他的实用主义哲学是同美国垄断资本主义的各个方面连在一起的。

如果杜威作为一个专业哲学家，对美国国内有一定的影响，在欧洲仅仅有一个虚名，那么他作为一个教育家，不仅在国内，而且在全世界许多国家却有着广泛的影响。他的教育理论涉及的范围和内容的多方面性和深刻性，在西方教育史上是无与伦比的。二十世纪初至三十年代，全世界许多国家，特别在美国在反对传统学校中的形式主义形成的一场革命，是与杜威提出的教育理论和芝加哥的实验密切相联的。尽管人们对他的教育理论的评价很不一致，而且事实

---

① 杜威：《教育上的道德原理》，第40页。
John Dewey, *Moral Principles in Education*, Boston: Houghton Mifflin. 1909, p. 40. ——编校者
② G·戴克休齐：《杜威的生平和思想》，引言，1973年英文版，第14页。
George Dykhuizen, *The Life and Mind of John Dewey*, London: Southern Lllinois University Press, 1973, p, 14, ——编校者

上由于杜威用的一些基本概念,如生长、经验的改造等,晦涩、累赘,含糊不清,以致在实践中往往受到误解,或者带来消极后果;可是值得指出,只要旧教育中存在着僵化的、空洞的形式主义,他的教育理论中一些辩证的因素以及强调鼓励学生自己发现问题,培养学生独立思维和理智的创造力等,将仍然保持生命力,并继续起作用。

杜威一生访问过许多国家:墨西哥、土耳其、日本、中国和苏联。他的许多教育著作被译成多种文字,在世界各国广泛流传,其中受影响最深的是中国。他于1919年4月30日偕其夫人爱丽丝(Alice)和女儿罗茜(Lucy)到达上海,在中国呆了两年多,于1921年7月1日离北京回国。杜威在中国旅行了十三个省市,先后发表社会哲学与政治哲学、教育哲学、伦理学等讲演,宣传实用主义教育和社会改良主义思想。在他的影响下,美国的六三三制以及课程和教学方法大量地介绍进来;一些大城市还开办了实验学校,采用新教学方法,如设计教学法、道尔顿制进行实验。在旧中国半殖民地半封建的社会条件下,所有这些新的教育措施,并没有也不可能取得多大的成就,可是这对于破除旧学校中陈腐的封建主义、形式主义的教育思想,却有着一定的积极作用。

第六章 十月革命胜利至五十年代中期的苏联教育

十月革命的伟大胜利,摧毁了资产阶级在俄国的反动统治,建立了世界上第一个无产阶级专政的社会主义国家,从而为根本改造一切社会生活,实现共产党在国民教育方面的纲领性要求创造了经济的和政治的前提。

苏联共产党在领导人民进行无产阶级革命和社会主义建设中,始终非常重视国民教育工作。列宁从巩固无产阶级专政、最终实现共产主义的远大目标出发,也十分关心青年的教育问题。他指出:"在革命中获得的一切,要靠未来一代的教育来巩固。"①正因为这样,苏维埃政府从它成立的时候起,就坚决克服重重困难,大力开展改革旧教育、创建无产阶级新学校的伟大事业,建立了以"劳动为基础"的学校制度。列宁逝世以后,斯大林和联共(布)继续领导苏联的社会主义革命和建设,并在全面总结二十年代教育改革经验的基础上,确立了以"提高知识质量"为中心的教育体制,把社会主义教育事业大大地向前推进。

一、十月革命胜利初期至国民经济恢复和发展时期(1917—1930)的教育

十月革命初期,苏联人民面临着重重困难。被打倒的地主资产阶级与帝国主义国家相勾结,发动外国武装干涉和国内战争,企图用武力扼杀新生的苏维埃政权。整个国民经济遭到严重破坏,1920年农业生产总量只等于战前生产量的一半左右,大工业生产量约等于战前的七分之一强。1921年外国武装干涉和国内战争结束后,苏联即开始过渡到恢复国民经济的和平工作时期,着手振兴工业、运输业和农业。1925年完成了从战时共产主义政策到新经济政策的艰难转变,国民经济得到了迅速的发展,并逐步进入新的国家工业化时期。

尽管条件如此艰苦,苏联政府仍坚决地采取了一系列措施,改革旧教育,创建新教育。

1. 改革教育管理体制,确立党对教育事业的领导

革命前,俄国的学校是地主资产阶级统治的工具。国民教育的管理制度分散、混乱。国民教育部执行的是极端反动的愚民政策,广大劳动人民完全被剥

---

① 《卢那察尔斯基论国民教育》,苏联教育出版社1972年版,第202页。
　А. В. Луначарский, О задачах народного просвещения, СССР: Издательский дом «Просвещение», 1972. Стр. 202.——编校者

夺了受教育的权利。

为了从地主资产阶级手中夺回教育的领导权,建立无产阶级教育的管理体制,十月革命胜利后的第三天(俄历 11 月 9 日),全俄中央执行委员会即批准了《关于成立国家教育委员会的法令》,并任命阿·瓦·卢那察尔斯基为教育人民委员。1917 年 11 月 21 日,国家教育委员会举行第一次会议,讨论教育人民委员部各部门的组织问题。从此,教育人民委员部作为国家教育委员会的工作机关开始行使其职权。

1917 年 12 月,人民委员会决定将教会管辖的所有学校,如教区学校、教会中学、教会师范学校、神学校和神学院等,一律转交教育人民委员部管辖,并把它们改组为普通学校,从而剥夺了教会对学校的领导权。不久又颁发了由列宁签署的教会与国家、学校与教会分离的法令,宣布信仰自由,取消教派的任何限制和特权,禁止在学校里教授宗教课和举行宗教仪式,进一步清除了教会对学校的影响。

从 1918 年 1 月起,苏维埃政府开始废除旧的国民教育管理制度,撤销学区制,取消学堂管理处和视察处等机构,革除国民学校校长和副校长的职务。同年 6 月,人民委员会又批准了《关于把各部门的教学和教育机关移交给教育人民委员部管理的法令》,决定把原先由各部门所属的一切大、中、小学校和专业教育学校及其所有房屋、财产和设备等,一律转交教育人民委员部管理。接着,教育人民委员部又通过了关于《俄罗斯社会主义苏维埃共和国国民教育部事业组织条例》。根据这个条例的规定,共和国民教育总的领导由国家教育委员会负责,而各地则由省、县、乡的工农兵代表苏维埃执行委员会的国民教育部门负责。在国民教育各个部门建立由各种劳动者团体的代表、教师和学生代表组成咨询机关——国民教育委员会。这样,就彻底地消除了革命前学校管理体制的混乱现象,保证了学校领导的统一性,使"改革学校工作所必需的教育科学研究任务和对整个国民教育体制实行社会主义改造的工作都集中在一个中心",从而使苏维埃政府"能够比较迅速地、在很短时期内成功地拟订出建立新的社会主义教育体制的总原则"①。

2.《统一劳动学校规程》的制订及其意义

国家教育委员会成立后,即着手研究国民教育建设的原则和准备制订学校改革的方案。教育人民委员卢那察尔斯基执行党和苏维埃政府的意旨,先后向

---

① [苏]O·Д·克金克拉泽:《苏联教育史纲要》,1972 年版,第 52—53 页。

全国人民、教师和学生发表宣言,阐述实施国民教育的基本原则和任务,普及初等义务教育,组织统一的苏维埃学校,国民教育民主化,增加国民教育预算以及吸收教育家讨论建设新学校的各种问题,并号召教师和学生接近工农群众,与革命人民一起前进。

1918年3月底,国家教育委员会决定成立统一劳动学校委员会(后改组为属于教育人民委员部的学校改革处)、职业学校委员会、高等学校委员会,开始从理论上和实践上深入研究学校改革事宜,并要求于最短期间内拟订出学校改革的方案。当时,由于中央机关正处在从彼得格勒迁往莫斯科的过程中,教育人民委员部的领导人员一部分已迁往莫斯科,一部分仍留在彼得格勒,因此,有关学校改革方案的准备工作,在两地分头进行。

不久,学校改革处处长列别申斯基(1868—1944),在国家教育委员会的一次会议上提出了一份有关学校改革方案的提纲,其主要内容是:学校应当是男女合校的、非宗教性的、免费的、各阶层居民都能进的统一劳动学校;学校的修业年限四年,分两级,第一级招收8—13岁的儿童,第二级招收14—17岁的儿童;学校类型统一,学习期限不间断;学校应当是综合性的,所有儿童都必须参加体力劳动;学校应当具有劳动公社的性质,强调发展儿童的社会本能①。因为这个方案是由在莫斯科的学校改革处的成员提出来的,故通称"莫斯科方案"。

与此同时,彼得格勒北方公社教育人民委员部也拟订了一份学校改革的方案(通称"彼得格勒方案")。这个方案在假期、教学工作、劳动在学校中的地位和作用以及学校的性质等问题的看法上,与莫斯科方案有着原则的分歧。他们认为,劳动只能是使学生更有效地掌握知识的手段或方法,而不应当是学校生活的基础;主张保留班级授课制、学科和家庭作业;强调教师的主导作用;要求每个学年应有三个月的假期,等等。

1918年8月,国家教育委员会举行专门会议,讨论有关《统一劳动学校规程》的上述两个草案。会上两种不同意见进行了激烈的争论。莫斯科方案的支持者断言,既然旧学校与未来的制度相抵触,就应当彻底摧毁它,而代之以公社学校;以卢那察尔斯基为代表的彼得格勒派则尖锐地批评莫斯科方案的无产阶级文化派情绪,"指出安排学校生活的基础不应当是经济计划,而应当是教育计划"②。克鲁普斯卡娅倾向于莫斯科方案,但也肯定了彼得格勒方案的优点。她

---

① [苏]柯罗列夫:《实施学校改革的准备》,载《苏维埃教育学》杂志,1954年,第7期。
② 柯罗列夫:《实施学校改革的准备》,载《苏维埃教育学》杂志,1954年,第7期。

建议将两个方案提交给国家教育委员会进一步讨论决定。

国家教育委员会即根据克鲁普斯卡娅的建议，指派卢那察尔斯基、克鲁普斯卡娅、波焦姆金、缅仁斯卡娅、列别申斯基和波兹涅尔等人组成专门委员会，负责制订《统一劳动学校规程》，并于同年10月16日，经第一次全俄教育工作代表大会讨论通过后正式公布。与《统一劳动学校规程》同时公布的还有《统一劳动学校基本原则》。后者在苏联教育工作者中通称为《统一劳动学校宣言》。

正式通过并公布的《统一劳动学校规程》和《统一劳动学校基本原则》，主要采纳了"莫斯科方案"的意见，存在着一些严重的缺点和错误。如取消了一切必要的、合理的教学制度，完全废除了考试和家庭作业，不正确地理解教师的作用，把劳动置于不恰当的地位，宣称"生产劳动应当成为学校生活的基础"①，等等，结果给苏联的教育和教学工作造成很大的损失。

但是，《规程》和《宣言》毕竟是苏联教育史上第一个重要的教育立法，它在世界教育史上第一次彻底地贯彻了非宗教的、真正民主的教育原则；无情地批判了旧学校的形式主义、脱离生活实际的教学内容和教学方法，要求把教育和生产劳动紧密地结合起来；强调全面发展儿童的个性，充分发挥儿童学习的主动性和积极性；建议组织学生课外活动小组并使学生在学校实验园地里工作；主张改进师生关系和培养学生自觉纪律，等等。这些文件在国外也引起了强烈的反响。《北德意志汇报》写道："要是布尔什维克成功地做到了这一点，那么，不言而喻，他们的学校将比任何其他一个国家的学校都要优越得多。……但是，这当然是做不到的幻想。"②

3. 统一劳动学校制度的建立和演变

《统一劳动学校规程》颁布后，苏维埃政府便正式宣布废除旧的学校制度，彻底消除旧学校的等级性、阶级性和宗教性，着手建立九年制的统一劳动学校。

统一劳动学校分为两级：第一级五年，招收8—13岁的儿童；第二级四年，

---

① 《统一劳动学校规程》，载《苏联教育法令汇编》(1917—1913)，苏联教育出版社1974版，第135页。

Обединойтрудовойшколе РСФСР (Положение), Народное образование в СССР. Общеобразовательная школа. Сборник документов. 1917 - 1973, СССР, Издательский дом «Просвещение», 1974. Стр. 135. ——编校者

② [苏]И·В·卢那察尔斯基：《论阶级学校》，《卢那察尔斯基论国民教育》，莫斯科1958年版，第118页。

А. В. Луначарский, О классовойшколе, О задачахнародногопросвещения, -Москва, Стр. 118. ——编校者

招收 13—17 岁的儿童。根据《宣言》的解释,所谓统一,是指从幼儿园到大学的所有的正规学校是一个"互相衔接的阶梯",所有的儿童均可进入同一类型的学校学习,有权沿着这一阶梯升入最高级学校;所谓劳动,是针对旧的"读书"学校而言,文件指出,"新学校应当是劳动的",而"劳动的原则就在于积极地、灵活地、创造性地去认识世界"。①

但是在实际执行的过程中,人们往往把"统一"混同于"划一",用劳动生产代替教学过程。结果,新的统一劳动学校的理想,同客观现实、经济和文化条件之间的矛盾日益突出,于是不得不建立各种过渡性质的学校来补充。例如,1919 年在某些工业城市曾根据共青团的倡议,为工厂青年创办俱乐部学校;1920—1921 年,又为 11 岁以上的未能入学的儿童设立两年制的识字学校;1919 年底为加速培养工农青年进入高等学校,创办了工农速成中学(或称工人系);同年,教育人民委员部还决定恢复和发展初等、中等职业学校,培养初级技术人员。此外,还开办了工厂艺徒学校、农村青年学校和各种特殊儿童学校。这样,学校结构便开始有了某些变化。

外国武装干涉和国内战争结束以后,为了迅速恢复和发展国民经济,实现工作重心的转移,迫切需要各种技术人才。在这种情况下,统一劳动学校制度由于年限长,学生在校时又得不到任何专业方面的训练,毕业后大多数学生不能适应社会主义建设的要求,因而遭到各方面的指责。职业技术教育委员会的工作人员则认为,"迄今为止,无论是教育人民委员部机关,还是经济部门和工会部门都没有给予职业技术教育以起码的重视","他们要求教育工作的重心应当转到为国民经济提供从低级到高级的技术人员的职业技术教育方面来"②。

为了研究和解决在和平建设条件下国民教育进一步发展的问题,1920 年底至 1921 年初,俄共(布)中央召开了有关国民教育问题的第一次党的会议。会上意见分歧,争论非常激烈。乌克兰的代表认为,"在社会主义条件下,随着无产阶级家庭的解体,家庭教育必然为公共教育所代替,因而断言,苏维埃国民教育制度的主要环节不应当是学校,而应当是儿童之家"③。与此相反,俄罗斯教

---

① 《统一劳动学校基本原则》,载《卢那察尔斯基论教育》,莫斯科 1958 年版,第 525 页。
А. В. Луначарский, Основныепринципыединойтрудовойшколы, А. В. Луначарскийо народномобразовании, 1958. Стр. 525. ——编校者
② [苏]柯罗廖夫:《苏维埃学校和教育学史纲要》(1917—1920),1958 年莫斯科版,第 198—200 页。
Ф. Ф. Королёв, Очерки по истории советской школы и педагогики. 1917 - 1920. -Москва, 1958. Стр. 198 - 200.
③ Н·А·康斯坦丁诺夫主编,李子卓等译:《教育史》,人民教育出版社 1958 年版,第 457 页。

育人民委员部的代表虽然承认由于战争的关系,无家可归的儿童的总数极大地增长了,但这只是一种暂时现象,不是社会发展的趋势,教育方面的根本路线,在《统一劳动学校规程》中已经确定了,因此,坚决认为"进一步建设和完善学校(全日制学校和寄宿学校)仍然是教育人民委员部的主要任务"。此外,关于普通教育和职业教育的关系问题,在会上也进行了激烈的争论。乌克兰、白俄罗斯和共青团中央的代表尖锐地批评统一劳动学校,他们认为中等普通教育学校是资产阶级的偏见,坚决主张在七年制学校的基础上,开办职业技术学校。而以卢那察尔斯基为首的俄罗斯教育人民委员部的代表,则从党纲的原则立场出发,强调职业教育应以广泛的普通教育为基础,坚持实施九年制的普通学校,反对早期职业教育。经过讨论,会议最后从当时的实际情况出发,通过了学制改革的决议,同意把七年制学校作为普通学校的主要类型,允许在七年制学校的基础上,设立修业期限三、四年的中等技术学校和职业学校。并且承认"儿童之家是最符合儿童的社会教育目的的一种形式"①。

会后不久,公布了由列宁起草的《中央委员会给教育人民委员部党员工作者的指示》和《论教育人民委员部的工作》等文件。在这些文件中,列宁同意把第二级学校的高年级改组为职业技术学校,但同时又强调指出:"党应当无条件地站在俄共党纲关于综合技术教育所确定的立场上","应当认为把普及综合技术教育的学龄标准从17岁降低到15岁,完全是由协约国强加于我国的战争所造成的贫困和破产引起的一种暂时的、实际的需要","硬要对这种降低学龄的一般议论加以'论证',是非常荒谬的"。②

根据第一次有关国民教育问题的党的会议的决定和列宁的指示,俄罗斯联邦教育人民委员部通过了《改组第二级学校的条例》,规定从1921—1922学年开始,把30%—50%设有三、四年级的第二级学校改为中等技术学校,其余学校三、四年级的改组在以后两年进行。但是,由于缺乏必要的设备和专业教师,改组工作未能普遍推行,俄罗斯联邦教育人民委员部仍然保留第二级学校。

于是,从这个时期开始在苏联便形成了比较灵活的学制:小学(四年),招收8—12岁的儿童;七年制学校(四、三分段),招收8—15岁儿童;九年制学校(四、三、二分段),招收8—17岁的儿童;中等技术学校(三、四年)。

---

① [苏]柯罗列夫:《苏维埃学校和教育学史纲要》(1917—1920),1958年版,第205页。
　　Ф. Ф. Королёв, Очерки по истории советской школы и педагогики. 1917 - 1920. -Москва, 1958. Стр. 205. ——编校者
② [苏]《列宁全集》(第32卷),人民出版社1958年版,第110页。——编校者

新学制的优点是有利于解决青年学生的就业和教育问题,能够在比较短的时间内为国家培养大批工业、农业、运输业以及文化教育方面的干部和技术人员,满足经济建设的需要。"但也出现了普通学校和高等学校以及高等学校和职业技术学校之间在年龄和培养水平上不协调的现象,破坏了统一学校的原则。"[1]因此,第一次有关国民教育问题的党的会议后,国民教育制度问题的争论仍未停止,并且一直继续到1929年有关国民教育问题的第二次党的会议,争论的焦点始终是第二级学校发展的道路问题。

1924年7月,俄罗斯联邦教育人民委员部部务会议决定改组第二级学校,同意第二级学校的第二阶段(八、九年级)实行专业化,但同时要求必须在原来修业期限的范围内,保持相当于九年的普通教育水平,以便使第二级学校毕业的学生既可升入高等学校学习,又具有从事某种职业的能力。

从1924—1925学年开始,第二级学校第二阶段的专业化工作迅速地开展起来了,出现了各种各样的专业,如师范、合作社、农业、工业、经济、艺术和医疗等。这在当时只有少数第二级学校毕业生能够升入高等学校,而国民经济的各个部门又迫切需要专业人才的情况下,确实是一种行之有效的办法,"但由于缺乏坚强的领导,结果造成了中学专业化的混乱现象"[2]。

在此期间,苏联的高等教育制度也进行了某些改革。首先是根据列宁关于高等学校"应该无条件地招收无产阶级和贫苦农民出身的人,并普遍地发给他们助学金"[3]的指示精神,取消了考试制度,实行由党组织、工会和经济组织推荐的办法招收学生,并为红军和少数民族代表保留一定的名额。这在当时的情况下无疑是必要的、革命的措施,它有利于工农子弟进入大学学习,从而改变学生阶级成分的结构,加速提高工农的文化教育水平。然而在试行过程中也出现了一些偏差。根据1924年对大学生学习情况的调查结果来看,许多组织主要是工会组织没有严肃认真地执行这一措施,他们派来的学生真正符合条件的工农出身的很少。其次是缩短高等学校的修业年限。1922年,俄罗斯联邦人民委员会规定,高等学校的修业年限为三年。实际上这一规定并未严格执行,在1921—1928年这一时期内,高等学校一般都是4—5年,有些学校甚至长达7—8年。

---

[1] "教育译报"编委会编译:《各国教育概况》,人民教育出版社1958年版,第7—8页。
[2] "教育译报"编委会编译:《各国教育概况》,人民教育出版社1958年版,第19页。
[3] [苏]《列宁论教育》,人民教育出版社1979年版,第115页。

4. 普通学校教学改革的实验及其经验教训

苏维埃政府在大力改革教育制度的同时，在课程设置和教学方法等方面也进行了全面改革的实验。在一些有先进教师工作的学校里，从十月革命胜利后的最初时期起，即开始改革教学、教育工作，竭力排除革命前学校教育工作中的宗教性、形式主义，取消了古代语文和宗教课程；大大扩充数学、物理、化学等自然科学的教学内容，并力求把它们同实际生活联系起来；在社会学科方面，增加了政治经济学、革命运动史和社会主义史等方面的知识，注意用集体主义和爱国主义精神教育儿童。此外，还特别重视劳动教育，很多城市和农村的学校都有自己的实验园地，设置了学校工厂、农场，经常组织学生参加各种工农业劳动和自我服务性劳动，如种植树木，在实验果园、菜园和田地种植作物，制作和修理教具、教学用品等。

在教学方法方面，特别强调"个性化的教学"，即要求"教师要分析每个学生的爱好和性格特点，并尽可能使学校教给学生和要求学生做到的一切都充分适应学生的个人需要"①；要经常鼓励学生从事他感兴趣的自由活动，如个人研究、写作、学术报告、制作模型、采集标本等。要求广泛采用直观教具和实验室作业，并且规定"有关的图书馆、实验室、陈列室应在一定的时间开放，供学生开展自由活动之用"。所有这些，对于改革旧的教学制度，激发学生的求知欲望和培养他们的独立工作能力，无疑是非常有利的。

不过，在十月革命胜利后的最初几年，学校教学、教育改革工作的发展是极不平衡的。有一些学校，特别是农村学校，无论是在教学内容或是教学方法方面，与革命前相比都没有什么改变。克鲁普斯卡娅曾多次说过：在第一级学校里"充满着老一套的学习方式，这些学校在很多方面是旧中学的残余"②。产生这种现象的原因是，战时经济困难，缺乏必要的物质设备和有经验的教师，特别重要的是缺乏必要的教学计划和教学大纲。1920年，教育人民委员部曾经颁布过一份教学计划，但它只是建议性的，而且存在很多严重的缺点。凡此种种，给学校的教学、教育工作带来了很多困难，影响了教学工作的正常

---

① 《统一劳动学校基本原则》，载《卢那察尔斯基论国民教育》，第530—531页。
　А. В. Луначарский, Основные принципы единой трудовой школы, А. В. Луначарский о народном образовании, 1958. Стр. 530 - 531. ——编校者
② 柯罗列夫：《苏维埃学校和教育学史纲要》(1917—1920)，第312页
　Ф. Ф. Королёв, Очерки по истории советской школы и педагогики. 1917 - 1920. -Москва, 1958. Стр. 321. ——编校者

开展。

为了从根本上改革旧的教学内容和教学方法,使它尽可能同生活、同整个社会主义建设的迫切任务密切联系起来,从二十年代开始,苏维埃政府又开展了新的改革实验。1923—1924学年在国家学术委员会教育科学组的领导下,拟订并公布了"教学大纲",或称"单元教学大纲"。这个大纲不同于以往的各种大纲,它完全取消了学科的界限,要求学生学习的不是各门单独的学科,而是"来自现实和围绕着一定的中心题目或思想所组成的具体的复杂现象"。为此,把普通学校的全部教材分为"自然"、"劳动"和"社会"三项,以劳动为中心。每学年有一个中心课题,在总的课题下,再分成若干生活单元,然后将三项教材联系起来进行教学。每一单元大约教学二、三周时间。随着年级的递升,每一单元的教材范围逐渐扩大和加深。例如,在第一级学校里,一年级研究儿童在家庭和学校里的生活问题;二年级研究一村一乡的生活问题;三年级研究一县一省的生活问题;四年级则研究加盟共和国的问题,等等。

"单元教学大纲"的实施,要求采用"劳动的教学方法",即在自然环境中、在劳动和其他活动中进行教学。强调培养儿童自己掌握知识的能力,充分发挥儿童学习的主动性和创造精神。1929年"单元教学大纲"的编者解释说,学生的基本科学知识不是通过课堂教学在教师领导下系统地学习教学大纲规定的教材来获得,而是在完成设计作业时顺便获得的。他们主张"废除教科书",广泛推行"工作手册"、"活页课本"和"杂志课本"。在教学组织形式方面,主张废除班级授课制,采用"分组实验室制"、"道尔顿制"和"设计教学法"。

应该指出,编制"单元教学大纲"的出发点,是希望通过单元教学的形式,把学校的教学和现实生活紧密结合起来,克服旧学校的最大缺点——教学与生活完全脱离,并加强各门学科之间的联系,培养儿童自觉的劳动态度。这些指导思想的正确性是无可怀疑的,但在实际执行中出现了许多偏差,给学校工作造成种种不良后果:第一,导致了理论学习与学校工厂作业之间的人为联系,在教学过程中往往把教材机械地塞到某一个劳动作业的课题中去;第二,破坏了学科体系,削弱了学校中基础理论和基础知识的学习。1925年在全苏教师代表大会上,许多教师曾就此提出批评,指出:"由于单元制的实施,结果使儿童在本族语和数学方面没有获得牢固的知识和技巧";第三,由于单元制教材排列的圆周过多,同一单元如十月革命节,在几年当中重复多次,造成了时间和精力上的浪费。

由于种种原因,"单元教学大纲"没有普遍推行。但它在思想上的影响却是很大的。从 1923 年开始提出,直到 1930 年为止,苏联的教学计划和教学大纲虽然经过多次修改,然而"单元教学大纲"的编制原则基本上没有改变。究其原因,主要是当时的教育界"不懂辩证法","不能正确地运用马克思列宁主义观点来解决教学论的复杂问题",因而错误地对待旧学校和教育学的历史遗产,并且把时髦的资产阶级教育流派(实用主义)的"设计教学法"看成是马克思主义的理论而加以推崇。例如,布隆斯基就认为:所谓综合教学法,其本质不是别的,正是辩证法在教学上的一种应用。平克维奇;则直截了当地说:"单元教学大纲是真正的马克思主义大纲。"这些教训是非常深刻的。

5. 大力扫除文盲和准备实施普及义务教育

旧俄国是一个"充斥着文盲和愚昧无知的国家",到十月革命前夕为止,全国成年居民中的文盲占 75% 以上。按照列宁的意见,"在一个文盲的国家内,是不能建成共产主义社会的"。所以,十月革命后列宁在指派卢那察尔斯基担任教育人民委员时的第一句话就是"在这里,你必须摧毁俄罗斯的文盲"①。

遵循列宁的指示,俄共(布)和苏维埃政府在大力进行学校教育改革的同时,还大规模地开展了扫除文盲的工作。1917 年 10 月 29 日,卢那察尔斯基在告居民书中,把扫除文盲"作为自己在教育领域里的首要目标",要求通过各种途径,使居民在最短的时间内达到普遍识字。1919 年 12 月,苏联人民委员会进一步颁布了由列宁签署的《关于扫除俄罗斯联邦居民中文盲的法令》,规定:"凡一切不会读写的八至五十岁的共和国居民,均应按本人志愿用本族语或俄语学会识字。为了保证这一任务的顺利完成,苏维埃政府采取了一系列重要的措施:加强对扫盲工作的领导,成立一个直属教育人民委员部的全国扫盲非常委员会。在这个委员会中,又成立了由农村工作和妇女工作部门的代表、俄罗斯共产主义青年团中央委员会、全苏工会中央理事会、红军政治部和其他机构的代表参加的经常性会议;授权教育人民委员部及其地方机关,吸收国内一切未被征调入伍的识字居民,以义务劳动的方式参加扫盲工作②,提出"每一个识字

---

① 《卢那察尔斯基论国民教育》,苏联教育出版社 1958 年版,第 233 页。
A. B. Луначарский о народном образовании, СССР, Издателъский дом «Просвещение», 1958. Стр. 233. ——编校者

② 《苏联教育法令汇编》(1917—1973),苏联教育出版社 1974 年版,第 377 页。
Народноеобразование в СССР. Общеобразовательная школа. Сборник документов. 1917 - 1973, СССР, Издателъский дом «Просвещение», 1974. Стр. 377. ——编校者

的人都应教不识字的人"的口号；规定教育人民委员部有权使用文化馆、俱乐部、教堂、工厂机关乃至私人住宅的附属房屋作为扫盲课堂；责成供应部门优先满足以扫盲为目的的各种机关的需要；规定凡属扫盲对象的工人（除在军事企业工作的以外），在学习期间每日工作可减少两小时，并保留原工资；凡属逃避扫盲法令规定的义务和阻碍扫盲工作者，得追究其刑事责任。

在苏联共产党的直接领导和全国人民的积极参加下，一场轰轰烈烈的扫盲运动开展起来了。据不完全统计，到1920年在41个省份内已建立了1,207个扫盲站，参加扫盲学习的人达278,637人。但由于战争破坏和经济困难，未能完成预定的扫盲任务。

从1923年起，随着经济形势的逐渐好转，扫盲运动开始进入一个新的时期，成立了由加里宁任主席的"扫盲协会"。1928年秋，在共青团的倡议下，开展了争取人民普遍识字的文化教育运动，遍及全国的扫盲协会纷纷开展扫盲竞赛，因而大大提高了识字居民的比例。临近1927—1928学年，城市居民识字的占78.5%，农村居民占48.3%。

苏联共产党和苏维埃政府在大力扫除文盲的同时，还为实施普及义务教育进行了大量的准备工作，并逐步付诸实施。1923年8月，俄罗斯联邦人民委员会责成教育人民委员部着手拟订实施普及义务教育的计划。1925年8月初，乌克兰中央执行委员会和人民委员会首先颁布了《关于实施普及义务教育的措施》的法令，提出了向普及初等教育过渡的具体途径。不久，俄罗斯联邦也通过了一项《关于实施普及初等教育和建立学校网》的法令，规定在俄罗斯联邦全境实现普及教育的最高年限。此外，在国家和地方预算中用于准备实施普及初等教育的拨款也在逐年增加，实施普及初等教育的条件日益成熟了。到1930年第十六次代表大会时，斯大林便正式宣布："我们现在已经应该着手来完全实现普及初等义务教育制了。"[①]

6. 无产阶级教师队伍的建立和发展

斯大林指出："人民教师队伍是我国正在按社会主义原则建设新生活的劳动大军中的一个最必需的部分。"[②]没有一支足够数量的、忠于无产阶级教育事业的教师队伍，一切改革旧教育、创建新教育的理想都会落空。因此，十月革命

---

① ［苏］斯大林：《在联共（布）第十六次党代表大会上关于中央委员会政治工作的总结报告》，苏联外国文书籍出版局，中文版，第67页。
② ［苏］《斯大林全集》（第7卷），人民出版社1958年版，第5页。

胜利后，苏维埃政府所面临的一个最紧迫而又最困难的任务，便是团结、改造旧教师，建立新的无产阶级教师队伍。

当时，苏联教师界的情况是非常复杂的。部分先进教师一开始就拥护苏维埃政权，立即投身于教育改革工作，大部分初等学校的教师，徘徊观望；小部分教师，主要是文科中学的教师，则顽固地坚持反动立场，甚至组织长期的罢教活动。针对上述情况，一些先进教师根据列宁的指示，于1917年12月在彼得格勒成立了"国际主义教师协会"。第二年六月，召开了第一次国际主义教师代表大会。列宁亲自出席了会议并发表了重要的演说。他要求教师摆脱资产阶级的束缚，不要把自己限制在狭隘的教学活动的圈子里，而要和一切战斗着的劳动群众打成一片。一个月后，又举行了第一次全俄教师代表大会。在大会的决议中号召教师脱离反人民的"全俄教师联合会"，参加到"国际主义教师协会"方面来。会后，许多教师响应大会的号召，纷纷退出了"全俄教师联合会"。1918年12月，人民委员会便下令解散"全俄教师联合会"。一场争取旧教师的斗争基本上结束了。

为了使广大教师从资产阶级制度的支柱转化为社会主义制度的支柱，苏维埃政府在全国范围内普遍地召开了各种代表大会，举办讲习会和政治学习小组等。据统计，"仅在1918年一年内中央和地方就召开了164次教师代表大会和81次行政工作者代表大会"①，举办了100多处短期教育讲习会；同时还组织教师走向社会，参加各种现实的政治斗争和生产实践。1921年联共（布）致信各级党委，要求他们加强对教育工会的领导，不断提高广大教育工作者的思想政治觉悟和教育工作水平，逐步调整和改善他们的工作条件。

然而，在对待旧教师的问题上，无产阶级文化派却采取了完全不同的态度。他们对革命后教师队伍的深刻变化和大多数教师的思想转变视而不见，断言"除了一小部分人以外，我们不应该对原有的教师寄予希望，因为他们由于自己的反动性和小市民的心理状态，不能提高到社会主义学校理想的程度"②。他们

---

① 康斯坦丁诺夫等编：《教育史》，莫斯科1982年版，第338页。

  Н. А. Константинов и др, Историяпедагогики, Москва, Издательскийдом "Просвещение", 1982. Стр. 338. ——编校者

② 柯罗列夫：《伟大的十月社会主义革命和教师》(1917—1918)，载《苏维埃教育学》杂志，1955年11月号。

  Ф. Ф. Королёв Великая Октябрьскаясоциалистическаяреволюция и учительство (1917 - 1918), Издательскийдом "Советскаяпедагогика", 1955, № 11. ——编校者

主张抛弃旧教师,建立一支完全"新的、红色的共产主义教师队伍"。这种极端错误的观点,当即受到了列宁的批判。他严正地指出,"抛弃对我们有用的专家是根本没有道理的",我们"应当有步骤地加强组织人民教师的工作,以便使他们从资产阶级制度的支柱变成苏维埃制度的支柱"。①

除了教育和改造原有教师外,更重要的是要培养新的教师,发展师范教育。革命前,俄国总共只有2所师范学院、19所师范专科学校和150所师范学校。十月革命后,随着教育事业的蓬勃发展,教师的数量和质量都远远不足。为了迅速解决这个问题,在第八次党代表大会上通过的党纲中,便把"吸收教师参加群众的共产主义教育,培养新的具有共产主义思想的教师"列为党的最重要的任务之一,并强调指出:"不采用共产主义意识形态培养新的教育工作者,就不能完成党纲所规定的巨大的政治任务。"1920年,列宁《在全俄省、县国民教育厅政治教育委员工作会议上的讲话》中又进一步指出:"现在我们要培养出一支新的教育大军,它应该紧密地同党和党的思想结合起来,完全贯彻党的精神,它应该把工人群众团结在自己的周围,以共产主义的精神教育他们,使他们关心共产党员所做的事情。"②

根据党和列宁的指示精神,苏维埃政府在极其困难的条件下大力开办或改组了各种类型的师范院校,为各级学校培养师资。至1920年止,"仅在俄罗斯联邦就有57所高等师范学校和10,000名以上的大学生;154所培养第一级学校师资的三年制师资训练班和90所一年制师资讲习班,共计有24,000名学生"③。

鉴于师范院校在发展国民教育中的重要作用,苏维埃政府特别重视提高师范教育的质量。1924年第十一届全俄中央执行委员会第二次会议通过决议,着重指出"要坚定不移地致力于改进高等师范学校的教学工作组织,同时要采取措施为高等师范学校配齐合格的教育学教师"。1925年6月,俄罗斯联邦人民委员会在《关于教育人民委员部工作报告的决议》中进一步指出,"必须扩大中等师范学校网,没有中等师范学校,要真正实现普及教育是不可能的";同时"建议教育人民委员部要特别注意中等师范学校组织工作的质量","尽快使中等师

---

① [苏]《列宁选集》(第4卷),人民出版社1972年版,第678页。
② [苏]《列宁选集》(第4卷),人民出版社1972年版,第367页。
③ [苏]康斯坦丁诺夫著,李子卓等译:《教育史》,人民教育出版社1957年版,第445页。

范学校接近普通学校"①。

与此同时,党和政府还全面关心教师的政治地位和生活状况。早在《关于国民教育宣言》中,卢那察尔斯基就宣布,必须改善教师,特别是初等学校教师的待遇。他说:"初等学校处于极端贫困的状况乃是一种耻辱。"1918年初,国家教育委员会为了研究教师的待遇问题,还专门成立了一个由教育人民委员部、劳动人民委员部和财政人民委员部等方面的代表组成的委员会,并且在未经立法形式决定教师的劳动报酬之前,决定从1918年1月起初等学校教师的月薪为150卢布;高级小学教师为200卢布。以后随着国民经济情况的好转,教师的生活待遇也逐步得到改善,教师工作的积极性不断提高。

二、社会主义建设时期(1930—1941)的教育

1. 社会主义工业化与教育

从1925年起,苏维埃政府在克服了国内外巨大困难、迅速恢复和发展国民经济的基础上,提出了为实现社会主义工业化而斗争的宏伟目标。斯大林在第十四次党代表大会的政治报告中,明确指出:在党的面前一个十分迫切的问题,就是必须把俄国变为经济上不依赖于资本主义国家的工业国。接着,在1927年第十五次党代表大会上又通过了"尽量开展农业集体化"的决议,并责成有关部门制订发展国民经济的第一个五年计划。到1930年,便实现了农业的全盘集体化,基本上完成了生产资料所有制的社会主义改造。社会主义劳动竞赛运动蓬勃发展。工业在国民经济生产总量中的比重超过了农业的比重,苏联已由农业国变成了工业国。

然而,工业发展的水平却遥远落后于发达资本主义国家。为了争取在短期内改变这种落后状况,赶上和超过发达的资本主义国家,就必须"在新的现代技术基础上改造国民经济各个部门",必须拿出充分的现代新技术、新装备来供给各工厂、国营农场和集体农庄。针对上述情况,斯大林便提出了"在过渡时期,技术决定一切"的口号,要求人们努力学习技术,向科学堡垒进军。

后来,由于工农业改造的完成,国民经济已具备了丰富的头等技术,又要求有大批精通技术的干部和技术人员,没有充分的精通技术的人才,技术就无从

---

① 《苏联教育法令汇编》(1917—1973),苏联教育出版社1974年版,第28页。
Народное образование в СССР. Общеобразовательная школа. Сборник документов. 1917-1973, СССР, Издательский дом«Просвщение», 1974. Стр. 28.——编校者

发挥其作用,而当时干部的培养速度却远远赶不上技术增长的速度。于是,斯大林又提出"干部决定一切"的口号。他说:"应该了解:在我们目前条件下,干部决定一切。"

社会主义工业的高速度发展,一方面为文化教育建设提供了有利的物质条件;另一方面也向教育提出了更高的要求。它要求教育部门不仅要发展高等教育和中等专业教育,培养大批熟练工人和各行各业的专家,而且要进一步发展国民教育,普遍提高人民群众的文化水平,这是保证在苏联顺利建设社会主义不可缺少的基本条件之一。1928年,斯大林在列宁共产主义青年团第八次代表大会上发言时指出:"如果工人阶级不能摆脱没有文化的状况,如果它不能造就自己的知识分子,如果它不掌握科学,不善于根据科学的原则来管理经济,那它就不能真正成为国家的主人"①,就既不会有工业和农业的真正的高涨,也不会有可靠的后方。特别是在"沙赫特事件"发生以后,培养新的无产阶级技术人才和知识分子问题,显得尤为迫切。斯大林在谈到这个问题时指出:"只要回忆一下沙赫特事件,就能了解造就新的社会主义工业建设干部的问题是多么迫切。……要把事业推向前进,就必须从工人阶级、共产党员、青年团员中加速造就新的专家干部。"②

总之,二十年代末和三十年代初,社会主义工农业生产的迅速发展,向整个国民教育提出了新的越来越高的要求。"这些要求涉及到群众的文化设施(普及教育、扫除文盲、学前教育事业等等),涉及到培养技术熟练的劳动力(工厂艺徒学校、简易职业学校),也涉及到工程技术人员的训练。"③这些问题不解决,社会主义工业化就很难实现。另一方面,社会主义建设的巨大成就,也为文化教育事业的进一步发展奠定了物质基础。列宁说:"要成为文明国家,就必须有相当发达的物质生产资料的生产,必须有相当的物质基础。"④有许多与发展文化教育有关的任务,在过去无法完成,而现在却可以顺利地解决了。

2. 联共(布)中央关于教育问题的重要决定及其意义

为了适应社会主义工业化建设的要求,进一步发展文化教育事业,全面提

---

① [苏]《斯大林全集》(第11卷)人民出版社1955年版,第64页。
② [苏]《斯大林全集》(第11卷)人民出版社1955年版,第65页。
③ А·С·布勃诺夫:《论国民教育》,1959年莫斯科版,第73—74。
　А. С. Бубнов, Статьи и речи о народном образовании. Москва, 1959. Стр. 73 - 74. ——编校者
④ [苏]《列宁选集》(第4卷),人民出版社1972年版,第688页。

高学校教育工作的质量,联共(布)中央和苏联政府采取各种重要措施,先后颁布了一系列有关教育问题的决定。如《关于普及初等义务教育的决定》(1930),《关于小学和中学的决定》(1931),《关于中小学教学大纲和教学制度的决定》(1932),《关于中小学教科书的决定》(1933),《关于教育人民委员部系统中的儿童学曲解的决定》(1936),以及其他有关改革学校教育、教学工作措施的决定。其中特别重要的是《关于小学和中学的决定》,这是苏联三十年代整顿与发展国民教育的指导性文件。

联共(布)中央在上述决定中,对建国以来的教育工作进行了全面的总结。一方面肯定前一个时期"无产阶级国家在推广学校网和改造学校工作上,获得了巨大的成绩";另一方面又明确指出,学校工作还存在许多缺点,主要是对培养有足够读写能力的、能很好掌握科学基本知识(物理学、化学、数学、语文、地理等)的学生以升入中等技术学校和高等学校这个任务,执行得不能令人满意。[1]

联共(布)中央认为学校工作的主要任务应当是使学生获得科学基本知识,提高教育质量。为此,建议综合技术教育问题"应当跟摆在党面前的具体任务密切联系起来解决,学校必须继续贯彻理论与实际联系、教学跟生产劳动相结合的原则。但同时强调指出"教学跟生产劳动的结合必须在学生的一切社会生产劳动服从于学校的教学和教育目的的基础上来进行";学校在采取各种新的教学方法时,必须坚决反对轻率鲁莽的教学法上的空洞计划,反对"设计教学法"及其理论基础"学校消亡论";责成各加盟共和国教育人民委员部必须立即组织教育科学研究工作,集中研究和总结学校实际工作者的经验,加强对教学方法的指导。此外,联共(布)中央还就如何加强对学校的管理,改善教师的工作和生活条件以及学校物质基础等方面,作了具体的、详尽的指示。

联共(布)中央颁布的上述一系列有关国民教育问题的决定,特别是《关于小学和中学的决定》,是在新的历史条件下,在全面调查和认真总结十月革命以来教育改革的经验教训,批判左倾机会主义路线的基础上提出来的。它对于克服苏联普通学校工作中存在的根本缺点,进一步改进学校的教育教学工作,提高教育质量,使之更加适应社会主义工业化建设的要求,具有重大的意义。

3. 实施普及初等义务教育,提高群众文化水平

早在1919年俄共(布)第八次代表大会通过的党纲中就规定:"对未满十六

---

[1] [苏]《苏联普通教育法令选译》人民教育出版社1958年版,第19页。

岁的男女儿童实行免费的普及义务综合技术教育。"以后,苏维埃政府又多次提出过这个问题。但由于种种原因,这个任务一直未能付诸实践。

从三十年代初开始,随着苏联整个国民经济的根本好转,工人、农民的物质和文化水平的不断提高,实施普及初等义务教育不仅非常必要,而且具备了一切有利条件。为此,联共(布)中央和苏联人民委员会于1930年接连通过两项《关于普及初等义务教育的决定》,规定"从1930—1931年度起,在苏联全国各地对8、9、10岁的男女儿童",以及"没有在劳动学校的前四个年级学习过的11岁到15岁的男女儿童",实施不少于四年小学程度的普及义务教育。"在工业城市、工厂地区和工人针对男女儿童实施七年制学校程度的初等义务教育。"①《决定》还规定,送儿童入学受义务教育是家长及其代理人的义务,他们如不履行这项义务,应受到法律上的处分。

为了保证普及初等义务教育的实施,苏联政府采取了各种坚决的措施。例如:对生活比较困难的工人和农民子女给予必要的物质补助;扩充师范学校网,加速培养师资,特别注意提高教育干部的马列主义修养和综合技术教育业务水平;大大改善教师的物质状况和工作条件,保证农村学校教师得到相当于工人的供给标准;大力吸引各种经济组织、工会组织、合作社组织和其他社会团体参加这一工作,充分发挥广大群众的主动精神,等等。

在联共(布)和人民委员会决定的精神鼓舞下,全苏联立即开展了实施普及初等义务教育的群众运动,共产主义青年团、工会、教师和所有的社会团体都积极地投入了这一运动。"单共青团组织在1930—1931学年就派出了2万名优秀的共青团员从事教育工作,翌年又派出了9万多名共青团员,大大缓和了师资严重不足的矛盾。"②同时,各地还普遍地设立了市、区和农村的实施普及教育委员会,以加强对这一运动的领导。

到1934年,苏联已经基本上完成了小学(四年)的普及义务教育工作,在工业城市、工厂区和工人镇已完成了七年制学校的普及义务教育工作。人民群众的文化教育水平大大提高了。1934年1月,斯大林在第十七次党代表大会上正式宣布:"苏联已在全国普遍实行了初等义务教育,识字的人已由1930年末的67%增加到1933年的90%。"③在非俄罗斯民族的地区,实施普及教育工作进

---

① [苏]《苏联普通教育法令选译》人民教育出版社,1955年版,第15页。
② 布勃诺夫:《论国民教育》,苏联俄罗斯联邦教育科学院1959年版,第8页。
   A. C. Бубнов, Стаьи и речи о народномобразовании. Москва, 1959. Стр. 8.——编校者
③ [苏]斯大林:《列宁主义问题》,人民出版社1972年版,第546页。

行得尤为迅速。例如,"从1930—1931学年到1933—1934学年,全苏联的学生数增加了72.4%,而在乌兹别克共和国则增加了214%,在塔吉克共和国甚至增加了381%"①。因此,代表大会在关于第二个五年计划的决议里便进一步提出,在第二个五年计划期间,要在全国,首先是在农村实施普及七年制综合技术义务教育。

4. 整顿普通教育,提高教育质量

布勃诺夫②在全俄苏维埃第十五次代表大会的报告中指出:"学校工作的质量问题,是为实现普通学校的普及性和义务性的一个极其重要的问题。"③这是因为,一方面,随着国民经济对高度熟练的专门人才需要的增长和人民群众物质生活的改善,第二级学校在社会主义建设,特别是在为高等学校输送新生方面的作用大大加强了;另一方面,由于前一时期,在极左思潮的影响下,普通学校的教育质量严重下降,二者形成了日益尖锐的矛盾。为了克服这一矛盾,使普通学校的教育工作能够跟上社会主义工业化的步伐,苏联政府从三十年代初开始,在狠抓普及义务教育的同时,还采取各种有力的措施,整顿普通教育,提高教育质量。

(1) 延长普通学校的学习年限。早在1928年关于改组第二级学校问题的争论中,就有人建议把普通学校的修业期限延长到10—11年。其理由是:随着科学技术的发展,九年制学校即使在学生负担过重的情况下,也不能适应高等学校的要求。他们认为,与其在高等学校设置预备班,不如在中学增加一至二年更为合适。经过讨论,苏联人民委员会于1929年2月决定把普通学校的学习期限延长为十年。1932年8月,联共(布)中央在《关于中小学教学大纲和教学制度的决定》中正式予以肯定,指出:"为要实现党纲对17岁以下的全体男女儿童实施免费的义务的普通教育和综合技术教育","迅速提高中学生普通教育和综合技术教育的水平,扩充升入高等学校学生的人数,并铲除中学和高等学校之间在年龄上的不适应,必须从1932—1933学年度起,着手把实施综合技术教育的七年制学校改组为十年制学校"④。从1934年起,这个学制便被固定下

---

① [苏]康斯坦丁诺夫等编:《教育史》,人民教育出版社1958年版,第491页。
② 布勃诺夫(A. C. Бубнов,1883—1940),苏联著名的社会活动家。1929—1937年任俄罗斯联邦教育人民委员。
③ 布勃诺夫:《论国民教育》,俄罗斯联邦教育科学院1959年版,第9页。
　　A. C. Бубнов, Статьи и речи о народномобразовании. Москва, 1959. Стр. 9.——编校者
④ [苏]《苏联普通教育法令选译》,人民教育出版社1955年版,第35—36页。

来了。

（2）修订教学计划和教学大纲，废除"单元教学大纲"，实行分科教学。联共（布）中央在《关于中小学教学大纲和教学制度的决定》中指出，造成普通学校教育质量下降的"最重要的原因就在于：教学大纲有缺点……"为此，联共（布）中央建议"俄罗斯联邦教育人民委员部须在1933年1月1日以前，修订中小学的教学大纲，以保证儿童能真正巩固而有系统地获得各门科学的基本知识、技能和技巧"，并且对如何修订教学大纲提出了一系列具体的指示：要求新大纲所包含的教材的范围和性质要完全适合各年级儿童的年龄特征；要加强各门学科之间的相互配合；注意吸收社会主义建设的新题材和各种新的科学成就；要加强外语教学，保证每个中学毕业生能懂得一种外语；要重新编制劳动课的教学大纲，保证教学与生产劳动能真正结合，等等。

（3）严格按照课表分班上课，取消"分组实验室制"。联共（布）中央认为，采用"分组实验室制"的结果，造成了教学工作无人负责的反常现象，降低了教师的主导作用，因此建议各加盟共和国立即予以取消，恢复班级授课制度。联共中央强调指出："中小学教学工作的基本组织形式应当是分班上课"。要求"教师必须负责有系统和连贯地讲述他所教的学科"，同时运用各种方法指导学生从事各种独立活动，如各种独立书写的文字工作，研究室、实验室、实习工厂的工作，以及参观、旅行等，"系统地养成儿童进行独立作业的习惯"和能力。此外，为了检查教学的实际情况，不断改进教学工作，从1933年起，还逐步恢复考试考查制度，明确规定"应当把平时的、个别的、有系统的对学生知识进行的考查作为学业记分的根据"。

（4）采用长期的、稳定的教科书。联共（布）中央在《关于中小学教科书的决定》中指出：要克服学校工作中的根本缺点，根据新的固定的教学大纲和教学方法来进行教学，一个"必需的和决定性的条件"，就是"要有稳定的各科教科书"。"要肃清现行教科书中无止境的设计方法"，"立刻停止发行所谓'工作手册'和'活页课本'"。并且委托教育人民委员部和出版事业管理局保证出版"可以多年采用的稳定的教科书"，规定各种教科书未经教育人民委员部审查批准，"不能对教科书有任何更改"。

（5）建立和健全各种必要的规章制度，整顿学校纪律。布勃诺夫指出："没有学生的自觉纪律，就没有苏维埃学校"。为了纠正学校中无组织、无纪律的混乱现象，联共（布）中央要求"各加盟共和国教育人民委员部必须保证实现学校管理方面的一长负责制"，责成校长和教师要对学生进行坚持不懈的教育工作，并且要吸收社会团体、家长、共产主义青年团和少先队组织来共同搞好这方面的工作。要求学生要认真地、自觉地遵守纪律，有礼貌地对待教师和长辈，养成各种文明行为和习惯。此外，为了加强对学生的思想教育和管理工作，还专门设置了级任教师的职务（后改称班主任），制订了"班主任服务规程"和"学生守则"等各种必要的规章制度。

5. 调整和发展高等教育，培养"红色专家"

从1928年开始，苏联教育界不断地对如何培养新专家的问题进行探讨和辩论。联共（布）中央也把"培养大批红色专家"列为"全党的最重要的任务"，并且接连通过了好几个关于改进培养新专家工作的决议，决定彻底改变整个培养新专家的制度和方法。

从三十年代起，苏联政府对高等学校进行了大规模的调整和改革工作。

（1）改革管理体制。把原先由教育人民委员部统一领导的高等技术学校和中等技术学校，分别划归苏联最高国民经济委员会和有关的部（如农业部、交通部等）领导，使教育人民委员部、最高国民经济委员会和交通人民委员部这三个机关共同分担培养新的技术知识分子的工作。联共（布）中央认为"这是能够保证这一重要工作有必要的速度的最适当的办法"①，它有利于加强对干部培养工作的领导，积累适应工业需要的技术教育方面的经验，调动各部门办学的积极性，从而更迅速更有效地培养新专家。

在高等学校内部实行校长负责制，由校长一人对所在的高等学校和高等技术学校的整个教育和行政工作负责。并且规定"只有受完高等教育和有该领域的教育科学和生产工作经验的人"，才有资格担任高等学校校长的职务。

（2）调整和发展高等学校网。具体办法是：在原有的高等学校内部设置新的专业和系科，或把高等学校同类型专业加以合并；在一些大的高等学校相应系科的基础上成立新的、非常专业化的高等学校；根据需要和可能建立各种新型的专科学校。经过调整以后的高等学校，由于师资、设备相对集中，专业方向明确，更便于领导，更有利于同生产相结合，促进生产和科学的发展。苏联高等学校本身也得到了迅速的发展，在第一个五年计划开始时，全国总共只有152所高等学校，到1931—1932学年度便猛增至701所。

（3）改革招生制度，缩短修业期限。1932年9月，联共中央执行委员会在经过多次试行自由报考制度的基础上，正式决定对所有进入高等学校的学生，

---

① ［苏］《斯大林全集》，（第11卷）人民出版社1958年版，第187页。

不论其是否毕业于工农速中、中等技术学校,均需进行数学、化学、物理、语文和社会学的入学考试,以保证招收具有足够文化水平的新生。1935年则进一步规定,所有"通过了规定的入学考试的17—35岁的两性公民均可进入高等学校学习",取消"对考生的个人社会出身和他们的家长的权利的有关限制"①。与此同时,还把高等技术院校的学习期限,由6—8年缩减为5—6年。

(4) 改进教学工作,加强教学与生产的联系。苏联中央执行委员会1932年9月在《关于高等学校和中等技术学校教学大纲和教学制度的决定》中指出:"当前大规模培养专家干部的主要任务是巩固已有的成就,进一步提高高等学校、高等技术学校和中等技术学校的理论教学水平……巩固学校同生产的联系,提高教学质量,有效地鼓励每一个学生学习的主动性和坚毅性。"②根据上述决定,苏联政府立即修订了教学计划和教学大纲,力求加强理论课程的教学,使教学大纲完全适应专业的需要;保证专业课程的教学大纲有较大的灵活性,以便教师在教学中有可能运用科学技术的最新成就来丰富教学内容;规定在高年级的教学计划中增加与该专业有关的选修课,保证最有才能的学生有可能加深和扩大自己的知识。特别重视学生的生产实习,强调教学与生产的联系,规定"生产实习是大学生学习的一个组成部分",生产实习的时间应占有关年级教学时数的30—40%左右。要求经济管理机关要为高等学校和中等技术学校的教学工作提供方便,而高等学校则要为经济管理机关深入研究和解决一些技术课题,努力克服高等技术学校与国民经济需要之间的脱节现象。"在教学方法方面,禁止采用"分组实验室教授法",责成所有学校在确定教学方法时要具体分析教材的特点,考虑教师的业务能力和学生的知识水平,以及现有的物质设备,充分发展学生独立钻研的能力。规定高等学校教学的主要方式是系统讲授、实验、实习、课堂讨论和学生的独立作业等。

6. 发展师范教育,提高教师素质

联共(布)中央从三十年代开始在一系列有关国民教育的决定中,一再强调要迅速扩大高等师范学校、中等师范学校和其他培养教师的学校网,增加师范

---

① 《苏联教育法令汇编》(1917—1973),苏联教育出版社1974年版,第426页。
　Народное образование в СССР. Общеобразовательная школа. Сборник документов. 1917 - 1973, СССР, Издательский дом «Просвещение», 1974. Стр. 426. ——编校者
② 《苏联教育法令汇编》(1917—1973),苏联教育出版社1974年版,第421页。
　Народное образование в СССР. Общеобразовательная школа. Сборник документов. 1917 - 1973, СССР, Издательский дом «Просвещение», 1974. Стр. 421. ——编校者

院校的招生名额,提高教师的思想政治觉悟、普通教育程度和教育技巧,切实改善教师的生活状况和工作条件,绝对禁止利用教师去做政府机关的各种技术工作。尽快消除轻视师范教育的"近乎违反国家利益的大缺点"。

二十世纪三十年代苏联学制图

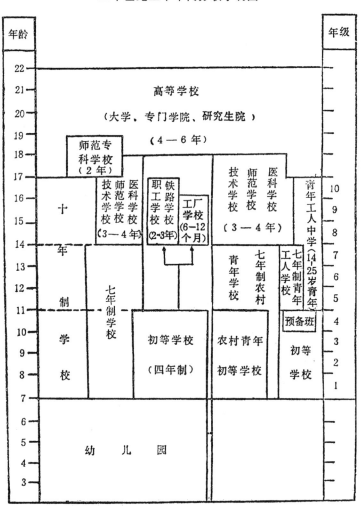

这一时期,苏联政府在对待教师工作方面,主要采取了以下各种措施:

(1) 规定凡是没有受过七年制不完全中等教育、中等师范教育和高等教育的中小学教师,无一例外地要在不迟于1938—1939学年度获得相应的教育;

(2) 实行教师个人称号制度。规定只有获得相应称号的人才有资格充任教师。1936年4月,苏联人民委员会和联共(布)中央决定:"对在中等师范学校(或同等学校)毕业并适宜于做教育工作的人授予小学教师称号;对在师范学院或大学毕业并适宜做教育工作的人授予中学教师称号。对在中小学担任教育教学工作、成绩特别优良的教师,可按照特别章程授予功勋教师的称号;

(3) 实行固定的任免中小学教师和校长的程序。规定小学、不完全中学教师和校长的任免和调动由自治共和国教育人民委员和边区(省)教育厅长决定;中学校长和中学八、九、十年级教师的任免和调动由加盟共和国教育人民委员决定。绝对禁止毫无根据地任免和调动教师。

在扩大高等学校教师队伍,提高教师素质方面也采取了一些重要措施。如增派青年专家出国深造,改进挑选和培养研究生的办法,邀请外国著名的专家学者来苏讲学;大量翻译和出版国外主要的技术资料;逐步推行学位和学衔制度;加强教学与科学研究的联系。苏联人民委员会和联共(布)中央认为,"高等学校没有科学研究工作,要以现代科学所要求的水平来培养专家是不可能实现的,培养教育科学干部和提高他们的业务水平也是不可思议的"[①]。

上述各项有关改革学校教育教学工作的措施,对于克服前一时期学校工作中的"根本缺点",提高教育质量,从而促进苏联社会主义建设,起过积极的作用。但是,由于思想认识上的片面性,在改革中也产生了某些问题。例如,教学大纲的内容越来越庞杂,使学生负担过重;教学方法限制得过死,不利于发挥学生的创造性;过分强调课堂内系统科学知识的学习和为高等学校输送合格的新生,忽视了教育与生产劳动相结合的基本原则,甚至发展到完全废除作为一门独立教学科目的生产劳动课,导致学生对参加生产劳动缺乏思想准备和实际训练。

三、卫国战争时期教育的变化和战后教育的恢复(1941—1956)

1941年6月,德国法西斯突然进攻苏联。苏联人民的和平建设事业被迫暂时中断,开始进入伟大的卫国战争时期。为了战胜敌人,保卫社会主义祖国,7月3日,斯大林向全国发表广播讲话,号召全苏人民立刻在战时规范上改造全部工作。"把一切都用去服从战争上的利益,服从于组织击溃敌人的任务。"根据斯大林的指示精神,教育战线也与其他各条战线一样,迅速纳入了战时规范,按照战时的要求和条件,改组各级各类学校的教育教学工作。

1. 克服战时困难,坚持实施普及义务教育

残酷的战争给苏联的教育事业造成了极大的困难。许多学校被破坏了,很

[①] 《关于高等学校的工作和对高等学校的领导的决定》,《苏联教育法令汇编》(1917—1973),苏联教育出版社1974年版,第432页。

多教师参军作战,大批儿童无家可归,教育经费不得不予以削减,学校和政治教育机关网急剧减少。更严重的是有些人竟借口战争,放弃或忽视学校教育工作,致使儿童入学率不足,有些地区还出现大量学生退学的现象。1942年3月,教育人民委员波焦姆金(В·П·Потемкин,1878—1946)在州国民教育局局长和自治共和国教育人民委员会议上发表演说,强烈谴责那种认为"现在需要的是战斗而不是学习"的观点,指出为了最后战胜法西斯,现在比任何时候都"更需要教育战线的积极紧张的战斗和工作"①。接着《真理报》也发表社论,指出"无论战争在怎样消耗我们的精力,关心儿童,关心他们的教育仍然是我们的主要任务之一"。"我们必须使所有的儿童参加学习,关心普及教育的斯大林法令在战争条件下也是不可动摇的"。社论批评那些"认为现在还顾不上孩子的人,是政治上目光短浅,没有远见,光会说空话的人"②。

由于联共党和政府的重视,战争时期除了坚持正常的教育教学工作外,各级教育部门还采取了许多措施,妥善安置孤儿,组织儿童临时收容所和儿童之家;对十四岁以上的儿童,由教育行政部门负责安排到工农业战线参加劳动,并为他们专门设立工人青年学校和农村青年学校,使他们不脱产地接受初等或中等学校范围的普通教育训练。同时,为了使大批从前线疏散出来的学生不致于中途辍学,还提倡社会团体用赞助的方式修建校舍,创办学校。为便于所有居民的子女入学,规定在居民区内有15个以上的学龄儿童,即在其居民区的3—5公里内设立一所学校。③

1943年9月,苏联人民委员会通过《关于招收七岁儿童入学的决定》,规定从1944—1945学年起,儿童的义务教育提前从七岁开始。这样便消除了幼儿园和学校之间的脱节现象,并且大大地增加了在校学生人数,使很多地方不得不按二部甚至三部制进行教学。

在此期间,为了解决撤退到后方的孩子们的学习和生活,帮助母亲解决照顾子女的困难,创办了一种新型的普通学校——"寄宿学校"。

---

① 《波焦姆金教育问题言论集》,苏联教育科学院出版社1947年版,第129页
Под ред. В. П. Потёмкина, Статьи и речи по вопросам народного образования, Издательство АН СССР, 1947. Стр. 129. ——编校者
② 《真理报》,1942年3月24日。
③ Н·А·康斯坦丁诺夫、В·Э·斯米尔诺夫著:《教育史》(师范学校教科学),莫斯科1559年版,第248页。
Константинов П. А, Смирнов В. З. История педагогики: Учебник для пед. училищ. Москва, 1955. Стр. 248. ——编校者

值得注意的是,即使在战争年代经济条件非常困难的情况下,国家预算中分配给国民教育的经费仍然占有重要位置。例如,在1944年的国家预算中有十亿卢布是供建设新校舍之用。另外,还给学生提供物质帮助,学生的伙食在大多数学校中也得到了很好的安排。

2. 按照战时需要改革教育教学工作

从战争初期开始,苏联政府就特别注意学生的思想教育工作,并且根据战时需要和实际情况,适当地修改了教学计划和教学大纲,力求使各种课程的教学具有战斗的、爱国主义性质和更加切合实际的需要。例如,在文学、历史、地理的教学中,广泛地运用前方、后方和游击战争中的英雄事迹,使学生学会正确利用地图和指南针的性能,学会实地制图和进行测量等;在物理、化学、生物等学科里,增加了为国防和劳动所必需的内容,如授予学生关于有毒物质及其对有机体的危害和预防的知识,使学生知道有关炸药的知识和在战斗中应用的方法等。根据苏联部长会议的决定,从1941—1942学年起,把农业基本知识列为普通学校的一门课程。

学校普遍实行二、三部制后,教学过程和课外活动的组织工作更为复杂了。教育人民委员部要求教师注意克服形式主义,改进教学方法,加强对学生的个别辅导。1944年末还向教师颁发了有关工作方法的指示,如卫国战争期间教导工作的组织、宿舍管理工作、学生的社会政治教育和准备参加生产劳动等。这些指示对改进战时的学校工作具有重要的指导意义。

为了更明白、更精确地评定学生的学业和操行成绩,从1944年1月起,在普通学校取消了优、良、中、及格、不及格、劣的评语制,代之以"5、4、3、2、1"的五级记分制。停止在学校教学工作中搞社会主义竞赛,禁止根据学生学业成绩的平均百分比评价学校和教师工作的错误做法。同年6月,苏联人民委员会通过了《关于改进学校教学质量的措施的决定》,规定从1944—1945学年起,小学、七年制学校的毕业生必须经过毕业考试,完全中学的毕业生必须经过毕业证书考试。对通过毕业证书考试和操行成绩优良的学生发给金质或银质奖章。荣获金质或银质奖章的学生,可免试升入高校学习。这些措施大大调动了师生工作、学习的积极性和责任感。

与此同时,苏联政府还特别注意整顿学校秩序和加强学生纪律。1943年8月,颁发了不完全中学和完全中学五年级以上统一的"学生证"和"学生守则",明确规定学生对学校教师、家长和同学的态度和行为规范。不久,共青团中央委员会第十二次全体会议也作出决定,要求每个青年团员要以自觉的、诚恳的态度对待学习和劳动,要有高度的纪律性和组织性。

3. 加强劳动教育和军事体育训练

在卫国战争期间,苏联普通教育学校的一个重要特点就是加强学生的生产劳动教育和军事体育训练。从1943年初开始,在某些学校重新设立了教学实习生产工厂,要求5—10年级学生经常参加企业、工厂和农场劳动,为前线生产物品和进行有关农业技术、运输、通风等实际业务教学。为便于学生参加农业劳动,建立了一套军事化的生活与劳动制度,规定由教师担任学生生产队的指导员,要求教师和学生一起参加劳动。此外,学生的公益劳动也具有特别重要的意义,如建筑防御工事、收集制造坦克、飞机等所需要的材料,为红军收集御寒衣物和用品。有些学校在共青团的帮助下,组织"铁木儿队",经常帮助红军战士的家属料理家务,在医院值班照顾伤病员等。据教师反映,学生们每天从事2—3小时劳动,不仅未妨碍学习,而且对学生的思想政治教育很有帮助,能使学生更自觉地掌握和加深某些科学知识。

在此期间,学生的军事体育训练也大大加强了。战争一开始,教育人民委员部就发出了关于军事体育方面的指令。不久,联共(布)中央委员会又通过了关于学生军事训练的特别决议,决定从1942—1943学年度起,对5—7年级学生实行军事体育训练,对8—10年级学生实行入伍前的军事体育训练。这样,就使全体中、高年级的学生在校学习期间受到了初步的军事体育训练,有力地支援了前方。

总之,在卫国战争时期,由于苏联共产党和政府的正确领导,学校的全部教育、教学工作,起了很大的变化,出现了新的局面并取得了很大的成绩。特别值得指出的是,在战火纷飞的年代里,苏联人民委员会还决定建立"俄罗斯联邦教育科学院",加强对普通教育学、特殊教育学、教育史、心理学、学校卫生和中小学主要学科教学法等方面的研究,大大促进了教育科学的发展。

但是,在这期间,学校的教育教学工作也存在一些严重的缺点。很多学科的教学,特别是俄语的教学不能令人满意,学生的读写能力很差,语言贫乏。教学工作中的形式主义盛行,学生"虽然背熟了数学、物理、化学、地理、自然科学方面的某些知识,但把这些知识运用于实际的能力很差"①。在学校、教师和学

---

① 《波焦姆金教育问题言论集》,苏联教育科学院出版社,1974年版,第196页。
　　Подред. В. П. Потёмкина, Статьи и речиповопросамнародногообразования, Издательство АН СССР, 1947. Стр. 196. ——编校者

生之间广泛地搬用生产部门的社会主义竞赛,造成"人为地过分提高学业成绩的评分,放松了教师对学生的要求,降低了教师在学校教育教学工作中的作用"①。

4. 战后国民教育的恢复和发展

伟大的卫国战争结束后,苏联人民在着手恢复和发展国民经济的同时,还加紧国民教育的恢复和发展工作。根据1946年3月苏联最高苏维埃通过的关于恢复和发展国民经济的五年计划的规定,到1950年,初等和中等学校的总数要达到193,000所,在校学生为3,180万人,保证城乡儿童从七岁起能接受普及义务教育;要广泛设立工厂青年学校和农村青年学校,保证在卫国战争中失学的青年能继续接受教育,要大力发展高等和中等专业学校,大力培养具有高等专门技能的专家和干部。由于党和政府的关怀,上述任务很快就提前或超额完成了。

战后第一个五年计划的胜利完成,为进一步扩大青少年的普及义务教育创造了有利条件。从1949年起,全国各地普遍推行七年制普及义务教育,并制订了进一步发展中等学校网的计划。

在和平建设时期,苏联政府向学校提出了新的更高的要求。日丹诺夫在《关于"星"和"列宁格勒"两杂志的报告》中指出:为了使"我们的幸福和文化达到新的、空前未有的繁荣","必须把青年一代教育成为坚定不移、生气勃勃、不怕阻碍、敢于迎接这些阻碍并善于克服它们的人。我们的人民应该是有教养的和有崇高思想的人,而且文化和道德的要求与兴趣都应当很高"。② 这就要求苏维埃各级学校必须特别重视学生的思想工作,要求每一个教师和每一学科的教学都应贯彻马克思主义原则和密切联系社会主义建设实际,在课堂教学和课外活动中要广泛利用社会主义建设与科学文化的新成果,培养学生爱国主义精神和对社会主义事业的忠诚。

根据上述要求,苏联政府对五—七年级的历史、苏联宪法和文学教学大纲进行了修改,并且在高等学校专门开设了马列主义基础、哲学和政治经济学等

---

① 《关于学校中的社会主义竞赛》,《苏联教育法令汇编》(1917—1974),苏联教育出版社1974年版,第179页。
 О социалистическомсоревновании в школе, Народноеобразование в СССР. Общеобразовательнаяшкола. Сборникдокументов. 1971-1973, СССР, Издательскийдом «Просвещение», 1974. Стр. 179.——编校者

② 曹葆华著:《苏联文学艺术问题》,人民文学出版社1953年版,第69页。

政治理论课程。

为了提高普通学校社会主义教育的意义,保证中学毕业生有自由选择职业的条件,联共(布)第十九次代表大会决定"着手在中学实行综合技术教育,并采取过渡到普及综合技术教育所必需的措施"①。要求普通学校高年级学生除了掌握科学基本知识外,还要在工矿企业、拖拉机站、集体农庄和国营农场从事生产实践,使他们对升入高等学校继续学习或参加社会实际生活都能有所准备。但是,实际上这个问题并未得到很好的解决。普通学校毕业的学生在升学和就业方面的矛盾愈演愈烈。

四、苏联早期的教育思想

十月革命后,在马克思列宁主义思想的指导和社会主义革命浪潮的推动下,苏联的教育事业欣欣向荣,教育思想非常活跃,出现了一大批著名的教育活动家和教育思想家,如克鲁普斯卡娅、卢那察尔斯基、沙茨基、布隆斯基、平克维奇和马卡连柯等。他们的教育理论不仅对当时的教育实践有着十分重要的指导意义,而且为新的苏维埃教育学的发展奠定了最初的基石。

1. 克鲁普斯卡娅论新生一代的共产主义教育

克鲁普斯卡娅(Н·К·Крупская,1869—1939)是苏联著名的社会活动家和教育家。从十九世纪九十年代起就开始从事工人教育和革命活动。1907年,她在侨居国外期间,曾详细地研究了许多进步的古典教育学著作,参观了瑞士的一些学校,并于1915年写成了《国民教育和民主主义》一书,第一次运用马克思主义观点,系统地论述了劳动教育发展的历史。

十月革命胜利后,克鲁普斯卡娅积极从事苏维埃新学校的建设工作,广泛地研究了各种教育理论问题,对苏维埃教育和教育科学的发展作出了重大的贡献。

克鲁普斯卡娅以马克思主义观点为指导,深入地揭示了资本主义国家教育的阶级本质,指出在资本主义条件下学校是"资产阶级进行统治的工具",其目的是要为资产阶级培养少数精神贵族和大批驯服的奴仆;在社会主义条件下,学校应该成为"反对压迫,消灭阶级的工具"。社会主义学校的唯一目的是要使学生得到充分的、全面的发展,成为"能够实现工人阶级目的的一代人",这种人

---

① [苏]《苏联共产党(布)第十九次代表大会关于 1951—1955 年苏联发展第五个五年计划的指示》,人民出版社 1952 年版,第 29 页。

"具有自觉的和有组织的社会本能,具有有目的的、成熟的世界观,清楚地了解周围自然界和社会生活中所发生的一切事情;这种人能从理论上认识并在实践中从事各种劳动(既有脑力劳动,又有体力劳动),能建设合理的、内容丰富多彩而又愉快的社会生活"①。

在培养全面发展的"新一代人"的教育中,克鲁普斯卡娅把共产主义道德教育提到首要地位。她说,最重要的就是要教育青年一代具有共产主义世界观和共产主义道德行为,"在社会主义条件下,学校不仅要进行教学工作,而且还应该成为共产主义教育的中心"。她要求全体教师、共青团组织和少先队要认真地把这个任务担当起来。

克鲁普斯卡娅对劳动教育也特别重视。按照她的意见,"所谓进行教育,就是指要这样来安排儿童的生活:这种生活的基础是由科学说明的、多方面集体劳动"②,借助于这种劳动,可以从小培养儿童的劳动习惯和劳动技能,使他们获得组织经验和养成内部纪律,全面发展自己的能力,从而成为既能用脑工作又能用手工作的全面发展的新人。克鲁普斯卡娅这个思想的正确性在于她肯定了劳动的教育意义;其错误性在于她把劳动看成是儿童教育的基础。在这一错误思想的影响下,使苏联二十年代的教育蒙受了很大的损失。

克鲁普斯卡娅主张把劳动教育和综合技术教育结合起来,反对单纯的职业教育和过早地专业化。她说:"在现时工人需要的不是狭隘的职业教育,……工人应当不仅在车床上切削,也应当懂得这种车床是怎样安装","应当具备技术上计算一切、估量一切的能力。"③她认为"工业迫切需要受过综合技术教育的工人。工人们希望成为生产部门的真正的主人"④。

克鲁普斯卡娅系统地研究和宣传了马克思和列宁关于综合技术教育的思想,并且从苏维埃政权建立的最初时候起,便开始了综合技术教育的初步实践。她指出,综合技术教育不仅是技术进步的结果,而且也是工业化的工具,当前的技术情况虽然决定了综合技术教育可能达到的程度,但是,如果工人没有受过广泛的普通教育、政治教育和综合技术教育的训练,那么,我国的社会主义建设

---

① [苏]《克鲁普斯卡娅教育文选》(上册),人民教育出版社1959年版,第257—258页。
② [苏]《克鲁普斯卡娅教育文选》(上册),人民教育出版社1959年版,第268页。
③ 柯罗列夫:《苏联学校和教育学史纲要》(1917—1921),莫斯科1958年版,第504页。
　　Ф. Ф. Королёв, Очеркипоисториисоветскойшколы и педагогики. 1919 - 1920. Москва, 1958. Стр. 504.
④ [苏]《克鲁普斯卡娅教育文选》(下册),人民教育出版社1959年版,第472页。

就不可能取得胜利。

什么叫综合技术教育？克鲁普斯卡娅解释说："综合技术教育不是一门什么特殊的学科，而是一个完整的体系，其基础是在各种技术形式中，根据技术的发展及其全部中介来研究技术。"①因此，它不同于职业教育。在实施综合技术教育的学校里，应该把劳动教学和其他课程的教学联系起来，使学生"理解整个生产部门"；而职业教育则只是使学生"获得一些生产劳动技巧"。从职业学校毕业的人，在生产部门或经济部门只能成为一个简单的执行者，而在综合技术教育学校毕业的人，则不仅是某生产部门的一般执行者，同时也是本生产部门的真正的主人。

克鲁普斯卡娅认为，要使各级学校都成为实施综合技术教育的学校，单靠学校教师和教育人民委员部的力量是不够的，还需要吸收各方面的专家来参加，需要党的帮助和青年团、少先队组织的支持。她说："如果没有儿童本身的积极参加，实施综合技术教育的学校就不可能建立起来。"②

克鲁普斯卡娅特别重视少先队运动，从苏联少先队组织成立之日起，她就积极地参加并亲自领导这一运动，对少先队运动的性质、任务、工作内容和工作方法提出了许多宝贵的意见。她认为少先队是一个广泛的、群众性的少年儿童的组织，其任务是与学校、家庭和社会一起，以共产主义精神教育儿童，把他们培养成为"新制度的战士和建设者"。

克鲁普斯卡娅认为，少先队组织和学校在总的目的上是一致的，两者之间应该有最密切的联系。但是，在具体任务上彼此的侧重点则有所不同：学校的主要任务在于给儿童以一定范围的、系统的知识和技能；少先队组织则不限于学校范围，而要努力把儿童的全部生活组织起来，要协助学校在儿童中开展各种独立活动，加深他们对在学校所获得的各种知识的理解，并把它运用于实际。

1926年3月，克鲁普斯卡娅在全苏列宁共产主义青年团第七次全国代表大会上，向少先队组织提出了以下任务：培养儿童的团结互助精神；培养儿童以公共利益的观点来看待每一个问题；使儿童懂得联合起来集体地进行工作；帮助儿童努力学习，掌握科学文化知识。她要求少先队员要提高学习的自觉性，要和各种违背纪律的现象作斗争。

从二十年代末开始，特别是从关于中小学的决定颁布以后，克鲁普斯卡娅

---

① ［苏］《克鲁普斯卡娅教育文选》（下册），人民教育出版社1959年版，第448页。
② ［苏］《克鲁普斯卡娅教育文选》（下册），人民教育出版社1959年版，第465页。

越来越认识到知识的重要性,在她看来"生活需要知识,正如战争需要枪炮一样",因此,"不能把劳动置于知识之上。……应该用渊博知识的光芒来照耀劳动,理解劳动,把它提到更高的阶段"①。

克鲁普斯卡娅经常提醒少先队辅导员和共青团组织注意,在少先队工作中不要搬用成年人的工作方法,要考虑儿童的特点、兴趣和爱好。她正确地指出,少先队员的重要特点是他的主动性,因此,应该经常引导儿童开展各种主动性的活动,如游戏、参观、散步、行军、群众性表演和集体朗诵等。她认为这些活动能够扩大儿童的眼界,巩固他们的知识,提高他们的文化政治水平,增进儿童之间的友谊和集体主义情感。

克鲁普斯卡娅经常跟少先队辅导员和少先队员保持通信联系,全面关心青少年的教育和成长,为苏联少年先锋队运动的发展作出了重大的贡献。

2. 卢那察尔斯基关于人的和谐发展的教育思想

卢那察尔斯基(А. В. Луначарский, 1875—1933)是苏联俄罗斯联邦首任教育人民委员。他在建设苏维埃学校和发展教育科学方面起过重要的作用。

卢那察尔斯基非常重视教育在社会主义建设中的意义,并正确地阐明了教育和政治经济的关系。他指出,"只要人民的大多数还不识字,要使人民真正熟练地管理自己的事务是不可能的,甚至要保持中央同文盲的联系也是不可能的"②;教育的发展固然与国民经济的发展有关,但经济的发展也必然要以多方面的知识技能和人民群众的文化高涨为前提。因此,只有把经济和教育密切联系起来,相互支持,相互促进,才能迅速实现社会主义工业化。

从上述基本观点出发,卢那察尔斯基一开始就以反对人民群众的愚昧无知"作为自己在教育领域的首要目标",要求所有的儿童都应该进统一劳动学校的相同年级学习。学校对所有的人是一样的,不应当有阶级的限制;即使在经济条件还不能广泛地设立学校招收所有儿童入学的情况下,也不能有阶级的限制,而应当坚持让最有才能的学生升学。

卢那察尔斯基认为,社会主义学校"负有双重的任务:一方面传授旧时代获得的一切知识,不言而喻,重点在新的文化、新的科学(首先是无产阶级的)、马克思主义、无产阶级的组织和我们的共产主义思想;另一方面,堵塞旧思想渗

---

① [苏]《克鲁普斯卡娅教育文选》(上册),人民教育出版社1959年版,第359页。
② 《卢那察尔斯基论国民教育》,莫斯科1958年版,第233页。

А. В. Луначарский, О задачах народного просвещения, Москва, 1958. Стр. 233. ——编校者

入到儿童中去的通路,不让儿童有可能沾染在旧社会我们与之作斗争的那一切"①。其目的是要培养德、智、体、美各方面都得到健康的发展,成为有多方面修养、高度的政治觉悟和身体健康的人。他写道:我们"要造就和谐发展的人,也就是说,一方面要发展(和满足)他们的需要;另一方面要发展他们的各种才能,同时要使这种需要和才能不致彼此相互妨碍,而是要使它们成为一个完整的整体"②。

在人的全面发展教育中,卢那察尔斯基赋予智育以特别重要的意义。要求学校必须以全人类的知识武装学生,使学生不仅"通晓自己的专业",同时还了解任何其他一种领域的知识,能够把它们运用于实践。按照他的意见,只有对"技术、医学、法学、历史等方面的原理和结论都通晓的人,才是一个真正受过教育的人"。他认为这个教育过程对一个人来说是终生的。他写道:"活到老学到老,一个人可以不需要学习的那种期限是没有的,生活本身就是这样安排的。需要学习,不仅是因为任何一种艺术,任何一门科学都在无止境地完善起来,而且还因为我们周围的生活每个月都在向我们提出新任务,迫使我们去适应新生事物。"③

和克鲁普斯卡娅一样,卢那察尔斯基也是劳动教育和综合技术教育的始终不渝的拥护者。他一再强调教育与生产劳动相结合,以及使高年级学生熟悉生产的科学基础的必要性,要求"劳动学校应当教会所有的学生参加劳动"。

在具体实施劳动教育和综合技术教育方面,卢那察尔斯基主张按照学生的年龄分两个阶段进行:在第一个阶段,即在第一级统一劳动学校里,主要是使学生通过各种劳动掌握科学基础知识,养成使用各种简单工具的技能和习惯。这一阶段的劳动教育往往是同游戏相联系的;在第二个阶段,即在第二级统一劳动学校,则应把重心转向综合技术教育,使学生除了通过劳动获得知识外,还要了解生产本身,了解生产的组织,它的主要过程和主要材料。为此,他建议组织学生到各种工厂去参加力所能及的、适合卫生要求和有教育意义的劳动。

此外,卢那察尔斯基还特别重视美育(艺术教育),把美育看成是共产主义

---

① 《卢那察尔斯基论国民教育》,莫斯科1958年版,第442页。
　　А. В. Луначарский, О задачах народного просвещения, Москва, 1958. Стр. 442. ——编校者
② 《卢那察尔斯基论国民教育》,莫斯科1958年版,第444页。
　　А. В. Луначарский, О задачах народного просвещения, Москва, 1958. Стр. 444. ——编校者
③ 《卢那察尔斯基论国民教育》,莫斯科1958年版,第66页
　　А. В. Луначарский, О задачах народного просвещения, Москва, 1958. Стр. 66.

教育的一个有机的组成部分。他肯定地说,艺术教育就其实质来说是与所有枯燥的、粗野的无感情的教育相敌对的。一个人不能绘画,不能唱歌,不能学习音乐和文学,不能在舞台上表演,就不能真正认识自然美,不会有深厚而又善良的情感,更无法深入复杂而饶有兴趣的人们的精神世界,因而也不能被认为是有教养的人。

3. 沙茨基论劳动学校和儿童教育

沙茨基(С. Т. Шацкий,1878—1934)早在莫斯科大学学习期间就对儿童的教育问题产生了浓厚的兴趣,"形成了对于应当怎样教儿童的一系列观点"①,并决心献身于儿童教育事业。从1905年开始,他曾先后在莫斯科等地组织劳动夏令营,企图通过"人人为自己工作"的形式来组织儿童集体,发展儿童的创造才能和养成他们的社会生活习惯。

十月革命后,沙茨基继续从事儿童教育的实验活动。负责领导教育人民委员部开办的"国民教育第一实验站"。

从1921年开始,沙茨基在克鲁普斯卡娅的影响下,认真地学习了马克思列宁主义的经典著作,重新检查了自己的政治观点和教育观点,逐步从不过问政治的自由主义立场,转变到马克思列宁主义的立场上来,并于1928年加入了共产党。②

沙茨基的这一转变最清楚地反映在他对学校性质和教育目的的看法上。原先他认为,劳动学校实际上是很好地被组织起来的儿童生活,主张"把童年还给儿童"③,他说:"要是我们能做到这一点,那么,我们就会有劳动学校最完善的组织形式。"④从这个基本思想出发,他便坚决反对学校"培养儿童去追求未来的生活",强调学校应该考虑的只是"现在就可以实现的完美的儿童生活"。这种思想显然是受了杜威实用主义教育思想的影响。但是,后来他修正了自己的观点。明确提出,教育的任务是要把年轻一代培养成为社会主义制度的未来的公民和全面发展的活动家。其实,从教育学角度看,"把童年还给儿童"这一思

---

① 《沙茨基教育著作集》(第一卷),莫斯科1963年版,第53页。
　С. Т. Шацкий,Педагогическиесочинения,Т. 1,- Москва,1963. Стр. 53. ——编校者
② Н. А. 康斯坦丁诺夫、Е. Н. 米丁斯基、М. Ф. 沙巴也娃主编:《教育史》(师范学院教学参考书),莫斯科1955年版,第502页。
③ 《沙茨基教育著作集》(第二卷)莫斯科1964年版,第27页。
　С. Т. Шацкий,Педагогическиесочинения,Т. 2,-Москва,1964. Стр. 27. ——编校者
④ С・Т・沙茨基:《我的教育道路》,《沙茨基教育著作集》(第一卷),莫斯科1963年版,第62页。
　С. Т. Шацкий,Педагогические сочинения,Т. 1,-Москва,1963. Стр. 62. ——编校者

想是完全正确的。

无论是在革命前还是在革命后,沙茨基都特别重视儿童的劳动教育。在他看来,生产劳动乃是儿童生活的必要组成部分,是教育的一种最强大的手段。他写道:"生产劳动为生动活泼的儿童生活创造着牢固的极其重要的基础。"只有在劳动和多方面的活动的过程中才有可能培养新型的人,离开劳动要解决儿童集体的组织问题是不可能的。① 劳动还可以提高整个机体的生命活力,如果剥夺儿童参加体力劳动的机会,我们就会使他丧失强大的生命适应力。

沙茨基在他领导的儿童教育机关中,经常组织儿童从事各种生产劳动。如在学校里的劳动室中,利用硬纸板、木头、铁丝、生铁等进行作业;在教学实验园地里从事蔬菜栽培、牲畜饲养等农业劳动,从中获得各种劳动知识和技能。另外还要从事各种社会公益劳动,参与社会生活,如绿化农村,改善周围环境卫生,为本地推广新品种,等等。他认为,当学生通晓电气、化学、机器原理,当劳动已经建立在自觉地运用科学知识的基础上时,劳动就获得了综合技术教育的重大意义;当学生认识到劳动对于儿童集体、对于人民、对于国家的必要性,把自己的劳动看作是建设新生活的共同劳动的一部分时,劳动就具有极大的教育价值。

有很长一段时期,沙茨基过高地估计体力劳动的作用,认为没有体力劳动就不可能组织教育工作。直到 1931 年联共(布)中央关于中小学的决定公布后,他才充分理解到儿童的生产劳动应该服从苏维埃学校的教育和教学任务,并且积极地从事苏维埃教学论问题的研究。

沙茨基正确地认为,不应当把教学简化为死记硬背,使学生"仅仅去熟悉别人的模棱两可的结论"。他写道:"为什么把准备去应付考试的很快就从记忆中消失的大量的语法规则、几十个历史日期的知识、地球上的城市、河流、山脉和岛屿的清单,……作为一个青年在大学里学习科学的适当的证据呢? 在这些公式的后面,人不见了,既看不到智力,也看不到智力的发展。"②按照他的意见,教学的任务,不是给学生一定的知识储备,更重要的是要在学习过程中训练他们

---

① 柯罗列夫:《苏联学校和教育学史纲要》(1921—1931),第 474 页。
　　Ф. Ф. Королёв, Очеркипоисториисоветскойшколы и педагогики, 1921 - 1931. -Москва, 1958. Стр. 474. ——编校者
② 沙茨基:《在通向劳动学校的道路上》,《沙茨基教育著作集》,第二卷,莫斯科 1964 年版,第 29 页。
　　С. Т. Шацкий, Педагогическиесочинения, Т. 2, -Москва, 1964. Стр. 29. ——编校者

的智力,使他们学会怎样获得知识。为此,他要求教师要"在不间断地与儿童一起生活中研究儿童",深入了解儿童的特点、兴趣和需要,引导学生积极地参加生活,把教学与生活、理论与实践密切联系起来;使学校成为儿童"自己的经验成果加工、系统化和与别人的成果进行交流的地方。这样,活跃而重要的智力活动的可能性就出现了,天赋的力量就得到了发展和锻炼"①。他坚决反对束缚学生的主动性和积极性,要求为学生生活的一切范围:学习、课外作业、公益活动和闲暇时间的组织等提供表现主动性的广泛的可能性。沙茨基的上述意见,在今天仍然具有重要的现实意义。

---

① 沙茨基:《在通向劳动学校的道路上》,《沙茨基教育著作集》,第二卷,莫斯科 1964 年版,第 29 页。
С. Т. Шацкий, Педагогическиесочинения, Т. 2, -Москва, 1964. Стр. 29. ——编校者

第七章　列宁

伟大的马克思主义者列宁，在领导俄国无产阶级进行革命斗争和社会主义建设事业的过程中，十分重视文化教育工作。早在十月革命胜利前，列宁就揭露和批判了沙皇俄国教育的反动性，经常深入工厂、农村，启迪、教育劳苦大众；十月革命胜利后，他又亲自领导和参加了教育领域的各种斗争，关心苏维埃的文化建设和青年一代的共产主义教育，发表了许多演讲和文章，阐明了有关文化教育的重大问题，大大丰富和发展了马克思主义的教育理论。

一、无产阶级在国民教育方面的纲领性要求

列宁根据马克思主义关于存在和意识相互关系的基本原理，深刻地揭示了教育和政治经济的关系，明确指出，在阶级社会里，教育必然是从属于一定的阶级和一定的政治路线的。他反复强调："学校可以脱离生活，可以脱离政治，这是撒谎骗人。"①列宁对资本主义社会的教育进行了深刻的批判并指出，在资本主义社会里，学校完全变成了资产阶级统治的工具，浸透了资产阶级思想，其目的是要为资本家培养恭顺的奴才和能干的工人。

早在《中学农庄与感化中学》(1895)和《民粹主义空想计划的典型》(1897)等文章里，列宁针对尤沙柯夫等人的错误思想尖锐地批判了"全民教育论"的虚伪性和反动性。他指出："阶级社会的实质（因而也是阶级教育的实质）就是：法律上完全平等，所有的公民享有完全平等的权利，有产者享有完全平等的受教育的权利和机会。"阶级学校不同于等级学校的实质就在"有产者"这三个字上面，阶级学校对所有的学生只有一个要求，即缴纳学费。② 接着又进一步指出：在现代社会中，即使不收任何学费的中等学校，也仍然是阶级学校。因为学生在七、八年内的膳宿费要比学费多得多，而能够缴纳这笔费用的只有极少数人。尤沙柯夫的"全民中等义务教育计划"实质上是代表地主、富农和资产阶级的利益。

列宁在《我们的大臣在想些什么》、《论国民教育部的政策》等文章中，用大

---

① ［苏］《列宁全集》(第28卷)，人民出版社1956年版，第69页。
② ［苏］《列宁论教育》，人民教育出版社1979年版，第9页。

量的事实揭露了沙皇俄国国民教育的反动性和腐朽性。他尖锐地指出:"大臣把工人看成火药,把知识和教育看成火星;大臣确信,火星一旦落到火药上,首先被炸的就是政府。"①因此,沙皇政府总是千方百计地剥夺人民群众受教育的权利。根据《俄罗斯年鉴》1908年的统计,由于农奴主和地主在俄国的独裁统治,俄国已经弄到令人难以置信的落后和野蛮的地步,全国将近有五分之四的儿童和少年被剥夺了受国民教育的权利,绝大多数人成了文盲。"人民群众这样被剥夺了受教育、获得光明、求取知识的权利的野蛮的国家,在欧洲除了俄国以外,再没有第二个。"②

为此,列宁认为,在领导俄国人民推翻沙皇专制制度的同时,必须为争取教育权利而斗争,要把整个工人阶级提高到自觉的社会民主党人的水平,使他们成为"使全人类摆脱一切压迫而斗争的战士"。早在1917年4月,在《关于修改党纲的材料》中,列宁就详细地列举了无产阶级在国民教育方面的纲领性要求,后来,1919年在第八次党代表大会通过的党纲中,这些要求被正式肯定下来。这就是:

① 对未满十六岁的男女儿童实行免费的普及义务综合技术教育(在理论上和实践上熟悉一切主要生产部门)。

② 把教学工作和社会生产劳动密切结合起来。

③ 由国家供给全体学生膳食、服装、教材和文具。

④ 加强对教师的鼓动和宣传工作。

⑤ 培养具有共产主义思想的新教师。

⑥ 吸引劳动居民积极参加教育事业……

⑦ 苏维埃政权对工人和劳动农民的自修和深造给以全面的帮助(建立图书馆、成人学校、人民大学、讲习所、电影院、艺术工作室等等)。

⑧ 开展最广泛地宣传共产主义思想的工作。

列宁认为,"教育在人民中愈普及,宗教的偏见愈是被社会主义觉悟所代替,无产阶级胜利的日子就愈近,这个胜利将把一切被压迫阶级从现代社会的奴役下拯救出来"③。因此,无产阶级夺取政权后的主要任务之一,就是要从根本上改造旧学校,建立社会主义的新学校,使所有的人民都有享受教育的权利,

---

① [苏]《列宁论教育》,人民教育出版社1979年版,第2页。
② [苏]《列宁论教育》,人民教育出版社1979年版,第64页。
③ [苏]《列宁全集》(第5卷),人民出版社1956年版,第305页。

能够掌握文化科学,从而发展生产力,使文化和技术教育上升到更高的阶段。这是保证整个苏维埃建设获得成功所异常必需的。如果这个任务不解决,无产阶级专政就不能巩固,就不可能开展大规模的经济建设,建立新的经济基础,最终消灭阶级和建设共产主义。

无产阶级还有一个重要的任务,是要为社会主义建设训练群众,培养和造就无产阶级自己的生产技术知识分子。他强调指出:"无产阶级如果没有锻炼出高度的觉悟、严格的纪律以及对反资产阶级斗争的无限忠诚,就是说,如果不能解决无产阶级为完全战胜其宿敌所必须提出的一切任务,那就谈不到无产阶级专政。"①

所有这些任务的提出都与学校教育有着直接的联系,都要通过学校去完成。在社会主义条件下,学校担负着实现和巩固无产阶级专政的重要使命。

二、关于文化革命的理论

列宁根据马克思主义的基本原理和俄国革命的实际情况,提出了文化革命的学说,揭示并论证了社会主义文化最重要的发展规律,这就是:只有工人阶级掌握了政权,物质财富和精神财富生产的手段转到劳动人民手中,才能为繁荣文化和开展文化革命创造条件。

十月革命前的俄国,人民群众被剥夺了受教育的权利,无法享受全人类创造的精神财富,文化水平极低。资产阶级改良主义者便以此为借口,竭力反对无产阶级革命,硬说要先使无产阶级达到一定的文化水平,然后才能进行政治革命。十月革命胜利后,孟什维克和社会革命党人又公开叫嚷:在一个文化不够发达的国家里建设社会主义是狂妄的事情。对此,列宁曾给予严厉的批判,他指出:"既然建设社会主义需要有一定的文化水平(虽然谁也说不出这个一定的'文化水平'究竟怎样,因为这在各个西欧国家都是不同的),我们为什么不能首先用革命手段取得达到这个一定水平的前提,然后在工农政权和苏维埃制度的基础上追上别国的人民呢?"②

苏联和其他社会主义国家的历史经验,完全证明了列宁上述理论的正确性。伟大的十月社会主义革命的胜利,为大规模文化革命开辟了广阔的道路。同时,社会主义革命和建设的进一步发展又迫切要求提高群众的文化水平,开

---

① [苏]《列宁选集》(第4卷),人民出版社1972年版,第364页。
② [苏]《列宁选集》(第4卷),人民出版社1972年版,第691页。

展文化革命。因此，当外国武装干涉和国内战争结束不久，列宁就宣布："从政治上描述伟大任务的时期已经过去，实际执行这些任务的时候已经来到。现在摆在我们面前的是文化任务，是领会那个应该而且能够实现的政治尝试的任务。"①1923年，列宁又进一步指出，从前我们是把重心放在而且应该放在政治斗争、革命、夺取政权等方面，而现在重心改变了，转到了和平组织"文化"工作上面去了，现在只要实现了这文化革命，我们的国家就能成为完全的社会主义国家了。

按照列宁的意见，文化革命之所以重要，第一，是因为只有普遍提高工农大众的文化水平，才能使他们有效地参与政治生活，改善国家管理，实现社会主义。他指出，社会主义不是少数人——一个党所能实现的，只有千百万人学会亲自做这件事的时候，社会主义才能实现。列宁把扫除文盲，使工农普遍识字，当作进行政治教育和吸收工农参加国家政治生活的必要条件，他说："只要在我国存在文盲现象，那就很难谈得上政治教育，这并不是一个政治任务，这是一个条件，没有这个条件就谈不到政治。文盲是站在政治之外的，必须先教他们识字。不识字就不能有政治，不识字只能有流言蜚语、传闻偏见，而没有政治。"②而且仅仅扫除文盲还不够。还要提高工农的文化，使他们有可能用读和写的本领来改善自己的经济状况和国家的处境，要教人们去同拖拉作风和贪污行为作斗争。在他看来，拖拉作风和贪污行为是任何军事上的和政治上的改造都治不好的一个毒疮，它只能用提高文化来医治。列宁认为，人民群众文化的落后，还妨碍着无产阶级的民主生活，他写道："苏维埃政权在原则上实行了高得无比的无产阶级民主，对全世界做出了实行这种民主的榜样，可是这种文化落后性却贬低了苏维埃政权并使官僚制度复活。苏维埃机构在口头上是全体劳动者都参加的，而实际上远不是他们全体都参加的，这是我们大家都知道的。这根本不是法律妨碍了这一点，如在资产阶级时代那样；恰恰相反，我们的法律还促进了这一点。但只有法律是不够的。必须有广大的教育工作、组织工作和文化工作。"③

第二，只有提高群众的文化教育水平，才能在现代技术基础上改造与发展国民经济，提高劳动生产率。列宁认为文化革命是在已经开始的经济革命的基

---

① ［苏］《列宁论教育》，人民教育出版社1979年版，第287页。
② ［苏］《列宁论教育》，人民教育出版社1979年版，第293页。
③ ［苏］《列宁选集》（第3卷），人民出版社1972年版，第784—785页。

础上，并且在同经济革命不断地相互影响中得到实现的；另一方面经济任务的解决，又依赖于劳动人民文化水平的不断提高。列宁在《苏维埃政权的当前任务》一文中指出："在任何社会主义革命中，当无产阶级夺取政权的任务解决以后，……必然要把创造高于资本主义社会的社会经济制度的根本任务，提到首要地位；这个根本任务就是提高劳动生产率，而提高劳动生产率的条件之一，就是提高居民群众的文化教育水平。"①1920年，在列宁的提议和参加下，苏联制订了在十至十五年内实现全俄电气化计划。为了实现这个计划，列宁认为必须进行文化革命，发展文化教育。他说，不识字的人不能实现电气化，而且仅仅识字还不够，还要有文化、有觉悟、有教养，懂得怎样在技术上把电应用到工农业上去，应用到工农业的各个部门中去。1923年，当改造小农经济的社会主义合作化计划提出之后，列宁又强调指出："有了完全合作化的条件，我们也就在社会主义基地上站稳了。但完全合作化这一条件本身就包含有农民（正是人数众多的农民）的文化水平的问题，就是说，没有整个的文化革命，要完全合作化是不可能的。"②

第三，只有提高群众的文化修养，才能清除工农自身从旧世界带来的污泥浊水。列宁认为，工人和旧社会之间从来没有一道万里长城，工人还保存着许多资本主义社会的传统心理；至于农民，由于他们的经济地位的关系，更是在无产阶级和资产阶级之间动摇不定。因此，党的任务就是要"重新教育群众，组织和训练群众"，提高工农的教育程度，帮助他们克服旧制度遗留下来的私有者的习惯和风气。不完成这个任务，就不能去掉肮脏、贫困、斑疹伤寒和各种疾病。

列宁认为，文化革命是社会发展的十分深刻的现象之一，它不能简单地用一种文化去代替另一种文化，不能割断历史联系和脱离革命实践。他指出，在每一种民族文化中，都有民主的、社会主义的文化和地主的、资产阶级的文化的对立和斗争。文化革命的主要任务，是要使劳动人民吸收人类过去创造的全部文化遗产，并且创造新的社会主义文化。然而，以波格丹诺夫为首的"无产阶级文化派"却主张抛弃以往的一切文化，在与世隔绝的实验室里，创造所谓纯粹的、特殊的无产阶级文化。对此，列宁曾给予严厉的批判，他指出："无产阶级文化并不是从天上掉下来的，也不是那些自命为无产阶级文化专家的人杜撰出来的，如果认为是这样，那完全是胡说。无产阶级文化应当是人类在资本主义社

---

① ［苏］《列宁选集》（第3卷），人民出版社1972年版，第509页。
② ［苏］《列宁选集》（第4卷），人民出版社1972年版，第687页。

会、地主社会和官僚社会压迫下创造出来的全部知识合乎规律的发展。"①只有确切地了解人类全部发展过程创造的文化,只有对这种文化加以改造,才能建设无产阶级的文化。

列宁认为,文化革命的任务是非常艰巨的,不可能像政治任务和军事任务那样迅速得到解决。他说,根据实际情况来看,这需要一个较长的时期,因此,应该根据这个较长的时期来规划我们的工作,表现坚韧不拔,不屈不挠,始终如一的精神;必须动员各种社会力量,广泛开展群众文化教育工作,扫除成年居民中的文盲,实施普及义务教育,广泛地进行思想政治教育和宣传活动,竭力加强苏维埃的学校建设和年轻一代的共产主义教育。从这个意义上讲,国民教育乃是文化革命的最重要的组成部分。

三、新生一代的共产主义教育

列宁对青年一代寄于莫大的希望,认为从某种意义上说,真正建立共产主义社会的艰巨任务应该由青年来负担。他在《青年团的任务》一文中写道:"老一代人的任务是推翻资产阶级。那时的主要任务是批判资产阶级,激发起群众对资产阶级的仇恨,提高阶级觉悟,善于团结自己的力量"②,这个任务一般说来并不很难。新一代人所面临的任务就更复杂、更艰巨了,他们不仅要击退资本家的侵犯,而且还要在老一辈革命家开创的革命事业的基础上建设共产主义社会。这就要求对青年一代进行教育和培养,使他们掌握"一切现代的知识","善于把共产主义由背得烂熟的现成公式、意见、方案、指示和纲领"变成实际工作的指针,这样才能胜利地完成这个任务。

列宁继承和发展了马克思主义关于人的全面发展的学说,深刻地阐明了新一代的共产主义教育问题。他在《共产主义运动中的"左派"幼稚病》一文中写道:"消灭人与人之间的分工,教育、训练和培养出全面发展的、受到全面训练的人,即会做一切工作的人。共产主义正在向这个目标前进,必须向这个目标前进,并且一定能达到这个目标。"但同时又指出:这"需要经过许多岁月。如果目前就企图提前实现将来共产主义充分发展、完全巩固和形成、完全展开和成熟的时候才能实现的东西,这无异于叫四岁的小孩去学高等数学"③。

---

① [苏]《列宁选集》(第4卷),人民出版社1972年版,第348页。
② [苏]《列宁选集》(第4卷),人民出版社1972年版,第350页。
③ [苏]《列宁选集》(第4卷),人民出版社1972年版,第205页。

在全面发展的教育中,列宁赋予智育以重要的意义,认为真正的共产主义者,不仅要有共产主义道德,同时还要有丰富的文化科学知识,要善于劳动。

早在十月革命胜利后不久,苏联人民刚刚粉碎国内外阶级敌人的猖狂进攻,开始转入和平建设的时候,列宁就号召青年要努力学习。他说:"一般青年的任务,尤其是共产主义青年团及其他一切组织的任务,可以用一句话来表示:就是要学习。"①1923年,在他病危期间仍谆谆教导人们:"为了革新我国的国家机关,我们一定要给自己提出这样的任务:第一,是学习;第二,是学习;第三,还是学习。"②他要求每个青年必须懂得,只有受了现代教育,才能建立共产主义社会,如果不受这样的教育,共产主义不过是一种愿望而已。

列宁不但一般地号召青年学习,而且还对学习什么和怎样学习的问题,进行了深刻的论述。

列宁要求青年要刻苦认真地学习马克思主义,要像马克思那样批判地吸取人类创造的全部知识财富。他说:"如果以为不必领会产生共产主义学说的全部知识,只要领会共产主义的口号,只要领会共产主义科学的结论就已经够了",那就错了。真正的共产主义者应该用人类创造的全部知识财富来丰富自己的头脑。马克思主义就是共产主义从全部人类知识中产生出来的典范。马克思主义之所以能够掌握革命阶级的千百万人的心灵,就是因为马克思依靠了人类在资本主义制度下所获得的那些知识的坚固基础。凡是人类所创造的一切,他都用批判的态度加以审查,任何一点也没有忽略过去。

列宁在强调学习人类全部历史文化遗产的同时,还要求青年人必须学习现代科学技术,学习资本主义国家先进科学技术成就和生产管理经验。他教导青年们说:"你们面临的任务是全国的经济恢复工作,要在基于现代科学、技术和电力的现代技术基础上改造和恢复工农业。"③这就要求青年不仅要识字,懂得电气化,而且要懂得怎样在技术上把电应用到工农业各个部门中去。据列宁的私人秘书尼·彼·哥尔布诺夫回忆,列宁曾不止一次地说过:"没有最新的技术,没有新的科学发现,我们就无法建成共产主义。"④

为了迅速恢复和发展国民经济,赶上并且超过先进的资本主义国家,列宁

---

① [苏]《列宁选集》(第4卷),人民出版社1972年版,第344页。
② [苏]《列宁选集》(第4卷),人民出版社1972年版,第699页。
③ [苏]《列宁选集》(第4卷),人民出版社1972年版,第350页。
④ 尼·彼·哥尔布诺夫:《列宁和科学技术工作》,载《回忆列宁》(第三卷),人民出版社1982年版,第511页。

要求人们必须学习和引用外国的科学技术成就。1918年春,布列斯特和约刚刚签订,列宁就提出"要向德国人学习",他说:"是的,要向德国人学习!……德国人除了体现残暴的帝国主义以外,同时还体现了纪律、组织和在最新机器工业基础上的紧密合作以及极严格的计算与监督原则。而这正是我们缺少的。这正是我们要学会的。"[1]接着在《苏维埃政权的当前任务》一文中,列宁又进一步强调苏维埃共和国必须采用资本主义在这方面的一切有价值的科学技术成果,认为社会主义实现得如何,就取决于我们苏维埃政权和苏维埃管理机构同资本主义最新的进步的东西结合的好坏。

遵照列宁的指示精神,俄共(布)第十二次代表大会的决议,把青年在和平建设时期要努力学习科学技术作为一种革命义务规定下来。决议规定"青年工人应该把从前用在革命政治斗争上的全部热情用在科学技术上,必须使不用功的学生受到在同资产阶级斗争时的逃兵或工贼所受到的同样待遇"[2]。

在谈到学习态度和学习方法问题时,列宁首先强调要认真思考,发展思维能力。他坚决反对死记硬背,要求青年要深思熟虑、融会贯通地掌握知识。他说:旧学校是死读书的学校,它强迫人们学一大堆无用的、累赘的、死的知识,把他们变成一个模子倒出来的官吏。与旧学校相反,我们需要的是用基本事实的知识来发展和增进每个学习者的思考力,使他们能够融会贯通地领会所学到的全部知识。特别是对一些困难的、复杂的问题,更应该"再三研究、反复探讨,从各方面思考"。

其次,列宁要求青年必须用批判的态度来领会各种知识,使自己的头脑不被一堆无用的垃圾所塞满,而能具备现代有学识的人所必备的一切实际知识。他指出:"如果一个共产主义者不用一番极认真、极艰苦而浩繁的工夫,不理解他必须用批判的态度来对待事物,便想根据自己学到的共产主义的现成结论来炫耀一番,这样的共产主义者是很可怜的。"[3]

最后,列宁还要求青年必须学会独立地观察和判断。1917年,他在对斯维尔德洛夫大学学生发表演说时指出,最主要的,是你们要从阅读中,从听到的关于国家问题的演讲中,学会独立地观察问题。他说:"你们只有学会独立判断这个问题的时候,才能认为自己的信念已经十分坚定,才能在任何人面前,在任何

---

[1] [苏]《列宁选集》(第3卷),人民出版社1972年版,第492页。
[2] [苏]《苏联共产党决议汇编》(第五分册),人民出版社1956年版,第273页。
[3] [苏]《列宁选集》(第4卷),人民出版社1972年版,第348页。

时候,很好地坚持这种信念。"①在这方面,列宁本人已为我们树立了很好的榜样。有一次他读了马克思给恩格斯的信,在这封信里,马克思对拉萨尔所著《爱非斯的晦涩哲人赫拉克利特的哲学》一书给予严厉的批评,把这部著作称为"小学生的"作文。为了证实马克思的这个结论,列宁还是详细地研究了拉萨尔的这一著作,然后才作出结论:"总之,马克思的评论是正确的。拉萨尔的这本书不值得一读。"②

列宁特别重视理论联系实际的教育原则,坚决反对学校与生活分离、理论与实践脱节。他说,在我们的学校里如果学习共产主义只限于了解共产主义著作,书本和小册子里的东西,不善于把这些知识融会贯通,也不会按共产主义的真正要求去行动,那我们就很容易造就出一些共产主义的书呆子或吹牛家,会使共产主义事业遭到莫大的损害。

列宁要求青年团员在努力获得知识的同时,还要主动、积极地参加各项社会工作,例如,积极参加扫盲工作,踊跃参加种植蔬菜的劳动,协助搞好卫生工作或分配食物等。他说:"做一个青年团员,就是要把自己的工作和能力都贡献给公共事业。这就是共产主义教育的实质。只有在这样的工作过程中,青年男女才能培养成真正的共产主义者。"③

四、教育与生产劳动相结合和综合技术教育

列宁非常重视劳动在共产主义教育中的作用,要求把教育与生产劳动结合起来。在《民粹主义空想计划的典型》一文中,他就科学地阐明了教育与生产劳动相结合对现代科学技术发展的意义,进一步发展了马克思主义关于教育与生产劳动相结合的思想。明确指出:生产劳动是"人类普遍和全面发展的条件"。他说:"没有年轻一代的教育和生产劳动的结合,未来社会的理想是不能想象的;无论是脱离生产劳动的教学和教育,或是没有同时进行教学和教育的生产劳动,都不能达到现代技术水平和科学知识现状所要求的高度。"④

十月革命后,列宁在《俄共(布)党纲草案》中又明确规定:"把教学工作和社会生产劳动密切结合起来。"在《青年团的任务》一文中更进一步指出,为了把俄国这个贫困贫瘠的国家变成一个富裕的国家,"必须使共产主义青年团把自己

---

① [苏]《列宁选集》(第4卷),人民出版社1972年版,第42页。
② [苏]《列宁全集》(第38卷),人民出版社1959年版,第462页。
③ [苏]《列宁选集》(第4卷),人民出版社1972年版,第357页。
④ [苏]《列宁论教育》,人民教育出版社1979年版,第18页。

的训练、学习和教育同工农的劳动结合起来,不要关在自己的学校里,不要只限于阅读共产主义书籍和小册子"。他要求青年团员"应当这样安排自己的全部学习任务:在任何乡村和任何城市里,每天都能实际解决共同劳动中的某种任务,哪怕是最微小、最平常的任务"①,他强调说:"只有在劳动中同工农打成一片,才能成为真正的共产主义者。"

列宁在强调教育与生产劳动相结合的同时,还主张"对未满十六岁的男女儿童实行免费的普及义务综合技术教育(从理论上和实践上熟悉一切主要生产部门)"。并且对实施综合技术教育的原则性意义和具体步骤作了详尽的论述。他着重指出:"我们决不能放弃原则,我们一定要立刻尽可能地实施综合技术教育。"②

当时,在苏联教育界,特别是教育人民委员部的某些领导人,如乌克兰教育人民委员格·费·格林柯和职业教育总局副局长奥·尤·施米特等,对实施综合技术教育问题存在种种不正确的看法,主张用单一的技术教育来代替综合技术教育,使学生过早地专业化。列宁对这些错误观点进行了严厉的批评。他指出:"共和国极其困难的经济情况要求现在立刻无条件地把第二级学校同职业技术学校合并",但同时又要避免过早地专业化,不要把职业技术学校变成培养手艺匠的学校。他说:"我们是穷人。我们立刻需要细木工、钳工。绝对需要……但是同时必须具有最基本的普通知识和综合技术知识。"③在列宁看来,综合技术教育和普通教育有着密切的联系,综合技术教育必须以普通科学基本知识为基础。因此,他要求在所有的职业技术学校里扩大普通学科的范围,并按年编制各门学科的教学大纲。

列宁还根据当时苏联的现实情况,确定了综合技术教育的具体内容和实施步骤。他认为,综合技术教育的基本知识应该是:关于电力的基本概念及其在机械工业和化学工业中的运用;关于俄罗斯苏维埃联邦社会主义共和国电力化计划的基本概念;农艺学的某些基本原理;等等。

列宁要求教育部门必须充分利用各种有利条件,并立即制订马上就能做到的走向综合技术教育的步骤,如参观附近的电站并在电站举行一些有实验的讲演和实习作业;参观每个办得不错的国营农场和工厂;动员全体工程师、农艺

---

① [苏]《列宁选集》(第4卷),人民出版社1972年版,第359页。
② [苏]《列宁论教育》,人民教育出版社1979年版,第258页。
③ [苏]《列宁论教育》,人民教育出版社1979年版,第260页。

师、全体大学数理系的毕业生,来做关于电力和综合技术教育的讲演、指导实习作业的讲演、巡回讲演及其他工作;设立关于综合技术教育的小型博物馆、展览车、展览船;等等。

五、共产主义道德教育

按照列宁的意见,青年一代的共产主义教育的最根本的任务是培养共产主义道德。他在《青年团的任务》一文中,反复强调"应该使培养、教育和训练现代青年的全部事业,成为培养青年的共产主义的道德事业"①。

列宁坚决反对一切抽象的和永恒不变的道德观念,公开声明:"我们不相信有永恒不变的道德,并且要揭穿一切关于道德的骗人的鬼话。""我们的道德完全服从无产阶级阶级斗争的利益。我们的道德是从无产阶级阶级斗争的利益中引申出来的"②。因此,为巩固和完成共产主义事业而斗争,这就是共产主义道德的基础,因而也是共产主义教育、训练和学习的基础。

从这个基本思想出发,列宁认为共产主义道德教育的主要任务应该是培养青年一代的集体主义、自觉纪律和共产主义劳动态度。

无产阶级集体主义原则,是社会主义条件下个人与集体之间的新型关系的体现,是共产主义道德的基本原则,社会主义社会是以公有制为基础的。列宁写道:"共产主义一词是'公共'的意思。共产主义社会就是土地、工厂都是公共的,实行共同劳动。"③

根据列宁的意见,集体主义道德原则的一个基本要求就是树立人们的国家主人翁责任感和共产主义劳动态度。列宁认为,为了建立和巩固社会主义制度,无产阶级应当解决的主要任务之一,就是"把全体被剥削的劳动群众以及所有小资产阶层引上新的经济建设的道路,引上建立新的社会关系、新的劳动纪律、新的劳动组织的道路,这种劳动组织把科学和资本主义技术的最新成果同创造社会主义大生产的自觉工作者的普遍联合结合起来"④。这是一个非常困难的任务。解决这个任务,需要在大量的日常工作中表现出来最持久、最顽强、最难得的勇敢精神,需要劳动群众的高度责任感和共产主义劳动态度。在社会主义时期,共产主义劳动态度和主人翁责任感主要表现为热爱劳动,善于劳动,

---

① [苏]《列宁选集》(第4卷),人民出版社1972年版,第351页。
② [苏]《列宁选集》(第4卷),人民出版社1972年版,第352页。
③ [苏]《列宁选集》(第4卷),人民出版社1972年版,第356页。
④ [苏]《列宁全集》(第29卷),人民出版社1959年版,第384—385页。

并极端关心提高劳动生产率。因为劳动生产率,归根到底是保证新社会制度胜利的最重要、最主要的东西。正是在这个意义上,列宁对当时苏联正在开展的"共产主义星期六义务劳动",表示赞赏,称之为"伟大的创举"。他热情地写道:"'共产主义星期六义务劳动'所以具有巨大的历史意义,是因为它向我们表明了工人自觉自愿提高劳动生产率、建立新的劳动纪律、创造社会主义的经济条件和生活条件的首创精神。"①

共产主义劳动态度表现在自觉的劳动纪律中。自觉纪律是带动人民在社会主义生产过程中相互合作的必要条件。因此,列宁在强调培养青年的共产主义劳动态度时,也特别重视他们的自觉纪律教育,把自觉纪律教育看成是共产主义道德的最重要的因素之一。他指出:"当人们向我们讲到道德的时候,我们回答说:共产主义者的全部道德就在于这种团结一致的纪律和反对剥削者的自觉的群众斗争。"②他要求加强青年的自觉纪律教育,希望青年团员们把全体青年都组织和团结起来,并在这个斗争中作出受教育和守纪律的榜样。

列宁认为,无产阶级的自觉纪律,不同于旧社会的剥削阶级的纪律。剥削阶级的纪律是强制性的,是靠棍棒或饥饿来维持;无产阶级的纪律是同志式的、互相尊重和互相信任的纪律,是在斗争中发挥独创性和主动性的纪律,它反映了在公有制基础上人们之间的一种新的关系。通过自觉纪律教育,可以使劳动者,尤其是青年学生学会团结一致,提高文明程度,努力完成建设共产主义大厦的伟大事业。

六、论教师

十月革命前,列宁竭力捍卫教师的合法权益,反对沙皇政府对他们的迫害;十月革命后,他赋予教师工作全新的意义。

列宁认为,教师是青少年的主要的教育者,学校课程的政治方向性,完全取决于教师。1909年列宁在《给喀普里党校学员尤利、万尼亚、萨维里、伊万、弗拉基米尔、斯塔尼斯拉夫和弗马诸同志的信》中指出:"在任何学校里,最重要的是课程的思想政治方向。这个方向由什么来决定呢?完全只能由教学人员来决定。……任何'监督'、任何'领导'、任何'教学大纲'、'章程'等等对教学人员来

---

① [苏]《列宁选集》(第4卷),人民出版社1972年版,第13页。
② [苏]《列宁选集》(第4卷),人民出版社1972年版,第355页。

说都是空谈。"①正因为这个缘故,他特别重视苏维埃教师的工作。他指出,在社会主义条件下,教师是社会主义教育的主力军,肩负着培养建设新生活的青年一代的重大使命,他们工作的好坏直接关系到能否把青少年培养成为共产主义者这个根本的问题。

列宁还高度地评价了教师的社会作用。在他看来,无产阶级教师不仅是新一代的教育者,而且是苏维埃制度的支柱,是国家生活和社会生活的直接参加者。他们要在成人当中,在工农群众当中进行广泛的文化政治活动,帮助他们掌握文化科学知识。他说:"必须指出,几十万教师,——这是一种推动工作、启发人们思想、同目前群众中还存在的偏见作斗争的机构。"②他要求教师"应该紧密地同党和党的思想结合起来,完全贯彻党的精神"。

在苏维埃政权建立的最初时期,为了使教师从资产阶级制度的支柱变成苏维埃制度的支柱。列宁建议应当有步骤地加强组织人民教师的工作。他指出,旧社会培养出来的教师,接受了资本主义文化遗产,浸透了这种文化的缺点。在这种条件下他们不可能是共产主义的教师,但是这并不影响我们吸收他们参加政治工作的行列,因为他们握有我们为达到自己的目的所必需的知识。我们的任务是要耐心教育和帮助他们,使他们逐渐摆脱资产阶级偏见的束缚,坚决拥护苏维埃纲领,坚决站在通过无产阶级专政而为社会主义斗争的立场上来。

列宁把争取和改造旧的教师队伍作为党的长期任务。他说:"正像应当在长期斗争中,在无产阶级专政的基础上重新教育无产者自己一样,因为无产者不能用神术,不能遵照圣母的意旨,不能遵照口号、决议、法令的意旨,一下子摆脱自己的小资产阶级偏见,而只有对广泛的小资产阶级影响,展开长期的艰苦的广泛的斗争,才能摆脱这种偏见。"③

在团结、教育和改造原有教师的同时,列宁还特别强调要培养一支具有共产主义思想的新的教师大军。在列宁的关怀下,1921年2月,苏维埃政府决定在莫斯科和彼得格勒设立"红色教授学院",并大力举办各种类型的师范院校以培养各级学校的教师。

列宁十分关心教师的社会地位和生活待遇。他谆谆告诫人们要特别注意提高人民教师的地位。他说:"我们没有注意到或很少注意到提高人民教师的

---

① [苏]《列宁论教育》,人民教育出版社1979年版,第52页。
② [苏]《列宁选集》(第4卷),人民出版社1972年版,第368页。
③ [苏]《列宁选集》(第4卷),人民出版社1972年版,第266页。

位的问题,而不提高人民教师的地位,就谈不上任何文化,既谈不上无产阶级文化,甚至也谈不上资产阶级文化"①。他认为应当把人民教师提高到从未有过的、在资产阶级社会里没有也不可能有的崇高的地位。为此,他要求政府部门不要光讲道理,而应当切实地行动,在修改国家预算的时候,首先应当缩减的,不是教育人民委员部的开支,而是其他部门的开支,以便把缩减出来的款项,转作教育人民委员部的经费,改善教师的生活待遇。1923年,当苏联的粮食勉强够吃的时候,列宁便深情地嘱咐:"不要再舍不得增加教员的面包配给额了!"与此同时,还必须有步骤地、坚持不懈地提高教师的思想觉悟,使他们具有真正符合他们的崇高称号的各方面的修养。

列宁对教师的严格要求和亲切关怀,极大地鼓舞了苏维埃教师,使苏联建国初期非常复杂的教师问题很快就得到了解决。

七、论无产阶级教育事业的管理和领导

列宁认为,实现无产阶级文化革命,培养能够最终实现共产主义的一代新人,是一项非常重要而又艰巨的任务。要完成这个任务"首先应该公开承认共产党的政治领导",要运用全部国家机构的力量,使学校教育、社会教育和实际训练等,都处在共产党领导之下。他指出:"为了建设共产主义,工农劳动群众必须战胜知识分子的旧习气,必须改造自己,不这样就无法着手建设事业。我们的全部经验表明,这个事业十分重要,一定要注意承认党的领导作用问题。"②"千百万人的习惯势力是最可怕的势力。没有铁一般的和在斗争中锻炼出来的党,没有为本阶级全体忠实的人所信赖的党,没有善于考察群众情绪和影响群众情绪的党,要顺利地进行这种斗争是不可能的。"③

列宁之所以特别强调党在国民教育方面的领导作用是跟当时苏联的实际情况分不开的。在要不要承认党对无产阶级文化教育事业的领导这个问题上,当时存在着各种错误的观点。孟什维克和教师中的少数反动分子,公开反对党的领导;无产阶级文化派借口要创立"纯粹的"无产阶级文化,主张摆脱党的领导,实行无产阶级文化协会的"独立"和"自治"。这些来自左的或右的反对和取消党的领导的错误言论,不利于国民教育事业的根本改造,理所当然地受到了

---

① [苏]《列宁选集》(第4卷),人民出版社1972年版,第677页。
② [苏]《列宁选集》(第4卷),人民出版社1972年版,第366页。
③ [苏]《列宁选集》(第4卷),人民出版社1972年版,第200页。

列宁的严厉批判。

问题是，在和平建设时期，党和政府应如何领导经济建设和文化教育事业？担任领导工作的各级干部特别是党员干部应如何适应新的形势，使自己的工作收到实效？对于这些问题，列宁提出了许多具体的、宝贵的意见。其中最主要的有以下几点：

第一，领导干部必须通晓业务，使自己由外行变为内行。

布尔什维克党在长期的革命斗争中锻炼和培养了大批优秀的干部，他们具有丰富的政治斗争经验。但是，正如恩格斯所指出的，"问题在于不仅要掌管政治机器，而且要掌握全部生产，而在这里需要的决不是响亮的词句，而是丰富的学识"①。在新的社会主义经济建设时期，大多数干部还来不及研究科学技术，不善于管理经济和文化教育事业。针对这种情况，列宁要求担任领导工作的共产党员必须精通业务，使自己逐步由外行变为内行。他说："工人阶级的统治地位表现在宪法中，表现在所有制中，并且还表现在正是我们推动事物前进这一点上面，而管理则是另一回事，是有关能力的事，有关技巧的事。"②所以，"凡是熟悉实际生活、阅历丰富的人都知道：要管理就要内行，就要精通生产的一切条件，就要懂得现代高端的生产技术，就要有一定的科学修养"。对于担任教育部门领导工作的共产党员来说，则应精通教育科学，能够"修改实践教师的教学大纲，编写适用的教科书，实际地改善（即使改善很少）十个、百个和千个教育专家的教学内容和工作条件"③。列宁认为，只有这样的党员领导者才是真正的领导者，没有这个条件无产阶级的政治领导就会落空。

那么，担任领导工作的共产党员怎样才能使自己由外行变为内行，适应新形势的需要呢？列宁认为首先"应该摒弃门外汉和官僚主义者的'共产党员'的狂妄自大"，"反对貌似激进实则是不学无术的自负"，在实际工作中老老实实地、刻苦地向本行的专家学习，向资产阶级专家和学者学习。他说："从必须赶快学会做经济工作这个观点来说，这方面的任何松懈都是极大的犯罪行为。必须向这门科学进军，向这门艰难、严峻、有时甚至是残酷无情的科学进军，因为别的出路是没有的。"④列宁的这个要求虽然是向经济管理人员提出来的，但同样适用于教育部门的领导工作者。

---

① 《马克思恩格斯全集》（第22卷），人民出版社1965年版，第487页。
② ［苏］《列宁全集》（第36卷），人民出版社1959年版，第544页。
③ ［苏］《列宁论教育》，人民教育出版社1979年版，第274页。
④ ［苏］《列宁全集》（第33卷），人民出版社1957年版，第53页。

第二，必须切实地改进工作作风，"少谈些抽象的领导，多做些实际的工作"。

1920年底，在俄罗斯苏维埃第八次代表大会上通过了全俄电气化计划，并要求把教育工作迅速纳入新的轨道的时候，列宁针对苏联教育部门的领导人员迷恋于一般的议论和抽象的口号，专门发表了《论教育人民委员部的工作》一文，对教育人民委员部的工作提出了严厉的批评和具体的改进意见，他指出："我们确定不移的口号应当是：少谈些'领导'，多做些实际工作，也就是少发表些一般议论，多提供些事实，特别是经过检验的事实。"①他要求领导干部要实事求是地总结经验教训，用事实说明：在什么地方，在什么样的条件下，在何种程度上我们是前进了，或是停滞不前，或是后退了。既要反对拖拉作风，又要防止急躁冒进和浮夸习气。要拟订切合实际的、简单扼要而又明确的汇报制度，以便估计和检查工作的规模和效果。总之，他要求站在领导岗位上的共产党员，不要高高在上，发号施令，而要深入群众，深入实际，学会谦虚和尊重那些科学和技术专家的切实工作，学会实事求是地和仔细地分析我们的许多实际错误，并且学会一步一步地坚持不懈地改进这些错误。

第三，必须善于使用和发现人才，充分发挥群众的积极性。

列宁认为，"衡量国民教育部门（和机关）党员的工作成绩，首先应当看他吸收专家的这项工作做得如何：是否善于发现他们，善于使用他们，善于实现教育专家和党员领导者的合作"②。如果一个共产党员只能议论"领导"，而不善于发现和使用专家，那么，这样的共产党员是毫无用处的。

1921年2月，列宁在《论教育人民委员部的工作》一文中，曾以中央委员的名义，对教育人民委员部没有大胆吸收和使用专家的问题提出了严肃的批评，并且对党员领导者应如何表明自己的领导权提出了具体的意见。他指出党员领导者应当这样而且也只能这样来表明自己的领导权，这就是，应当从实践的教师当中为自己找到许许多多而且是愈来愈多的助手，善于帮助他们进行工作，实现教育专家和党员领导者的合作；要把有才华的或能干的教师提拔到比较负责的和活动范围比较大的岗位上去，充分发挥他们的聪明才智和工作积极性；要善于利用成千上万的实际经验，依靠这些由实践检验过的成就，推动工作前进。

列宁在领导俄国人民进行无产阶级革命和社会主义建设的过程中，运用马

---

① ［苏］《列宁论教育》，人民教育出版社1979年版，第275页。
② ［苏］《列宁论教育》，人民教育出版社1979年版，第274页。

克思主义基本原理,深刻地阐明了文化教育的性质和任务,具体地论述了年轻一代的共产主义教育的内容和方法等一系列重要的问题,为根本改造旧教育,建立新的共产主义教育制度指明了方向。他关于教育问题的许多精辟见解,具有十分重要的理论意义和现实意义。

第八章 马卡连柯

一、生平和教育活动

马卡连柯（А·С·Макаренко，1888—1939）是苏联著名的教育革新家。他出生于乌克兰别洛波里城一个铁路工人的家庭，1905年市立学校附设师范班毕业后，被任命为铁路学校的教师。当时，正是俄国第一次革命时期。布尔什维克的宣传和一系列革命事件的产生，使他深受教育，特别是高尔基的著作对他的影响更大。后来他在回忆高尔基对他的影响时写道：我们一看到高尔基的作品，"就像突然间一枝火箭划破了我们黑暗的天空"，"尤其是在1905年以后，他的活动，他的著作以及他的动人的生活，成了我们的思想和修养的源泉"。①

1914年，马卡连柯进了波尔塔瓦师范专科学校学习。1917年十月革命前夕以优异的成绩毕业。此后即担任克留科夫高等小学校长。

十月革命后，马卡连柯和所有的先进教师一样，对革命寄予无限希望，并以极其兴奋的心情投入了社会主义建设事业。他说："十月革命以后，在我们面前展开了空前未有的远景。当时，我们教师对于这些远景竟陶醉得忘记自己了。老实说，有很多人由于种种迷恋都弄得手忙脚乱了。"②

1920年秋，波尔塔瓦省国民教育厅委托马卡连柯组织和领导"少年违法者工学团"（不久改名为高尔基工学团），从此，他便以其特有的才华和顽强的意志致力于教育、改造少年违法者与流浪儿童的工作。工学团刚开办的时候，困难重重，校舍破烂不堪，生活和教学用品一无所有。送来的第一批学员都是一些犯过刑事罪的、无法无天的少年，按照马卡连柯的说法，这些人"非但根本否定我们的教育方法，而且根本否定全部人类文化"。针对这种情况，马卡连柯决定

---

① [苏]А·С·马卡连柯著，刘长松等译：《论共产主义教育》，人民教育出版社1954年版，第20页。
② [苏]А·С·马卡连柯著，刘长松等译：《论共产主义教育》，人民教育出版社1954年版，第23—24页。

从组织儿童劳动着手,一边劳动,一边学习,终于把高尔基工学团建设成为一个模范的教育机关。1928年高尔基访问了这个工学团,并给予很高的评价。他说:"谁能使几百个经历过严重摧残和屈辱生活的儿童,像这样难以辨认地改变过来呢?马卡连柯是工学团的组织者和负责人。毫无疑问,他是一位天才的教育家。"

1928年夏,马卡连柯从高尔基工学团转到另一个为纪念捷尔仁斯基而建立的、专门收容流浪儿童的慈善机关——捷尔仁斯基公社。当时这个公社的情况比高尔基工学团初办时还要糟。为了迅速改变这种窘境,马卡连柯决定采用高尔基工学团的经验,发展劳动生产,实行半工半读制度。起初他们开办木工工厂,做些桌椅之类的家具,以后逐步发展成生产高级照相机和电钻的现代化工厂。在教育和经济方面,取得了巨大的成绩,使捷尔仁斯基公社成了遐迩闻名的教育机关,吸引了不少国内外的代表团和个人前来参观,1933年,高尔基在给马卡连柯的信中热情地写道:"您劳动了十二年,您的劳动果实是不可估价的。……照我看,您那有伟大意义的和十分成功的教育试验具有世界意义。"①

从1936年起,马卡连柯因健康关系离开了捷尔仁斯基公社,在莫斯科专门从事文学创作活动,系统地总结和宣传他的教育经验。他的主要著作有《教育诗》、《塔上旗》、《父母必读》等。

马卡连柯一贯忠于无产阶级的教育事业,为了改造、教育少年违法者和流浪儿童,"他没有间断、没有假期、没有病假、没有休息日地工作了整整十六年"②。在工作中敢于斗争,敢于创新。他说:我们现在所从事的,是具有世界范围的共产主义新事业","我和你们正是这种事业的开路先锋,而开路先锋是常常要犯错误的。因此,最重要的是不怕犯错误,要敢于冒险"③。"拒绝冒险,那就等于拒绝创造。"他坚决反对当时在苏联流行的各种错误的教育思潮,大胆地揭露和抵制教育部门某些领导人员的官僚主义作风,在种种迫害和责难面前,他响亮地回答:"任何的,即使是最起码的让步都办不到。"

在苏联党的关怀和进步教师的协助下,马卡连柯的辛勤劳动,取得了丰硕的成果。将近三千个少年违法者和流浪儿童被教育、改造成为有文化教养的社会主义新人,其中有不少人成了教师、医生、战斗英雄和各行各业的专家。

---

① [苏]《马卡连柯全集》(第七册),人民教育出版社1959年版,第376页。
② [苏]A·C·马卡连柯著,刘长松等译:《论共产主义教育》,人民教育出版社1954年版,第32页。
③ [苏]A·C·马卡连柯著,刘长松等译:《论共产主义教育》,人民教育出版社1954年版,第451页。

苏联政府一贯重视马卡连柯的教育理论。为了深入地研究他的教育遗产，俄罗斯苏维埃联邦社会主义共和国教育科学院曾专门设立了马卡连柯教育遗产研究室，出版了《马卡连柯教育全集》（八卷）。多少年来，苏联人民一直饶有兴趣地阅读他的著作，并且在实际工作中广泛地运用他的教育理论。

二、教育的目的、原则和方法

按照马卡连柯的意见，"教育学，特别是教育理论，首先是在实践上适应一定目的的科学"①。确定教育目的乃是教育事业成功的首要条件。一个教师如果不向自己提出一定的教育目的，他就没有权利进行教育工作。

马卡连柯认为，教育目的不是从心理学和生物学引申出来的，而是从我们社会的需要、从苏维埃人民的意向、从我们革命的目的和任务中产生的。他坚决反对抽象地和绝对地谈论教育目的。十月革命初期，苏联教育界往往用"和谐的个性"、"人——共产主义者"、"具有充分主动精神的战士"等字眼来表述教育的目的。他指出，这只能是一些"抽象的理想"，这种理想一般说来是达不到的，任何"企图用简短的公式把教育的目的表示出来，这只是说明与任何的实践，任何的事业完全脱节"②。他认为，教育的目的应该是我们可以了解的、实践的目的，这些目的就像住宅建筑中设计得很好的、便于实现的和看得出来的图样一般，具体形象，一目了然。同时，由于社会的要求是随着政治经济的发展而不断变化，因此教育的目的也不应该是绝对的和永恒不变的，随着整个社会生活的变化和改善，对于下一代的具体要求也应该有所不同。

马卡连柯从当时苏联社会主义建设的实际出发，主张教育的目的应该是培养"健康、善于工作和有斗争能力的一代新人。这种人"能够自觉地、有毅力地并且有成效地参加社会主义建设、捍卫无产阶级革命事业"③。为此，他要求在给青年一代以普通中等教育和高度熟练技能的同时，还要培养他们多种多样的经营管理者和组织者所具备的品质，如高度的政治修养，忠于共产党和热爱社会主义祖国；严格的组织性和纪律性；义务感和责任感；善于服从同志也善于命

---

① ［苏］А·С·马卡连柯著，刘长松等译：《论共产主义教育》，人民教育出版社 1954 年版，第 234 页。
② ［苏］А·С·马卡连柯著，刘长松等译：《论共产主义教育》，人民教育出版社 1954 年版，第 111 页。
③ ［苏］А·С·马卡连柯著，刘长松等译：《论共产主义教育》，人民教育出版社 1954 年版，第 137 页。

令同志;勇敢、诚实、勤勉学习;积极乐观、精神饱满;能够斗争和建设;能够生活和热爱生活,等等。

马卡连柯明确地指出,作为一个教师应当清楚地知道一切为我们社会主义、共产主义的新人所应具有的和引以自豪的东西,应当根据这个"最神圣的目的,而且是很普通、很实际的目的来找出教育方法"。但同时又告诫教师:"在培养个性,培养新人的个人细节的时候,应当高度地细心并且要具有良好的政治敏感性"①,不要把所有的人都看成是一样的,统统塞进一个标准的模型,从而培养出一系列同类型的人。因为作为教育对象的人,毕竟是非常多种多样的材料,被我们所制成的"产品"也将是多样性的,"忽视人的多样性和硬把教育的任务问题放进对所有的人都适用的一句话里面,那会是不可思议的粗枝大叶"②。

为了实现无产阶级的教育目的,培养全面发展的一代新人,马卡连柯从自己长期的教育实践中总结出一整套教育原则和方法,其中最重要的、最基本的教育原则就是对人的高度尊重与严格要求相结合。他在《我的教育经验中的若干结论》一文中写道:"我的基本原则(我认为这不仅是我个人的基本原则,也是所有苏维埃教师的基本原则)永远是尽量多地要求一个人,也要尽可能地尊重一个人。实在说,在我们的辩证法里,这两者是一个东西:对我们所不尊重的人,不可能提出更多的要求。"③当我们对一个人提出要求的时候,就意味着对这个人的尊重;而在我们的尊重里,同时也表示着对这个人的要求。

对人的尊重与严格要求相结合的教育原则,是马卡连柯社会主义人道主义思想在教育工作中的具体体现。众所周知,马卡连柯是一个社会主义人道主义者。早在十月革命以前,他就通过《底层》等著作的阅读,接受了高尔基的社会主义人道主义和革命乐观主义的影响。十月革命以后,又进一步从思想感情上转向高尔基,把高尔基当作自己学习的榜样。他写道:"当十月革命骤然在我面前展开了自由的人类个性发展的广阔天地,使我的教育工作得到了最充分的可能的时候,我就把马克西姆·高尔基的热情和信念引为自己的榜样。他对人的评价、他的爱和恨、他的永远前进和斗争都统一在艺术家的人类乐观主义中了。他善于在每个人身上……看到人的适合于最好的命运和最好的社会制度的优

---

① [苏]A·C·马卡连柯著,刘长松等译:《论共产主义教育》,人民教育出版社1954年版,第40页。
② [苏]A·C·马卡连柯著,刘长松等译:《论共产主义教育》,人民教育出版社1954年版,第112页。
③ [苏]A·C·马卡连柯著,刘长松等译:《论共产主义教育》,人民教育出版社1954年版,第400—401页。

美品质和精神力量。对于我,这就是最完美的教育基地。"①

从这个基本思想出发,马卡连柯主张在教育工作中首先必须尊重儿童。所谓尊重儿童,就是尊重儿童的人格,相信儿童的力量,善于发现儿童的优点,并以深厚的感情来对待和教育他们,一句话,就是要把每一个儿童都当作"正在发展中的人"来看。无论在高尔基工学团还是在捷尔仁斯基公社,他都反复强调不是从违法者和流浪性方面出发,而是从对人的尊重和信任、对人的热爱出发。他竭力反对从遗传和不变的环境决定论出发,把儿童分成"智力落后的"、"难教育的"和"违法的"。坚定地认为,"任何天生的犯过失的人,任何天生的不良性格,是绝对没有的","有的只是那些和我们一样充分享有幸福生活权利的人,有的只是那些和我们一样有才干、有能力生活和工作、有能力成为幸福的和有能力成为创造者的人"。②违法者和流浪儿童是痛苦的境遇和不幸的生活所造成的。只要采用正确合理的教育方法,完全可以把他们教育、改造成为有益于社会的新人。

马卡连柯认为,改造少年罪犯的主要方法的基本精神,是应该完全不管他过去的历史,尤其是过去的罪行。他指出,把一个孩子的全部冒险经历摆出来一一加以分析,并且一直追到他的父母为止,然后再根据所谓科学规律来创造新人。这种做法是"荒谬绝伦",没有任何科学根据的,其结果只会挫伤儿童的自尊心,使他失去前进的信心而"变成无用的死尸"。他要求人们有意识地避免对儿童过去的犯罪行为进行任何考察和记载,甚至主张取消个人档案和鉴定。马卡连柯的这种做法在实际工作中取得了良好的效果,得到了伟大作家高尔基的赞同。1925年8月,高尔基在致马卡连柯的信中写道:"您所谈到的对学生的'恳切态度'问题,不仅毫无疑问是正确的,而且好极了。这的确是一套再教育的方法,……让肮脏的、精神萎靡的昨天滚蛋吧!让历史家们去记着它。但孩子们并不需要,昨天对他们是有害的。"③

按照马卡连柯的意见,尊重并不是尊重外表的什么东西,而是对那些参加我们的共同劳动、参加我们的共同工作的同志的一种尊重。在我们尊重某个人的同时,就意味着对他的要求,"没有要求就不能有教育"。他写道:"如果对个人没有要求,那么,无论建立集体,无论建立集体纪律,都是不可能的事情。我

---

① [苏]《马卡连柯全集》(第七册),人民教育出版社1959年版,第306页。
② [苏]A·C·马卡连柯著,刘长松等译:《论共产主义教育》,人民教育出版社1954年版,第82页。
③ [苏]《马卡连柯全集》(第七册),人民教育出版社1959年版,第338—339页。

是主张对个人要有要求的,我拥护对个人提出一贯的、坚定的、明确的、不予修正和毫不缓和的那种要求。"①对待儿童也应持这种态度。不能象资产阶级"自由教育论"者那样,把儿童当作桌子上古董花瓶里的"一束美丽"的花。他指出,对待"生命之花"也应当像园丁栽培心爱的果树一样,不要只是欣赏、抚弄,而应当拿起铁锹、剪刀、喷壶,及时地剪去枯枝,杀死害虫,这样才能结出丰硕的果实。他认为,坚持对人"要求,要求,再要求",这是社会主义建设事业的需要,是党的一贯原则。他写道:"我们党的要求,就是对人和对集体的巨大的要求。而我不会另外发明一套教育学。我知道对党员的要求比之对非党人士的要求要更多些。"②

马卡连柯认为,教师向学生提出的要求,必须坚定、明确、彻底和切合他们的实际,不能含糊不清,忧柔寡断和半途而废;不要向学生提出过高的、实际上做不到的要求。否则,不但无益,而且还会损害儿童。例如,在高尔基工学团初办时期,马卡连柯决不向学生提"不要偷窃"的要求,因为这是办不到的;只提"要按时起床、工作"等。根据马卡连柯的经验,在具体运用要求性原则时,可以按照儿童认识发展的情况划分为三个不同阶段:第一个阶段,这时学生集体还未形成,教师必须以"不许反对的方式"向学生提出要求;第二个阶段,集体中出现了某些积极分子,这时教师所提要求应该得到积极分子的支持;第三个阶段,学生集体已经形成和巩固,这时应当由整个集体提出要求。马卡连柯认为,当集体自己能够提出要求,并且有了一定的步调和作风的时候,"教师的工作就会像数学似的成为准确而有组织的工作了"③。

实践证明,马卡连柯所创造的尊重与要求相结合的教育原则,是行之有效的社会主义教育的基本原则,它充分体现了社会主义人道主义精神和对社会主义事业的高度责任感。作为一个教师首先必须尊重与热爱学生。但尊重与热爱本身并不是目的,而是意味着对人的严格的要求,不然,尊重就会成为放任自流,热爱就会成为溺爱护短。反之,教师向学生提出严格要求,乃是尊重与爱护学生的具体表现;离开了尊重与热爱,严格要求将会成为整人的手段,不可能转

---

① [苏]A·C·马卡连柯著,刘长松等译:《论共产主义教育》,人民教育出版社1954年版,第271页。
② [苏]A·C·马卡连柯著,刘长松等译:《论共产主义教育》,人民教育出版社1954年版,第104页。
③ [苏]A·C·马卡连柯著,刘长松等译:《论共产主义教育》,人民教育出版社1954年版,第274页。

化为学生的自觉行动。

三、集体主义教育

集体主义教育是社会主义教育的基本特征之一,也是马卡连柯教育体系的核心。十月革命后,苏联许多著名的教育家如克鲁普斯卡娅、卢那察尔斯基和加里宁等人,都十分重视集体主义教育问题。马卡连柯在自己的教育实践中也一直把主要精力放在集体主义教育问题上。他在总结自己的教育经验时写道:"公社的教育方针概括地说来就是,建立合理的集体,建立集体对个人的合理的影响。"①

马卡连柯认为,社会主义社会不同于资本主义社会,资本主义社会是建立在个人主义基础之上的,而社会主义社会则是建立在集体主义原则之上的。在社会主义社会里,每一个人不能离开集体而单独存在;同时,每一个人的创造和力量也只有在集体中才能得到充分的发挥。社会主义教育的目的是培养集体主义者。这种人只有"在集体中、通过集体"才能培养出来。他反复强调,个人对个人的影响是一种狭隘的有限的因素,正确的苏维埃教育应当首先建立统一的、有力的和有影响的集体。只有建立了统一的集体,才能在儿童意识中唤起强大的舆论力量,从而制约儿童的行为并使它纪律化。

什么是集体?按照马卡连柯的意见,"集体是以社会主义的结合原则为基础的人与人的互相接触的总体"②。它必须具备以下几个特点:第一,集体是人们在共同目的和共同劳动中的联合组织;第二,集体是苏维埃社会的一部分,同其他的集体有机地联系着;第三,集体拥有管理机构和协调机构;第四,苏维埃集体是站在全世界劳动人民统一的原则性立场上。根据上述精神,马卡连柯认为,集体乃是社会主义社会所特有的概念。

此外,马卡连柯在阐明社会主义集体这一概念时,还着重地批判了当时在苏联非常流行的一种观点,这种观点认为,集体是"对这种或那种刺激会引起共同反应的协同动作的人群"。他指出这种观点是不科学的。按照这种观点的解释,走在路上的一群人,互相撕打的醉汉,甚至一群猴子、一团水螅,都可以叫做集体,因为他们都可能有协同的动作和共同的反应。他强调说,集体决不是人

---

① [苏]A·C·马卡连柯著,刘长松等译:《论共产主义教育》,人民教育出版社 1954 年版,第 58 页。
② [苏]A·C·马卡连柯著,刘长松等译:《论共产主义教育》,人民教育出版社 1954 年版,第 121 页。

们的偶然集合,而是"有机构、有权能、有责任、有各部分之间的相互关系和相互依赖的、活生生的社会有机体"①。

马卡连柯在实践中创立了一整套集体主义的教育原则和方法。

1. 平行教育影响原则

如何建立集体和通过集体进行教育？通常的做法是从个别教育着手。马卡连柯最初也曾试图采用这种方法。他说:"我曾长时间地想过:最好先把一个学生管理好、教育好,然后再教育第二个、第三个、第十个,当所有的学生都教育好了的时候,那就会有一个良好的集体了。"②可是后来他发现,"如果在我的观念里充满了一个个孤立的个人印象,和一粒粒豌豆一样,没有集体的关系,如果我不以集体的尺度来接近个人,那我就无法应付了"。于是他改变主张,坚定地认为:正确的教育方式应该"尽力设法和个别人不发生关系",而只和集体发生关系。他把这种教育方式称之为"平行教育影响"。他说:"什么是平行教育影响呢？我们只和分队发生关系,我们和个人并不发生关系,正式的公式就是这样的。实际上,这正是影响个人的一种形式,但公式和本质是并行不悖的。"③说得具体一点,所谓平行教育影响,就是指教师在教育过程中,应该以集体为教育对象,通过集体来教育个人。在教育集体的时候,同时教育了个人；而在教育单独的个人的时候,也应该想到整个集体的教育。他指出,"在实践中,这两个任务只有同时用一个共同的方法来解决才行。每当我们给个人一种影响的时候,这影响必定同时应当是给集体的影响。相反地,每当我们涉及集体的时候,同时也应当成为对于组成集体的每一个个人的教育"④。

由此可见,马卡连柯的平行教育影响原则,实际上也是一种个别影响的教育方法。不过这种教育方法,不是由整个集体直接转向个人,而是通过为了教育目的特别组织起来的基层集体的媒介转向个人的。所谓基层集体(或称核心集体)是一个集体的各成员间在集体里有经常的工作、友谊、生活和思想上的结合。在学校里这样的集体就是班级,在高尔基工学团和捷尔仁斯基公社是分队。马卡连柯认为,只有通过这样的基层集体我们才能正式教育个人。举例来

---

① [苏]A·C·马卡连柯著,刘长松等译:《论共产主义教育》,人民教育出版社1954年版,第124页。
② [苏]A·C·马卡连柯著,刘长松等译:《论共产主义教育》,人民教育出版社1954年版,第404页。
③ [苏]A·C·马卡连柯著,刘长松等译:《论共产主义教育》,人民教育出版社1954年版,第293页。
④ [苏]A·C·马卡连柯著,刘长松等译:《论共产主义教育》,人民教育出版社1954年版,第41页。

说,有一次,彼特连柯上班迟到了,晚上马卡连柯得到有关这件事情的报告后,不是把彼特连柯叫来申斥一顿,而是把他所在分队的分队长叫来,对他说:"你分队里有人迟到了,以后不要有这样的情形。"分队长必须回答说:"是的,以后不会有这样的情形。"于是全分队的人就把彼特连柯作为集体的一分子,向他提出更高的要求,及时地对他进行教育和帮助。他认为,这样一来,"我们就教育了集体,团结了集体,加强了集体,以后集体自身就能成为很大的教育力量了"①。同时,也只有当我们教育的是全体里的每一个人,而不是仅仅教育好个别的个人时,才能培养真正的集体主义者。

应该指出,马卡连柯强调集体的教育力量,要求通过集体来进行教育,无疑是正确的。但是他把这个教育方式看作是"正确教育的唯一途径",确信和个人不发生任何关系,则未免武断。对此,他的追随者苏霍姆林斯基曾提出过批评。他指出:"个人和集体的关系正像小溪、泉水和大河的关系一样,如果这些小溪、泉水被污染了,大河就会成为一潭死水。"②因此,只有当教育者时刻关心使这条大河流域没有一支小溪干枯、腐败和发臭,那时候集体才能成为个人力量的源泉。事实上,马卡连柯本人也常常流露出这个思想的。

2. 前景教育原则

马卡连柯认为,正常的、健康的集体必须不断地向前发展,不能停滞不前,停止了,集体就没有生命力,这是集体运动的规律。根据这个规律,他在自己的教育实践中首先提出并实行了前景教育原则,要求教师在教育过程中要经常给集体提出一个或好几个需要经过一定努力才能达到的任务,吸引整个学生集体和集体中的每一个成员。当既定目的达到以后,又必须立即提出新的、更广泛、更有意义的任务。这样就能不断地激发学生对自己力量的信心,提高他们的自尊心,培养他们的意志和毅力,鼓舞他们去追求新的理想,攀登新的高峰,从而使整个集体生气勃勃、更加巩固。他说,人的生活的真正刺激是明天的快乐。"培养人,就是培养他对前途的希望。"很多儿童教育机关之所以失败,就是由于他们的前途观念薄弱和不明确。因此,前景教育原则又可称为"明日欢乐论"。

为了安排好集体的前景,引导集体不断地向前发展,马卡连柯确定了一套

---

① [苏]A·C·马卡连柯著,刘长松等译:《论共产主义教育》,人民教育出版社1954年版,第404—405页。
② [苏]B·A·苏霍姆林斯基著,杜殿坤译:《给教师的建议》(上册),教育科学出版社1980年版,第145页。

非常复杂的发展集体的远景制度,即"建立新的前途、运用已有的前途,逐渐代之以更有价值的前途",引导学生集体由近及远,由易到难地开展活动,由最简单的原始满足发展到最高的责任感。在这一思想指导下,马卡连柯把前景划分为近景、中景和远景三种,并且赋予后者以特别重要的意义。他指出,远景是建立前景路线的最高阶段,是指向更广泛的前途——社会和国家的前途。它可以吸引儿童做很多的事情和更加努力地工作,可以真正成为他们快乐的前途。他要求教师应当随时向学生表明,他们的工作和生活就是苏联的工作和生活的一部分,使他们不仅认识国家的未来,而且能以全部感情来体验国家的前途,体验它的工作和成就。他写道:如果一个人的行为是由最近的远景来决定的,那他就是一个最软弱的人;如果他只以个人的远景为满足,那么这种远景虽然是远大的,也不能使我们感到"人格的美和人格真正的价值"。反之,"如果集体的成员把集体的远景看作个人的远景,集体愈大,个人也就愈美、愈高尚"①。

在具体安排和执行远景计划时,马卡连柯要求教师必须防止学生养成一种"完全不能容许的享乐主义的习惯",要求学生付出某些必要的劳动。他指出,儿童在克服各种障碍中投入的劳动愈多,就愈能吸引人,愈有教育意义。此外,他还要求教师必须考虑儿童的年龄特点,使各种远景尽可能适应不同年龄儿童的能力和需要。按照他的意见,"在那些还没有能力安排自己未来长远的意向和兴趣的儿童集体中,近景比较适宜;年龄愈大,必须实现的乐观的近景的境界就往后推得愈远;对十五、六岁的青年来说,近景的意义就不像对十二、三岁的少年那样巨大;对于成年人,由于他们的自觉性和政治上的成熟,则仅仅有远景就足够了"②。

3. 集体的作风和传统

马卡连柯认为,优良的作风和传统对于美化集体、巩固集体具有特别重要的意义,他说:"只有具有公共的作风,并且这种作风是基于经常的集体活动和集体内容的地方,才能有外表上的有礼貌的形式,才能使集体特别美化起来。"③又说:"任何东西,也不能像传统那样能够巩固集体……苏维埃学校如果没有

---

① [苏]马卡连柯著,磊然译:《教育诗》(第三部),人民文学出版社1978年版,第739页。
② [苏]A·C·马卡连柯著,刘长松等译:《论共产主义教育》,人民教育出版社1954年版,第200页。
③ [苏]A·C·马卡连柯著,刘长松等译:《论共产主义教育》,人民教育出版社1954年版,第345页。

传统,当然不会是好学校。"因此,培养优良的集体作风和传统既是苏维埃学校教育的重要任务,又是进行集体主义教育的重要方法。

在谈到什么是苏维埃儿童集体的优良作风问题时,马卡连柯指出,良好的作风应该具有以下几个特殊的标志:第一,愉快的情绪。经常朝气蓬勃,积极乐观,充满信心和同志之间的团结精神;第二,自尊心。每一个人都知道自己在集体中的地位,知道自己对集体应负的责任,能自觉地维护集体的荣誉;第三,克制的能力。善于把自己不愉快的心情隐藏起来,对同学能够采取谦让态度,他说:"一个人如果不能自行克制,那就是一架坏机器。"

传统是和作风相联系的。马卡连柯认为,所谓传统,就是把四、五、六年以前有所作为、有所成就的成年一代的经验保留下来,不要随便地予以改变。传统的建立需要经过紧张热情的工作、实践和长期的经验积累才有可能。传统经建立之后,也不能简单地用命令的方式予以取消,而是要用更有力更有益的新传统来代替。马卡连柯经常引以自豪的是,在他领导的学生集体里有着各种各样的传统,如值日队长的报告制度,卫生检查制度,旗手职务终身不变,大会发言不超过二分钟,以及在任何情况下不叫苦等等。这些传统不仅美化了学生集体,并且使教育工作更加容易进行。

马卡连柯强调指出,在集体主义教育中具有决定性意义的是教师集体。他坚定地认为,没有教师集体就不可能培养出集体来。正因为这样,马卡连柯在强调建立学生集体的同时,也特别重视教师集体的组织。按照他的意见,一个强有力的教师集体不应该是偶然凑合起来的,而是要经过严格的挑选和合理的组织。他要求全体教师必须团结在校长的周围,坚决服从校长的领导,大家按照统一的目标、统一的思想原则和统一的工作计划进行工作。这样才能充分发挥教师集体在整个教育、教学过程中的作用,他说,如果五个能力较弱的教师能够团结在一个集体里,目标一致,齐心协力地进行工作,要比十个各行其是的优良教师好得多。

但是,不能由此得出结论说,马卡连柯不重视教师个人的作用。相反,他对教师个人的作用估价很高,并且对教师提出了严格的要求。他认为,一个优秀的教师应该具有明确的政治目标,具有实际的知识、能力和高度的责任感。其中他特别强调的是教师的教育技巧,在他看来,一个教师只有掌握了教育技巧,才能正确有效地进行教育。他写道:"我根据自己的经验,得到了这样一个信念：以能力和熟练的业务水平为基础的技巧，才能够解决问题。"①他建议高等师范学校，不仅要给学生以知识，而且要培养他们的教育技巧；要把运用声调、表情等作为必修课；要教会学生怎样站，怎样坐，怎样从桌子旁边的椅子上站起来，怎样提高声调，怎样笑和怎样看，等等细微末节。他认为所有这一切对教师来说都是十分必要的，如果没有这些技巧，那就不能成为一个好教师。

四、纪律教育

在马卡连柯的教育体系中，纪律教育是与集体主义教育紧密联系的。按照他的意见，严格的纪律可以使集体更加完善，更加迅速地达到自己的目的，并且可以使集体和集体中的每一个成员变得更加美好。他说："纪律是集体的面貌、集体的声音、集体的美妙、集体的活动、集体的姿态和集体的信念。集体中的一切，归总起来，都摆脱不了纪律的形式。"②因此，他在集中精力抓集体主义教育的同时，对学生的纪律教育也非常重视。

什么是纪律？马卡连柯对这个问题的理解比一般人的理解要广泛得多。他在《普通学校的苏维埃教育问题》一文中写道："在革命前的学校和革命前的社会里，纪律只是表面现象。这是一种统治的形式，是压制个性、压制个人意志、压制个人志趣的一种形式。最后，在一定程度上，纪律又是一种统治的方法，是使个人屈服于权力的一种方法。"③与此相反，马卡连柯认为，在社会主义条件下，纪律是一种道德的政治的现象。在社会主义社会里，"没有纪律性、不守纪律的人就是反社会的人"。同时，社会主义社会的纪律，永远应当是自觉的纪律，而不应该是强制性的纪律。所谓自觉纪律，就是一个人能够愉快地去做自己所不愿做的事情，是当着别人的面或单独一个人的时候，都是一样的细致，一样的认真负责。正因为这个缘故，所以，社会主义社会的纪律首先是教育的结果，然后才能成为一种手段，如果把纪律仅仅看成是手段或方法，那它就会立刻变成可诅咒的东西。他写道："纪律是整个教育过程的结果，而不是个别的特殊方法。想借助旨在创造纪律的某些专门方法的帮助来树立纪律的那种想法

---

① ［苏］A·C·马卡连柯著，刘长松等译：《论共产主义教育》，人民教育出版社 1954 年版，第 405 页。
② ［苏］A·C·马卡连柯著，刘长松等译：《论共产主义教育》，人民教育出版社 1954 年版，第 438 页。
③ ［苏］A·C·马卡连柯著，刘长松等译：《论共产主义教育》，人民教育出版社 1954 年版，第 255 页。

完全是错误的。纪律是教育作用的全部总和的产物。这里既包括教养的过程，也包括政治教育的过程；既包括性格形成的过程，也包括冲突和纷争发生的过程"，甚至还包括体育和身体发育等等的过程。①

马卡连柯认为，要培养学生自觉的、铁的纪律，首先必须使学生充分了解什么是纪律和为什么需要纪律。为此，他建议学校开设道德理论课，采取各种有说服力的方式和有计划地给学生讲授道德理论，使他们了解苏维埃社会和个人的行为规范和道德原则；使学生深信纪律是达到集体目的的最好的方式；纪律就是自由、纪律能美化集体，等等。同时，必须将道德理论和儿童集体自身的经验与经常的练习结合起来，注意寻找适当的机会考验与检查集体或个别学生遵守纪律的情况。例如，委托给个别分队、班级或小组一些"突然的额外工作"，并指出完成这些工作的期限和标准。工作完成后要求做出总结报告，讨论集体执行纪律的情况；按照一定的信号演习集合，检查整个集体和个人集合的快慢以及纪律方面的水平；在娱乐或进餐时，举行检查性的集合；等等。但是，他认为这样的检查和考验不应经常使用。

马卡连柯很重视生活制度在纪律教育方面的作用，他指出生活制度与纪律不同，它首先是一种手段。借助于正确的生活制度，可以组织集体的行动，使学生养成集体生活的习惯，培养严格的组织性和纪律性。他认为，正确的生活制度应该具有以下特征：目的性，使儿童了解各种生活制度的必要性；精确性，一切生活制度在时间、地点等方面要有精确的规定，不应有任何含糊；共同性，各种生活制度应该是大家都必须执行的，不应有任何例外。

马卡连柯认为，在培养学生纪律方面，最重要的是领导者在安排自己和集体在纪律上的接触时所取的态度，也就是说，教师或父母必须以身作则。他指出，"如果父母自己不真诚地对待制度，如果父母只要求儿童遵守制度自己却生活得毫无规律，不遵守任何的制度，那么，制度的确定性、实际性和必要性就很难保持了"②。

和当时流行的"自由教育理论"者一概反对惩罚的观点相反，马卡连柯认为，在学校的纪律教育中适当地使用惩罚是必要的和有益的。他指出，任何方法都不能离开整体单独来分析，"惩罚可以培养出奴隶，但有时也可以培养出很

---

① [苏]A·C·马卡连柯著，刘长松等译：《论共产主义教育》，人民教育出版社1954年版，第256页。
② [苏]马卡连柯著，高天浪译：《儿童教育讲座》，人民教育出版社1955年版，第38页。

好的人来,可以培养出自由和自豪的人来"①。凡是需要惩罚的地方,惩罚不仅是教育者的权利,而且也是一种义务。按照马卡连柯的意见,惩罚也体现着对人的尊重与严格要求相结合的教育原则。他说:"我始终坚持这样一条原则:首先惩罚优秀的,其次才惩罚不好的,或者就完全不惩罚。"因此,在他主持的教育机关里,最好的学生被惩罚的次数最多最严格。

马卡连柯认为,惩罚的本质,是使人知道自己的行为有了错误,有错误的体会;"惩罚应当是教育",而不应当造成精神上或肉体上的痛苦。从这个基本观点出发,他坚决反对体罚,反复说明打人是教师无能的表现。他主张采用批评、训斥和开除等惩罚方式,而最常用的是"禁闭"。所谓禁闭,就是把被惩罚的人叫到他的办公室,在那里坐上几个小时。他要求教师在施行惩罚的时候要深思熟虑,要使惩罚跟学生所犯过错相适应,特别重要的是"无论如何,在加以惩罚之前,必须和学生进行谈话",使他明确地认识自己的错误,并意识到惩罚的意义。

五、劳动教育

马卡连柯从社会主义社会的性质和苏联宪法的原则精神出发,赋予年轻一代的劳动教育以特别重要的意义。他说:"我们的国家是劳动者的国家,我们的宪法明确规定:'不劳动者不得食'。"因此,在社会主义国家的教育工作中,劳动应当是"最根本的因素之一","正确的苏维埃教育,如果不是劳动教育,那是完全不能想象的"②。甚至在 1937 年,教育人民委员部明令取消劳动课,撤消生产基地,解散劳动教师队伍以后,他仍然坚信:"将来的学校是会实行生产劳动的",我们现在取消劳动教育,主要是由于缺乏干部的缘故。

按照马卡连柯的意见,"劳动教育,即人类劳动品质的教育",其目的是要发展儿童的体力、智力和培养他们从事生产劳动的技能、技巧,尤其重要的是要使学生在道德上和精神上得到良好的发展。他指出:"人越来越成为庞大的有组织的机械力量的支配者了,现在向人要求的越来越不是体力而是这些智力了:管理能力、注意力、精确核算、发明才能、机警和灵巧等……真正的斯达哈诺夫式的工作者,很少依赖自己的筋肉,而是应用材料和工具配置的新方法、应用新

---

① [苏]A·C·马卡连柯著,刘长松等译:《论共产主义教育》,人民教育出版社 1954 年版,第 237 页。

② [苏]马卡连柯著,高天浪译:《儿童教育讲座》,人民教育出版社 1955 年版,第 56 页。

的设备和新的工作方法来获得自己的成功的。"①

但是,并不是任何劳动都能教育人。马卡连柯认为,只有那些按照教育学原则合理组织的劳动才有教育意义。他写道:"断言似乎任何教育都不需要,似乎只有劳动才能教育人,乃是一种荒唐的思想。培养全面发展的人的计划,只有在那样的集体生活中才能实现,在这种集体生活中包括中学的教学。参加生产范围的劳动和积极的社会政治活动与创造性活动。"②因此,无论是在高尔基工学团,还是捷尔仁斯基公社,他都坚持实行半工半读制度,力图把教育和生产劳动紧密结合起来。规定学生每天一方面要完成十年制学校的学业(学习五小时);另一方面还要在农场或工厂从事生产劳动(每天四小时),要完成一定的生产定额。此外,还要从事自我服务和其他公益劳动。

马卡连柯认为,儿童的生产劳动必须是力所能及的,有成效的和有创造性的,特别是要具有生产的性质,能够创造价值。他强调说:"在生产条件以外,我现在不能想象社员们的劳动教育……现在我相信,不注意创造价值的劳动,不会成为教育的积极因素,因为,劳动就是生产学习,它应当由劳动所能创造的那种价值观念出发。"③在高尔基工学团时期,他根据当时的实际情况,主要安排学生从事农业劳动,如养猪、种小麦等。在捷尔仁斯基公社时期,则主要从事工业劳动,最初是木工,后来发展为制造电钻和高级照相机等。在所有各种劳动中,他认为最理想的劳动教育,是组织儿童参加现代化的大工业生产,即参加用最新的技术装备起来的、大规模的国家范围的生产。这种生产"需要有复杂的工具,需要选择工具,需要有科学地装备起来的、精细的检查技术",它能广泛地满足儿童的各种兴趣和爱好,充分发挥他们的聪明才智,并使他们掌握高度熟练的生产技术以及培养儿童多方面的性格特点和组织管理能力。他说:"当我们的劳动教育逐渐转变为生产教育的时候,我自己还不能预期这种生产教育会发展到如何的程度。但是,在最近几年,当我们的十三、十四岁的儿童能够管理万能铣床组的时候,我就毫不惊奇了。这样的操作,是离不开数学的,也需要很精细的思考。"④马卡连柯不赞成给儿童安排消耗体力的单一的劳动,主张安排比

---

① [苏]马卡连柯著,高天浪译:《儿童教育讲座》,人民教育出版社1955年版,第60页。
② 转引 П·Т·尔申科著:《马卡连柯和苏霍姆林斯基论青年的劳动教育》,载[苏]《苏维埃教育学》杂志,1981年第3期。
③ [苏]А·С·马卡连柯著,刘长松等译:《论共产主义教育》,人民教育出版社1954年版,第317页。
④ [苏]А·С·马卡连柯著,刘长松等译:《论共产主义教育》,人民教育出版社1954年版,第325页。

较复杂的劳动任务。在他看来,劳动的任务愈复杂,愈具有独立性,它的教育意义就愈大。

马卡连柯还根据自己长期的教育实践经验,进一步指出,在儿童教育机关中,只有生产劳动和劳动过程仍然不会有教育上的好处,不可能使儿童在道德上精神上得到提高。在组织儿童从事生产劳动的时候,必须把劳动和思想政治教育密切结合起来才能收到良好的效果。他写道:"在任何情况下,劳动如果没有与其并行的教育——没有与其并行的政治的和社会的教育,就不会有教育的好处,会成为不起作用的一种过程。你们可以随意强迫一个人去劳动,但是,如果不与强制劳动同时在政治上道德上教育这个人,如果这个人不参加社会的和政治的生活,那么,这种劳动就只能成为一种不起作用的过程,不会有积极有用的结果。"①这就是说,在劳动教育中不能让儿童单纯地从事体力劳动,而必须同时对他进行思想教育,注意培养他们对劳动的态度,以及对劳动者的尊敬和对寄生者的憎恨等思想感情。他要求学生自觉地进行生产劳动、爱护车床,照管好机器,经常在车床旁、在工作中给自己找到正确的行为规范。所以,从这个意义上讲,劳动过程实际上也是道德教育的过程。

马卡连柯原则上不反对劳动与教学的联系,但是,他对这个问题的理解和具体做法上与众不同。大家知道,二十年代苏联教育界在"生产劳动是学校生活的基础"的思想指导下,片面强调教学与生产劳动的一致性,热衷于劳动过程与教学过程之间的机械结合。"1922年马卡连柯也迷恋过单元设计教学法。"②他在《工作经验谈》中写道:"在这个伤脑筋的问题上,我们真是费尽心机了。例如孩子们做一个凳子,就应当使这个凳子跟地理、数学联系起来。参观团来了,没有发现凳子跟俄语之间有一致的关系,我还感到很不好意思呢。"③可是,不久他便放弃了这种看法,直截了当地肯定这两者之间不应当有联系。他说:"我认为学校和生产不仅不需要有任何一致,甚至于没有任何的一致还要更有益些。""在他领导的学校里,除了每一班添加两小时制图课程以外,在知识、学习和教学各方面完全按照自己的规定、要求和目的进行,和生产之间没有任何一致的

---

① [苏]А·С·马卡连柯著,刘长松等译:《论共产主义教育》,人民教育出版社1954年版,第236页。
② [苏]《国民教育》杂志(附刊),1963年第3期,第2页。
③ [苏]А·С·马卡连柯著,刘长松等译:《论共产主义教育》,人民教育出版社1954年版,第486—487页。

关系。"①他认为学校里的学习过程和生产活动之所以能如此有力地决定个性的发展,是因为学习过程和生产活动消灭了体力劳动和脑力劳动之间的界限,并造就出高度熟练技术的人;教学和劳动是否结合、结合得好或坏,主要表现在培养什么样的人这个问题上,而不是表现在组织形式上。在他看来,学校里培养出来的人具有"中等教育和七级铣工的技术,这就是最好的教育结合,在这种结合上,不需要再来任何的补充"②。由此可见,马卡连柯并不是一般地反对教学与生产劳动相结合,"只是讥笑那种人为的联系,实际上他非常懂得,近代的生产劳动不能不与理论知识和思想政治教育结合起来"。③

马卡连柯是苏联早期最有影响的教育革新家。他有着丰富的教育实践经验,并研究了共产主义教育各种重大问题,提出了许多有价值的教育理论,如对人的尊重与严格要求相结合,集体主义教育的理论和方法等,直到今天仍然具有重要的现实意义。但是,应该指出,马卡连柯的教育理论是在苏联的特定的历史时期对流浪儿童和少年违法者进行改造和教育的过程中产生的,有些东西已经过时。马卡连柯的教育著作还被译为多种文字出版,在许多国家广泛流传。

---

① [苏]A·C·马卡连柯著,刘长松等译:《论共产主义教育》,人民教育出版社1954年版,第332页。
② [苏]A·C·马卡连柯著,刘长松等译:《论共产主义教育》,人民教育出版社1954年版,第333页。
③ [苏]凯洛夫:《教育科学发展的前景和教育科学院跟师范学院教育系教研组的协作》,载《苏联教育资料汇编》第四辑,人民教育出版社1964年版,第67页。

第九章　第一次世界大战后至第二次世界大战期间的英、法、美教育

第一次世界大战后,国际形势发生了很大的变化。伴随着社会改革和经济复苏时期的到来,教育对国家利益的重要意义已经被越来越多的工业化国家认识到。

在欧美主要资本主义国家,政治民主化运动有了显著的发展。公民选举权的扩大,劳工运动的兴起,在教育上反映为各国劳动人民和民主进步人士要求废除等级性的教育制度,争取教育民主权利的斗争。

随着战后科学技术的发展,工业生产方式的改变,投资多样化和市场竞争的加剧,各国资产阶级对国家教育的效能以及对劳动者教育水平的要求越来越高,战前的教育体制已远远不能适应这种需要,教育改革势在必行。

第一次世界大战后至第二次世界大战前,以英法美为代表的欧美各国的教育发展是在力求保持资本主义社会体制的连续性的基础上,以渐进的方式取得的。这些发展具有三个主要特点：(1)在教育行政上,国家加强了对各级教育,特别是公共教育的控制,公立学校网不断扩大；(2)在学校制度上,"统一学制运动"的发展成为各国教育发展的共同趋向。传统的双轨制逐渐为形式上的单轨制所取代。随着义务教育年限的延长,中等教育向各阶层群众开放。与此同时,职业技术教育也有了较快的发展；(3)在教育思想上,出现了一股以适应学习者文化背景和社会环境为特点的新潮流,形成了新旧教育思想在相互制约中共同发展的格局。

一、英国

1. "费舍法案"

战后,英国资产阶级鉴于国内政治和经济发展的需要,把进一步完善公共教育制度提到重要的议事日程上。当时担任英国教育部长的费舍(H·L·A·Fisher)在自传中写道："英国有史以来,教育第一次成为公众普遍关注的问题。"1918年,国会通过了一项新的教育法案"费舍法案"。

"费舍法案"共含六个要点：(1)地方当局为2—5岁的儿童开办幼儿学校；(2)规定5—14岁为义务教育阶段；(3)小学一律实行免费；(4)为超龄青少年设

立继续教育学校(学生年龄初为 14—16 岁,后为 14—18 岁);(5)改革考试制度,精简后的校外考试分为学校证书考试(16 岁)和高级学校证书考试(18 岁);(6)禁止雇佣不满 12 岁的儿童做工。

"费舍法案"在建立完整的国家教育行政系统方面迈进了一步,初步确立了一个包括幼儿学校、小学、中学和各种职业学校在内的公立学校系统。但是,法案回避了为所有儿童提供"义务的"、"无竞争性"的中等教育的问题,而是用继续教育代替了它的讨论。教育的双轨制并无触动。

随着这项法案的颁布与实行,中等教育的民主化日益为公众所瞩目。早在第一次世界大战期间,随着英国军火工业的发展,就业机会相对扩大,有能力支付教育费用的薪水阶层日益不满足于自己的子女只受初等程度的教育。加上在校学生的社会背景各不相同,这一切都对中等教育的普及性和适应性提出了更高的要求。中等教育观念随之扩大。1911 年开始,在英国一些大城市发展了一种叫"中心学校"的教育机构,招收初等学校毕业生,学习期限一般为四年,前两年学习普通科目,后两年主要学习工、商、家事等实际科目。学生毕业后多数就业,少数经考试升入正规中学。它和同期发展起来的高级小学一样是专为劳动人民子女设立的,其程度高于初等学校,是后期英国现代中学的前身。这类学校的出现"代表着英国公共教育对中等教育持更为开明的看法的第一次实质性尝试"①。

2. "哈多报告"

工党政府上台后,出于政治上的考虑,明确宣布将"人人有权受中等教育"作为该党教育政策的基础。1922 年,工党的主要教育发言人托尼(R. H. Tawney)明确宣布:"工党业已确认,刻不容缓地健全教育制度,使之适合民主的社会是为上策。根据这项政策,初等教育和中等教育组成单一的、连续的教育过程中的两个阶段。中等教育为青年的教育,初等教育则是它的预备阶段的教育。"②他要求尽快结束全国 85% 的儿童只受到 14 岁为限的教育的情况,使学龄儿童有机会受到各种类型的中等教育。学生离校年龄至少延迟到 16 岁。

---

① [澳]W·F·康乃尔:《二十世纪世界教育史》,1980 年英文版,第 176 页。
W. F. Connell. *A History of Education in the Jwentieth Century World*, New York: Teachers College Press, 1980, p. 176.——编校者
② [英]H·C·巴纳德:《英国教育简史,1760—1944》,1947 年英文版,第 274 页。
H. C. Barnard. *A short History of English Education from 1760 to 1944*. London: University of London Press, 1947, p. 274.——编校者

托尼指出,在英国,建立统一的初等和中等教育制度已成当务之急。否则,国家在扼杀青少年教育的情况下必将自绝其路。

1926年,英国教育部咨询委员会主席哈多爵士(Sir Henry Hadow)主持起草了一个著名的教育报告("哈多报告"或称《青年教育报告》)。建议:(1)小学教育应重新称为初等教育。儿童在11岁以前所受教育为初等教育,5—8岁入幼儿学校,8—11岁入初级小学;(2)儿童在11岁以后所受的各种形式的教育均称为中等教育。中等教育阶段分设四种类型的学校,即以学术性课程为主的文法学校,具有实科倾向的选择性现代中学,相当于职业中学的非选择性现代中学,以及略高于初等教育水平的公立小学高级班或高级小学。完成中等教育的最低年限为15岁;(3)义务教育年限规定为15岁。

"哈多报告"的中心是:教育应为一连续的过程,但可分为前后两个阶段,即小学阶段和中学阶段。在学制上11岁为一关键年龄期,这是由儿童身心发展特点所决定的。儿童受完普通的初小教育,通过一次考试,分别进入不同类型的学校,以适应儿童不同的能力和需要,同时减少中小学教育的阶级分野。

"哈多报告"所反映的学制改革计划,其实质是把中等教育分为两部分,即传统的文法学校和各种类型的现代学校,用一次竞争性考试决定取舍,以此实现表面上的入学机会的平等。而事实上,当时英国劳动人民子弟真正受到中等教育的只占极少数。小学毕业生的90%进入高级小学。这些学生除能转入职业学校外是不能升入其他中学的。加之哈多报告并没有考虑中等教育和职业教育的联系,因此不能保证向所有11岁以上儿童提供受教育的机会。

为适应战后经济发展对技术人才的广泛需要,1938年,以斯宾斯(Sir Will Spens)为首的教育调查委员会提出了一项"关于文法学校和技术中学的中等教育"的报告("斯宾斯报告")。

该报告坚持了"哈多报告"的改革方向,并将二十年代教育改革侧重个人的心理需要转为更多地强调学校的社会机能方面,特别提到了各类中学必须享有平等的地位。

"斯宾斯报告"将原学制中属于中等教育范畴的学校归并为文法学校、现代中学和技术中学。确认了将技术教育作为中等教育一部分的原则,并建议将职业课程引入各类中学。

"斯宾斯报告"是对哈多报告的补充和发展,它们为1944年新的教育法案的制定奠定了基础。迄至1938年,"全国已有63.5%的11岁以上儿童在新的学校里读书"①。

3. 尼尔激进的自由教育理论

尼尔(A. S. Neill, 1883—1972),英国教育家,现代西方自由学校运动代表人物之一。1921年他在德国德累斯顿郊区协助开设一所国际学校,1924年学校迁至英格兰萨福克郡雷斯顿村,改称萨默希尔学校。学生来自英国、斯堪的纳维亚、南非、美国和加拿大等地,多为中产以上家庭的子女,其中所谓"问题儿童"占有相当比例。这所学校的办学思想是"使学校适合儿童,而不是使儿童适合学校",实际上这是一所以儿童为中心的学校。萨默希尔学校一直存在到1970年。从初创之时起,尼尔一直是学校的实际主持人。他的主要著作有《自由儿童》(1953)、《萨默希尔——激进的儿童教育的方法》(1960)和《谈谈萨默希尔学校》(1967)。

(1) 论现代教育

作为一个激进的资产阶级自由主义者,尼尔认为现代技术的进步带给社会的仅仅是表面的物质繁荣,在它背后潜伏着巨大的精神危机。高度发展的工业组织正无孔不入地运用物质力量和心理控制,从各方面束缚人们的自由和情感,把他们变为一些只知道接受现状,唯命是从、战战兢兢的小人物。在他看来,这种人的自我意识的丧失和典型的"反生活"态度已经成为现代流行的社会病。

儿童也面临着同样危险。尼尔断言这种危险几乎有一半是错误的教育造成的。现代教育的一个致命弱点是剥夺了儿童自由生活的权利。从根本上说,这种教育制度是建立在成年人关于儿童应该是怎样的人和儿童应该如何学习的看法上的;儿童在学校里所学的东西并不能使他学会怎样生活,只是无谓地浪费他的时间和精力。

尼尔揭露了现代教育的"僵化"与"极权"。认为这种顺从传统习俗的教育只会窒息儿童的个性。教育所能做的一切应当把在儿童身上失落掉的东西——自由还给儿童。从这个意义上说,尼尔认为,萨默希尔学校的优点将是健康而自由的孩子的优点,他们的生活没有被恐惧和仇恨所损害。

(2) 论自由教育

a. 自由与快乐

尼尔从反传统的非理性主义和极端个人主义出发,认为生活的唯一目标是

---

① H·C·巴纳德:《英国教育简史,1760—1944》,第279页。
H. C. Barnard, *A Short History of English Education from 1760 to 1944*, London: University of London Press, 1947. p. 279. ——编校者

人们对于快乐的追求与实现。人生其他一切需要都从属于它。教育就是预备生活,因此教育的目标也应与生活的目标相一致,对快乐的追求是每个儿童不容剥夺的权利。"儿童对快乐的需要应当成为一切教育制度的基本要义。"①

在萨默希尔,只有儿童自己最了解什么能使他快乐。在这里,每一个儿童都有权利也有责任决定他自己的生活目标亦即教育目标,包括教师在内的其他任何人都无权代替他回答这个问题。在尼尔看来,现代教育恰恰在这个问题上误入了歧途,今天的教育制度也许称得上是一种用课桌、功课、恐惧与惩罚扼杀儿童快乐的制度。

尼尔认为,现代教育无视了这样一个根本的事实,即教育者和被教育者在人格上是完全平等的。学校必须反对教师对儿童一切形式的控制和压迫,反对儿童对违背自身意志的外来权威的屈从。为此,他号召学校"撇开权威,随儿童自己去。禁止向儿童作威作福,不要教他们,不要对他们说教,不要试图提高他们的道德水平",总之"不要强使他们做任何事情"。② 尼尔断言,只有在这样的环境下面,儿童才会快乐,"快乐或许可以解释为一种最少受压抑的情境"③。

儿童是否快乐还取决于教育者给予他们的爱和赞许的程度。这种爱不是一般意义上的感情用事的爱。爱就是赞成儿童,就是公开宣布站到儿童一边。它将意味着对于儿童的独立人格和自由的积极的肯定。作为教育者,必须用一种适当的方式去对待每一个儿童,要使他感到他是真正自由的,快乐的,而你是爱他的,由衷地赞成他的。

这种以快乐为目的的教育摒弃一切教育上的传统观念,代之以鼓励和发展自我认识,让个人按照他本性所要求的那样体验真实的生活。教育纯粹为个人而存在。尼尔相信,儿童在能给他带来快乐的自由的环境下生活才能发现、发展和最终实现他自己,这就是成功的教育家的秘密。

b. 自由与放任

尼尔强调了他的下述观点:自由在任何情况下都将意味着摆脱控制,但是

---

① 尼尔:《谈谈萨默希尔学校》,1967年英文版,第94页。
　A. S. Neill, *Talking of Summerhill*, London: Gollancz, 1971, p. 94.
② 尼尔:《萨默希尔——激进的儿童教育的方法》,1960年英文版,第297页。
　A. S. Neill, *Summerhill: a radical approach to child rearing*. London: Hartpub. 1960. p. 297. ——编校者
③ 尼尔:《萨默希尔——激进的儿童教育的方法》,1960年英文版,第356页。
　A. S. Neill, *Summerhill: a radical approach to child rearing*. London: Hartpub. 1960. p. 356. ——编校者

自由并不是放任儿童,不是说在萨默希尔儿童可以随心所欲去做他感兴趣的一切事情。

需要指出的是,许多家长并不清楚自由与放任之间的区别。在一个管束型的家庭里,儿童没有权利。在一个溺爱型的家庭里,儿童得到了一切权利。一个健康的家庭是属于这样一种类型,即儿童和家长享有平等的权利。①

在尼尔看来,自由作为一种权利对所有人都是平等的。放任从社会意义上说,就是对别人权利的一种破坏,就是干涉别人的自由。自由发展到出格就会变成放任。例如在萨默希尔,一个儿童有选择上课或不上课的自由,因为那是他的私事。但是他不能自由到随意侵犯别人学习的权利。在萨默希尔,每一个人都必须尊重他人的自由,同时也尽其可能地保护个人自由不受侵犯。这样,自由虽然在社会的意义上是被限定的,但在涉及个人活动的范围内,它是被充分实现了的。

对每个儿童来说,制止放任有赖于行为的自我调节和自我约束。自我调节的行为必定出于自觉,不允许有外部的强制;而真正的自我约束则意味着充分考虑他人的权利和快乐,它将导致与别人意见的协调,为了社会的利益养成合作的精神。尼尔相信,在一个真正自由的环境中,儿童一般是能够约束自己的放任的。他将认识到,尊重别人的权利就是对自身自由的最好保障。

为了使初到萨默希尔的儿童适应新的环境,尼尔经常采取一种特殊的教育方法,即在一个时期内允许和鼓励儿童的放任,甚至故意将儿童的过失引导到放任而不加制止。尼尔把儿童最初的这种放任看成是对他过去所受的压迫、愤懑和惧怕的一种感情发泄。打坏几块玻璃并不见得是一件坏事。重要的是使儿童懂得自己已置身于一个他从未经历过的真正自由的环境中来。他再也不必恨谁,也不必惧怕什么,他是被理解的。尼尔指出,儿童的这种心理上的恢复期一过,自我意识就会促使他对自己决定的行为理智地负起责任来。

但是,尼尔又告诫人们不能对儿童的这种自我约束抱有不切实际的想法。超越了自我调节范围的放任是会发生的。它将导致个人与个人、个人与团体之间的利害冲突。为解决这些冲突,学校必须实行社会意义上的自治。尼尔断定,一所自由的学校必定是一所实行高度自治的学校。

---

① 尼尔:《萨默希尔——激进的儿童教育的方法》,第 107 页。
 A. S. Neill, Summerhill: a radical approach to child reading, New York: Hart pub, 1960, p. 107.

这种自治在形式上是民主的。尼尔说,在萨默希尔学校的自治政府里,他的投票和一个六岁的儿童的投票具有同等的效力。所谓自治的职能是执行体现了社会意志的仲裁。自治是儿童自己教育自己的一种有效的方式。儿童损坏了不属于自己的东西被要求赔偿,这并不涉及道德意义上的善恶,而是要肇事者承担由他的放任所导致的自然后果,而这对每一个人来说都是公正的。

在萨默希尔,社会利益是通过个人价值的充分实现来体现的。社会利益约束着个人的放任,同时又给予他以它认可的最大限度的自由。这样,教育在某种意义上就被看成了个人与他所置身的社会之间相互联系的方式,它使儿童学会了怎样兼顾个人与他人利益,从而被整个社会所承认和容纳。[①] 这就是道德和社会责任心的根源。

c. 自由与影响

在尼尔那里,自由意味着没有指令性的教学,没有除开约束放任的其他清规戒律,没有道德的教诲,没有思想的压迫,没有使用积极的强化或惩罚,没有旨在形成人的性格的行为矫正。总之,教育上的自由意味着反对任何公开和暗中的控制和操纵,允许儿童过他自己的生活。

在尼尔的教育理论中,控制含有替儿童作出决定的意味。但是,摆脱了控制仅仅说出了自由的一部分含义。自由的另一部分含义是为儿童提供可供选择以实现他自己的机会,它经常表现为对儿童的教育影响。这种影响应当受到鼓励。教育的责任,一方面要把对儿童的控制(公开和暗中)减少到最低限度;另一方面要把为儿童提供可资利用的机会增加到最大的限度。

按照尼尔的意见,创设一个自由的教育环境至少应该包括上述这两个要素。这对于教育工作成败具有重要意义。教育评价主要表现为教育环境的评价。

教师对于创设这样的教育环境负有不可推诿的责任。对教师来说,切不可因为避嫌控制而故意疏远儿童,拒绝在平等的地位上开诚相见。儿童除了有被理解的强烈愿望以外,还渴望与外界进行交往,从中得到对他把握机会和应付环境来说必不可少的帮助。特别是对那些不够成熟的尚未达到"社会年龄"的年幼儿童来说,教师规劝的本身就是一种机会,他们的意见在一定程度上可以"影响"儿童的决定,如果儿童愿意作出这种选择的话。

---

① [美]理查德·L·霍普金斯:《自由与教育:萨默希尔的哲学》,《教育理论》杂志英文版,1916年春季号,第199页。

但是,同样应当强调的是,作为教师绝不可以把教育上的影响有意无意地变为教育上的控制。面对着各种机会和选择,教师尽可以和儿童争论(当他处在和儿童同等地位的时候,这种争吵是十分安全的),就某一问题提出自己的建议,对儿童进行规劝。但是,教师切不可滥用儿童对自己的信任感,代替儿童作出选择或决定。对于一些初到萨默希尔的儿童,即使他们提出了这种请求也应加以拒绝,因为这意味着依赖,而这种依赖在通常的意义上应当理解为一个人被另一个人所控制。教育过程自始至终应由师生双方作平等的参与。

尼尔认为,一个在自由的教育环境下成长起来的儿童是能够识别什么是控制,并且有能力保护自己不受这种控制,他将对自己的发展完全负起责任来。

从上可见,尼尔一方面是以儿童的自由为号召,敦促人们对于传统学校里到处可见的那种漠视儿童在教育活动中的责任、权利和义务的倾向及其后果作深刻的反省;一方面标榜儿童的这种自由具有完全自足的意义,萨默希尔的教育活动始终是把儿童的自我本位即非社会意义上的个人自由的无限扩张作为成功教育的起点。

尼尔的时代,大英帝国江河日下。资产阶级充满着惊恐不安、忧虑、沮丧和末日感。这在知识阶层中反映尤其强烈。他们中的一些人感到无法把握自己的命运,彷徨无主,苦闷万状。尼尔所设计的自由教育,从一个侧面表达了这种在矛盾和危机重重围困下不无自嘲的失落感,实质上乃是存在主义思潮在教育上的一种反映。

二、法国

1. 统一学校运动

法国教育的"民主化"和"现代化"进程始于第一次世界大战后。1918—1919年,法国出现了一个具有资产阶级自由主义色彩的团体"新大学同志会",提出了"新教育"和"统一学校"的主张,要求改革法国教育制度。该团体的纲领是:实现学校制度民主化,消除人为的阶级鸿沟,为一切人提供均等的教育机会。

所谓"统一学校"是指普通学校应当是"一切人的和为了一切人的学校"[①]。

[①] W·F·康乃尔:《二十世纪世界教育史》,第174页。
W. F. Connell, *A History of Education in the Twentieth Century World*, New York: Teachers College Press, 1980. p.174.——编校者

在这方面,"新大学同志会"提出的具体建议包括:(1)把义务教育年限延长到14岁,儿童受同样的教育并一律享受免费;(2)中学按性质分为人文和职业两类。儿童接受智力选择,在此基础上根据其兴趣和才能确定进入哪一类中学。这两类学校的学生均可以升大学;(3)国家为那些没有机会升入中学的儿童提供多种形式的免费义务职业教育至18岁。

法国教育界人士认为,反映在这些建议中的教育民主化并不意味着在形式上创设一种单一的学校制度。而是指为一切人提供和扩大各种受教育的机会。"在法国,教育民主化含有依照能力来扩展教育机会的意思。"①即从个人观点看,他可以有发挥自己才能的广阔天地,不致因为社会背景等原因招致埋没;从国家观点看,国家有义务有权利鼓励和罗织优秀分子,为其提供一切必要的机会并用最适当的方法来训练他们。

以"新大学同志会"的努力为契机,"统一学校运动"在法国逐渐推开,引起了社会的广泛注意,并导致一系列教育改革措施的制定。

在初等教育方面,1923年法国政府规定,在6—13岁的义务教育阶段,包括小学和中学预备班在内的所有儿童必须按照同样的教育计划来实施教学。1925年以后,这项规定已普遍得到实施,成立了小学阶段的"统一学校"。全国所有适龄儿童,无论进哪类学校都必须学习同样的课程,由同等资格的教师任教,同样接受初等学校视察员的监督,从而取消了中学预备班历来所享有的各种特权。国家为所有欲进中学、高等小学或职业学校的应试生设立普通奖学金考试。1933年,政府又颁布命令,设中学入学统一考试制度,以保证这两类学校在入学机会上享有平等。1936年政府法案又明确规定将义务教育年限延长至14岁。小学毕业生一律参加入学考试,合格者升入中学,落选者进补习班或职业学校。

在中等教育方面,1930—1933年,法国政府连续公布法令规定国立中学和市立中学一律免费。1936年,法国国民教育部长蔡(M. J. Zay)宣布设立初等教育指导局和中等教育指导局,确保初等教育和中等教育阶段彼此衔接。1937年,蔡又向国会提出了一项新的教育改革计划,将国立中学和市立中学的初级阶段改为独立的公立学校,以实现初等中学教育的统一;对持有初等教育证书的小学毕业生设一年的方向指导班,依学生的能力和表现于第二年实现分流,升入古典、现代和技术三类中学,此项改革建议受到社会普遍的欢迎并为1947

---

① [美]I. L. 坎德尔著,罗廷光等译:《比较教育》,商务印书馆1939年版,第971页。

年教育改革方案所采纳。

法国教育界人士认为,统一学校运动所反映的民主政治的需求不能仅用学科内容来满足。为了真正实现教育机会均等,必须从课程转向儿童,力求使具有不同社会背景和能力倾向的儿童都能在公正的原则下最有利地得到发展。在确保学术标准的前提下满足国家对不同层次的人才需要。

2. 阿斯蒂埃法

战后,法国现代职业技术教育开始发展。1917年,当时担任公共教育部长的维韦安尼首先提出,为所有受过完全初等教育的20岁以下的男青年和18岁以下的女青年提供免费的、强迫的、非全日制的继续教育。这类学校将对青年进行包括体育、职业教育和普通教育方面的训练,以培养"合格的工人、合格的战士和合格的公民"。这项建议引起了社会对职业技术教育问题的关注。

1919年,法国议员通过了阿登省议员阿斯蒂埃(P. Astier)起草的一份职业技术教育法案"阿斯蒂埃法"。这项法案确认,"面对工业所提出的新要求,现在正是由国家来代替个人承担给工人子弟以职业教育的任务。商业和工业是一个国家富强的主要源泉。为满足人们的需要,促进其顺利发展的主动权必须掌握在国家手里……这样国家就获得了优先考虑整体利益的权利,而不是像工厂主、商人和工人们那样只是从各自的角度去考虑过于狭窄的个人利益"[①]。

法案认为职业技术教育应当与普通教育处于同等的地位,职业技术教育的目的,"不是影响一般教育的完成,而是为了工业和商业的发展,从理论上和实践上学习各门科学知识和各种工艺知识"[②]。

阿斯蒂埃法案的要点是:(1)18岁以下的青年男女有接受免费职业教育的义务;(2)雇主有义务让学徒每周抽四小时工作时间到专为他们设立的学校去上学。年学时累计不少于一百小时;(3)全国每一个市镇必须设立一所职业学校,其经费由国家和雇主各负担一半;(4)职业学校的课程内容包括三部分,即为补充初等教育的普通教育,学习作为职业基础的各门学科以及协助车间的劳动实习;(5)设职业能力证书考试。

"埃斯蒂埃法"在法国被称为《技术教育宪章》。它的实施使法国的职业技术教育第一次获得了有组织的形式,为法国职业技术教育的进一步发展奠定了

---

① 日本世界教育史研究会编,李永莲等译:《六国技术教育史》,教育科学出版社1984年版,第206—207页。
② 日本世界教育史研究会编,李永莲等译:《六国技术教育史》,教育科学出版社1984年版,第206—207页。

一个牢固的基础。

三、美国

1. 中等教育主要原则报告

为适应战后政治经济发展的需要，美国教育在二、三十年代进行了有重点的整顿与重建。教育整顿和重建的指导思想是：进一步强调教育的社会效益，教育机会均等和教育适应个别能力，把公共教育看作是对民主政治的重要保障。

1918年，新成立的中等教育改组委员会制定的"中等教育主要原则报告"提出，中等教育的改革目的可以归结为如何处理民主社会中个人与社会的关系。

报告首先确认，"美国的教育应当被关于民主涵义的确切的观念所引导……民主的目的就是组织这样一个社会，使每个人能够发展人格，而这主要是通过为自己的同胞和整个社会的福利而设计的活动来进行的"[①]；其次，"民主社会的教育，无论在校内或校外，应当发展个人的知识、兴趣、理想、习性和力量，由此他可以找到自己的地位，并利用它向着更高尚的目的来改造他自己和社会"[②]。

为此，中等教育的基本原则应当适应下述各项具体目标：（1）促进健康；（2）通晓为获得事业成功所必需的基本方法的知识和技能；（3）家庭优良成员的教育，学会如何与别人保持最大限度的合作的技巧；（4）用以提高经济效率的个人职业能力；（5）公民教育；（6）用伦理观念指导的闲暇的适当利用。一般地说，"中等教育必须以所有青年的完满的有价值的生活为目的"[③]。

报告建议将"六三三"学制（小学6年，初中高中各3年）作为美国公立学校教育的理想模式。强调中等教育必须面向所有适龄青少年。最适合于担任这种教育的学校是"综合中学"，它的所有课程都是在一个统一的组织中提供的。综合中学的设想将有助于教育的社会目的的实现。

报告倾向于认为，教材应当具有功利的目的，而不应当拘泥于纯粹的文化

---

① W·F·康乃尔：《二十世纪世界教育史》，第167—168页。
W. F. Connell, *A History of Education in the Twentieth Century World*, New York: Teachers College Press. 1980, pp. 167 - 168. ——编校者
② [美]I. L. 坎德尔著，罗廷光等译：《比较教育》，商务印书馆1939年版，第1128页。
③ W·F·康乃尔：《二十世纪世界教育史》，第168页。
W. F. Connell, *A History of Education in the Twentieth Century World*. New York: Teachers College Press, 1980, p. 168. ——编校者

价值的标准。教育的机能应当表现为在促进社会活动的效益方面有所作为。

中等教育主要原则报告的出现,对于战后美国教育改革的理论产生了重要影响。在具体的教育领域,它的影响到处可见。报告所阐述的基本原则在国际上,特别是在英语国家和地区受到了广泛的重视。

2. 八年研究计划

1929—1933年,资本主义世界爆发了空前的经济危机。大萧条沉重打击了美国经济各部门,激化了社会矛盾。这场危机也迅速波及到教育。伴随着资金短缺而来的是学校设施严重不足,教育发展迟缓;由于社会就业方面的困难,迫使大批学生滞留在校。"1930—1940年的十年中,14—17岁中学生在学率由28％猛增到52％"[①];这场危机还引起了人们对社会、政治和经济问题的关注并由此而导致对传统学校教育进行重新估价。长期以来,美国学校教育与社会生活脱节的现象十分严重。学校对社会环境的变动反应迟钝,不能有效地参与社会生活的过程。所以,如何提高教育的社会效率成为当时人们普遍关心的问题。

二十年代起,进步主义教育势力影响不断扩大,其范围大体上局限于小学和初中。1930年进步教育协会开会讨论关于进步教育原则如何有效地扩展到中等教育的整个领域,特别是讨论了与调整学院的入学条件有关的一些问题。大会建议任命一个专设机构,进一步探讨中学和学院的工作实现良好合作的可能性,以便在"民主和自由"的基础上提供关于重建中等教育的具体意见。

1931年成立的学校与学院关系委员会在它的初步研究报告中指出,中学阶段的教育没有提供充分的公民训练,既不能指导又不能有效地激发学生的动机。中学的课程则是一些远离学生生活的毫无生气的大杂拌。基于这种分析,委员会建议首先在二十所公立和私立中学开展一项先期实验性研究,旨在探讨如何使中等教育具有较强的适应性,能够对付外界的挑战,并使它建立在充分估计青年和成人的生活特点的基础上。

此项研究要达到下列一些具体的目标:"即使学生更好地掌握知识,激励他们不断地学习,发挥他们的创造性,使学生能透彻地了解当代文化问题;保证

---

① W·F·康乃尔:《二十世纪世界教育史》,第289页。
W. F. Connell, *A History of Education in the Twentieth Century World*. New York: Teachers College Press, 1980, p.289. ——编校者

向学生提供更好的教学材料,更有效的学习和更好的个人指导。"①

为了取得大范围的实验资料,进一步论证这项研究,1932年,委员会制定了一个到1940年为止为期八年的大规模实验研究计划。参加计划的有全国近三百所学院和三十所中学。在实验期内,中学可按各自愿望和实际可能自行设计课程;学院则放弃正规的入学条件,招收由上述中学推荐的学生入学,并对这些学生在校表现进行抽样调查。委员会负责指导并协调这项研究。该计划得到卡内基基金会和美国教育总署的资助。

八年研究计划的要点包括:

(1) 决定教育目的

中学除升学外还将被证明有其他的目的。理由是,在一个民主的社会中,学校的主要职能是保存和改进民主的生活方式。决定教育目的至少应考虑下列因素,如认识个人与社会事务的相互依存关系;使机能方面的指导成为一切教育活动的组成部分;从学生个人和社会发展的观点对学校工作计划进行评估;揭示学问之间的本质联系;提供与社会进行密切和直接的工作交往的机会。学校教育的目的是实现个人的发展,而这种发展是以有效地协调个人与社会利益的关系为背景的。

(2) 建立行政机构

为帮助各实验学校开展工作,进步教育协会下设包括课程设计、教育评估和从事这项工作的其他专业人员培训等专门咨询机构。

(3) 设计新的课程和教学方法

参加八年研究计划的实验学校并非都具有进步教育的倾向,各校对传统课程的态度差异较大。一些学校主张保留传统的课程体系,仅作内容上的更改;一些学校则倾向于设计一种内容更为广阔的新课程体系,其中影响最大的是"核心课程"的发展,即按照生活适应原则将某些相关学科组合成一个大范围课程(例如英语和社会学科的组合,数学和自然学科的组合),以便向学生提供一种共同的围绕个人和社会问题组织起来的经验的实体。

这项改革并未取得预期的效果,不久课程改革的重心便转移到儿童个人生活和个人社会活动的更一般的方面,即直接围绕儿童的个人与社会活动按单元

---

① [美]劳伦斯·A·克雷明:《学校的变革:1870—1957年美国教育上的进步主义》,1962年英文版,第252页。
L. A. Cremin, *The Transformation of the school*: Progvessivism in American Education, 1876 - 1957. New York: Knopf. 1962. p. 252. ——编校者

组织课程。

为配合课程改革,八年研究计划还为教师编制了专用教学参考书,帮助教师应付教学中遇到的一些具体问题,如学生面临的需要、可能涉及的问题和观念、可供选择的处理办法、个人和小组活动、背景和外围知识、结果预测和评估方式的建议等。

教学方法重视学生的反思、师生协作,强调对职业、社会问题、创造性活动和个人训练等方面的兴趣。

(4) 检查评估工作

1936年起,三十所实验学校的毕业生相继进入学院,他们与常规学校的学生相比表现如何,这个问题引起了人们广泛的兴趣。为此委员会下设了一个评估委员会,目的是帮助各实验学校,运用逻辑思维,正确评估资料的完善性和可靠性,并授予一些与之相关的处理社会问题的技巧。

评估委员会按照性别、年龄、种族、学业成绩、家庭和社会背景、职业兴趣和业余爱好,将正在各学院学习的来自实验学校和常规学校的学生混编为1,475个测试组,通过200多种用于各种过程和目的的标准测验,对实验学校和常规学校的学生在智力完善程度、文化发展水平、实际判断力、对社会问题的易感性、生活哲学和态度、个性特点、情感平衡、职业倾向以及体能体质等方面的表现分别进行了测试和比较。结果发现,实验学校的学生学业成绩(外语除外)、智力发展、思维判断、应付和适应环境、解决问题和职业选择能力、社会活动能力和技巧,以及一般的社会意识发展方面得分均略高于常规学校的学生。

八年研究表明,在中学专为升学而设计的传统课程并非是唯一可靠和成功的选择。美国教育界人士认为,这项计划的执行,使得许多学校和社会的横向联系得到不同程度的改善;学校师生获得了参与和影响政府教育决策的信心;许多学院也因此改变了自己的入学标准,允许中学在制定课程计划方面有更大的灵活性。

八年研究作为进步主义教育运动的一翼,反映了三十年代美国社会普遍存在的对传统教育的"信任危机"和统治阶段急于推行教育改革来创造一种社会改良气氛的迫切心情。

3. 巴格莱的要素教育思想

巴格莱(William Chandler Bagley, 1874—1946),美国新传统教育派的代表。新传统教育又称要素主义教育。它作为唯一有力量同进步主义相抗衡的教育运动出现于三十年代初期。要素主义教育攻击进步主义教育的一般学说,因而受到美国保守主义者的支持。1938年,巴格莱参与发起成立了"要素主义者促进美国教育委员会",与进步教育协会相对峙。巴格莱的主要著作有:《教育过程》(1905)、《教育价值》(1911)和《教育与新人》(1934)。

(1) 论教育目的

巴格莱从保卫和加强美国民主的理想,培养具有社会效率的人的根本目标出发,坚持以人类文化的共同要素去教育新生的一代。他认为,在生物界,人比动物高明是因为他不但具备利用个体经验的能力,而且具备利用种族经验的能力,后者还是人区别于其他高等动物最显著的特征。

从根本上说,教育的可能性恰恰取决于个体利用种族经验以对付现在和未来环境改变的能力。一般地说,人的发展必须在独立于个人以外的世界中进行,"超越个人直接经验以外的世界知识已经成为普通教育所承认的要素"①。在巴格莱看来,种族经验或社会遗产远比个人经验重要,因为它吸取了千百万人尝试应付环境的经验,而经受过历史检验的许多人的智慧远比个人的知识更有意义。因此,它既是人类社会存在和发展的一般条件,无疑也应当是人类教育发展的一般条件。

巴格莱认为,学校是传递文化的机构。应当把教育作为社会生活再现的过程。通过教育,人类社会遗产将在每一个新生的一代中再现出来。"教育从最广义去理解就是传递知识的过程,并将其中最有价值的部分永久地保存下来"②,而知识则意味着种族的经验。这一观念必须为每一位教育家所接受,它对于维护社会文化的进步是至关重要的。在美国,有效的民主特别要求这种文化上的共同性。在教育上,它意味着"要使每一代拥有足以代表人类遗产中最宝贵的各种观念、意义、谅解和理想的共同的核心"③。

据此,巴格莱提出,教育的目的必须真正具有社会文化的价值。学校必须根据这个要求重新审查它们的课程计划,保证学生能够学到包括读写算基本技能、现代和古典语言、文学、历史、数学、自然科学的基础知识,以及反映人类研

---

① 巴格莱:《要素主义者的纲领》,引自华东师范大学教育系,杭州大学教育系编译:《现代西方资产阶级教育思想流派论著选》,人民教育出版社1980年版,第158页。
② 巴格莱:《教育与新人》,1934年英文版,第39页。
W. C. Bagley, *Education and Emergentman*: *A Theory of Education With Particular Application to public Education in the United States*. New York: Nelson, 1934. p.39. ——编校者
③ 巴格莱:《要素主义者的纲领》,引自华东师范大学教育系,杭州大学教育系编译:《现代西方资产阶级教育思想流派论著选》,人民教育出版社1980年版第158页。

究发明和艺术创造"成就的精密的和要求严格的课程,吸收规定的教材。这些课程和教材"对于公民免于受到地方性和直接性的错误信念的侵袭,开拓空间的视野和延伸时间的展望是必不可少的"①。

对于现代教育家们提出的儿童适应生活的"活动课程"、"能力分组"和"单元计划",巴格莱并不否认其利用价值,它们所依据的儿童的即时经验在教育上的作用也不宜忽视,但是相对传统的课程和教材以及它们赖以建立的体现在人类文化遗产中的种族经验来说,只能退居次要的辅助的地位。否则只会导致民主社会中教育的最重要的目标受到损害。他坚持认为,"包括人类文化要素在内的一个各门特殊学科的教学计划应当是民主教育制度的核心"②。

(2) 论教育过程

巴格莱从他的教育目的出发,对教育过程作了系统阐述。他写道:在美国,进步主义教育使人们越来越注意到,除开正规课程的内容,学校本身的生活对教育所产生的影响。导致这种看法的部分原因是由于陈旧的教育观念,实质上是陈旧的知识教导的过程为人们所抛弃以及适应社会生活过程的比较广阔的教育观念的萌生所引起的。这种理论从表面上看似乎无可厚非,但是进步主义教育在公众心目中的形象却是无能、软弱和含糊不清的。

巴格莱指出,造成这种状况的主要原因应当归咎于教育家们对"经验"这一教育术语的误解,即他们仅仅注意到经验作为工具的效用,忽视了经验还具有另一种效用,这就是同时还为人们提供一种广阔的社会文化背景。这样,他们只是把知识的获得视为学习者自发地通过经验的非正式学习,忽视了超越个人直接经验的包含着人类文化共同要素的间接经验的学习。

导致这种误解的原因首先是由于美国功利主义传统的影响以及美国人在过去开拓边疆中所表现出的"务实"精神渗透到社会道德生活中去的结果。整个社会崇尚的是"活动着的个人",书本知识被视为赘物弃之一边,至多是在有利于个人行动的条件下对它稍作通融和让步。其次是实用主义哲学在教育理论界得势。这种哲学片面强调个人实际活动能力的培养,一味热衷于解决实际问题和实现某种具体目标,表现为一种文化上的"吝啬"和偏狭。再就是上世纪末本世纪初教育心理学的发展对教育理论的影响。这种心理学的一个致命的

---

① 巴格莱:《要素主义者的纲领》,引自华东师范大学教育系,杭州大学教育系编译:《现代西方资产阶级教育思想流派论著选》,人民教育出版社 1980 年版第 158 页。
② 巴格莱:《要素主义者的纲领》,引自华东师范大学教育系,杭州大学教育系编译:《现代西方资产阶级教育思想流派论著选》,人民教育出版社 1980 年版第 159 页。

理论弱点在于它的机械性,即用机械的"刺激—反应"说涵盖人类的一切心智活动,从而导致了种种错误见解。

所有这一切使得进步主义教育家片面强调学习兴趣、自由、即时需要、个人经验、心理组织和学生主动性,轻蔑甚至谴责其对立面——努力、纪律、长远目标、种族经验、逻辑联系和教师主动性,嘲笑严格、正确、坚毅和精益求精的理想和品质,而宽容马马虎虎的工作态度并认为它是合理的。

巴格莱在重复了赫尔巴特统觉主义的主要观点后指出,"经验"这个词在一般意义上是指"获得对有机体生活有意义的某种理智的过程"①,经验的过程即统觉的过程。在任何情况下,观念总是来自具体的经验,但是观念一旦在统觉中形成了判断就不再依赖具体的经验而形成一种定势,可以直接用来解决个体所面临的实际问题。"判断"则以有组织的高度凝练的经验的形式存在着,它可以借助文字作为种族的经验保存下来。教育的一个重要职能就是将判断提供给学习者,而最有价值的判断经常是人类文化中的那些共同的要素。

对教育者来说,有两种提供判断的方式可供选择:一种方式是直接将现成的判断借助于教师的课堂讲授、教科书、考试等手段"给予"学生,称为间接的方法或教导的方法。另一种方式是将学生置于某种具体的情境中,"引导"他自己去形成判断,就是说,"学生不被告知而是引导他懂得",称为直接的方法或发展的方法。

在第一种情况下,教育意味着直接将人类智慧的遗产授予学生并将他提高到种族经验的水平上;在第二种情况下,教育意味着引导学生通过自身的积极努力去"发现"真理,而不必借鉴种族经验。这种引导可以是教育者的某种暗示、建议和提问。作为教师,他越是排除掉"自我",越是忘记他所扮演的角色,教育的效果就越令人满意。对于学生,只要他认为自己是一名发现者就足够了,"重要的是儿童的主观态度,而不是(教育的)客观过程"②。

基于上述分析和比较,巴格莱强调指出,这两种方法中,只有教导的方法具有普遍的意义,至于发展的方法则由于自身的局限性和实施过程中存在的不稳

---

① 巴格莱:《教育与新人》,1934年英文版第81页。
W. C. Bagley, *Education and Emergent Man: A Theory of Education With Particular Application to Public Education in the United States*. New York: Nelson, 1934. p. 81. ——编校者

② 巴格莱:《教育过程》,1905年英文版,第262—263页。
W. C. Bagley, *The Education process*. New York: Macmillan 1905. pp. 262 - 263. ——编校者

定因素,实际上很少被单独使用。教育者可能力图使儿童独立地从事概括和推理,直接去发现知识,但在大多数情况下,儿童据以得到的知识必须用间接的方法提供给他。即便是在最有利的情况下,这些概括和推理必须由儿童自己去完成,至少也是在教师某种程度的控制下进行的。

因此,教师运用直接的方法使儿童获得经验只能作为教育过程中的辅助手段而不能成为基本的东西。假定一个未成熟的儿童能够独立地不需要外界帮助就能掌握完整的系统的知识,那将是愚蠢的。且不说大量的知识,如历史事件、地理知识儿童不可能通过自身的经验去获得,即使有些知识可以通过儿童的直接经验去证实,也未必会比同样通过间接经验所获得的知识更为经济有效。在特定的条件下,儿童通过自我活动去发现知识或许更为有利,但那只是为了加深印象,或者为使儿童获得关于实际从事观察和实验的一般观念而已,而不是以儿童的这种活动代替系统的和循序的学习,并且甚至把活动本身错当成自足的目的,而不问通过这种活动能够学到什么。

由于强调系统的、循序的学习和智力陶冶,巴格莱主张教育过程中的主动性在教师而不在学生。他说:"要素主义者的要素之一,就是当指导既是为个人福利所必需又是为民主集团的福利和进步所必需的时候,承认未成年的初学者有权得到这种指导。成年人对未成年人所负的教导和管束的责任,对于延长人类的未成熟期和必需的依赖期具有生物学的意义。人类不知道经历了多少年代才认识到这个责任。完全确实,人类在认识到这个责任之前,依然处于野蛮的状态。"[①]因此,作为人们认可的文化要素,应当通过教师所应负责实施的各门学科和各种活动的系统教学计划来讲授。错综复杂的文化要求有一个组织严密的教育制度,因而要求教师拥有比进步主义者所认可的更大程度的控制权。儿童的自由固然重要,但是这种自由必须与责任携手并进,而有责任的自由总是经过努力得来的,并非白送的。儿童只能在成人的指导下,通过严格的训练才能充分实现人类潜在的力量。

---

① 华东师范大学教育系,杭州大学教育系编译:《现代西方资产阶级教育思想流派论著选》,人民教育出版社1980年版,第157页。

第十章　怀特海

怀特海（Alfred North Whitehead，1861—1947）是英国著名的哲学家、数学家，也是一位颇有影响的教育理论家。他出生于英国肯特郡的兰姆斯格特，自幼在家里接受教育，十四岁被送到一家著名的公学接受严格而系统的古典教育，十九岁进剑桥大学三一学院读书，毕业后留校教数学。1885 到 1910 年，怀特海在剑桥大学教书，同时研究数学和数理逻辑。1910 到 1924 年，他在伦敦大学任教，并对科学哲学发生兴趣，写了一些自然哲学的专著。值得注意的是，这期间，他考察了当地中小学教育，对当时的教育状况和存在的问题进行了研讨。他还参加了"古典语在教育中的地位调查委员会"的工作，阐述了自己对课程改革的意见。从 1924 年起，怀特海定居美国，在哈佛大学当哲学教授。这期间他除致力于建立其形而上学体系外，还多次到东部和中西部的一些大学作教育问题讲演。长期的教育实践使他积累了丰富的教育经验，形成了独特的教育见解。他的主要著作有《数学原理》（与罗素合著）、《科学与近代世界》、《过程与实在》、《观念的探险》、《教育的目的》。1947 年年底，怀特海逝世于哈佛校园。

怀特海是现代西方"有机哲学"（也称"过程哲学"）学派的著名代表人物。他的哲学思想的特点，是利用自然科学的最新成就来论证自然和宇宙是一个普遍联系、发展变化的有机体，以便在这基础上建立新的形而上学体系。在他看来，十九世纪以来的科学发展，特别是物理学的发展，从根本上否定了"物质"的概念，因此有必要"放弃科学唯物论，换上一种机体论的理论"①。他认为，自然以及宇宙不是由物质所组成，而是由连续不断的经验的事物和独立存在的"永恒客体"结合而成，"上帝"就贯串在这两者之中；并认为科学所研究的只是被感知的自然，因此只有将自然与生命，心与物融合在一起，我

---

① ［英］A·N·怀特海：《科学与近代世界》，商务印书馆 1959 年版，第 77 页。

们才能真正理解自然和生命。承认运动而否认物质,是有机哲学的根本特征之一。怀特海的哲学思想虽然包含了一定的合理因素,但他宣称存在没有物质实体的运动过程,这是没有任何科学根据的。由于他一概否定物质,否定物质对思想的决定关系,这样就走上了唯心主义的哲学道路。

在社会历史观方面,怀特海主张社会应是一个和谐统一的有机体,社会的成员应该用合作互助的精神代替生存竞争和阶级斗争,并且断言哲学、宗教、情感等精神因素是社会发展的主要动力,反对经济基础对上层建筑起决定作用的观点。他的这些理论,带有明显的历史唯心主义倾向。

一、论教育中的"无活力的概念"

在怀特海的整个教育理论中,最引人注目的是他坚决地主张必须把教育从死的知识和无活力的概念中解放出来。他说,他发表的《教育的目的》这本著作,就是"对死的知识的一种反抗,即反对无活力的概念"①。

怀特海认为,所谓"无活力的概念",就是在教育过程中那些"仅仅被吸收而不予运用、检验或重新组合的概念"。② 传统的教育墨守成规,充满着学究气,原因便是被无活力的概念沉沉压住了。"教育上有了无活力的概念,这种教育不仅是无用的,尤为重要的是,它是有害的。……过去的教育已根本上受了无活力的概念的毒害。"③

怀特海的这些论述显然针对英国保守的古典主义教育传统。在维多利亚时代,英国许多"有教养"的绅士认为,所谓知识就是对文化遗产特别是古希腊文化遗产的吸收和继承。学习知识的目的,不是为了探索自然和社会的奥秘,更不是为了谋生,而是为了陶冶心智,培育理性。在这种片面的知识观的影响下,当时英国的许多学校把古典语和宗教科目作为主要课程,而把科学或应用学科排除在课程之外。学校的教学方法机械呆板,书本知识与实际生活严重脱离。到十九世纪末二十世纪初,虽然英国的这种保守的教育传统受到新教育思

---

① [美]C·德登主编:《教育百科全书》,1971年英文版,第9卷第550页。
  Lee C. Deighton, the Encyclopedia of Education (Vol. 9), New York: Macillan, 1971, p. 550. ——编校者
② 怀特海:《教育的目的》,1962年英文版,第1页。
  A. N. Whitehead, the Aims of Education: and other essays, New York: the Free Press, 1967, p. 1. ——编校者
③ 华东师范大学教育系,杭州大学教育系编译:《现代西方资产阶级教育思想流派论著选》,人民教育出版社1980年版,第110页。

潮的巨大冲击,但学习知识意在装饰而不在实用的风气,依然在教育领域里盛行。

在怀特海看来,仅仅把知识理解为对人类文化遗产的继承,这是片面的。其实,知识并非静止不变,而是一个不断发展、变化以及创新的过程。他说,"我们从前人那里继承了这种观念,即所谓文化传统。这种传统观念是不可能静止不变的。这种观念若不是退化成毫无意义的公式,便是由于更精微的理解获得了新意义,因而增加了新的生命力。在批判的理性的推动下,在活生生的感性证据面前,在科学观察的冷静而确定的事实中,它将发生变化。有一点是肯定的,你无法使它们静止不变。任何时代都不可能死板地重复祖先的情况"[①]。

怀特海进一步指出,正由于知识的真正价值不在于继承,而在于发展和创新,我们的教育就不能仅仅满足于被动的吸收文化遗产,而应该在传授知识的同时,更加重视知识的发展及其在新条件下的运用。"过去的知识,它仅有的作用,是武装我们对付现在。没有比轻视现在对年轻人的心理造成更致命的损害了。"[②]怀特海甚至把应用知识看成是使教育保持活力的中心问题,他说:"理论性的概念应该总是在学生的课程中得到重要的应用。……这个理论本身就包含着一个使知识保持活力和防止知识僵化的问题。这是一切教育的中心问题。"[③]他又说:"为了教育的成功,就必须永远使接触到的知识有一种新鲜感,它要么必须本身是新的,要么必须在对新时代新情况的应用上有所创新。知识……就像刚从海里打捞上来的鱼,其首要价值在于新鲜。"[④]怀特海主张不仅对知识、对教育要这么看,而且要树立一个信念,即思想的活力,甚至于整个生命的意义,都在于探索、发展和创新。

为了防止无活力的概念对教育的毒害,怀特海提出了两条教育的戒律,一条是"不要教过多的学科",另一条是"凡是你所教的东西,要教得透彻"[⑤]。他认

[①] [英]A. N. 怀特海著,何钦译:《科学与近代世界》,商务印书馆1989年版,第179页。
[②] 华东师范大学教育系,杭州大学教育系编译:《现代西方资产阶级教育思想流派论著选》,人民教育出版社1981年版,第111—112页。
[③] 华东师范大学教育系,杭州大学教育系编译:《现代西方资产阶级教育思想流派论著选》,人民教育出版社1981年版,第114页。
[④] 怀特海:《教育的目的》,1962年英文版,第147页。
A. N. Whitehead. *The Aims of Education*: *and other essays*, New York: the Free Press, 1967. p. 147. ——编校者
[⑤] 华东师范大学教育系,杭州大学教育系编译:《现代西方资产阶级教育思想流派论著选》,人民教育出版社1981年版,第111页。

为教很多学科,但每门学科只教一小部分,其结果就是消极地接受一些没有活力的、互不联系的概念。儿童教育中所教的概念要少而精,并使它们尽可能形成各种组合。为了使知识或概念成为儿童自己的东西,教师应该使儿童懂得这些知识如何在实际生活中应用。例如,学了某个科学概念,便将这个概念放到具体的情景中加以检验或证明;学了数学,要让儿童知道,"这个世界彻头彻尾受到数量的感染";学了几何和力学,跟着就到车间去实践一下;学了历史,就考虑一下,过去的知识如何为现在服务,等等。这样的学习,就能使抽象的概念获得一种现实感,学生就能对概念有深刻的了解和感受。

在论述知识的发展及其运用的意义的同时,怀特海对那种视知识为装饰、轻视知识的实用价值的风气,也给予猛烈的抨击:"学究们藐视有用的教育。但是,要是教育没用,它算是什么呢?它是藏着不用的才能吗?当然,不管你生活的目的是什么,教育总是应该有用的。教育对过去的奥古斯丁是有用的,对拿破仑是有用的,它现在还是有用的,因为理解是有用的。"[1]这里需要注意的是,怀特海对"有用"一词赋予了更宽广的意义,它除了包含通常所说的"实用性"的意义外,还含有"理解"的意义,即理解现代生活中的一切事物和现象。正因为如此,怀特海并没有简单否定古典文化的价值,而认为只要对古典课程进行改革,使它能帮助我们理解现在,理解生活,就可以列入学校的课程。

为什么"学校被无活力的概念沉沉压住",怀特海认为根本原因是长期以来"形式训练说"统治了教师的头脑。形式训练说在欧洲已有很长的历史。早在古希腊,就有对灵魂官能的划分;到十七世纪后期,德国心理学家沃尔弗(Christian Wolff)明确提出了官能心理学的理论。在这基础上建立起来的形式训练说在以后的两百年中流行于欧洲教育界,被人们公认为教育的一条金科玉律。对此,怀特海尖锐地批评道,不管这个理论历史多长,威信多高,受到赞扬多大,"我毫不犹豫地谴责它是所有引进教育理论中的最致命、最错误、最危险的概念之一。心智决不是被动的;它是一种永不休止的活动,灵敏、富于接受性,对刺激反应快。……不管你的教材具有什么兴趣,这种兴趣必须在此时此刻引起;不管你在强化学生的什么能力,这种能力必须在此时此刻予以练习,怀特海认为这才是教育的金科玉律,尽管这是一个很难遵循的规律"[2]。

---

[1] 华东师范大学教育系,杭州大学教育系编译:《现代西方资产阶级教育思想流派论著选》,人民教育出版社1981年版,第111页。
[2] 华东师范大学教育系,杭州大学教育系编译:《现代西方资产阶级教育思想流派论著选》,人民教育出版社1981年版,第115页。

针对传统的形式主义教学方法,怀特海提出"用智慧统率知识"的主张。①他认为智慧不是别的,就是学习和掌握知识的方法。在教育中,注意用知识来改造直接经验,考察知识的应用范围及其局限性,养成积极而新颖的思维习惯等等,这样的教学就是用智慧统率了知识,就是"在知识的面前获得了自由"。反之,单纯传授知识,为训练而训练,只能使心智变得迟钝,根本达不到积极思维的习惯。为了号召人们在教育中加强智慧训练,怀特海在一篇著名的教育演讲中大声疾呼:"当人们全面地考虑国家年轻一代教育问题的重要性的时候,对那种由于轻浮而迟缓地处理教育问题而造成的生活的破碎、希望的毁灭和国家的失败,真是难于抑制内心的激怒。在现代生活的条件下,规律是绝对的,凡是不重视智慧训练的民族是注定要失败的。"②

十九世纪末二十世纪初是资本主义社会生产力迅速发展的时期。由于生产力的发展,资产阶级再不能满足于传统学校给予他们未来的经济建设人才那种单纯崇尚书本、脱离生活实际的传统教育。怀特海正是在这种背景下提出把教育从死的知识和无活力的概念中解放出来的主张,这对于冲击传统教育,推动教育改革,无疑具有积极的作用。

二、教育的节律性原理

怀特海认为,自然界中一切事物的发展都有阶段性,都是由低级向高级节律式或周期式前进的过程。儿童在学习过程中的心理发展也具有这种特点,这种发展可以大致分成三个阶段,即浪漫阶段、准确阶段和概括阶段。

所谓浪漫阶段,怀特海认为,也就是自由探索,以激发学习热情的阶段。在这一阶段里,学生尚未建立完整的知识系统,对教材充满了新鲜感,觉得教材内部似乎包含了许多未经探索的联系性、可能性。于是他好奇、兴奋和激动,极力想理解教材中的内容,但又不知从何下手,只能漫无目的地在大量的材料中广泛涉猎。对他们来说,"这是一个发现的过程,一个适应好奇心,构成疑问,寻求

---

① 怀特海:《教育的目的》,1962 年英文版,第 47 页。
A. N. Whitehead, *The Aims of Education: and other essays*, New York: the Free Press, 1967, p. 47.——编校者
② 怀特海:《教育的目的》,1962 年英文版,第 22 页。
A. N. Whitehead, *The Aims of Education: and other essays*, New York: the Free Press, 1967, p. 22.——编校者

答案,设想新的体验,注视新冒险带来的后果的过程"①。经历这一阶段,学生积累了一定的感性体验,对教材内部的基本原理以及它们的相互关系有了初步的认识,这时就进入发展的第二阶段。

准确阶段,也就是增长知识、技能技巧的阶段。"在传统的教育方案中,无论是学校或是大学,这一阶段是唯一的学习阶段。"②在这一阶段里,学生开始接受系统的、准确的知识训练,掌握指定的学业。由于浪漫阶段的经历揭示了许多"具有广泛可能性"的观念,因此这一阶段可以更深刻地理解教材的基本原理,并用新知识对旧材料作出细致的分析。

概括阶段,是运用知识发展知识的阶段。由于学生在上一阶段已掌握了确切的知识,获得了多种的能力,因此到了这一阶段,他就带着这些有利条件,"重新步入浪漫阶段的那些漫无边际的历险之中",去发现新的事实和观念。与前一阶段相比,"这一阶段的本质,就是从比较被动地接受训练的状态中解脱出来,进入到积极运用的自由状态"③。怀特海还认为,这第三个阶段之所以重要,是因为它既是准确训练的结果,又是准确训练的目的,学习的最后成就也在这时得到体现。从发展的周期过程来看,这一阶段既是前一个循环过程的终点,又是后一个循环过程的起点,标志着发展进入更高一级的周期。

整个心理发展周期就是如此。从时间上划分,怀特海认为,学生大约在十三四岁前属于浪漫阶段,14—18 岁属于准确阶段,18—22 岁属于概括阶段。

值得注意的是,在发展的三个阶段中,怀特海特别重视第一阶段。他指出,一定要让浪漫阶段在儿童心理发展中自然地度过,因为没有浪漫阶段的自由探索,后一阶段的系统学习就是空洞无力的,"儿童的天性就将拒绝消化外来的材料",他理解概念就会遇到阻碍。"我深信,过去有那么多的失败,原因就在于没有仔细研究浪漫阶段的应有地位。没有浪漫的历险,你充其量不过被动地吸收

---

① 怀特海:《教育的目的》,1962 年英文版,第 50 页。
   A. N. Whitehead, *The Aims of Education: and other essays*, New York: the Free Press, 1967, p. 50. ——编校者
② 怀特海:《教育的目的》,1962 年英文版,第 53 页。
   A. N. Whitehead, *The Aims of Education: and other essays*, New York: the Free Press, 1967, p. 53. ——编校者
③ 怀特海:《教育的目的》,1962 年英文版,第 59 页。
   A. N. Whitehead, *The Aims of Education: and other essays*, New York: The Free Press, 1967, p. 59. ——编校者

无活力的知识,但是最糟的是,你会轻视概念而一无所获。"①反之,有了第一阶段的经历,第二阶段的学习就会比较顺利地进行。

虽然发展大致上有这么一种节律性的趋势,但是怀特海反对机械地看待他的理论。他一再告诫人们,第一,这条节律只代表中等能力的儿童,但由于各人的具体条件不同,所以心理的发展也有快有慢。第二,教育远不止这么一个周期,而是这种周期的连续不断的反复。每学期,每星期,每天,甚至每堂课,都应该构成一个个小小的周期,并且有它自己的从属过程。第三,不要过分夸大各阶段之间的界限。

既然学生的心理发展有阶段性,因此教学的安排也应符合发展的这一特性。遗憾的是,我们死守着关于发展的错误的心理学理论,即"把学生的进步看作一贯稳定前进的过程,式样一致,速度不变",结果导致教育上呆板无力的现象产生。对此,怀特海从两个方面提出了改进的意见。

第一,学科排列的顺序要符合发展的节律性特点。过去我们总是认为学科排列应该由易到难,易必先行(如学会阅读必须先于学习原著),其实不然。在实际生活中,往往有些最难的学科必须最先学习。例如代数就比微分学先学。所以正确的学科安排的原则是:"学生应该在适合的时间,在他们达到恰当的心理发展阶段时,学习不同的学科,采用不同的方式。"②以语言和科学这两门学科为例,前者早在婴儿呀呀学语的时候就进入浪漫期,从十一二岁起逐步向准确期过渡;在13—15岁这几年时间,学生应该集中学习语言知识。这以后,语言学习即可进入概括阶段。学生可以运用学过的语言知识,大量阅读文学作品。科学的学习则不同,它应该比语言的学习起步晚。当语言的学习进入第二阶段时,科学的学习刚刚进入第一阶段。这时学生通过观察实验,体验科学的重要性,为进一步学习科学做好心理的准备。将近十五岁时,科学的学习才进入到准确阶段,这时要集中一段时间学习数学以及其他自然科学知识。文科的学生这一阶段持续的时间可短些,理科的学生这一阶段可一直延续到学校教育的结束。这以后,科学的学习才进入概括阶段。不仅语言和科学的学习是如此,其他的学科也应该根据节律性原理依次学习。怀特海认为这样安排学科顺

---

① 怀特海:《教育的目的》,1962年英文版,第52页。
A. N. Whitehead, *The Aims of Education: and other essays*, New York: the Free Press, 1967, p. 52. ——编校者
② 华东师范大学教育系、杭州大学教育系编译:《现代西方资产阶级教育思想流派论著选》,人民教育出版社1981年版,第124页。

序,才符合学生的心理发展规律。

第二,不同的发展阶段要采用不同的教学方法。例如,在浪漫阶段,教师应该给儿童充分的自由,鼓励儿童去发现,去探索,去体验发现的愉快,使儿童的兴趣和好奇心充分展开,使个性得到自然发展。对于扼杀兴趣,摧残个性的旧教育,怀特海曾多次给予猛烈抨击,指出,"该诅咒的是那些扼杀好奇心的蠢人","想想在这个黄金时代,常常留有填鸭式的教师的阴影,真是令人悲痛"。① 他甚至把那些只会剥夺学生自由和欢乐的旧学校称为"灵魂的谋杀者"②。

到了第二阶段即准确阶段,教师的职责就该是训练学生系统而准确地掌握知识。与此相适应,教学方法的特点主要是训练,而不是自由。正是在这一点上,怀特海对蒙台梭利的教学方法提出了批评。他认为蒙台梭利的方法有局限性,它虽然生动新颖,能激发兴趣,"但是它缺乏重大的准确阶段所必需的约束"③。怀特海承认,训练学生掌握知识,并不是一件容易的事。一方面,在通往学问的道路上无捷径可走,需要教师一步步耐心地传授知识,但另一方面,这种训练又不能太严格,太严格会压抑学生的学习兴趣。解决这个矛盾,要靠教师具备高超的教学才能。怀特海不止一次地把教育称为艺术,"认为应该对这门艺术进行科学研究"④。他指出,教师必须具备两个条件,"一是要有鲜明的个性,如思维敏捷,善于创新等。有了鲜明的个性,他就能显得生气勃勃,充满热情和活力;二是他要善于创造出一种既有广博知识又有坚定目标的学习环境"⑤。怀特海还承认,"在一节课中要传授很多知识,同时又不觉兴味索然,这是不可能的,训练往往要扼杀兴趣,我们的目标是尽量使这种由训练带来的不

---

① 华东师范大学教育系,杭州大学教育系编译:《现代西方资产阶级教育思想流派论著选》,人民教育出版社1981年版,第130页。
② 怀特海:《教育的目的》,1962年英文版第89页。
  A. N. Whitehead, *The Aim of Education: and other essays*, New York: the Free Press, 1967. p. 89. ——编校者
③ 华东师范大学教育系,杭州大学教育系编译:《现代西方资产阶级教育思想流派论著选》,人民教育出版社1981年版,第131页。
④ 怀特海:《科学和哲学论文集》,1948年英文版,第142页。
  A. N. Whitehead, *Essays in Science and Philosophy*. New York: Philosophical Library. 1948. p. 142. ——编校者
⑤ 怀特海:《教育的目的》,1962年英文版第62页。
  A. N. Whitehead, *The Aim of Education: and other essays*, New York: the Free Press, 1967. p. 62. ——编校者

利因素减少到最低限度"①。他提议,最好能将准确知识的范围加以明确规定,然后以最快的速度学习并运用这些知识。他认为教师这样做就掌握了教学这门艺术,就能在最短的时间内获得最大的收益。

到了概括阶段,教学方法的特点又从训练转到自由上来。不过与第一阶段相比,这一阶段的教学内容更丰富,形式更自由,对知识的理解更深刻,知识的运用也更为自如。总之,在怀特海看来,从教学方法的角度看发展的节律性,实际上就是"找到自由和训练之间的确切平衡"。自由和训练,不是对立的,而是统一的,教育从自由开始,经过训练,又走向更高层次的自由。

历史上很多教育家探讨过儿童心理发展的问题。与前人相比,怀特海的这一理论特色在于:第一,他强调心理发展具有周期性、节律性的特点,认为发展就是各种大小不一的周期不断循环往复、内容更新的过程,这在教育史上还无先例,显然他对这个问题的分析较前人辩证,更能体现出一种运动和变化的思想。第二,怀特海不仅提出了发展的节律性原理,而且将这一理论与其他一些教育问题如学科排列的顺序、教学方法的选择等联系了起来,这样就较为妥善地处理了教师与学生、自由和训练、教材的逻辑结构与学生的心理结构等对立关系,避免了一些教育家常常要犯的各执一端的错误。不过,有必要指出,由于社会历史条件的限制,历史上不少教育家关于儿童心理的论述,都缺乏科学的心理实验的依据,这些论述与其说是一种心理分析,不如说是带有思辨色彩的描绘。怀特海的节律性原理也没有超越这个框架。

三、普通教育与专门教育的有机结合

本世纪以来,随着工业和科技的发展,知识的专业化成为社会不可避免的趋势,各种专门人才的需求量大大增加,过去那种仅仅满足于一般文化陶冶而忽视专业知识(包括科学与工艺科目)的自由教育,已不能适应社会发展的需要。鉴于这种情况,怀特海认为,我们应该承认专门教育在教育中的地位,把专门教育看作是"理想的教育的重要部分"。他说道,虽然"在为广博的陶冶而特别设计的课程中容许有专门化,似乎是矛盾的。……但是我确信,要是你在教

---

① 怀特海:《教育的目的》,1962 年英文版第 56 页。
A. N. Whitehead, *The Aims of Education: and other essays*, New York: the Free Press, 1967. p. 56. ——编校者

育上排除了专门化,你就毁灭了生活"①。他还认为,专门教育可以使人产生智力上的远见,也可以使人具有坚定不移地走向自己目标的力量,还可以使人形成自己独特的风格。"风格乃是专家独有的权利,有谁听到过一个业余画家的风格,一个业余诗人的风格吗?风格总是专门研究的产物,总是专门化对普通陶冶的特殊贡献。"②

怀特海赞成进行专业教育,但他反对教育中过分专业化的倾向。他认为,在现代工业社会中,我们每个人都需要很强的适应性,以便能在不同的地方和不同的工种间流动。"培养适应性,只有一个方法,那就是教育。但对这种教育的轮廓,构想不能狭窄。在一个非常专门的过程中训练青年是无济于事的,他们人还未到中年,这个专门的过程就有可能淘汰了。"③对于科技发展导致社会上各门知识日趋专深,互不接触的状况,怀特海表示了极大的不安,指出,这种现象导致人们的思想"陷于一隅","每一个专业都将进步,但是它只能在自己那一个角落里进步"。不仅如此,更严重的后果是,"理智的力量减弱了,知识界的领导人物失去了平衡。他看到的只是这一种或那一种环境,而没有看到全面。调度的问题只交给庸碌无能、因而不能在某种专业中获得成就的人。简单地说,社会的专业职能可以完成得更好,进步得更快,但总的方向却发生了迷乱"④。他呼吁尽快扭转这种过分专业化的趋势。

教育中既要有专业训练,又要避免过分专业化,如何解决这个矛盾?怀特海认为,必须把普通教育与专业教育有机地结合起来。他写道:"目前各国正在考虑通才教育和专业教育的平衡问题。……我认为解决这个问题的秘诀,并不在于把精深的专门知识与较浅近的普通知识对立起来。""普通陶冶旨在培养心智活动;专门研究则利用这种活动。但是,过分强调这种整整齐齐的对立是不行的。……在普通教育课程中,特殊兴趣的中心将会产生;同样,在专门研究中,学科的外部联系使学生的思想向外引发。再者,并没有一门课程只给学生普通陶冶,而另一门课程只给专门知识。为了普通教育目的而学习的学科,也

---

① 华东师范大学教育系,杭州大学教育系编译:《现代西方资产阶级教育思想流派论著选》,人民教育出版社1981年版,第119页。
② 华东师范大学教育系,杭州大学教育系编译:《现代西方资产阶级教育思想流派论著选》,人民教育出版社1981年版,第122页。
③ 怀特海:《科学和哲学论文集》,第124页。
A. N. Whitehead, *Essays in Science and Philosophy*, New York: philosophical library, 1948, p. 124.
④ A·N·怀特海著,何钦译.《科学与近代世界》,商务印书馆1989年版,第189页。

就是专门地去学习的专门学科;另一方面,鼓励一般智力活动的方法之一就是培养一种专门的爱好。"①他还形象地把这两种教育比作一件"无缝的学问外套",说,"你不能把一件无缝的学问外套割裂开来"。不仅如此,怀特海还指出,妥善处理两种教育的关系,与培养目标问题密切联系。"我们的目标是要造就这样的人,他们既有文化修养,又有特定的专门知识。专门知识给他们以发展的基础,文化修养使他们如哲学般地深邃,艺术般地高雅。"②

怀特海对职业和技术教育持积极的态度。在他看来,"职业技术教育是专门教育的一个重要组成部分。我们的学校教育应包括三大类课程,即人文课程、科学课程以及技术课程"③。为什么要包括技术课程?理由是,技术教育并不只是训练人的教育,它同自由教育一样,也具有智力训练的成分。例如,应用知识制造产品需要智力,掌握某种手工技能,协调眼与手的活动以及对生产过程作出分析判断需要智力,职业培训中需要学习一定的科学知识,如木工业和五金业需要几何知识,农业需要生物学知识,商业和社会服务业需要数学、统计、地理知识,这些都是技术教育中智力训练的成分。因此,那种将技术教育与传统的自由教育对立起来,认为前者训练手,后者训练脑的想法,丝毫站不住脚。"将技术教育与自由教育对立是荒谬的,没有一种充分的技术教育不是自由教育,没有一种自由教育不是技术教育;也就是说,一切教育皆传授技术及智能两方面。说得更简单些,教育应该培养学生长于理解,善于动手。"④怀特海进一步指出,通过技术教育,把手与脑、陶冶与行动结合了起来,这样无论对前者或后者都有益。反之,厚此薄彼,就会对发展造成损害。传统的自由教育的错误,恰恰在于把这两种教育截然分开,"忽视了技术教育可以作为理想的人的全面发展的一个组成部分"⑤,以至造成教育的失败。

---

① 华东师范大学教育系、杭州大学教育系编译:《现代西方资产阶级教育思想流派论著选》,人民教育出版社 1981 年版,第 121 页。
② A. N. Whitehead, *The Aims of Education*:*and other essays*, New York:the Free Press, 1967, p. 1.——编校者
③ 怀特海:《教育的目的》,1962 年英文版第 75 页。
  A. N. Whitehead, *the Aims of Education*:*and other* essays, New York:the Free Press, 1967, p. 75.——编校者
④ 怀特海:《教育的目的》,1962 年英文版第 74 页。
  A. N. Whitehead, *the Aims of Education*:*and other* essays, New York:the Free Press, 1967, p. 74.——编校者
⑤ 怀特海:《教育的目的》,1962 年英文版第 77 页。
  A. N. Whitehead, *the Aims of Education*:*and other* essays, New York:the Free Press, 1967. p. 77.——编校者

如何在具体实践中做到两种教育的结合,怀特海的设想是,十六岁前,学生主要接受普通教育,在平衡课程的前提下适当学一些专门知识,不过当两种教育发生冲突时,专门教育要服从普通教育。十六岁以后,包括整个大学阶段,情况正相反,学生应以专门知识为主,同时再学一些对了解专业有益的辅助科目。当两种教育有矛盾时,显然普通教育要服从专门教育。

四、大学教育的目标

十九世纪末二十世纪初,西方教育理论界曾围绕大学应该主要搞教学还是搞科研或是两者兼顾的问题展开过争论。

怀特海认为,大学是教育机构,也是研究机构,然而大学存在的根本原因,无论从教学或科研这两方面都不能找到,因为即使没有大学,也能通过其他方式来传授知识或从事研究。为什么要有大学,怀特海的观点是:"大学存在的理由是,它联合青年人和老年人一同对学问作出富于想象的思考,以此来维持知识和火热的生活的联系。大学传授知识,不过它是富于想象的传授知识。至少,这就是大学对社会应起的作用。一所大学不能做到这一点,它就没有理由存在下去。"[①]"除了想象力,任何较渺小的理想,都不能满足美国教育的需要。"[②]这里,怀特海没有从教学或科研的角度分析大学的性质,却认为发挥想象力是大学教育的根本目标,这确实引人深思。那么,什么是他所说的想象力?他解释说,想象力是"一支代代相传的火炬",它引导人们不断进取,不断去探索生活,挖掘智力;想象力又是认识事物意义的一种方法,它能使人产生"理智的远见",从而永葆生命的热情;想象力还能"引起一种令人愉快的学习气氛",使人感到知识不再是记忆的负担,而是蕴藏了"无限的可能性"。

为什么大学教育要如此重视想象力?怀特海认为,首先从历史上看,大学之所以能对人类社会作出巨大贡献,就是因为"在它存在的漫长路途中,培养出了一大批运用想象力去探讨学问的学者",例如培根、牛顿、杰斐逊、爱默生等等,人类社会又通过这些人在各个领域的创造性活动而得到发展。其次,生活

---

① 怀特海:《教育的目的》,1962 年英文版第 139 页。
　A. N. Whitehead, *The Aims of Education: and other essays*, New York: the Free Press, 1967, p. 139. ——编校者
② 怀特海:《教育的目的》,1962 年英文版第 152 页。
　A. N. Whitehead, *The Aims of Education: and other essays*, New York: the Free Press, 1967, p. 152. ——编校者

在现代社会中,不管从事什么职业,都不能没有想象力。如从事商业活动,以前只要凭经验办事,但现在商业机构日趋庞杂,光凭经验必行不通,因此就需要有丰富的想象力,如用想象力去处理各种商业关系,去了解各类人的心理,去把握各种经济或管理规律等等。想象力是如此重要,所以"一所大学的真正作用,就是运用想象力来获得知识。……大学是充满想象力的,否则就不是大学——至少毫无用处"①。

大学如何培养和发挥想象力,怀特海根据自己长期的教育实践经验,提出以下一些看法。

第一,理论要与实际建立密切联系。怀特海认为,我们可以从书本上获得智力的启示,但这还不够,还可以从经验中获得启发。各种实际活动都是"启发思维的金矿"。如此一来,想象力的培养就有了两个来源——理论的来源和实践的来源。可惜的是,在日常生活中,"想象力丰富的人经验不足,经验丰富的人又贫于想象。蠢人们凭想象行事而缺乏知识,学究们又凭知识行事而缺乏想象。大学的任务,就是要把想象力与经验融为一体"②。由于相信理论知识与实际生活相结合能促进想象力的培养,怀特海总是热情支持当时高等学校的每一项旨在联系实际的改革,例如开设选修课,创办各类职业技术学院等。总之在他看来,真正的学者不是埋首于书本的学究,而是善于从实际中获取智慧火花的理论家、思想家。

第二,教师本人要有想象力。怀特海认为,大学教育就是要"使青年人置于想象力丰富的学者的智力影响之下"。他把想象力比作"传染病",认为只有那些"用想象力来装点学问"的教师,才能把"病"传染给学生。相反,教师思想僵化,缺乏想象力,很难设想他会用这支"火炬"来点燃知识,照亮学生的前进路程。怀特海还提出,搞科学研究,与青年人多交流思想,是提高教师想象力的有效途径。"你要教师有想象力吗?那么鼓励他们去研究。你要研究人员有想象力吗?那么让他们对正处在一生中最有朝气、最富于想象的时期的青年人产生思想上的共鸣,……教育是生活探险的训练,研究是智力的探险,而大学,应该

---

① 怀特海:《教育的目的》,1962 年英文版第 145 页。
A. N. Whitehead, *The Aims of Education*: *and other essays*, New York: the Free Press, 1967, p. 145. ——编校者

② 怀特海:《教育的目的》,1962 年英文版第 140 页。
A. N. Whitehead, *The Aims of Education*: *and other essays*, New York: the Free Press, 1967, p. 140. ——编校者

成为青年人和老年人共同探险的故乡。"①在怀特海漫长的教育生涯中,他对青年人始终抱有好感。他批评那些不愿接近青年的教师过于自负,声称青年人是最富于想象的,与青年人多接触,能使思想保持活力。

第三,提高学生的独立思考能力。怀特海对于光读书,不重视能力培养的教学方法很不赞成。他认为,与中学阶段相比,大学的价值就在于提高学生的能力。他写道:"在中学阶段,学生伏案学习;在大学里,他应该站起来四面瞭望。""大学的理想,与其说是知识,不如说是力量。大学的任务在于把一个孩子的知识转变为一个成人的力量。"②他曾对人谈起分数与能力的关系,认为分数高并不意味着能力强。"我对那些得 A 分的学生十分怀疑,他能在考试时答出你想听到的东西,既然考试一般来说是一种测验的手段,他答出来了,你就得给他打 A 分,但是能力呢? 他没有说出自己的观点,他的回答是预料之中的那种肤浅表面的东西。那些得 B 分的人也许有点头脑糊涂,但是头脑糊涂却是独立思考的先决条件,或许它实际上就是独立的创造性思维的开端。"③为了提高学生的独立思考能力,怀特海还提出,我们的教学不能框得太死,应带有更多的灵活性,无论教师或学生,都应该用一种怀疑、批评和警戒的眼光看待学习材料,否则,"创造性的思维会被过于精心设计的教学所冻结"④。

第四,建立一种学术自由的气氛。想象力的培养和发挥,有赖于一种"悠闲自在,不受拘束"的学术气氛。在这种气氛中,教师享有充分的学术自由,他可以"自由地作出正确的或错误的判断,自由地欣赏宇宙万物的千姿百态"。怀特海强烈地反对用管理工厂的那套方法来管理大学,指出这两种管理毫无相似之处。对大学来说,"教师的舆论,对大学怀有的共同热情,才是构成高水平的大学活动的唯一有效的保证。教师应该是一群学者,他们互相鼓励,自由地决定自己的活动。你可以作出某些形式上的要求,如在预定的时间上课,师生都要

---

① 怀特海:《教育的目的》,1962 年英文版第 146 页。
A. N. Whitehead, *The Aims of Education*: *and other essays*, New York: the Free Press, 1967. p. 146. ——编校者
② 华东师范大学教育系、杭州大学教育系编译:《现代西方资产阶级教育思想流派论著选》,人民教育出版社 1981 年版,第 134 页。
③ [美]卢西恩·普赖斯:《怀特海对话录》,1954 年英文版,第 46 页。
Lucien Price, Dialogues of Alfred North whitehead, New York: Mentor Books, 1954, p. 46. ——编校者
④ [美]卢西恩·普赖斯:《怀特海对话录》,1954 年英文版,第 63 页。
Lucien Price, Dialogues of Alfred North whitehead, New York: Mentor Books, 1954, p. 63. ——编校者

出席,但是问题的中心不在于一切规章制度"①。他认为只有对大学实行特殊的管理方式,保证大学中有浓厚的学术自由空气,大学才能成为"青年人和老年人共同富于想象地探讨学术"的故乡。

五、艺术和美学教育

美国学者布鲁巴克(J. S. Brubacher)这样评价:"杜威从经验论的角度看待教育,怀特海从美学的角度看待教育。"②他的这个看法,把怀特海不同于杜威,乃至于不同其他教育理论家的一个主要特点勾画了出来。

怀特海认为,艺术和美学,在人类社会的发展中起巨大的作用。不过他强调说,他所指的"艺术",不但包括我们通常所理解的音乐、美术和戏剧,而且包括人们对自然和社会的一切美的体验和认识。他说:"我所说的是艺术和美学教育,但这里所说的艺术含义非常广泛,我甚至不愿用艺术这个名词。艺术是一种特殊的例子,我们需要的是培养出一种审美观念的习惯。"③在他看来,这种艺术感和美感,是充满于自然界和人类社会的。没有美,就不成其为世界。"世界的目的就是创造美。因此,任何类型的事物,只要从广义上说是美的,就有理由存在下去。"④

怀特海从社会和个人两方面分析了艺术的价值。首先,艺术和美是文明社会的两个基本特征,缺少它们,社会的精神生活就会遭到巨大损害。历史也告诉我们,一个国家,一个民族,要想走上文明复兴的道路,首先必须繁荣艺术。欧洲引以自豪的文艺复兴运动的历史,就充分证明了这一点。所以"从广义上说,艺术就是文明"⑤。其次,艺术和美对个人的发展也有不容忽视的影响。在人的生活中,既要有学习、劳动,也要有艺术的欣赏,美感的体验。试想,一个让单调而又繁重的劳动弄得心力交瘁,麻木不仁的人,即使他的手多么灵巧,能创

---

① 怀特海:《教育的目的》,1962 年英文版第 149 页。
  A. N. Whitehead, *The Aims of Education: and other essays*, New York: the Free Press, 1967. p. 149. ——编校者
② J·S·布鲁巴克:《现代教育哲学》,1970 年英文版,第 342 页。
  John. S. Brubacher, Modern philosophies of Education, New York: Mc Graw-Hill. 1968. p. 342. ——编校者
③ [英]A·N·怀特海著,何钦译:《科学与近代世界》,商务印书馆 1959 年版,第 191 页。
④ 怀特海:《观念的探险》,1933 年英文版,第 341 页。
  A. N. Whitehead, *Adventures of ideas*, New York: Macmillan. 1933, p. 341. ——编校者
⑤ 怀特海:《观念的探险》,1933 年英文版,第 349 页。
  A. N. Whitehead, *Adventures of ideas*, New York: Macmillan. 1933, p. 349. ——编校者

造第一流的产品吗?但如果让他利用文学艺术消遣解闷,获得乐趣,他不就能保持生产所必需的健康了吗?"从这个意义上说,文学和艺术,在一个强大的国家中应该起根本的作用,它们对于经济生产的贡献,仅次于吃饭和睡觉。"①怀特海还指出,除了消遣外,更重要的是,艺术和美感能扩大人的感官世界,使人对事物的价值有清楚的认识,独特的判断,从而形成鲜明的个性。

出于对艺术和美的热爱,怀特海对西方社会盛行的科学主义、物质主义以及功利主义倾向表示了极大的愤慨。他认为科学常常重视同价值对立的东西。我们高度发达的社会崇拜技术、物质和金钱,却全然不顾事物内在的美学价值。例如,"在工业化最发达的国家中,艺术被看成一种儿戏,19世纪中叶,在伦敦就能看到这种思想的惊人实例。优美绝伦的泰晤士河湾曲折地通过城区,但在查林十字路口却大煞风景地架上一座铁路桥,设计这座桥时根本没有考虑审美价值"②。虽然科学技术对人类社会的发展起着巨大的作用,但科学技术不能代表社会的一切。如果只重视发展生产,忽视艺术和美学的作用,那就会助长功利主义倾向的发展,社会的道德水准就会下降,文明社会就会腐败和崩溃。

鉴于美学在社会发展中起着如此巨大的作用,怀特海迫切要求学校加强艺术和审美教育。他要教师们考虑:"在我们的现代教育中,我们是否充分强调了艺术的功能?"③他认为,每一门学科,每一种教育形式,都可以对学生进行美学教育。例如,文学课可以让学生从语言的和谐以及句子的独特结构中获得美的享受。"成功的语言就能唤起热烈的美的欣赏"。数学的美,表现为提出论证或解答问题时思路清晰,方法简练,学生可以从中学得思维的艺术。技术教育让学生欣赏某些精巧的手工技能,使他们以后成为具有独特风格的专门家。科学教育能培养学生的想象力、创造力,而不断创新正是美的基本特征之一。当然,除了这种广义上的审美习惯要培养外,对于我们通常所理解的艺术,怀特海也没有忽视。他要求学校尽一切努力培养学生对音乐、美术、戏剧等的热爱,让学生喜爱美的形式和色彩,每隔一段时间组织学生看戏剧,出席音乐会;每个学生

---

① 怀特海:《教育的目的》,1962年英文版第90页。
 A. N. Whitehead, *The Aims of Education: and other essays*, New York: the Free Press, 1969. p. 90.——编校者
② [英]A·N·怀特海著,何钦译:《科学与近代世界》,商务印书馆1959年版,第188页。
③ 怀特海:《教育的目的》,1962年英文版第63页。
 A. N. Whitehead, *The Aims of Education: and other essays*, New York: the Free Press, 1969. p. 63.——编校者

都应学绘画、学朗诵等。他说:"学者的作用,就是唤起智慧和美感到生活之中。"①他要求教师热情扶植和鼓励学生显露出来的各种艺术才能,不要干扼杀学生个性的蠢事。

作为教育理论家,怀特海的教育思想的价值在于:尖锐地抨击了理论与实际相脱离的传统教育,主张教育从死的知识和无活力的概念中解放出来;用发展的眼光看待儿童的学习心理过程,强调教育要适应儿童的心理发展规律;重视学生的能力,尤其是思维能力、想象能力以及审美能力的培养;较为辩证地论述了普通教育与专门教育的关系,等等。从怀特海的这些教育主张中我们可以看出,他的主张既在一定程度上体现了进步主义教育的一些基本精神,但同时又保留了传统教育中不少有价值的内容。正因为如此,这些主张虽然对西方的教育实践并没有产生大的影响,可是在理论上很受推崇;他的教育著作中的一些警句更为人们所乐于引用,"有的评论家甚至把怀特海和卢梭、杜威一起列为近代三大教育哲学家"②。他的教育著作也被译成多种文字,广泛流传。

---

① 怀特海:《教育的目的》,1962 年英文版第 147 页。
　A. N. Whitehead, *The Aims of Education: and other essays*, New York: the Free Press, 1969. p. 147. ——编校者
② R·S·布鲁伯夫和 N·M·劳伦斯:《哲学家论教育》,1963 年英文版,第 154 页。
　R. S. Brumbaugh, N. M. Lawrence, *Philosophers on Education: Six Essays on the Foundations of Western Thought*, Boston: Houghton Mifflin, 1963. p. 154. ——编校者

第十一章 德国、意大利和日本的法西斯教育

二十世纪前半期,在德国和意大利曾分别建立起希特勒和墨索里尼的法西斯独裁政权,推行法西斯教育。与此同时,日本统治集团也竭力加强它的教育军国主义化,走上了法西斯的道路。

一、纳粹统治时期的德国教育

1933年1月30日,阿道夫·希特勒(Adolf Hitler,1889—1945)领导的纳粹党("国家社会主义工人党")掌握了德国的政权,并在德国垄断资本家和大地主的支持下,全面实行法西斯专政。同年7月,希特勒对法西斯党卫军的领袖们强调说:"不仅是要掌握政权,而且是要教育人。"①因此,德国的学校教育开始被纳入法西斯化的轨道,成为实行法西斯专政的工具。

1. 纳粹教育工作方针的确立

为了加强对德国各级学校教育的中央集权领导,1934年4月30日,纳粹政府建立了国民教育部。根据所谓"划一革新"的理论,国民教育部对各级学校教育进行整顿和管理,统一规定学校的课程、教育计划、教学大纲和教科书等。希特勒的朋友、纳粹党员、冲锋队的大队长伯恩哈德·卢斯特(Bernhard Rust)被任命为国民教育部部长。

具有狂热的纳粹主义思想的卢斯特,在学校教育领域中竭力贯彻纳粹"元首"希特勒的"种族论"和"争取生存空间"的思想,把《我的奋斗》奉为教育方面"绝对正确的指南针",并叫嚷要使学校不再成为一个"玩弄学术的机构"。在完全纳粹化的德国,从小学到大学,在国民教育部的铁腕管辖下也很快被纳粹化了。

被称为"纳粹党圣经"的希特勒的《我的奋斗》这本书,实际上是集国家主义、军国主义、反犹太主义和反民主主义思潮于一体的大杂烩。但是,当时不仅每个家庭的桌子上都摆着这本书,而且还发给每一个学生阅读。在《我的奋斗》一书中,希特勒强调指出:"教育是政治的,政治是教育的。"②"一个民族国家的

---

① [德]彼得·波罗夫斯基著,姜志军译:《阿道夫·希特勒》,群众出版社1983年版,第106页。
② 阿道夫·希特勒:《我的奋斗》,1936年英文版,第160页。
Adolf Hitler, *My struggle*. London: Hurst & Blackett, 1936. p. 160. ——编校者

整个教育的主要目标,决不可以只是灌输知识,而是要造就十足强健的体魄。"①他还公开宣称:"我们需要一种具有强烈主动性的、盛气凌人的、无畏的和残忍的青年。青年必须成为这样的人。他们必须忍受痛苦。绝对不许他们软弱和温和。""我们将没有学术训练。对我们年轻人来说,知识是一种毁灭。"②可以说,这就是纳粹统治时期德国教育的指导思想,也是纳粹政府国民教育部的工作方针。

在1937年和1938年,国民教育部曾分别对初等教育和中等教育作过规定,完全贯彻了希特勒提出的指导思想,国民教育部规定,小学的任务是"把德国的青少年教育成为民族大家庭中的一员,教育成为具有元首和民族奋勇献身精神的人"。而不在于"传授许多仅仅对个人有用的知识。"它又规定,中学要有助于"国家社会主义者"的成长,因为"今天进入我们学校的德国青年是面向未来的"。

2. 各级学校教育的全面倒退

与魏玛共和国时期(1919—1933)的教育相比,在纳粹统治时期,德国的学校教育是全面的倒退。各级学校教育的重点并不在传授知识方面,而在强调品行训练,以使学生效忠于希特勒和纳粹政府。各级学校的教学内容必须充分体现法西斯思想,而不允许具有民主的倾向。就实际情况来看,由于纳粹党的政治需要,初等教育相对地比中等和高等教育更受到重视,因此,国民学校被作为主要的工具,而中等和高等学校的数目则被大量缩减。

在初等教育方面,全国统一规定设立国民学校,儿童从6岁开始入学。它是八年制的共同的基础学校,分前后各四年的两个阶段。所有的儿童都要统一受完第一阶段的教育。然后,大多数学生继续接受第二阶段的教育,少数学生进入中等学校学习。在课程上,设有德语、阅读、书写、算术、音乐、图画和体育等。但是,国民学校的学生首先要了解他们所在地区的环境情况。它被作为学生献身于日耳曼"种族和国家"的第一课。国民学校教学工作的重点是放在体育和德语上。体育教学要注意使学生养成强健的体魄,以适应成为纳粹政府的军事后备力量的需要。德语教学要密切联系社会的日常生活,培养学生对纳粹党的感情和对"元首"的忠诚。

---

① [美]威廉·夏伊勒著,董乐山等译:《第三帝国的兴亡》,三联书店1974年版,第353页。
② H·劳希宁编:《希特勒讲演》,1939年英文版,第247页。
H. Rauschning, *Hitler Speaks: A Series of Political Conversations With Adolf Hitler on His Real Aims*, London: Butterworth Limited, 1937. p. 247. ——编校者

在中等教育方面,学习年限由魏玛共和国时期的九年缩短为八年,学校类型由原来的五种主要类型减少为两种:八年制的德意志中学和八年制的文科中学(与国民学校的第一阶段衔接)。此外,还有六年制的上层学校(与国民学校的六年级衔接),作为文科中学的补充。纳粹政府把德意志中学作为中等学校的主要类型,更加强调"德意志学科"。从1935年至1939年,中等学校的数目被缩减了一半。

各种中等学校均招收男女儿童,但女孩子要想进入文科中学,那是非常困难的。在受到中等教育的学生中,大约有80%是进入德意志中学的。文科中学的学生人数大为减少。在德意志中学的课程内容上,设有"德意志学科"(德语、德国文学、德国历史、德国地理)、体育、数学、自然科学、外语和宗教等。在"德意志学科"中,它特别强调德国历史。在纳粹党领袖看来,在对学生灌输纳粹的"种族和国家"理论中,德国历史是一种最有特色的工具。在自然科学中,则特别重视生物学,竭力宣扬德意志人是"世界上最优秀的民族","也是占有主宰地位的民族";而犹太人则是"劣等的民族","是德国的民族祸害"。在一本生物学教科书的"选择与配偶"一节中,甚至写道:"记住,你是一个德意志人,你所具有的一切,并非源于你自己努力的结果,而来源于德意志民族。"①

在高等教育方面,大学拒绝招收犹太人和妇女,而强调根据对纳粹党的忠诚和在希特勒青年运动中的表现来招收学生。因此,"大学生人数由1933年的12万人减少到1939年的5.8万人。各理工学院的入学人数减少得更多,从2万人减少到0.95万人"②。由于纳粹化和对犹太人的迫害,到1939年时,六年前在大学里任教的教职员几乎有一半被取代了。大学教育的质量和学术水平也下降了。在大学的课程里,体育是一门重要的课程,并强迫所有的学生学习"种族学"。至于法律、政治科学、历史、哲学和经济学等,都被涂上了纳粹主义的色彩;甚至还讲授所谓的"德国物理学"、"德国化学"和"德国数学"等。大学还设立了"军事奖学金"。大学生则把更多的时间和精力放在希特勒青年运动、纳粹党和军事活动上。

在纳粹化和反犹太主义的德国,犹太人被剥夺了进入各级学校受教育和任教的权利。1941年以后,甚至所有的犹太人都必须佩带一种黄颜色的六星标志,以示区别。

---

① [德]彼得·波罗夫斯基著,姜志军译:《阿道夫·希特勒》,群众出版社1983年版,第110页。
② [美]威廉·夏伊勒著,董乐山等译:《第三帝国的兴亡》,三联书店1974年版,第357页。

3. 列入学制的"乡村生活年"和"劳动服役"

1934年,纳粹政府国民教育部作出规定,在受完八年制的国民学校的教育之后,城市里学校的每一个学生都必须在"乡村生活年"里进行九个月的农村服役。"乡村生活年"实际上成了纳粹统治时期德国学校教育制度的一部分。在农村服役期间,普通教育和纳粹主义的政治教育仍继续进行。年满十五岁的学生依照军事化集体形式在乡村里野营,以使他们熟悉农村生活,又可养成他们具有所谓"共同生活"的经验。

1935年6月26日,纳粹政府又颁布了"劳动服役法"。它规定,所有十八至二十五岁的男青年都必须到半军事化性质的劳动服役营里服役一年。在劳动服役营里,男青年必须穿制服,过兵营生活。除了接受军事训练以外,他们主要是参加军事建筑工程,例如,修筑飞机场、道路和西线堡垒等,以及参加农业劳动。在纳粹党领袖看来,它既可以训练军事后备力量,也可以进行纳粹主义思想教育,还可以为军事工程提供廉价劳动力,具有一定的经济价值。1938年,纳粹政府又颁布了一项类似的法令,规定所有18—25岁的女青年也必须在劳动服役营里服役一年,帮助农民料理家务和在地里劳动。到1939年时,已有250万男青年和30万女青年参加过劳动服役。

为了去占领更多的"生存空间",纳粹政府也需要更多的青年来充实军事部队,从1935年起,规定军事服役也是强迫的。纳粹党领袖竟宣称,军队是"民族最伟大的学校",年轻一代人的品质将在那里形成。

4. 希特勒青年运动的开展

在纳粹统治时期的德国,对学生的教育不仅在学校课堂里进行,而且也在希特勒青年运动中进行。希特勒青年运动早在1922年就已开始,到1933年希特勒掌握德国政权时,它的成员已有一百万左右。此后,希特勒青年运动在德国的全国范围内更强制地开展起来。到第二次世界大战爆发时,几乎所有10—18岁的德国青少年都已是希特勒青年运动的成员。

在希特勒青年运动中,10—14岁的男孩参加少年队,女孩参加女少年队。在参加少年队时,他们需要宣誓:"在代表我们元首的这面血旗面前,我宣誓把我的全部精力和力量贡献给我国的救星阿道夫·希特勒。我愿意而且时刻准备着为他献出我的生命,愿上帝帮助我。"①14—18岁的男青年参加希特勒青年团,女青年参加德意志女青年团。这些青年组织都隶属于纳粹冲锋队管辖。十

---

① [美]威廉·夏伊勒著,董乐山等译:《第三帝国的兴亡》,三联书店1974年版,第360页。

九岁以上的男青年可以参加纳粹冲锋队。它的任务是,把纳粹党的"青年党员团结起来,作为一支钢铁队伍为我们为之冲锋陷阵的整个运动贡献自己的力量。冲锋队应该成为一个自由民族的国防意志的体现者,应该成为领袖们所领导的开拓工作的一面盾牌"①。

希特勒青年运动把所有的德国青年组织在它的范围之内,通过组织集体游行、群众集会、篝火晚会和野营等活动,强迫青年尊重纳粹党确定的德意志传统,决心为德意志民族和德意志文化而进行斗争。1931至1940年的希特勒青年运动领袖巴尔杜·冯·席腊赫(Baldur von Schirach)曾告诫青年要努力在他们虔诚的和勇敢的心灵里维护纳粹主义和法西斯政权。在希特勒青年运动中,纳粹党领袖向青年们反复灌输纳粹主义信念,例如,在培养一个"国家社会主义者"的过程中,身体活动比智力发展更为重要;牢记"一个民族,一个国家,一位元首","战争是一切事情之父",等等。1939年,希特勒青年团主席罗伯特·雷依(Robert Ley)在柏林对15,000名青年发表演说,"在地球上我们只信仰希特勒。我们认为国家社会主义乃是唯一的信仰,也是唯一能拯救我们民族的主义。我们相信天上有个上帝创造我们,引导我们,并公开地为我们造福。我们也相信上帝把希特勒送给我们,因此,德国就可以永远有存在的基础"②。

1939年3月,纳粹政府甚至还发布一项法令,按照青年服兵役的相同方式,强迫全部德国青年加入希特勒青年团。不愿意加入的青年和他们的父母则受到了警告。

希特勒自己也十分重视青年运动,驱使德国青年为他的法西斯统治效劳卖命。甚至在纳粹政权行将灭亡之前,1945年4月20日,希特勒自己生日那一天,他还亲自为一队希特勒青年团员颁布铁十字勋章,以表彰他们的"工作成绩"。很多深受纳粹主义思想毒害和奴化的德国青年,成为了希特勒的狂热信徒,充当了法西斯侵略战争的炮灰。

5. 对学校师生思想的严格控制

在德国的各级学校教育趋于纳粹化的同时,纳粹政府也采取措施加强对学校师生思想的控制。在学校里,到处贴着纳粹主义标语,每间教室、走廊、礼堂等处都悬挂纳粹"元首"希特勒的相片。希特勒《我的奋斗》中的一些语句,还用

---

① [德]彼得·波罗夫斯基著,姜志军译:《阿道夫·希特勒》,群众出版社1983年版,第42页。
② 阿道夫·E·迈耶:《二十世纪教育的发展》,1950年英文版,第421页。
Adolphe. E. Meyer, *The Development of Education in the Twentieth Century*, New Jersey: Prentice-Hall, 1949. p. 421. ——编校者

石刻悬于墙壁上和醒目处,或作为作文题目和毕业考试题目。

在"纳粹党是希特勒,希特勒则是德国,德国就是希特勒"的宗旨下,学生在学校里必须每日向希特勒像敬礼,并且要始终不渝地信奉纳粹主义思想,积极参加希特勒青年运动。甚至幼儿园的儿童也要喃喃地念着"餐前祈祷词":"握着你的小手,低着你的小头,想一想!谁使我们每天可以糊口?他就是希特勒,我们的救世元首!"①

从幼儿园到大学的所有学校的教师,都必须加入纳粹党教师协会,以"对全体教师实行思想上和政治上的一体化"。1937年的《公务员法案》规定,教师必须是纳粹党"所支持的国家意志的执行者",并且随时准备保卫纳粹党统治的国家。所有的教师都必须宣誓效忠和绝对服从希特勒、纳粹政府。他们还要集中学习"国家社会主义"的原则,重点是学习希特勒的种族理论。

纳粹政府国民教育部对各级学校的教师都进行了严格的审查。凡是被认为具有民主倾向和进步思想的人,或者没有参加过希特勒青年团和劳动服役营的人,统统被赶出了校门。准备在大学里担任教师的人,还必须先在观察营里呆上六个星期,由纳粹党分子观察审查认为可靠后才能任教。1933年,德国一个邦的教育部长曾公开宣称:"教师应当成为希特勒在国民教育阵地上的走卒。具有国际主义和和平主义思想的教师,在我们的帝国里是没有存在的余地的。"②

1933年,存在主义哲学家、海德尔堡大学校长海德格尔(Heidegger)参加了纳粹党,并告诫教师和学生要在纳粹主义(国家社会主义)精神的指引下工作和学习。在海德格尔等名人的带头下,在大学里任教的大约965人公开宣誓支持希特勒的纳粹政权。"到第二次世界大战爆发时,90%的教师已参加纳粹党教师协会,大约30%的教师已是纳粹党党员。"③教师中的很多人甘愿做希特勒的工具,为法西斯效劳。

犹太人被绝对禁止在大学里任教,原来在大学里担任教授的犹太人,例如

---

① 阿道夫·E·迈耶:《二十世纪教育的发展》,1950年英文版,第272页。
Adolphe. E. Meyer, *The Development of Education in the Twentieth Century*, New Jersey: Prentice-Hall, 1949. p. 272. ——编校者

② [苏]康斯坦丁诺夫主编,冯可大等译:《世界教育史纲》(第3册),人民教育出版社1954年版,第386页。

③ W·F·康乃尔:《二十世纪世界教育史》,第258页。
W. F. Connell, *A History of Education in the twentieth Century World*, New York: Teachers College Press, 1980, p. 258. ——编校者

爱因斯坦等，遭到迫害和驱逐。一些具有民主倾向、反对纳粹主义或渴望学术自由的大学教师被校方解雇，有的甚至被捕关入集中营。据统计，"从1933年至1938年，被解雇的教授和讲师有2,800人，约占全部大学教师人数的四分之一"①。

为了对学生、教师灌输纳粹主义思想，进行法西斯思想奴化，1933年，纳粹党分子曾在所有大学和城市公开焚毁马克思、恩格斯、列宁、卢森堡、李卜克内西，以及海涅、高尔基、爱因斯坦等人的著作，只允许传播纳粹主义思想。

少数具有民主倾向和进步思想的学生、教授对纳粹政权进行了不同形式的斗争，但是遭到了残酷的镇压。1945年2月，朔尔兄妹曾在慕尼黑大学散发反对希特勒和纳粹政权的传单。事发后，纳粹分子竟对朔尔兄妹和支持他们的库特·胡贝尔教授判处了绞刑。

6. 设立训练法西斯头目的特殊学校

纳粹主义教育哲学家厄恩斯特·克里克（Ernst Krieck）曾提出，为了适应民族、军事和政治的需要，准备成为法西斯头目的"杰出人物"将在一种精心挑选的政治—军事团体里受到训练。这种"杰出人物"将从所有真正的德国人中挑选出来，给以专门的培养。克里克的想法得到了许多有影响的纳粹党领袖的支持。于是，在纳粹统治时期，设立了三种训练法西斯头目的特殊学校：一是阿道夫·希特勒学校；二是国家社会主义者政治教育学院；三是骑士团城堡。1941年以后，在第二次世界大战期间，这种特殊学校受到了更加密切的注意。

国家社会主义者政治教育学院，于1933年开始建立。实际上，它是一种规模比较小的寄宿中等学校，入学的学生要受到严格的挑选。它与纳粹政治警察党卫军有着密切的联系，处在党卫军的领导和监督之下，目的是恢复以前旧普鲁士军事学院的那种教育。除了设有德意志中学的普通课程外，更注意培养军人精神和勇敢，并进行纳粹主义思想的特殊训练。它的校长和大多数教师由党卫军提供。1933年，有3所国家社会主义者政治教育学院；到战争爆发时，已增加到31所；到1944年时，又增加到37所，其中有两三所是招收女生的。

阿道夫·希特勒学校，于1937年设立。它由纳粹政府劳工部创办，计划在德国的每一个行政区设立，与希特勒青年运动和纳粹党机构有着密切的联系。实际上，它是六年制的寄宿中等学校，免费招收12—18岁的男孩。学生从少年队中进行严格的选拔，并将成为希特勒青年组织的成员。学生在学校中受到斯

---

① [美]威廉·夏伊勒著，董乐山等译：《第三帝国的兴亡》，三联书店1974年版，第356页。

巴达式的训练,学习的课程内容主要是纳粹政治教育和体育锻炼。其工作重点是培养学生的纳粹主义思想、实际能力、不屈不挠的精神和进行成为未来的纳粹领袖的练习。到纳粹政权垮台前,大约已设立了12所阿道夫·希特勒学校。

骑士团城堡,是训练法西斯头目的特殊学校这个金字塔的顶端。它招收国家社会主义者政治教育学院和阿道夫·希特勒学校的最优秀毕业生。准备到骑士团城堡接受训练的都是些最狂热的年轻的纳粹党分子。骑士团城堡训练的时间为六年,学生按序到四个城堡受训。第一个城堡训练时间为一年,专门讲授纳粹主义理论,重点在纳粹思想训练和纪律方面;第二个城堡训练时间也是一年,重点在体育训练;第三个城堡训练时间为一年半,重点在政治和军事训练;最后,第四个城堡训练时间也是一年半,学生被送到波兰边界附近的十五世纪条顿骑士团的城堡里,继续进行政治和军事训练。对此,希特勒曾宣称:"在我们条顿骑士团城堡里,一种青年将成长起来,世界将在他们面前发抖。"①当时,四个城堡都已建立起来并配备了人员,但是,还没有一个城堡开始实施它最初设想的计划。

除外,纳粹党领袖曾计划在基姆泽设立一所纳粹党大学,招收从骑士团城堡出来的毕业生,以最后完成他们作为纳粹党领导人的训练。但是,它并没有付诸实现。

二、墨索里尼统治时期的意大利教育

1922年10月,意大利法西斯党头子墨索里尼(Benito Mussolini)发动"向罗马进军"的政变夺取政权,在意大利建立了法西斯独裁统治。此后,意大利的教育也被纳入了法西斯化的轨道,在本质上与纳粹德国所实行的教育措施没有多大的差别。

1. 法西斯国家主义教育政策的制定

墨索里尼法西斯政权的国家政策是以三个基本目标为基础的。"第一,国家在国民生活的一切部门中都是毫无疑问地至高无上的;第二,'不容有反对派';第三是'帝国'。"②墨索里尼统治时期的意大利教育也建立在这一基础

---

① H·劳希宁编:《希特勒讲演》,第247页。
 H. Rauschning, *Hitler Speaks: A Series of Political Conversations with Adolf Hitler on His Real Aims*, T. Butterworth Limited, 1936. p. 247. ——编校者
② [英]赫·赫德、德·普·韦利著,罗念生等译:《意大利简史》(下册),商务印书馆1975年版,第376页。

之上。

法西斯主义的忠实支持者秦梯利(Giovanni Gentile)担任了墨索里尼统治时期的第一任教育部长。虽然,他担任教育部长只有两年时间,但是,根据法西斯党的一句名言:"一切在政府的范围之内,没有什么在政府的范围之外"。他开始制定了法西斯国家主义教育政策。法西斯党领袖墨索里尼曾反复讲:"在国家中的每一件事,没有一件是反对国家的,没有一件是在国家之外的。"①秦梯利也说:"国家应该是位教师,国家维持并发展教育来增进这种德性。国家在学校中应该成为自觉的实体。"②因此,他认为,学校教育是作为达到国家目的的手段;教育的基本任务是培养好的公民,而好的公民是一种能听到"国家声音的人"。在他看来,意大利的各级学校必须忠实地为墨索里尼法西斯专政国家服务,而国家也负有责任在法西斯主义的指导思想下规定学校的课程内容,并编写教科书等。

在《意大利百科全书》中,秦梯利曾写了一篇关于归功于墨索里尼的"法西斯主义"的文章。在文章中,他强调了"法西斯主义"的三个基本思想:第一,法西斯主义是支配人的所有行动和对他的活动起指导作用的一种力量;第二,法西斯主义是极权主义的,法西斯主义原理的基调是它的国家观念;第三,法西斯主义是一种能动性,所以在法西斯主义国家的存在和发展中,学校教育、青年运动和成人教育等具有值得考虑的重要性。

在这样的指导思想下,1923年,秦梯利与初等教育局局长、意大利著名的教育哲学家隆巴多-雷迪斯(G. Lombardo-Radice)一起进行了所谓的教育"改革"。当时,意大利的义务教育年限是从6岁到14岁,其中包括五年的初等教育和三年的就业教育。有的学生在受完初等教育之后,也可以继续受八年制的中等教育。在"改革"中,秦梯利减少就业教育,而把更大的重点放在一般教育上,使得传统的文科中学占有主要的地位。但是,它是为中等阶级以上的人服务的,以培养法西斯政权所需要的"卓越人才"。在课程和方法上,它强调富有表现性的活动。作为一个强烈的国家主义者的秦梯利,更多地强调整个教育制度,包括

---

① W·F·康乃尔:《二十世纪世界教育史》,第250页。
W. F. Connell, *A History of Education in the Twentieth Century World*, New York: Teachers College Press, 1980. p. 250. ——编校者
② 迈耶:《二十世纪教育的发展》,第294页。
Adolphe. E. Meyer, *The Development of Education in the Twentieth Century*, New Jersey: Prentice-Hall, 1949. p. 294. ——编校者

课程、内容和考试等，必须纳入国家主义的范围，加强法西斯专政国家对学校教育的管理。很清楚，这次教育"改革"的实质，就是使意大利的学校教育更好地适应法西斯党的政治需要。可以说，"改革"确立了墨索里尼统治时期的国家主义教育政策。随着意大利法西斯政权反动统治的加强，它也变得愈加厉害。

2. 对学校师生的严密控制

为了保证法西斯国家主义教育政策的贯彻，墨索里尼法西斯政权首先加强对各级学校教师的严密控制。1929年，所有的中学教师都必须宣誓忠于法西斯政权。到1931年时，这种宣誓扩大到大学教授。大学教授宣誓的誓词内容是："谨宣誓效忠于国王，效忠于皇室继承人，效忠于法西斯政权，绝对服从法令规定，在大学任教或担任其他学术职位时，尽力训练勤奋而正直的年轻学生为国家和皇室献身，绝不隶属于或参加与我的职位不相干的任何党派和组织。"①到1933年时，所有新任命的学校教师都应该是法西斯党的成员。第二年，法西斯政权又规定，学校教师在所有的官方场合上都要穿统一的制服。

教师组织也必须绝对服从法西斯党和国家的监督，否则就要被勒令解散。1926年11月，法西斯党控制的报纸发表一份公报，宣布"凡具有反法西斯性质的一切政治团体，一切有嫌疑的政党和其他组织已被解散"②。与此同时，墨索里尼大力鼓吹带有政治目的的"国民业余互助会"。它的主席和秘书都由法西斯政权委派，各种运动和娱乐活动均受到官方的监视和干涉。学校教师也被要求参加这个组织。

此外，法西斯主义思想和文化更加渗透到学校教育中去，以便对学生的思想进行监督，并养成忠于"领袖"墨索里尼和法西斯政权的信念。在学校的每一间教室里，必须挂有墨索里尼的肖像。在学生的表现性活动中，他们被教导如何模仿墨索里尼的方式。三十年代初，国家开始出版它自己的教科书，在教科书中，贯彻了墨索里尼关于"重建"意大利的计划和思想，颂扬墨索里尼，把他看作无所不知的国家统治者和意大利人民"团结的象征"。

在法西斯政权加紧准备侵略战争的情况下，1934年12月，通过了"国民军事化法令"，规定凡18岁到55岁的公民必须承担应征前训练、短期动员、预备

---

① 迈耶：《二十世纪教育的发展》，第305—306页。
Adolphe. E. Meyer, *The Development of Education in the twentieth Century*, New Jersey: Prentice-Hall, 1949. pp. 305 - 306. ——编校者
② ［英］赫·赫德、德·普·韦利著，罗念生等译：《意大利简史》（下册），商务印书馆1975年版，第380页。

役和服兵役等形式的军事义务。1935年10月，法西斯政权又颁布全国动员令，不宣而战地发动了侵略埃塞俄比亚的战争。为了适应法西斯政权侵略战争的需要，在中等学校和大学里，进一步加强了军事教育，对学生进行军事训练，规定中学生必须通过军官考试才能取得毕业证书。同时，在学校的教科书和儿童读物中，越来越多地灌输民族沙文主义和军国主义的思想。

1930年，秦梯利曾就国家和教育法西斯化的缺乏提出了批评。他强调指出，"使学校法西斯化的问题，也就是使国家法西斯化的问题。……法西斯主义者将思考和教育他自己，并塑造他自己，在新的强大的祖国建设中，为他的党而进行合作，那是必要的"①。一些法西斯党领袖宣称法西斯原则形同圣经，因为宗教原则是上帝所启示的真理，所以只能服从，而不能讨论；法西斯原则则是从"领袖"墨索里尼的心中所散发出来的，同样也只能绝对服从，而不能加以评论。在墨索里尼统治时期，意大利的学校教育的确培养了许多墨索里尼的忠实追随者和法西斯党的成员。

3. 法西斯主义青年运动的推行

在墨索里尼统治时期，把年轻的意大利人吸引到法西斯主义活动中去的主要手段是青年运动。1919年，墨索里尼建立了以年轻的退伍军人为主的"黑衫党"；1921年，又扩充为法西斯党。所以，在墨索里尼和其他法西斯党首领的特别重视下，二十年代初，法西斯主义青年运动就已开始，到1926年正式建立并大力推行。一位法西斯党首领在1930年时宣称："打算继续存在的政权，是青年的政权。"同年，在"青年法西斯主义者"第一次集会上，墨索里尼也强调说："要记住，法西斯主义不保证给你们荣誉，或职业，或奖赏，而仅仅是责任和战斗。"②

在青年运动中，法西斯政权最初组织了两个团体：一是以十八世纪（意大利）热那亚的一位爱国儿童的名字命名的"贝利莱"（"法西斯党少年先锋队"），吸收8—14岁的男孩参加；二是"法西斯党青年先锋队"，吸收14—18岁的男青年。不久，又增加了两个团体：一是"意大利女孩"，吸收6—12岁的女孩；另一个是"意大利女青年"，吸收12—18岁的女青年。此外，还建立了"狼孩"组织，吸收6至8岁的儿童。1930年，又建立了"青年法西斯主义者"组织，吸收18—

---

① H·芬纳：《墨索里尼的意大利》，1935年英文版，第469—470页。
　H. Finer, *Mussolini's Italy*, London: Gollancz, 1935. pp. 469 - 470. ——编校者
② H·芬纳：《墨索里尼的意大利》，第416、447页。
　H. Finer, *Mussolini's Italy*, London: Gollancz, 1935, pp. 416、447. ——编校者

20 岁或更大一些的青年。

到 1931 年时,法西斯主义青年运动已成为意大利唯一的青少年组织。最初,意大利的青少年是采取自愿的方式分别参加与他们年龄相适合的各个团体;到 1937 年时,他们被强迫要求成为青年运动的成员。同年,"意大利青年团"(GIL)建立,取代了法西斯党所承担的组织和监视意大利青少年的所有活动的职责。

法西斯主义青年运动完全是为墨索里尼独裁政权服务的,正如 1926 年 4 月 9 日颁布的"贝利莱"的组织章程所规定的,它对年轻人进行道德和身体方面的训练,以使他们适合意大利生活的新标准。章程列举了以下六种活动:(1)养成绝对服从的纪律精神;(2)准军事训练;(3)体育锻炼;(4)精神和文化训练;(5)职业和行业训练;(6)宗教教育。在青年运动的所有活动中,它着重强调三点:一是身体锻炼是它的主要职责。因此,青年运动开展了各种各样的体育活动,例如球队比赛、野营、爬山、体操和跳舞等。二是活动的基调要符合军事上的需要。所以,每星期六下午,穿着统一制服的男女孩子都要举行一次列队检阅。"贝利莱"则以"信仰、服从、战斗"为它们的座右铭,要求它的成员坚信"墨索里尼总是对的"。它的赞美诗的最后这样写道:"假如有一天发生战斗的话,站在燃烧的高山和海洋上,我们将是神圣自由的枪弹。"① 三是引导青少年对法西斯党"领袖"墨索里尼的忠诚。"贝利莱"的誓词就清楚地表现了这一点。它写道,"以上帝和意大利的名义,我宣誓服从'领袖'的命令,全力地为法西斯主义革命服务,必要时,将献出我的鲜血"②。

法西斯主义青年运动的推行,使得许多意大利青少年盲目地崇拜和服从"领袖"墨索里尼,相信墨索里尼所鼓吹的法西斯主义,而成为墨索里尼法西斯政权的牺牲品和侵略战争的炮灰。

4. 三十年代末的教育"改革"

1936 年,法西斯党"左翼"理论家、罗马大学教授博塔伊(G. Bottai)担任了教育部长,一直到 1943 年。他在罗马大学教育学教授沃尔皮斯利(L. Volpicelli)的帮助下,试图用一种更加完整的方式把教育与社会和经济生活联

---

① C·利兹:《墨索里尼统治下的意大利》,1972 年英文版,第 63 页。
C. Leeds, *Italy Under Mussolini*, London: Putnam, 1972. p. 63. ——编校者
② W·F·康乃尔:《二十世纪世界教育史》,第 252 页。
W. F. Connell, *A History of Education in the Twentieth Century world*, New York: Teachers College Press, 1980, p. 252. ——编校者

系起来。

1939年,他们制定了一个学校章程,以求对意大利的学校教育进行重新思考和重新组织。博塔伊早就认为,学校里法西斯模式的纯粹语言早已完全足够了;国家也需要工程师,而不仅是律师和演说家。所以,在"趋于形成学生品行和智力"的学校章程中,他们设想通过手工劳动和为社会服务,使初等和中等教育变得更加现实主义。博塔伊"改革"的一个实际变化,是打算设立一种三年制的公立初级中学。学校章程规定,除了进入较低的职业学校的人以外,所有受完小学教育的学生,在11岁时都进入这种初级中学。再经过三年的课程学习之后,他们可能进入任何一所独立形式的中等学校继续学习。国家也要注意大力发展中等教育。学校章程还规定,这种公立初级中学从1940年起开办。但是,第二次世界大战的爆发阻碍了博塔伊的整个"改革"设想的实现。教育制度并没有得到什么调整,学校课程也没有发生任何根本的变化。

战争给意大利的学校教育造成了很大的破坏。1943年3月,法西斯党"领袖"墨索里尼甚至还决定动员(包括青少年学生在内)100万人,强迫14—70岁的男子和14—60岁的妇女为法西斯专政国家服役。但是,仅仅时隔四个月,在法西斯军队战败和国内人民反法西斯运动高涨的情况下,墨索里尼只得被迫辞职,从而结束了法西斯独裁政权在意大利的统治。

三、军国主义化的日本教育

自明治维新教育改革以后,随着经济的发展,日本的初等教育到1920年时已基本上实现普及,中等教育有了较大的发展,高等教育从十九世纪二十年代起也得到了扩展。但是,与此同时,在1890年天皇的《教育敕语》颁发后开始确立的教育体制,使日本的学校教育带有了浓厚的军国主义色彩,并随着法西斯统治的加强而愈加厉害。由于对外侵略战争的需要,从三十年代后期起,日本的学校教育被纳入了战时体制的轨道,到第二次世界大战结束前夕,几乎已到了全面崩溃的边缘。

1. 军国主义教育体制的建立

日本的军国主义教育体制,作为军国主义国家制度的一部分,是在1890年天皇的《教育敕语》颁布后开始建立的。一直到第二次世界大战日本战败投降为止,《教育敕语》始终是日本军国主义教育体制的灵魂。

天皇的《教育敕语》确立了培养忠君爱国的忠顺臣民的国民教育原则,企图将学校、社会和家庭三个方面的思想道德规范纳入到维护日本军国主义国家制度的轨道。它强调要对学生灌输"尊皇"（膜拜天皇和皇室）、"武国"（军事训练）和"神国"（日本由神创造）的思想。因此，它不仅成了日本学校修身课的重要内容，而且其他一切科目也都要按它的精神来讲授。每次遇到国家节日或学校有大事的日子，都由校长代表天皇向学生和教师宣读《教育敕语》。天皇也被偶像化，他的画像成了强迫学生顶礼膜拜的神圣之物。学校里必须设立"神龛"，以供奉天皇的画像和《教育敕语》。学生集会时，天皇的画像必须移放到会场上。

从二十世纪初起，日本的学校系统并无重大变化。寻常小学（小学）由四年延长为六年，为义务教育年限；五年制的寻常中学（初中）照旧，高等学校（高中）由二年改为三年；大学三年。一直到1937年，这个（六五三三）的学制没有什么变动。

但是，为了适应国家军国主义化的需要，1935年，军国主义政府建立了青年学校。它是一种富有军事意义的民众补习学校，由1893年创建的补习学校和1926年成立的旨在补充国防教育的青年训练所合并而成。它招收小学毕业生，学习年限二年。虽然，它也进行普通的职业知识的补习，但更偏重于军事知识技能的讲授和练习。1939年，它的学习年限延长为五年，以便与入伍年龄衔接起来，适应军事上的需要。

此外，1910年，在日本陆海军大臣的监督下，成立了一个名为"帝国在乡军人会"的退伍军人组织。它是对日本社会青年实行军国主义教育的重要组织。后来，天皇还专门颁布了《在乡军人敕语》，宣称在乡军人要"不断锻炼军人精神，增进军事能力，在乡为忠良臣民，从军为国家之干城，以期克尽其本份"[①]。"帝国在乡军人会"根据"尚武教育"的本义，以退伍军人为骨干队伍，经常对群众宣传军国主义思想，并采用各种方式对群众进行军事训练。

军国主义政府还建立和加强了军事学校教育系统。例如，陆军系统设立了少年学校——士官学校——陆军大学；海军系统设立了海兵学校（军官学校）——海军大学。

在军国主义教育体制下，"武备第一"的口号被摆在国民教育的首位。它特别明显地表现在学校里修身课的教材上。例如，在小学修身课教科书里，第一册写了一个中弹待毙仍坚持吹军号和喊着"天皇万岁"而死去的小兵的故事；第二册写了被当作"军神"供奉的广赖武夫中校拼死驾船堵塞海口的故事；第三册

---

① 万峰：《日本近代史》，中国社会科学出版社1978年版，第337页。

写了一个伍长冒险突破重围报告军情的故事。宣扬被作为"圣将"的大军阀乃木希典的书,也成了日本军国主义教育的重要教材。总之,那些在侵略战争中替天皇和军国主义政府卖命的人,成了学生要学习和模仿的表率;"八纮一宇"(把全世界置于日本天皇的统治之下)的军国主义精神,成为在修身课教科书里宣传的中心。各级学校也加强军国主义思想的教育。小学一年级的教科书上就印着这样的字句:"开了,开了,樱花开了。前进吧,前进吧,士兵们前进吧!"一位日本学者曾回忆他读小学时(1933年)在开学典礼上所听到的校长的一席话:"现在日本已成了世界的孤儿。就是说,我们必须有以世界为敌的思想准备。各位同学,如不下决心学习,就不能以一当十。"[①]在这一时期,军国主义思想真是无孔不入地渗透到日本学校教育的各个方面。

2. 对学校师生思想的严密控制

由于马克思主义思想的传播和苏联十月革命胜利的影响,在日本的高等专门学校和大学中,学生也组织了民主主义的或具有社会主义倾向的学生团体。例如,东京帝国大学的"新人会"、京都帝国大学的"劳学会"和早稻田大学的"人民同盟会"及"建设者同盟"等,并举行罢课等斗争,以争取学生自治和研究社会科学的自由,反对军事训练。东京帝国大学于1918年发动了第一次学生运动,后扩展到其他高等院校;到1928年时,又组成了"全国学生联合会"。

面对这些情况,日本政府采取了镇压的措施。1925年12月,在全国范围内大肆搜捕学生运动的积极分子,其中有38名学生以所谓"违反治安维持法"的罪名而被提起公诉。此外,文部省还与警视厅合作,对学生进行"思想善导",企图把学生的注意力引到体育运动和文娱活动上面去。

为了更有效地对学生思想进行严密的监视和控制,1930年,在文部省内成立了"学生思想调查委员会",以对中小学生思想进行调查指导。它负有双重的任务,一是发现具有危险思想的学生,二是散播"皇道"思想和军国主义思想。1934年,文部省新设了思想教育局(1937年改成"教学局"),作为教育行政上管理与指导学生思想的中枢,负责对学生思想的控制。中小学只准许学生集体观看文部省指定的影片或战争的影片。军国主义政府甚至明令规定大中学校的学生一律参加为国家军国主义化效劳的"青年团"(1916年建立)。1925年,又成立了"日本少年团联盟"。

---

① [日]色川大吉著,天津政协翻译组译:《昭和五十年史话》,黑龙江人民出版社1982年版,第31—32页。

在对学生思想加紧控制的同时,也加强了对教师思想的控制,不许有任何违犯军国主义教育的言论和行动。1934年4月3日,文部省召开了"全国小学教师精神动员大会"。天皇亲自参加会议,并对到会的全国小学教师联合会的代表35,000多人敕赐诏书,然后,在全国各地召开同样的大会,把诏书散发到那里。至于一些带有民主倾向或具有马克思主义信仰的教授,则被从帝国大学等高等教育机关里赶了出来,大学里的学术自由完全被剥夺了。例如,在东京帝国大学里,经济学教授大内兵卫因所谓"违反治安维持法"而被捕;教授矢内原忠雄因批评战争而被解聘;甚至曾任文部省学生"思想善导"工作的自由主义者教授河合荣治郎也因所谓"违反出版法"被起诉,并禁止发行他的著作。

对教师实行镇压的措施是以1933年初"长野县赤化小学教师事件"为开端的。在这个所谓"赤化教师"事件中,长野县等地六十五所学校中共计138名教师,竟全部被检举为"赤化小学教师"。此后,据统计,到1933年底,这种所谓小学教师的"思想事件"共有98次,受到牵连的教师761名,涉及到1道3府37个县。在大学教育领域里实行镇压措施,突出地表现在1933年的"泷川事件"上。东京帝国大学教授泷川幸辰就刑法理论发表了自己的看法,但是,却被攻击为具有"赤化思想"。尽管京都法学院教授会对此提出了激烈的反对,甚至包括一些教授在内的38名教师联名辞职,但泷川教授最后仍受到了停职处分,并导致其他8名教授被解聘。

不仅如此,军国主义政府甚至禁止一些教育团体组织和开展教育科学研究活动。北日本国语教育联盟从二十世纪三十年代起曾在北海道等地开展了一种以北方环境为基础的简单作文运动,促使学生认识生活的现实,并在对具体现实的观察中分析思考,形成正确的作文思路。但是,这种教育方法研究的活动却被认为是"危险的"而遭到了禁止。正如当时一位退休老教师在他写的一首诗中所指出的:"没有言论自由的社会,使人想起是心中昏暗的牢狱。自以为战则必胜,这是好战的糊涂军人。一味夸耀自己的力量,逞强的言语,只博得无知人民的欢喜。"①

在对学生和教师思想进行控制并实行镇压措施的过程中,军国主义政府警视厅的特别高等警察课(秘密警察)扮演了重要的角色。1936年,建立了警察对

---

① [日]色川大吉著,天津政协翻译组译:《昭和五十年史话》,黑龙江人民出版社1982年版,第166页。

教师的监督制度,在学校教育系统中进一步加强对教师思想的控制。

3. "大和魂"教育

在对学校师生思想加强监视和控制的同时,日本军国主义政府竭力对学校师生灌输"大和魂"(日本精神)思想。它强调日本的土地是神授的,日本是太阳女神"天照大地"所创建的;统治日本的天皇都是"活神",都是"天照大神"的嫡裔子孙;作为神的后裔的日本民族,应该成为主宰全世界的优越民族。一些右翼理论家把"大和魂"思想与"国家社会主义"(法西斯主义)结合起来,从理论上鼓吹"八纮一宇"和"皇道主义",为国家军国主义化效劳。大战犯、法西斯主义思想家大川周明曾在他于1924年出版的一本书中,公开地鼓吹"因为日本是大地上最初成立的国家,所以统治万国国民是日本的使命",为军国主义政府对外进行侵略战争制造理论依据。

"大和魂"思想作为日本国民教育的精神基础,渗透到了学校教育的各个方面。在天皇《教育敕语》中,一开始就这样写道:"我们天皇的元祖曾在一个宽广永恒的基础上建立了我们的皇国,并且深深地与牢固地树立起德行;我们臣民永远忠诚孝顺地结合在一起,代代相传,表现出美德。这是我们皇国基本特征的光荣,而这也正是我们教育根源之所在。"①

军国主义政府强调对学生从小就要加强"大和魂"教育。在小学的课本里,曾编进这样的一首诗:"伟大的日本!伟大的日本!我们的七千万公民,仰视着天皇正如仰视着神,爱戴他和为他尽力正如对父亲一样。"②为此,"大和魂"思想自幼就浸透在日本国民的脑海中,而不是一时偶然的现象。一首题为《君之代》的歌曲一直被用来颂扬那"金瓯无缺"、"天壤无穷"的天皇制国体,歌颂"圣天子的统治千代万代永存,直到砂砾长成巍峨的岩石,披满苍苔"。

为了对学校师生加强"大和魂"教育,灌输皇道主义和日本民族主义思想,1932年,文部省成立了国民精神文化研究所。在第二次世界大战结束前,它一直是传播"大和魂"思想的中心。1935年,文部省又建立了教育改革委员会,旨在提出发展和宣传"大和魂"思想的方式。第二年,它提出了一个建议,要求根据国家政体的观念与"大和魂"思想来改革学术和教育,并奖励对日本历史和道德的深入研究。此后,文部省在东京帝国大学与京都帝国大学,以及在东京和

---

① [日]小林哲也著,徐锡龄等译:《日本的教育》,人民教育出版社1981年版,第48页。
② W·F·康乃尔:《二十世纪世界教育史》,第247页。
W. F. Connell, *A History of Education in the Twentieth Century World*, New York: Teachers College Press, 1980, p. 247. ——编校者

广岛的两所文理大学分别设立了日本国民道德讲座,以宣传"大和魂"思想。1937年,作为教育改革委员会的后继机构教育审议会抛出了一本小册子,强调"大和魂"是日本国存在的基本原理,学校必须对学生讲授它的信念和礼节,绝对地服从天皇和军国主义政府。这本小册子由文部省的"思想教育管理局"印刷了六百万份,分发给所有的学校教师,一些课本里还编进它的摘要。当时,在中小学的课程中,几乎40%的课题与灌输"大和魂"思想有关。其中特别是历史课。它被用来论证日本是神授的起源,歌颂天皇的业绩,并对在日本民族的整个发展进步之中表现出来的"大和魂"给以详细的说明。

1940年11月10日,在日本全国范围甚至举行了庆祝所谓"皇纪"二千六百年的活动仪式,颂扬"天照大神"的嫡孙天皇创业二千六百年。文部省通令规定所有的学校都要组织学生和教师进行庆祝活动。

4. 学校中军事训练的实施

早在十九世纪后期,在日本的普通中学里就增加了"兵式体操"的课目,开始对中学生进行军事知识教育,实施军事训练。1886年颁布的《师范学校令》,规定对师范生强制进行"准军事教育",接受军事训练。师范学校毕业生还要接受短期服役的军事训练。这样规定的目的,就是为了在军事教育中更好地发挥具体执行者的作用。

随着国家军国主义化的加剧,军事训练在学校教育中的地位显得越来越突出。从1925年4月起,在全国中等以上的学校普遍实行军事训练,并被列为学校的正式课程,学生必须按兵操典进行训练。在军事训练中,也同时教授剑术和现代柔道等,还灌输"武士道"精神,培养学生具有"忠诚"(效忠天皇)、"勇敢"(勇于为天皇卖命)和"服从"(服从天皇)的军人精神。各类学校每周军事训练的时间也各不相同,中学每周为2小时,师范学校每周为3小时,大学和高等专门学校每周为2小时。当时,大约2,000名从军队里裁减下来的军官,被分配到各个学校担任学生军事训练的教官。由于军事教官不归教育行政机构管辖,他们自以为是军部派驻学校的代表,对学校的教育行政工作进行干涉,对师生思想加以监视,造成了军部把持学校的局面,使学校变成了兵营。

与此同时,日本军部对社会青年也实行了军事教育。从1926年起,在全国各地建立了青年训练所(后改为青年学校)。这种青年训练所由"帝国在乡军人会"控制,以"青年团"为接受军事训练的骨干。在青年训练所里,社会青年一方面接受使用武器、阵地勤务、旗语、测距等军事训练;一方面又接受"大和魂"、"武士道"等精神的教育。军部规定,现役军官两年内至少去视察青年训练所的军事训练情况一次,并给予具体的指导。

对青年的军事训练的实施和加强,旨在为发动大规模的侵略战争准备后备力量。陆军大臣宇垣一成曾经吹嘘这种军国主义教育和军事训练制度,可以使日本军部掌握"二十余万的现役军人,三百余万的复员军人,五、六十万的中学以上的学生,一千余万的青少年","在平时和战时,……可以指挥七千万同胞按至尊(天皇)的旨意行事"①。1937年,日本发动全面侵华战争之后,大批的青少年被驱使战场,充当了军国主义政府的炮灰。

5. 战时教育体制的形成

1936年,日本与纳粹德国结成联盟。1937年,日本发动了全面侵华战争,全国的一切都立足于战争,学校教育也不例外,从而形成了战时教育体制的结构。

在学校教育纳入战时体制化轨道的过程中,为了适应战时需要,日本军国主义政府进一步对学校师生思想实行控制。1937年,成立了以首相近卫文麿为首的"国民精神总动员同盟",在全国范围内开展了"国民精神总动员"运动,规定每月1日为国民精神总动员日。"国民精神总动员同盟"这个军国主义的御用工具,在利用各种舆论工具大肆宣传军国主义思想,散播"举国一致"、"尽忠报国"的反动思想和强制人们去祭祀神社的同时,进一步迫害具有反法西斯思想和反战情绪的教师。文部省也对大中学校实行更加严密的控制,向学生灌输军主义思想。1939年5月,天皇又对全国青少年发布敕语,号召他们要为战争而牺牲自己所有的一切。1940年8月起,全国各个学校都组织了"报国队"。同年,又把所有青少年团体解散,重新组成"大日本青少年团"。

在战时教育体制下,学校中所实施的军事训练更加强化。不论什么季节,男学生须经常进行野外训练,背上很重的三八式步枪,每天在麦田里行进四、五里路。

同时,大中学生被强迫参加劳动服役,还有许多青年应征入伍,充当了军国主义政府发动的侵略战争的炮灰。1941年12月,根据"国家总动员法",军国主义政府强令包括学生在内的14—30岁的男子和14—25岁的未婚女子一律参加"国民勤务报国队"。在整个战争期间,大约有340万名学生被拉去从事军需生产和粮食增产活动,300万以上的少年被迫参加所谓的"勤劳奉仕"的活动,动员男学生挖防空壕,女学生去军服厂劳动。为了给侵略战争补充兵源,1941年,

---

① [日]井上清著,北京大学亚非研究所译:《昭和五十年》,天津人民出版社1979年版,第40页。

军国主义政府决定停止暂时免除文科大学生入伍的办法,派遣大批已超过应征年龄的人到军队里去服役。首相东条英机还公布了《战阵训示》。1943年12月1日,在全国范围内约有数万名学生同时入伍于陆军或海军。文部省召开了所谓的"欢送会",应征的学生集会在明治神宫外苑的田径运动场,穿着制服,打着裹腿,背着三十年代带刺刀的三八式步枪,在有"热血沸腾"歌词的学生出征歌中举行阅兵仪式,东条英机首相也亲自到场作了"训示"。那时,由于不断地有士兵出征,被称为"后方的小国民"的小学生必须每天手拿小旗,到车站去欢送,拼命地唱起《欢送出征勇士歌》:"响应天皇的召唤,生命、光荣如朝霞,唱着赞歌欢送,一亿人民的欢呼声高冲云霄。喂,出征的勇士,你是日本的好男儿。"

1941年,颁布了《国民学校令》,仿照纳粹德国的做法,把小学校改称为"国民学校",并规定"国民学校基于皇国之道,实施初等普通教育和基本训练。"同时,为了适应给侵略战争补充人力的需要,又缩短了中等教育的修业年限,寻常中学缩短为四年,高等学校缩短为二年。还大力减少大学文科教学,文科学生的人数被削减了三分之一。中等学校和高等院校的学生必须用三分之一的时间到工厂、农村或战争服务机构工作。军国主义思想对各级学校的所有学科的渗透,表现得更为明显,甚至幼儿园教育的内容也渗透了军国主义思想。从1943年起,日本进入所谓"决战阶段",又陆续颁布了《中等学校令》、《学徒勤劳令》、《关于教育的战时非常措施方针》(1943年)、《决战非常措施纲要》(1944年)、《决战教育措施纲要》(1945年),要求大中学校的教师和学生全部都参加战争服务工作。1945年5月20日,几乎处在绝望之中的军国主义政府又颁布了《战时教育令》,宣布国民教育进入紧急状态,强令幼儿园关闭,小学生实行疏散,所有的学校都暂时停办,使日本的学校教育处在全面崩溃的边缘。三个月之后,日本战败宣布投降,《战时教育令》也随即被废除。

为了对内实行法西斯统治和对外发动侵略战争,德国纳粹政府、意大利墨索里尼政府和日本军国主义政府,竭力推行法西斯教育,实行反动的愚民政策,对学校师生实行严厉的控制和镇压,在学校里强迫实施军事训练,同时强制开展法西斯化的青少年运动,驱使学生为法西斯政权效劳卖命。由于德、意、日法西斯国家在第二次世界大战中战败投降,它们所推行的法西斯教育也随之结束。

第十二章 1958年后苏联的教育改革

五十年代以来,特别是1957年第一颗人造地球卫星上天后,苏联进入了科技发展的新时代。事实表明,科学技术的发展与教育密切相关,苏联现代科技的迅速发展正是其教育的丰硕成果。

为了克服教育领域里的弊端,解决存在的缺点和问题,使教育更好地适应社会各方面的要求,自1958年起,苏联对教育进行了几次大规模的改革,试图找到一条理想的发展教育之路。

一、1958年的教育改革

早在1956年,苏共二十大便提出加强学校与生活的联系,普及中等教育的战略任务。实现这一任务的目标是,要使绝大部分中学毕业生都能到工农业生产部门工作。1958年9月21日,苏共中央第一书记尼·谢·赫鲁晓夫提出了《关于加强学校与生活的联系和进一步发展全国国民教育制度的建议》。同年11月12日,苏共中央和部长会议根据赫鲁晓夫的建议发布了《关于加强学校同生活的联系和进一步发展全国国民教育制度的提纲》,在全民讨论的基础上,最后于同年12月24日苏联最高苏维埃主席团通过了《关于加强学校同生活的联系和进一步发展苏联国民教育制度的法律》(以下简称《法律》)。由此开始了苏联现代教育史上的一次重大改革。

1. 历史背景和改革原因

1953年,赫鲁晓夫出任苏共中央第一书记后,苏联开始批判对斯大林的个人迷信。这对苏联社会生活的各个方面产生了深远的影响,也波及到教育领域。

战后苏联的经济和生产在医治了战争的创伤后迅速得到了发展。1955年,苏共提出了"科学技术"革新的远景规划,宣布"向共产主义过渡"。国民经济与社会生产的发展,需要大量的训练有素的能创造和掌握现代生产工艺的各个层次的工程技术干部、管理干部和生产人员,但当时的苏联教育制度不能满足社会生产和经济发展的需求。而且由于战争期间苏联牺牲了2,000万人,加上战后出生率的下降,劳动力紧缺这一矛盾更加突出了。

同时,学校教育与生活脱节,使得苏联社会的青年升学和就业的矛盾更为加剧。五十年代初期的教育制度是战前教育制度的沿袭。普通中学的任务是为高等学校提供牢固掌握科学基础知识的合格大学生。当时,普通中学的数量较少,高校发展较快,应届毕业生供不应求。但到五十年代中期,随着中等教育的逐渐普及,七年制、十年制的毕业生也逐渐增加,高等学校和中等专业学校已不能完全满足中学毕业生的升学要求。例如,1958年中学毕业生为160万,从1953到1958年没考上大学的历届生为220万,但高校只能招收45万(包括函授和夜间制)。但是由于当时的苏维埃学校对学生施行单一的知识教学,缺乏必要的职业技术训练,学生对生产劳动一无知识,二无技能,而且普遍地厌恶体力劳动,不能适应就业的需要。

在意识形态问题上,许多青年学生认为,中学毕业后只有升入高等学校或者不得已进入中等专业学校继续深造,才是他们唯一向往的和唯一可以接受的生活道路。他们普遍对劳动缺乏认识,不愿进工厂和去农场工作。有人甚至认为,从事体力劳动是对自己的屈辱。赫鲁晓夫不止一次地严厉批评青年轻视体力劳动,中学毕业生毫无生活准备等现象。

2. 改革措施

《法律》对普通教育作了如下规定①:

(1) 确定苏维埃学校的主要任务是,培养学生走向生活和参加公益劳动,进一步提高普通教育和综合技术教育水平,培养通晓科学基础知识的有学识的人。

(2) 实行八年制义务教育,以代替七年制义务教育。具体规定从1959—1960学年开始过渡到八年制义务教育。

(3) 规定青年从15—16岁起(即在八年制义务教育后)都要参加公益劳动。

(4) 中等教育分两个阶段进行:第一阶段为八年制劳动综合技术教育学校,是不完全的普通中等学校;第二阶段为负责施行完全中等教育的学校,有三种基本类型:(a)青年工人学校和农村青年学校;(b)兼施生产教学的劳动技术普通学校;(c)中等技术学校和其他中等专业学校。

第一种类型的学校是对青年施行第二阶段教育的主要学校。受完八年制义务教育后从事生产的青年,可以在职业学校以及通过生产队学徒制或训练班接受初步的生产训练,然后不脱产地进入青年工人学校或农村青年学校,学习年限为三年。

---

① [苏]《苏联教育法令汇编》,北京人民出版社1978年版,第21—22页。

第二种类型的学校是在普通中学的基础上建成的。从八年制学校毕业的学生在这里除了接受普通中等教育外,还要接受职业训练,毕业后进入国民经济或文化部门工作。这类学校的生产教学将依照工厂艺徒学校的形式来组织,教学计划中将把三分之一的时间用于理论和实践的生产教学和职业训练。

(5) 扩大寄宿学校网,增加延长学日的学校和班级。

(6) 改革高校招生制度。在招生时,优先照顾有实际工龄的人。后来逐步实现从有二年以上工龄的青年中招收新生。直接从中学应届毕业生中招生不超过20％,废除原来规定的中等学校毕业生获得金质、银质奖章者升入高等学校的优先权。

3. 改革结果

1958年教育改革的最大特点是加强学校同生活的联系。具体办法是要求青年在受完八年制义务教育后都参加劳动,然后通过业余教育形式完成中等教育;部分八年制学校毕业生进兼施生产教学的综合技术中学完成中等教育,同时接受职业训练。因为要进行职业训练,必须大量增加劳动时间。中小学学制也因此由原来的十年延长到十一年。

学制改变了,教学计划也相应要变动。由于中小学学制增加一年,总的学时增加了2,822学时,比原来十年制学校计划增加了28.6％。过去高年级周学时数最高为33节,新的教学计划达到36节,再加上2节选修课,每周学时高达38节。增加的学时绝大部分(每周12节)用于劳动教学和生产训练。

1958年的教育改革试图扭转忽视劳动教育、理论脱离实际、单一的书本知识教育的偏向,使学校教育适应经济发展与社会进步的需要。它规定青年在受完八年制义务教育之后一律参加社会公益劳动,意在切断中学毕业生直接升入高等学校的通道,彻底地解决青年升学和就业的矛盾。

但是,由于缺乏必要的准备,加上操之过急和仓促行事等,经过五年多的时间,1958年的教育改革便怨声四起,难以维持。1964年10月赫鲁晓夫下台后,人们开始对以往几年的教育改革进行公开的、尖锐的批评。认为其主要问题是:

(1) 生产教学搞多了,搞糟了,职业技术训练落空了。1964年8月,俄罗斯联邦教育部长阿法纳先科在国民教育会议上的报告中说:"五年的经验证明,把中学修业年限延长一年并把这些时间基本上用于生产教学,这种作法在多数情况下是不正确的,因为可以用较短的时间完成这项任务;加上由于缺乏必要的条件,而使生产教学往往变为无谓的时间浪费。"1965年3月初,苏联教育科学院主席凯洛夫在俄罗斯教育科学院大会上的总结报告中承认："经验令人信服地证明,学生在中学范围里的职业训练是不适当的。""职业教育纯粹是机械地加在普通教育和综合技术教育内容之上的一层东西罢了。许多学校没有必需的生产教学基地,走上了狭隘的专业化和手工艺的道路。"这些讲话,实际上就是对1958年教育改革作出的基本上否定的结论。

(2) 教学质量降低了。由于生产教学的时间大幅度增加,只好增加每周上课的时数,使得原来已经沉重的负担变得沉重不堪了。学生丧失学习兴趣,留级和退学情况严重。例如,1962年苏联退学的学生达50万人;农村地区学生的退学率高达50%。俄罗斯联邦最高苏维埃代表兼文化教育委员会主席格涅多夫在最高苏维埃常委会上提到学生知识水平时说："中学毕业生的知识水平,特别是数学和物理学方面的知识水平,没有达到一些学院和大学向中学提出的严格要求。"他认为,造成知识水平差的原因是：第一,有些教育工作者忽视普通学校的根本任务之一是以知识武装学生；第二,对初等教育的意义估计不足；第三,教学方法效果不好。关于教学质量的更为激烈的批评来自高等学校的领导和教师。他们批评说按招生章程规定,80%的新生应当来自有两年工龄的青年,但他们的文化知识水平比应届中学毕业生还要差。

二、1964年开始的教育改革

1958年的教育改革持续到1964年便偃旗息鼓了。1964年8月,苏共中央和部长会议公布了《关于改变兼施生产教学的综合技术普通中学的学习年限的决定》(简称《决定》),把在八年制学校基础上的三年的学习期限改为两年,并决定从1964年9月1日开始实行。《决定》的条文极为简单,似乎只涉及兼施生产教学的普通中等学校的学习期限问题,但实际上意味着教育方针的调整,放弃在中学进行职业训练,重新回到原来的十年制学校的培养目标。

1964年关于缩短学制的决定,不是改革的结束,而是改革的开始,是试图对1958年教育改革以来的偏颇做法进行纠正,摸索更好的路子来改革教育,并重新制定各学科的教学计划。教育经济学、教育心理学、教育社会学、管理科学和现代教学法的研究受到重视,并且发挥越来越大的作用。六十年代正值世界教育改革的高潮,苏联教育在经历了1958年以来改革的痛苦失败之后,也开始谨慎地、有计划地、合理地进行调整,以便能更适合社会发展的需要。

1966年11月10日,苏共中央和部长会议通过了《关于进一步改进普通中学工作的措施》，批评各加盟共和国教育部没有采取必要措施消除现行的教学计划、教学大纲与现代科学知识水平不相适应的现象，要求施行有科学根据的教学计划和教学大纲，注意使教学内容符合科学技术和文化发展的要求，迫切要求提高学生的知识质量并使他们对从事公益劳动作好充分准备。它规定普通中学的主要任务是：使学生获得牢固的科学基础知识，具有高度的共产主义觉悟，作好进入生活和自觉选择职业的准备。

为了加深物理、数学、自然科学和人文科学的教学，发展学生各方面的兴趣和才能，规定学校从七年级起开设选修课。

为天才儿童设立一定数量的学校式班级，在九、十（十一）年级时，从理论和实践上深入学习数学和计算技术，物理学和无线电电子学，化学和化学工艺，生物和农业生物学，人文科学学科及其他学科。

决定从1966—1967学年开始，中学改用新的教学计划和大纲。在新的教学计划中，生产劳动时间大为减少，高年级从每周12小时减至2小时。

决定取消生产教学校长一职，设置主管儿童课外和校外教育工作的组织人员一职。

决定恢复被1958年改革废除的对中学生颁发奖章和奖状的制度。

同时规定吸收知名的科学家、教学法专家和有经验的教师，参加编写高质量的标准教科书、教学参考书和教学法指导书。

早在1964年10月，俄罗斯联邦共和国教育科学院主席团和苏联科学院主席团就成立了确定中学各科内容和性质的各科委员会和协调委员会，邀请了大量的著名学者、教授、教学法专家和先进教师，做了大量的调查研究工作，研究了其他社会主义国家和资本主义国家现行的教学计划、教学大纲和教科书，并根据向普及中等义务教育过渡的前景确定了中学各科教学的范围和性质，使学校教学内容、组织和方法充分反映现代科学技术和文化的成就，删除教学大纲和教科书中陈旧的、次要的材料。拟定和完成向新的教学内容过渡花费了10年时间，到1974—1975学年才完成采用新教学大纲和教科书的工作。在这期间，共编写了103种教科书，其中87种被批准为标准教科书。新的教学大纲较前更注重发展儿童的智力。教材力求发展学生的思维，培养他们综合、概括的能力，激发学生观察事实，从中寻求正确结论的兴趣。低年级的教学大纲中也很注意指导教师组织学生的独立工作，提高他们的学习水平。

同时更新了学校的电化教学设备，重新装备了专用教室，全国范围内广泛地使用了教学电视，这对占苏联学校半数的农村及边远地区学校的教学质量产生了有利的影响。

总之,1964年后,苏联教育部门作了很大的努力,改革教学内容,完善教学方法,更新教学设备。动员力量之大,改革范围之广,内容之深,耗费时间之久,为苏联教育史上所罕见。这次改革使苏联教育向现代化迈进了一大步。但是,由于在普通教育学校里不加区别地、全盘地放弃了生产教学,使得教育的钟摆重又摆回到强调知识教学的位置。

1964年开始的教育改革持续到七十年代中期。1973年7月19日,苏联第八届最高苏维埃第六次会议通过了《苏联各加盟共和国国民教育立法纲要》(简称《立法纲要》)。《立法纲要》实际上是1958年以来教育改革的总结,并用立法的形式将改革成果固定下来。

《立法纲要》明确规定,普通中等学校是进行普通中等教育的基本形式,是对儿童和青年进行教育和教学的统一的劳动综合技术学校。其主要任务是:"对儿童和青年进行符合现代社会进步和科学技术要求的普通中等教育,使学生具有渊博而牢固的科学基础知识,培养他们具有不断增加知识的愿望和独立充实与实际运用知识的能力";同时要求:"培养学生积极参加劳动和社会活动,自觉地选择职业";"有条件的普通中学也可进行生产教学"①,还提到应树立学生的共产主义世界观,培养共产主义道德品质,增进健康,等等。

在这一期间,苏联中等教育发展迅速,八年制义务教育已接近普及,大部分八年制学校毕业生进入各类高一级的学校继续受教育。1970年,78.8%的八年制学校的毕业生升入了十年制普通中学(九—十年级)、中等专业学校(学习年限3—4年)、中等职业技术学校(学习年限3—4年)、工厂和农村青年学校(九—十年级)学习。中学毕业生在五年里(1965—1970)由134万增加到258万,几乎增加一倍。1975年,97%的八年制学校毕业生进入高一级学校接受完全中等教育和职业技术教育;同年,受完完全中等教育的青年有440万。

随着中等教育的普及,苏联居民中具有高等和中等教育程度的人数迅速增长,1970年,4,770万人;1975年,6,790万人。苏联人民的文化素养和科学知识水平有了明显的提高。

三、1977年《决议》的颁布

1977年12月29日,苏联公布了《关于进一步改进普通中学教学和学生教

---

① [苏]《苏联教育法令汇编》,北京人民出版社1978年版,第348页。

育工作以及改进学生劳动准备工作的决议》(简称《决议》),标志着苏联普通教育进入了新的发展阶段。

《决议》指出,普通学校工作中存在着严重缺点,在普及中等教育的形势下的劳动教学、教育和职业指导不符合社会生产和科技发展的日益增长的要求,许多中学毕业生在走向生活时,缺乏应有的劳动训练,对基本的普通职业没有足够的认识,因此在进入国民经济部门工作时感到困难重重,等等。《决议》重新又提出中学毕业生在学习期间要切实掌握一定的职业技能,要求改进劳动训练,让学生有根据地选择职业。这可以说是苏联教育发展的又一个转折——在1958年教育改革失败之后,事隔二十年重提劳动生产和职业教育。实际上,这是苏联当时国民经济与社会发展的要求。随着七十年代中等教育的普及,普通中学的职能正在逐渐改变。1970年,高校招生数为90万(其中日间制部为49万),但考生有300万,故有三分之二的中学毕业生要参加国民经济部门工作。1975年,中学毕业生进高校的为15%,进中等专科学校的为21%,余下的64%的中学应届毕业生需要就业。

因此,在这种形势下,就必须加强普通中学的劳动训练;而且,除了在教学计划中加强劳动教育外,还要强调培养学生对劳动的正确态度。

对此,《决议》作出了几项具体的规定:

(1) 充分利用学校附近的工矿企业、集体农庄与国营农场,为学生组织有效的劳动教学,进行职业指导。根据学生的年龄特点安排他们参加公益劳动,同时保证八年级应届毕业生能自觉地选择继续接受教育和某一种专业或职业训练的途径。

(2) 把九、十(十一)年级的劳动教学时间从每周2小时增加到4小时(在教学计划范围之内)。

(3) 给学校配备劳动教学师资;扩大师范院校、工程技术院校和农业院校对劳动教学师资的培训。

(4) 制订新的教学计划、教学大纲;编写新的教科书和教学参考书。

《决议》公布后不久,1978年1月17日,苏联教育部长普罗科菲耶夫在答《教师报》记者问时说:"有人将学校重提劳动训练理解为重新回到1958年的生产教学,这是不对的,任何情况下都不能将《决议》看为重新回到兼施生产教学的学校。苏联的学校永远是普通教育的、统一的、劳动的、综合技术的学校,决不是职业学校。苏联的学校应当给学生科学基础知识,对他们进行劳动训练,使他们掌握一定的职业,在物质生产领域里自觉地选择职业。自然,谁也不反对,如果孩子们在校际联合体里,在企业的教学车间里受到劳动训练,获得某种等级的专业资格,但学校并不负有这种使命。"

根据《决议》的要求,苏联学校重新开始调整教育、教学工作,加强劳动教育和职业训练,修订教学计划,增加劳动教学时间。

新的教学大纲较旧的大纲前进了一步,更合理,更科学了。它的特点是:(1)减轻了份量,删去了次要的,过于繁琐复杂的,过于困难的材料,对复杂的、难理解的知识进行了调整,使它们能为学生理解和接受。(2)加强了课程内部结构的逻辑性和各科之间的联系,消除了学科之间内容的重复和学科本身内容的重复现象。(3)加强了思想性,贯彻教育与教学的一致性原则,使知识教学、劳动教育和道德品质教育紧密相联,充分利用各学科揭示的自然界和社会发展的局部规律对学生进行思想教育。大纲中对各学科、各章节的思想教育内容都有明确的规定和要求。(4)加强了综合技术教育,每门课程都重视综合技术教育,使学生从理论和实践上认识社会生产的主要部门,认识当代的技术和工艺、劳动经济和劳动组织问题。

应该说,1977年《决议》强调加强劳动教育与1958年教育改革时的做法,有着明显的不同。

(1)加强劳动教育,适当增加劳动训练时间。但不影响知识教学,而要求把劳动教育和知识教学结合起来,互相促进,要求学生在掌握深刻知识的同时掌握一定的、具体的劳动技能。

(2)劳动教育中加强了综合技术教育的方向性,避免狭隘的专业化。劳动课教学大纲中包括工业、农业、服务性行业、建筑业、运输业等国民经济中最主要和最常见的19种专业内容,如金属加工、木材加工、无线电电子学、机器制造、汽车业务、商业服务和农业机械等,供学生任选一种攻读。而且,每种专业都要对学生进行三种训练:基本劳动训练、基本技术训练和基本专业训练。

(3)重视劳动教育内容在各年级的衔接性和继承性。一至三年级主要训练掌握简单的日常生活、自我服务方面的劳动技能,了解工业农业生产和职业定向的一般知识;四—八年级组织学生按工业、农业、服务业进行公益劳动和生产劳动,授予学生工农业生产基础知识,打下职业定向的基础;九—十年级组织学生参加按劳动分工较细的工农业生产部门的公益劳动和生产劳动,如机器制造、金属加工、木材加工、农田作业、畜牧业,从理论和实践上掌握一定的职业知识和技能,形成职业定向。

(4)加强职业指导。根据学生的兴趣爱好和心理、生理特点,以及平时的学习基础,向学生介绍国民经济各部门的职业,使学生能有根据地较早地确定自己的发展方向,自觉地选择职业,各学科新大纲的许多章节都有专门的部分向学生介绍各种职业的劳动内容和条件,取得这种职业的途径和各地区对它的需求情况。职业指导也包括升学指导,帮助准备升学的学生自觉地选择合适的专业和院校。

四、1984年的教育改革

1984年4月12日,苏共中央和部长会议通过了《苏联普通学校和职业学校改革的基本方针》(简称《基本方针》)。在此之前,即同年1月4日,苏联报刊先公布了《基本方针》草案供全民讨论。在三个月的时间里,有12,000万人参加了各种讨论会,700万人在会上发了言。苏联各报刊发表了大量的教育改革的材料,党和苏维埃机关收到成千上万的人民来信,通过书面和口头形式提出了近一、二十万条建议。《基本方针》正式通过后,为保证其实施,苏共中央和部长会议又相应地作出了一系列的决议。例如,《关于进一步完善青年的普通中等教育和改善普通学校工作条件的决议》、《关于改进学生劳动教育、教学和职业指导以及组织他们从事公益劳动和生产劳动的决议》、《关于进一步发展职业技术教育和提高其在培养熟练技术工人方面作用的决议》、《关于完善普通教育和职业技术教育系统的培训工作,提高他们的业务水平并改善他们的劳动和生活条件的决议》、《关于进一步改进儿童学前教育和入学准备工作的决议》和《关于提高教师和其他国民教育工作人员工资的决议》等。

这次教育改革是苏联为发展和完善教育体系,使之更适应国民经济和社会发展的需要所作的又一次重大努力。苏联教育自1958年以来几经改革,尽管道路曲折,但通过二、三十年的不懈努力,已得到较大的发展,基本上普及了十年制中等教育。目前接受中等教育的人数已占当年小学一年级入学人数的95%。普通教育内容基本上实现了现代化,用十年时间完成了学校向新的教学计划和教学大纲过渡。学校物质技术基础加强了,教学设备普遍得到更新,采用了专用教室。推广了发展教育思想,改进了教学方法,特别是提倡和推广了问题教学法,在高年级开设选修课等。应该说,成绩是明显的,巨大的。然而,在苏联学校教育工作中,问题和困难仍然很多。例如,教材中充塞着次要的和过于复杂的材料,教学大纲、教学计划和教科书,特别是数学、物理、生物等学科的大纲和教科书受到尖锐的批评,内容太难,且和实际缺乏联系,过于抽象,语言艰涩枯燥。其次,虽然1977年后再次强调劳动教育与职业指导,全国99%的普通中等教育学校在进行劳动教育,发展了校际教学生产联合体,培养了大批合格的劳动教学教师,但劳动教育问题仍未能妥善解决。进入国民经济部门工作的中学毕业生逐年递增,但他们接受过劳动训练的仅占20%。因此,正如《基本方针》所指出的,这次教育改革要保证每一个学生"都受过最现代化的教育,具有高度的智力发展和身体发育水平,对生产的科学技术原理和经济学原理具有深刻的知识,并具有自觉的、创造性的劳动态度";"克服学校工作中积累下来的一系列消极现象、严重的缺点和疏忽";"克服所谓单纯追求百分率的现象"。[①]

教育改革的内容主要包括以下七个方面:

(1) 改革学制,确定4-9-11式普通教育和职业教育的结构。

初等学校——四年级;不完全中学五—九年级;完全中学十—十一年级。普通学校学制延长一年,由原来的十年变为十一年。儿童提早一年,即从6岁入学,初等学校比原来增加一年(一——四年级),以保证更扎实地训练儿童学会读写算和最简单的劳动技能,同时也能减轻学生负担,使他们将来更容易掌握科学基础知识。

(2) 加强普通学校的劳动教育和职业训练。

《基本方针》规定劳动教育的目的是:使学生养成热爱劳动、尊重劳动者的习惯;使学生了解现代化工农业生产、建筑业、交通运输业、服务性行业各部门的基本知识。在学习和公益劳动的过程中使他们掌握劳动技能和技巧,促使他们自觉地选择职业和获得初步的职业训练。

为此,学生的劳动教学、公益劳动时间相应增加:二—四年级每周3小时;五—七年级每周4小时;八—九年级每周6小时;十—十一(十二)年级每周8小时。并规定,用稍许缩短暑假时间的办法来进行每年一次劳动实习:五—七年级为10天;八—九年级为16天;十—十一年级为20天。还规定从八年级起,学生在学生生产队、校际教学生产联合体、企业的教学车间或教学工段、职业技术学校里接受生产教育和参加劳动。同时,对各年级劳动教育的要求也作了明确而又具体的规定。

《基本方针》还指出,必须改进对学生的职业指导工作,在城乡地区试行建立职业指导中心,开展对学生的职业指导工作。在职业指导中,依靠校际教学生产联合体、普通学校、职业技术学校和企业的职业指导办公室,向学生介绍现

[①]《苏联1984年的教育改革》,华东师范大学出版社1985年版,第3—4页。

代的各种职业情况,提供有关国民经济部门的人员需要情况的信息,了解学生心理和生理特点、个人才能和工作爱好,并在此基础上提出相应的实际建议。

(3) 改组职业技术学校,提高它们的普通教育水平。

1958年教育改革后,在苏联形成了三种基本类型的职业技术学校:(1)初级职业技术学校;(2)中等职业技术学校;(3)技术学校。《基本方针》规定,将上述各类职业技术学校改组为统一的"中等职业技术学校"。这种学校将根据职业的性质和学生受教育的程度规定学习年限,开设相应的教学班级。九年制学校毕业生进入中等职业技术学校学习者,一般学习年限为三年,毕业后既获得一种职业,又受完中等普通教育。十一年制学校的毕业生可升入中等职业技术学校相应的专业学习,培训期不超过一年。

中等职业技术学校根据国民经济各部门的需要划分专业,以培养熟练工人。中等职业技术学校可以在教学生产联合体、企业、建筑工地和机关的基础上建立;在农村地区,则可以在区农工联合体、国营农场、集体农庄和跨单位企业的基础上建立。

《基本方针》要求到1990年时使升入职业技术学校的人数增加一倍,并要求大幅度提高他们的普通教育水平,使职业学校和普通教育学校走向统一,给职业学校的毕业生创造升入高等学校的条件。

(4) 努力提高教育和教学的质量。

《基本方针》指出,苏联学校最重要的、坚定不移的任务,是授予年轻一代深刻而牢固的科学基础知识,培养他们把知识用于实践的技能与技巧,形成辩证唯物主义的世界观。

因此,要使教学计划、教学大纲、教科书和教学手段适应社会经济和科学技术发展的要求,适应学生的特点;要明确规定所学各门课程材料的名目和数量,消除教学大纲和教科书中份量过重的现象,删除其中过于复杂和次要的材料;要极其准确地讲述各学科的基本概念和主要思想,使各学科能充分反映有关科学在理论和实践上的最新成就。

与此同时,要从根本上改进普通学校的劳动教学和职业指导工作。加强教学内容的综合技术方向性;要更加重视实验课,让学生看到物理学、化学、生物学和其他学科的原理在生产中如何应用,从而为青年的劳动教育和职业定向奠定基础;用现代计算技术的知识和素养要求学生,确保在教学过程中广泛使用计算机,并为此建立学校的或校际的专用教室。

(5) 加强学校思想工作,提高学生思想觉悟。

《基本方针》强调,要培养社会主义社会的公民,共产主义的积极建设者和思想坚定、道德高尚、热爱劳动、行为文明的公民;要使学校的社会学科和自然科学学科的教学都为这一目标服务。对品学兼优、劳动出色的学生,要进行表扬和奖励。

《基本方针》还提出,要对学生进行艺术和美术教育,发展学生的美感,形成他们的高尚的艺术趣味,防止无原则的、庸俗的黄色低级的精神产品对他们的毒害。

(6) 大力培养具有坚定思想信念、渊博的学识和高度文化修养、熟练教育技巧的教师。

《基本方针》规定,师范生要学习现代生产原理,学会对学生进行职业指导的方法,提高教育学和心理学的水平,改进教学实习的内容和组织工作。逐渐将师范学院过渡到五年制,并在4—5年内普遍轮训在职教师,提高他们的业务水平。要求教师不断地进行创造和思考,努力工作,胸怀宽广,热爱儿童,无限忠诚于教育事业。

与此同时,决定提高教师的社会地位和工资待遇。对中小学和教育部门(包括学前教育机构和中等专业学校)工作的教师和教育工作人员,增加工资30—35%。整个改革需要110亿卢布,其中35亿卢布用于提高教师的工资。并宣布每年九月一日为全民节日——"知识节"。对在儿童和青年的教学、教育工作上成绩卓著的教师和其他国民教育工作者授予"劳动荣誉勋章"。

(7) 儿童提早一年入学。

在七十年代开始对儿童6岁入学进行的大规模试验的基础上,《基本方针》决定,从1986年开始,随着学校的发展扩大和师资的培养,并考虑到家长的意愿、儿童的发展水平和地区的条件,逐步地在若干年内实现向儿童6岁入学过渡。在初期阶段,一部分儿童仍将从7岁入学。

作为一种过渡,目前6岁儿童暂不入一年级,而入预备班。预备班可以设在小学,也可设在幼儿园。预备班按自己的教学大纲进行教学。教学要结合儿童的身心特征,尤其要注意兴趣性。教学方法应更接近幼儿园的,而不是搬用小学的教学方法,要求把学习和游戏结合起来,寓学习于游戏之中,预备班儿童上学不背书包,没有课本,不做家庭作业,学习成绩不记分。每周5天上课,每节课35分钟,每天4节课,课间休息多,活动时间多,儿童与在幼儿园里一样,在班上午餐和午睡。

五、苏联现行学制[①]

苏联现行国民教育制度包括学前教育、普通教育、职业技术教育、中等专业教育和高等教育。

1. 学前教育

学前教育机关包括：托儿所，招收2个月至3岁儿童；幼儿园，招收3—6岁儿童；托儿所——幼儿园，招收2个月至6岁儿童。学前教育机关由区、市、村、镇人民代表苏维埃执行委员会负责开办，也可经执委会同意由国营企业和国家机关、集体农庄、合作社及其他社会团体开办。

学前教育机关的任务是帮助家庭教育儿童，为有子女的妇女积极参加生产和社会活动创造条件，使儿童受到全面和谐的发展与教育。1982年，全国学前教育机构中有1,500多万儿童。前3年重保育，后3年重教育。儿童的主要活动是：游戏、学习、劳动。儿童在6岁前都是以游戏为主，学习次之，劳动更次之。

现在，作为一种过渡，许多幼儿园附设6岁儿童的小学预备班。在小学预备班里，学习的分量增加了。学习的内容有语言和教学的准备、周围环境介绍、体育运动、游戏、图画、塑造、贴花和构造、音乐等。多年来进行了大量的、谨慎的实验，非常注意照顾学生的兴趣，反对缩短他们愉快的童年，反对将小学大纲生搬硬套下放到幼儿园来实行。在日常生活中，要为儿童组织各种活动，如早操、散步、游戏、锻炼以及在大班上专门的体育课等。

2. 普通教育

普通教育学校是实施普通教育的基本形式，是对儿童和青年进行教育的统一的、劳动的综合技术学校。

在保持普通教育各阶段统一的前提下，根据地区条件分别开设四、九和十一年制的学校。初等学校四年，6岁入学，10岁结业；不完全中学九年，15岁结业，获得不完全中等教育，基本上完成对少年儿童进行一般劳动训练的任务，九年制学校是获得普通中等教育和通过各种渠道接受职业教育的基础；完全中学十一年（在不用俄语进行教学的少数民族学校，修业期限为十二年），毕业后可获得中等教育证书，有资格升入高等学校、中等专业学校和职业技术学校，也可直接就业。成绩优秀的中等学校毕业生可获得金质或银质奖章。

据统计，1983年，在不完全中学毕业生中，60％升入完全中学，10％进中等

[①] 系指苏联20世纪80年代学制。——编校者

专业学校,20%进中等职业技术学校,其余的直接就业;在完全中学毕业生中,17%进高等学校,17%进中等专业学校,其余的进职业技术学校或直接就业。

除了一般的普通教育学校外,还开设:

(1) 深入学习某门学科的学校。例如,数学学校、物理学校、外语学校和艺术学校等。这类学校只有高年级,每班人数很少,一般为10—15人。除了学习一般中学课程外,重点科目的教学大纲是特定的,知识范围既广又深。例如,西伯利亚物理数学学校的物理数学课教学大纲的内容相当于普通学校的三倍。这种学校的师资条件、教学设备比普通学校优越,常聘请高等学校教授和科学院院士为学生上课。学生大部分是各种学科竞赛的优胜者,学生的升学率很高,淘汰率也很高。

(2) 延长学日学校。这是为照顾学生家长白天上班无法照顾自己孩子而开设的学校。上午同普通学校一样上课,学校供应午饭,下午在教师照管下做作业,进行课外活动,组织参观和旅行等。家长只需负担部分膳费。

(3) 寄宿学校。这是1958年教育改革时兴办起来的。开始招收的是孤儿、半孤儿,以及父母忙于工作、家庭缺少必要教育条件的儿童;后来逐渐扩大,招收自愿在校寄宿的学生。儿童在寄宿学校的费用由家长负担,收费标准根据家长的工资确定。子女多的、家庭生活困难的可以受到照顾。

(4) 特殊学校。这是为心理上或生理上有缺陷的(聋哑、盲、视力特差或智力落后)儿童设立的专门学校。根据专门的教学计划和教学大纲进行教学。学生除接受普通教育外,还进行职业训练。这类学校大多数是寄宿学校,费用由国家负担。

(5) 夜间制(轮班制)和函授制普通教育学校。这是为在职的工农青年开设的学校,使他们能不脱产接受中等教育和综合技术教育。现在这类学校有1,400多所。1980年在校学生有450万,毕业生达120万,占中学毕业生总数的四分之一。

3. 职业技术教育

苏联的中等职业技术教育由职业技术学校实施,受苏联部长会议国家职业技术指导委员会领导,而不归教育部管辖。

职业技术学校根据入学者的不同教育程度,相应设立不同修业期限、不同形式和不同职业的班组。九年制学校毕业生进入中等职业技术学校学习者,一般学习年限为三年,毕业后获得一种职业,同时受完普通中等教育。十一年制学校毕业生也可升入中等技术学校相应的班组学习,年限不超过一年,毕业后可获得较高的职业资格或掌握较复杂的职业。中等职业技术学校培养具有中等教育程度的熟练工人。

1980年,中等职业技术学校有4,600所,学生310万,根据国民经济需要划分1,100多种专业。1984年《改革普通教育和职业学校的基本方针》规定,中等职业技术学校要加强普通教育,缩小与普通中学的差距,最近几年将有较大规模的发展,升入中等职业学校的九年制学校毕业生将增加一倍。

在中等职业技术学校的课程设置中,普通教育占总时数的40%,专业教育占20%,生产训练占40%。普通教育课程与普通中学日间制所授的课程相同,只是地理课和生物课课时有所减少,外语是选修课。低年级生产教学课在校内进行,高年级的生产教学课在校外作为基地的企业单位进行。生产教学所得报酬三分之一归学生,其余留作学校基金。毕业时,学生要进行普通教育学科和专业课程的考试,另外,还要进行专业技能的考核。及格者,由学校发给中学毕业证书和专业技能鉴定。

4. 中等专业教育

实施中等专业教育的学校有中等技术学校、专科学校和专门学校,负责培养生产中基层环节的直接组织者和领导者,以及高级专家的助手。它也是职业教育的一种基本形式。

苏联现设有工业(采矿、冶金、石油等)、农业、交通运输、建筑、化学、经济等中等专业学校,师范、医学、音乐、艺术、戏剧等专科学校,法律、文教、教练等专门学校。这些学校归高等和中等教育部领导。它设日间制、夜间制和函授制三种形式。

中等专业学校招收九年制毕业生,修业四至五年,学生在接受专业教育的同时受完普通中等教育。如招收十一年制中学毕业生,则修业期为两至三年;夜校和函授一般延长一年。

近年来,中等专业学校发展速度很快。1983年,有4,418所中等专业学校,学生4.51万人,设置500多种专业。

5. 高等教育

高等教育由大学、学院、专科院校以及按规定属于高等学校的其他学校实施。高等学校的主要任务,是培养具有高深理论知识和实际技能高度熟练的专家。

高等学校采用日间教学(脱产学习)、夜间教学和函授教学(不脱产学习)三种形式。后两种在苏联高等教育体系中占相当大的比重,其毕业生和日间制教学的毕业生同等水平,同等待遇。夜间教学和函授教学,也是苏联高等教育发展的重要途径。

高等学校按其专业可以分为:综合大学、高等工业院校、高等农业院校、专业性的高等院校等。

综合大学是高教系统中的核心力量,师资力量强,设备好,经费充足,国家很重视。在苏联,作为教学、科研和教学法指导中心的综合大学,是培养高级专门人才和师资的基地,也是普及和宣传科学的中心。以前大学的毕业生多数输送到科研机关、高等院校和文化教育部门工作;现在开始直接输送到国民经济部门和国家机关了。

1980年,苏联有综合大学67所,学生近60万人,设有100个专业,包括所有的自然科学和人文科学,每年有近10万名毕业生,占高等学校毕业生数的12.3%。

高等工业院校,主要培养苏联科学技术和国民经济发展所需要的高水平的工程技术干部。在高等工业院校中,工业大学居于首位,分布在全国61个城市及地区,是多系科的,培养具有专业知识和技能的工程师。工业大学的性质逐渐接近综合大学,有一种正在加强的趋势。

专业性的高等院校,主要是为国民经济某一部门或相近部门培养干部,如建筑工程学院、矿业学院、交通学院、化工学院、冶金学院和造船学院等。这些学院里集中了几个类似的专业,具有形成相应的科技专业方向的有利条件。近年来,为适应现代工业、技术科学的发展,很多高等专业院校显示了综合化的趋势,增加了专业的数量。

近年来,在高等院校中进行了一系列改革,其中包括调整专业和放宽培养目标等。五十年代,高等院校有专业660多种;后来调整为300多种;六、七十年代,又增加了一些;现总共有450多种专业。近几年又建立了自动化系统、微机处理、激光技术、热技术动力、粉末冶金、喷涂、遗传工程和微生物学等新专业。在培养目标上,提出培养具有广泛专业知识的专家,要求这些专家掌握马列主义方法论,掌握基础科学知识,了解本部门的条件和发展趋势,善于运用所学的知识解决国民经济提出的任务。为此,制定了各专业的业务标准,规定了毕业生必须具备的知识和能力,详细、具体、有科学依据地确定了大学生的规格。

现在,苏联高等院校有51.5万名教师,其中10万名专门从事科研,其他41.5万名既从事科研又从事教学。在这些教师中,有博士和教授称号的2万名,副博士和副教授称号的20万名。高校教师主要来源于研究生部,全苏有9.8万名研究生,其中在高校学习的有5.8万名。高校也留本科生当助教,但必须通过在职研究生学习获得副博士后才能晋升为讲师。

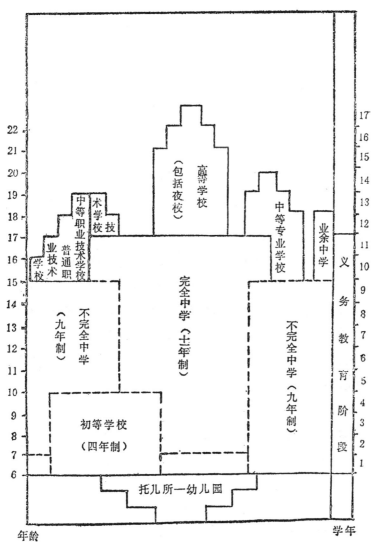

苏联现行学制图

6. 师范教育

中小学教师主要由中等师范学校、高等师范学校和大学培养。

中等师范学校的主要任务是培养小学教师、幼儿教育工作者、少先队辅导员和九年制学校的音乐、体育、图画和制图教师。招收九年制学校毕业生,修业三年,同时授以完全中等教育;招收十一年制毕业生,修业一年,授以专业教育。

1980年,全苏有中等师范学校420所,学生30万人。

高等师范学校培养中学教师,招收完全中学毕业生和有一定工龄的中等专业学校的毕业生。培养掌握单科(数学、物理、化学、文学和外语等)的教师,修业期为四年;掌握两门专业的修业期为五年。现在,许多师范学院设初等教育系,培养小学师资,修业期也是四年。

苏联不断提高师资的专业修养和文化水平,受过高等教育的中小学师资比例逐年增加。目前,在初中以上任课的教师中,受过高等教育的人数占81%。

近年来,由于职业技术教育的发展,普通中学劳动教学的加强,除了在高等工业院校和高等农业院校设置工程教育系培养劳动教学师资外,从1978年起,还单独开办了工程师范学院。

据统计,1980年,全苏共有高等师范院校199所,学生82万人(其中日间制学生46万人,不脱产的学生36万人),设有18个专业。

六、苏霍姆林斯基的教育思想

瓦·阿·苏霍姆林斯基(1918—1970)是当代苏联著名的教育实践家和教育理论家。他毕业于波尔塔瓦师范学院语文系函授部(1935—1939)。在卫国战争中,曾身负重伤,伤愈后复员回地方开始从事教育工作,历任中学教师、教务主任、校长、区教育局长等职。1947年,29岁的苏霍姆林斯基被任命为帕夫雷什中学校长,并在那里一直工作到1970年去世。今天这所苏联的普通中学,也像他的名字一样蜚声国内外。

苏霍姆林斯基几十年如一日在教育园地勤奋耕耘,成果丰硕。他一生总共撰写了40多本专著,600多篇论文,近1,200篇儿童故事和童话。主要教育著作有:《和青年校长的谈话》、《给教师的建议》、《帕夫雷什中学》、《把整个心灵献给孩子》等。

由于工作成绩卓著,苏霍姆林斯基曾荣获两枚列宁勋章和"社会主义劳动英雄"称号。他曾是俄罗斯联邦共和国教育科学院通讯院士、苏联教育科学院通讯院士。

在长期的教育工作实践中,苏霍姆林斯基不断总结和发展了自己的教育思想。

1. 人的全面发展教育

人的全面发展是马克思主义教育理论的一个基本原理。苏霍姆林斯基从这一原理出发,在自己的教育工作中始终执着地坚持一个明确的奋斗目标,即把全体学生培养成为全面和谐发展的人。用他的话来说,这种人是精神生活丰富、道德纯洁和体格健全三者和谐地结合在一起的新人,是高尚的思想信念和科学文化素养融为一体的人,是把对社会的需求和为社会劳动和谐地统一起来的人,是在各方面都很饱满的有教养、有文化、成熟和坚强的人。这是他的教育思想的精髓,也是贯穿于他一生教育实践的一条红线。

苏霍姆林斯基认为,教育是一个统一的整体。德育、智育、体育、美育和劳动教育都是这个统一体的有机组成部分。它们相互联系,相互渗透,不可能单独孤立地发展。没有单独的智育,没有单独的德育,也没有单独的劳动教育。教育家面前只有一个整体——儿童和他的精神生活。忽略其中的任何一个环节,都会破坏这个有机的统一。所以,德育、智育、劳动教育都很重要,没有第一、第二之分。不要人为地突出某一个育,忽视另一个育;也不要突击地抓某一个育;不要某一时期特别强调德育,另一个时期强调智育。在他看来,人不是一小块一小块拼凑起来的,而是和谐地造成的,不可能今天培养一个品质,明天再培养另一个品质。

2. 德育

苏霍姆林斯基认为,德育在人的全面和谐的发展中占有主导地位。道德是人的个性的个别和特殊的方面,是照亮他全面发展的一切方面的光源。苏维埃学校培养的人,不论他是核物理学的高级专家,还是从事田间劳动生产的普通庄员,首先必须是一个道德高尚的人。

尽管他强调德育在全面发展教育中的决定作用和主导地位,但同时告诫不要拿出主要的时间专门进行孤立的道德教育。德育在学校教育中有一定的独立性。学校里开设道德课和政治课,组织共青团和少先队活动,但毕竟在时间上是有限的,在内容上也不足以完成德育任务。德育任务的完成有赖于智育、体育、美育和劳动教育的完满实施;学校里所做的一切都应当包含深刻的道德意义。他甚至说:"我们要力求做到使学校的墙壁也能说话。"

苏霍姆林斯基强调,道德教育要从幼年开始,教师要及早培养儿童一些基本品质,例如,爱祖国和爱人民的感情;关心人和同情人的品质;热爱劳动的品质,等等。他很重视知识对于道德形成的重要作用,强调教师一定要既教书又教人。教会学生掌握有关自然界和社会的知识,理解周围世界的现象和规律,仅仅是教育的开始;从掌握道德概念到形成道德信念是一个漫长且复杂的过程,要求教师做大量的细致的教育工作。他还提出道德概念和道德标准要"物化"的思想,也就是从具体的物品、事物和种种关系中将它们体现出来。他坚决反对空洞的说教,反对把崇高的神圣的语言变成不值钱的旧铜币。教师在塑造学生心灵的过程中,不可伤害学生的心灵,形成学生的"学校病"。他很重视集体的力量,以及家庭影响在道德教育中的作用;同时非常重视学生的自我教育,认为促进自我教育的教育才是真正的教育。

3. 智育

苏霍姆林斯基认为,学生的主要任务是学习,学校要以对学生进行智育为主要任务。智育的主要目的是发展智力,而不能简单地归结为传授知识和积累知识。它是一个复杂的过程,包括获得知识,形成科学世界观,发展认识能力和创造能力,培养脑力劳动的技能,养成一个人终身对丰富自己的智慧和把自己的知识用于实践的需要等。

在他看来,智育总是为教育的培养目标服务的,学校不能将注意力集中在少数人和少数学科上,应当使所有的学生在所有的学科方面都掌握深刻而牢固的知识。学校进行智育是为了培养具有中等甚至高等教育程度的普通劳动者,要提高全体学生的智育水平,在全体学生作好参加劳动生产的基础上,输送少数学生上大学深造。

在智育中教师应利用各学科的科学真理和规律,培养学生的世界观,帮助他们掌握创造性劳动和探索大自然奥秘的工具和钥匙。

在智育中要重知识,重能力,重运用。知识保证智力发展的最佳水平,而智力的最佳发展又促使掌握新知识的能力不断增长。最完美的教学就是发展智力和智能的教育。学校应燃起智力生活永不熄灭的火焰。在智力劳动中对学生应当区别对待。每个儿童都有一个独一无二的个性。有300个儿童,便有300种不同的兴趣和爱好。教育者的明智,就是能从似乎差不多的学生中发现每个人的兴趣、爱好、特长和志向,让每个人的才能都得到充分的发展。教师应当做到让每个学生都有一门特别喜爱的学科,在这门学科上鼓励他大量阅读课外书籍;让每个学生都有一项入迷的课外制作物;让每个学生都有自己最爱好的书籍(文艺作品或科技著作),其中一些是他反复阅读的。

在教学论中,苏霍姆林斯基也提出了一系列重要的观点。他提示把教会学生学习作为教学的首要任务;激发和发展学生的学习兴趣是教学成功的前提。没有认识的欲望,实质上就没有智育,教师的一切意图,一切理论都会落空。智力训练是教学的重点,现代教育的通病是有教学,无智育。死记硬背,只能使儿童智力迟钝,阻碍其才能的发展和爱好的形成。此外,应重视培养学生的观察力。观察是积极的智力活动,是发展智力的途径。复习是学习之母,观察是思考和识记之母。最后,他很强调要手脑并用,双手是头脑的老师,要把知识在实际操作中加以创造性地运用,达到心灵手巧的境地。

4. 劳动教育

苏霍姆林斯基认为,劳动是全面、和谐发展的基础;没有劳动,脱离劳动,就没有也不可能有教育。劳动是渗透一切、贯穿一切的东西。培养青少年热爱劳动,善于劳动,养成劳动习惯,是学校教育的重要工作。他指出,在人的大脑里,有一些特殊的、最微妙的、最富创造性的区域。把抽象的思维和双手的精细而灵巧的动作结合起来,就能激发这些区域积极活动起来;如果没有这种结合,那么大脑的这些区域就处于沉睡状态,尤其在儿童和少年时期,如果没有把这些区域的活动激发起来,那么它们就永远不会觉醒了。

在他看来,在儿童和少年时期,手上磨出厚厚的老茧,这是人的心灵最可贵的财富,是一把打开通往和谐的教育世界之门的金钥匙。但他又强调,这并不是要学生从事大量的体力劳动。因为离开智育、德育,离开创造、兴趣和需求,劳动便成为学生的负担和累赘。劳动作为一种教育人的有目的的活动,是与其他的教育密切关联和相互制约的;如果不能实现这种关联和制约的话,劳动就会变成强加在学生身上的负担,就会变成令学生厌恶的义务,无论对学生的智力,还是对学生的心灵都没有益处。

学生不通过亲身的劳动,就不可能有共产主义的远大理想。一个衣来伸手,饭来张口,靠前辈提供的美汁来滋养的人永远不会也不可能确立起共产主义的理想。他还指出,体力劳动和脑力劳动的紧密结合是学校智力财富的源泉。劳动的双手是智慧的创造者。在劳动过程中,手的动作和思维之间进行着不断的传导,即思维在检查、纠正和改善劳动过程,而手似乎把各种细节报告给思维,于是劳动发展了智力,教会学生合乎逻辑地思考。

在多年的教育实践和理论研究中,苏霍姆林斯基摸索到了一整套对学生进行劳动教育的原则和方法。例如,培养学生的劳动习惯,激发学生对劳动的热爱,引导学生认清劳动的社会意义和崇高目的,注意劳动教育与各育的结合,发挥劳动的创造性,等等。他在帕夫雷什中学创建了比较完备的劳动教育基地,提供必要的劳动工具和设备,规定具体的劳动教育要求,并从1947年起就开始授给学生职业证书,在苏联教育界产生了一定的影响。

苏霍姆林斯基颇为系统的教育思想,是他三十多年教育工作经验,尤其是在帕夫雷什中学的二十多年教育工作经验的总结,深刻地表现出他的思想的丰富和全面,以及他的工作的创造性和革新精神。

第十三章 第二次世界大战后欧美和日本的教育

第二次世界大战以后，人类社会进入以电子计算机、遗传工程、光导纤维、激光、海洋开发等新技术的广泛利用为特征的新技术革命的时代。同时，以美国和苏联这两个战胜国家的对峙为轴心所形成的国际紧张局势也日益加剧起来，使各国间的关系进入了空前紧张的冷战状态。生产能力的迅速发展和军备竞赛的加剧，都要求培养大批具有高度科学技术能力的人，因而对各国教育产生了巨大的冲击力量，大大推动了各国的教育改革运动。从五十年代末开始，美国、法国、英国、西德和日本等各主要资本主义国家，都相继开展了大规模的教育改革运动。各国都纷纷制订和颁布新的教育法案，重新设计和改革了中等教育与高等教育的结构、课程和组织，大力发展技术教育。特别是六十年代的学校课程改革运动，更是发展得异常迅猛，一直坚持到七十年代，影响颇大。随着教育的发展，各种新的教育思潮纷纷出现。

一、美国

第二次世界大战以后，直到五十年代前半期，美国的教育状况与二十世纪初没有多大区别。但是，1957年苏联第一颗人造地球卫星上天，使美国统治集团和教育界受到了极大的震惊。于是，美国从五十年代末开始，大力提倡改革学校教育，开展了规模较大的教育改革运动。其主要目标是为了改变美国教育水平的落后状况，使教育能够与现代科学技术的发展和争夺世界霸权的需要相适应。

1. 1958年《国防教育法》的颁布

1958年，美国联邦政府颁布《国防教育法》。它作为一项"紧急措施"，以立法的形式，要求改革教育的制度和内容，以提高教育的质量，"对付人造卫星的挑战"，"满足国家基本安全的要求"。

按照《国防教育法》的规定，联邦政府开始对从初等教育到研究生院的各级各类学校进行财政援助。从1959年至1962年，每年拨款八亿多美元来改革各级学校教育，开发科学技术人才。

（1）加强各级学校的自然科学、数学和外语（即"新三艺"）的教学。法案要求更新教学内容，提高教学水平，增加外语语种；要求尽快改变只有少数人学习自然科学、数学和外语的状况,以及技术训练发展不平衡的状况;大力资助各级学校设置实验室和视听室,添置电影、电视、计算机和教学机器等设备;加强外语教学中心,迅速提高外语水平;组织师资培训工作,提高科学教育水平等。

(2) 加强职业教育。法案要求各地区推行职业教育计划,集中力量加强技术教育: a. 为不能胜任工作的居民开办公开的职业训练机构;b. 根据国防的需要,给科学技术发展有影响的领域的职业训练以经费补助;c. 有计划地对青年、成年、高龄者开办职业训练、技术训练、再训练,包括为徒工讲授有关科目,使之成为科学技术领域的专门人才或熟练工人;d. 设立地区职业教育领导机构。

(3) 加强"天才教育"。法案指出,为了国家安全,必须使男女青年的智力和技能得到最大限度的发展,必须选拔大量天才儿童,并努力进行天才儿童的教育。为此,法案规定了选拔和培养天才学生的办法,如给入学生提供"学习贷金",给研究生提供"国防奖学金",以奖励有天资、有能力的青年进一步接受更高深的教育,或从事更高级的科学研究工作等。

《国防教育法》的实施,影响着第二次世界大战后美国教育发展的方向。在此以前,美国的学校不注重科学知识的教育,而偏重实用知识的教育;不注重与国家安全的需要密切联系,而只为了满足个人生活的需要。在此以后,美国对于国防科学技术教育愈加重视,教育投资日益增加。

为了实施《国防教育法》,联邦政府动员了许多科学家和教育家参与全国教育改革的组织领导工作。1964年,美国国会通过了《国防教育法修正案》,对国防教育法的延长与扩展作了规定。1967年,美国国会又对包括《国防教育法》在内的一些重要的联邦教育法令通过了增加内容和延长时间的修正案。

2. 科南特的教育改革报告及其实施

美国著名的化学家和教育家科南特(J. B. Connat, 1893—1979),曾任哈佛大学化学系主任和哈佛大学校长(1933—1953)、原子能委员会顾问委员会委员、德国问题高级专员和驻德大使。1958年以后,他致力于美国普通教育的研究和教育改革的组织领导工作。

科南特广泛了解世界各国的政治和文化科学发展的状况,注意到美国教育的落后状况,坚决主张进行教育改革。他前后写了10多本书来阐述自己的教育观点。他的基本教育主张是加强普通教育,特别是数学、自然科学和现代外语的教学;提倡天才教育,对有高度天才的学生进行特殊教育,以便为发展科学技术和开展国际斗争培养更多的尖端人才。他曾提出了大量的建议,这些建议成了美国六十年代中学课程改革的主要内容。

科南特认为,中学履行着三种职能:对全体学生进行普通教育;为升入高等学校的学生作准备;为其他学生进行职业教育。

在普通教育方面,科南特强调文化科学基础知识的教学。他建议所有的学生都必须学习四年英语,三至四年"社会研究",一年数学,一年以上的自然科学。应当取消小规模的中学,推广大规模的综合中学。按照学生的能力分组进行教学。

在为升学作准备方面,科南特建议应让大学预科的学生学习四年数学、四年外国语和三年自然科学。在超天才较多的中学设立特别班,提前学习大学课程。

在科南特建议的影响下,美国中学课程内容和教学手段沿着现代化的方向进行改革。全美教师协会和美国数学协会共同成立的"普通学校数学研究组"(SMSG)从1959年起陆续编出从幼儿园到中学的一套数学实验课本。美国哥伦比亚大学师范学院"中学数学课程改革研究组",从1969年至1973年也陆续编出中学数学试验课本。这两种"新数学"方案都从根本上打破了传统数学教材的体系。在国家科学基金会资助下的"物理科学教学委员会"(PSSC)于1960年编写了一套中学物理课本,于1965年再版,1970年出第三版。"美国化学学会化学键研究会"(CBAP)和"化学教材研究会"(CHEMS)于1963年分别编出化学教材。"美国生物科学研究所生物科学课程研究会"(BSCS)于1963年编出三种生物教材。从五十年代末开始,美国大力开展教育技术革新,在教学中广泛地利用广播、电影、电视、录像机、幻灯装置和磁带录音装置等电化教学手段。到了七十年代,美国不仅普及了电化教育,而且采用计算机辅助教学和物理教学,建立了计算机辅助教学网和卫星教育网等。据美国全国教育统计中心1981年作的一项调查,美国中学的半数、小学的14％配备了至少一台电子计算机,供学生使用。

科南特的建议及其所引起的美国五十年代末和六十年代的教学改革运动,适应了美国当时急于培养人才和发展现代科学技术的需要。但是,由于过分地增加了教材内容的难度,只适用于少数天才学生的需要,而忽视了大多数学生的接受能力;由于过分增加课程的抽象理论知识的比重,忽视了应用知识和基本技能的训练,导致产生理论脱离实际的倾向。

3. 1964年《经济机会法》的颁布

从五十年代后半期起,美国就开始推行以扩充理工科院校以及增加宇宙科学和军事科学为主要目标的人力开发政策。理工科大学中的技术教育得到很大发展，研究生院的人数也迅速增加。但是，由此导致社会内部矛盾激化——一方面为了保证经济高速度发展，必须努力培养具有高度能力的人才；另一方面对于竞争中处于不利境地的人们，又必须采取救济的措施。美国政府于1961年颁布了以促进失业者集中地区的发展为着眼点的《地区再发展法》，但是职业训练只是其中附带性的措施。1962年颁发了以加强职业训练为主而制定的《人力开发训练法》，但其主要对象是男壮年。1963年的《职业教育法》对它们作了修改和补充，但仍然不能解决推行人力开发政策所引起的矛盾。于是，在1964年，美国政府颁布了《经济机会法》。这是联邦政府对普通教育拨款的进一步扩大，以及对职业教育机会不平等问题的进一步解决。联邦政府认识到，个人和社会发展的障碍，应当通过开发每一个人的教育和训练机会、工作机会以及良好生活的机会加以排除。制订和颁布这个法案，就是企图通过实施邻居青少年训练团、职业训练团以及工作经验和训练计划等三个计划，对处于不平等经济机会境地的阶层予以援助，以缓和民权运动的高涨。它主要是体现联邦政府同民权运动相呼应而实行的人力开发政策的意图，以劳动界的人力开发为主要目标，并不是为了培养高级科学技术人才，但是它提供了社会的和经济的两种机会，形成了双重结构。

《经济机会法》采取了各种措施，对那些在劳动市场中处于不利境地的阶层提供职业训练，使他们的劳动条件和经济条件有所改善。

按照《经济机会法》的规定，还对特定种族给予特别受益的机会。

在六十年代，推行了以《经济机会法》为主的人力开发政策，大大促进了技术教育和职业训练的发展。但是，它使技术教育和普通教育脱节，形成了"两种文化"。

为了加强对普通教育事业的控制，联邦政府于1965年通过《初等和中等教育法》。它规定联邦政府给各州提供大量的教育基金，对那些在体力、智力、经济能力或种族等方面受到某些损害的儿童的教育给予特别的帮助等。

这个法案颁布后，美国联邦政府在卫生、教育和福利部中设立了一个负责教育事务的副部长职位，并进一步扩大了它所属的美国教育总署的权限。

此后，美国的普通教育得到了较快的发展。据统计，"到七十年代初，适龄儿童的入学率已达99％"[①]。1978年秋，中学年龄组（14至17岁）青少年入学率已达94％。中等教育的结构、课程和方法也有了很大的改革。担任中小学教师

[①] 滕大春著：《今日美国教育》，人民教育出版社，1980年版，第75页。

的人均需在大学本科修业四年,有的州甚至要求获得硕士学位。

4. 高等教育的迅速发展

第二次世界大战后,美国高等教育的发展非常迅速。它不仅表现在高等院校数量的增加上,如在 1979—1980 学年度,高等院校的总数已达到 3,150 多所;也表现在大学生数与人口的比例的增长上,如在 1973 年,平均每万人中的大学生数已有 456.4 人,远远超过其他几个主要的资本主义国家,居于首位;而且还表现在高等院校已发展成为教学与科学研究的中心上。它们为美国的国民经济各部门培养了大批科学技术人才,有力地促进了科学技术的发展。"美国学院和大学的发展是高等教育历史的一个转折点。"①

联邦政府在战后很重视高等教育的发展。早在 1945 年,美国总统杜鲁门在给国会的咨文中明确指出:"没有任何国家能在当今世界保持领先地位,除非它能充分动员国家科学技术的资源。任何政府如不慷慨并明智地支持和鼓励大学、企业和政府的科学研究工作,就不能适当地履行政府的职责。"② 1947 年,总统的高等教育委员会提出报告,强调根据民主的理想来扩大和发展高等教育,以面对严峻的世界形势。1950 年,美国成立了国家科学基金会,以加强高等院校的数学、物理学、医学、生物学、工程学和其他专业的工作,促进科学技术的发展,增强国家的实力。

1958 年《国防教育法》颁布后,美国政府对高等教育的发展和改革也采取了一系列措施。例如,加强理工科大学,确立全国重点大学,增加对大学的拨款,大力培养研究生和明确高等院校的教学改革,首先由物理科学开始等。这些措施为美国高等教育的进一步发展,注入了新的力量。此后,联邦政府不断地颁布有关高等教育的法案,例如,1963 年的《高等教育设备法案》、1965 年的《高等教育法》、1972 年的《高等教育法》和 1980 年的《教育修正案》等,增加了对高等教育的拨款,以改进高等院校的设备,扩大受高等教育的机会。

美国现有的高等教育机构有四年制的学院和大学,以及二年制的初级学院(或称社区学院)。在四年制的学院和大学中,公立(一般为州立)的占少数,私立的占多数。学院大致分两类,即普通学院或文学院和专业学院。大学一般设普通学院四年制本科和研究生院两部分。

---

① 丁·本—戴维:《美国高等教育》,1972 年英文版,第 23 页。
  Joseph. Ben-David, American Higher Education: Directions Old and New, New York: Mc Graw-Hill, 1972, p. 23.——编校者
② 滕大春著:《今日美国教育》,人民教育出版社 1980 年版,第 27 页。

美国的初级学院具有许多优点,如收费低廉,修业年限较短;课程设置结合地区的需要,学生可就近走读入学;凡高中毕业生或具有同等学历的在职人员均可入学,毕业后既可就业又可转入四年制学院或大学继续学习,等等。第二次世界大战以后,特别是从六十年代以来,初级学院发展很快。据美国社区与初级学院协会 1980 年的统计,有初级学院 1,231 所,占全国高等院校总数的 39%;现有学生 4,825,931 人,占全国高等院校学生总数的 42%。初级学院以它的普及性、地区性和衔接性,成为美国高等教育发展中的一支最有生气的力量。美国高等教育的迅速发展,在较大程度上要归功于初级学院。它也成了六十年代以来世界其他国家大规模发展的短期高等教育的先驱。

为了适应现代科学技术的迅速发展,从六十年代起,美国进一步革新了高等院校的课程内容,边缘学科、高能物理、空间科学、激光、遗传工程、电子计算机等开始进入学院和大学的课程计划之中。在教学方法上,除了使用黑板和粉笔的传统方法外,加强了实验和讨论,并允许本科高年级学生选修研究生的研究科目,还广泛地运用电子计算机、闭路电视、电影等现代化教学设备,以提高教学的效果。尤其是许多大学的本科生教育开始强调基础理论的学习和早期获得研究能力,要求大学生加宽知识面和避免过早地引导他们进入专业训练,以适应尖端科学技术的综合性和多科性的需要。这是近年来美国高等院校教学改革的总趋向。

在美国高等教育的迅速发展和"大众化"过程中,也面临着一些新问题。美国劳动统计局的统计表明,从七十年代起,一面是劳动力市场的停滞,一面是大学毕业生和研究生院毕业生(他们为获得研究生资格推迟就业)数在增加。这种大学毕业生和研究生饱和的现象,使人们认识到教育与经济增长关系的复杂性。特别是七十年代初期,由于受资本主义经济的冲击以及随着人口出生率下降导致的学生来源锐减,迫使许多高等院校停闭。1982 年以来,联邦政府对高等院校学生的资助大量削减,更表明在美国高等教育不再享受七十年代初期以前那样强有力的政治支持。

5. 1974 年《生计教育法》的颁布

联邦教育总署署长马兰(Sidney P. Marland)早在 1971 年就开始提倡生计教育制度化。随后,各州都开展初等和中等教育中的职业教育改革试验,逐渐形成了一种生计教育运动。它谴责狭隘的职业教育,主张给学生进行"广泛的职业教育",既为就业作准备,又为升学作准备。联邦议会便于 1974 年颁布了《生计教育法》。到 1974 年为止,有 9 个州通过了必须进行生计教育的专门法律,有 42 个州已采取措施推行生计教育,有 24% 的学区开办了生计教育中的在职教育。

七十年代,美国推行生计教育的措施,大致有:

(1) 制订从幼儿园至中等学校、中等以上教育,直到成人继续教育的计划。

(2) 把 2 万种以上不同职业归纳为 15 个职业组。六年级以前的学生通过各种教学途径熟悉这些职业组。七、八年级的学生开始学习他们感兴趣的职业组知识。九、十年级的学生开始选定其中一组进行学习。

(3) 学校、家庭和企业等各方面建立有关的组织机构,以促进三方面在对学生进行生计教育上的合作。

(4) 国家运用电视、函授等各种措施,使职业教育与成人教育结合成一个整体。

1976 年 11 月,教师、市民、政府、劳动界、产业界和企业界的代表八千多人在得克萨斯州的休斯顿集会讨论生计教育问题。他们指出,职业教育是生计教育的一部分。职业教育计划是按照教学计划在专门的教室里进行的,而生计教育是包含在各学科中,讲授有关工作和将来职业生活方面的内容,当然也讲授基础知识和传播基本技能。他们一致认为,生计教育并不是特殊的职业教育和职业指导(只面向就业的学生),而是使普通学校中的学生学习职业上的知识技能和了解职业生活。

6. 1976 年开始的"恢复基础"教育运动

由于公众对于公立学校教育的不满,1976 年美国开始掀起了一场"恢复基础"的全国性教育运动。长期以来,美国的公立学校,特别是中学的学力低下,纪律松弛,教育革新流于形式。这个运动,在全国各地开展的形式、规模和要求不完全一样,大致包括:

(1) 在初等学校,要把读、写、算作为重点,把大部分在校时间都用于这些基本技能的练习。

(2) 在中等学校,要把大部分在校时间用于国语(英语)、自然科学、数学和历史的教学。

(3) 教师要在学校教育的一切阶段起主导作用。

(4) 在教学方法上,要包括练习、背诵、日常家庭作业和经常性测验等。

(5) 成绩报告单,要采用传统的等第评分法(如 A、B、C 等),或百分制记分法,经常加以评定和填发。

(6) 升级和中学毕业,不凭在学年数,而要依据基础技能和知识的测验成绩是否合格。

(7) 严格纪律,允许体罚,规定服装和发型。

(8) 取消选修科目,停止讲授华而不实的学科。

(9) 一律取缔教育"革新"(新数学、新科学、电子教育装置等等)。

(10) 完全取消学校的"社会性服务"(包括性教育、安全驾驶教育、学生指导和体育活动等)。

(11) 恢复爱国精神的教育(包括爱乡土、爱上帝等)。

这个运动在教育家和教育学者中间持有强烈的异议。有的认为,这个运动单纯、朴素、急躁,具有复古味极强的保守主义性质;有的认为,恢复基础是必要的,但应弄清什么是应当恢复的基础。全国大多数学区和学校都承认重视"基础"的必要性,但全面采纳这个运动所提出的要求的学区和学校还是少数。至1980年为止,已有相当一部分州制订和审议有关的法案、大纲和计划,以保障学生掌握基本技能和基本知识。

7. 1983年美国教育质量委员会的报告

为了寻求采用一些根本方法,对学校教育制度进行改革,保持美国在商业、工业、科学和技术发明上的领先地位,1983年4月,美国教育质量委员会根据18个月的调查研究资料所得出的结论,向美国教育部长贝尔提交了一份题为《国家在危险中:迫切需要教育改革》①的报告,全面总结了五十年代末以来美国教育发展的状况,提出了一系列旨在提高教育质量的建议,要求进行一次全面的教育改革。该报告指出,美国在教育上面临着各种危险。现在,美国中学生在大部分国际标准测验中的平均成绩,低于26年前苏联人造地球卫星发射时的成绩。正在培养的新一代美国人,既是"科盲",又是"技术盲"。在为数不多的科技天才与对科学组成部分信息不灵、一无所知的公民之间,正在出现越来越大的差距。因此,必须重建教育体制,以最大限度地发展全体学生的才能,帮助全体学生尽其能力所及从事终身的学习。它提出了一系列教育改革建议:

(1) 重视"新基础科目"的教学。新基础科目(英语、数学、自然科学、社会学科和计算机科学)的知识是学生走出学校后取得成功的基础。中学毕业生都要打下五门新基础科目的底子。

(2) 提高教育标准和教育要求。小学、中学、学院和大学,都要对学生的学习表现和行为表现,实行比较严格、比较容易掌握的标准,提出比较高的要求,

---

① 今译:《国家处于危险之中:教育改革势在必行》。——编校者

以使学生付出最大的努力进行学习。

（3）要更有效地利用现有的学习日,或延长学习日的时间或延长学年教学时间。

（4）提高师资就业前准备的质量标准,使教师工作真正成为令人满意的、受人尊敬的工作。

（5）联邦政府、州和地方的官员,以及校长和学监,必须负起领导责任,为实现这些改革,实行必要的领导,并对为保护和发展国家教育利益而作出的各种努力予以拨款和支持。

8. 布鲁纳的结构主义教育理论

五、六十年代,一批学者根据早在二十年代发端于法国的结构主义哲学,努力探求和确定学校教育中学科的基本结构。这种结构主义教育思想的主要代表、美国心理学家布鲁纳（Jerome S. Bruner）,曾于1960年写了《教育过程》一书,对这种教育理论进行阐述。他的其他一些著作有《论认知》（1964）、《教学论初探》（1966）,以及与奥利弗和格林菲尔德合著的《关于认知成长的研究》（1966）等。可以说,布鲁纳的结构主义教育理论,是学科结构运动的主要指导思想。

布鲁纳致力于把瑞士心理学家皮亚杰的认识结构发展的理论应用于中学的课程改革,强调围绕各门学科的基本结构,重新组织教材内容,重新考虑教学方法,以切实有效地解决提高中小学教育质量的问题。结构主义教育理论的基本观点是：

（1）知识是人们构造起来的一种模式,并非关于某种不变的外在现实的认知。布鲁纳认为,任何知识和观念,都是人类发明出来的,帮助人们获得理解的一种手段。因此,他总是把人类的知识当作一个过程看待,把知识和科学当作一个揭示自然事物本质的过程,以及发现这些事物之间如何相互联系的过程。

在他看来,每一种知识或每一门学科,都有其特殊的结构——其中所存在着的一系列概念、原则和方法。组织好学科结构,使学生掌握学科的基本结构,是教学工作的核心,也是学生认识的源泉。如果学生掌握了学科结构,也就获得了运用学科基本概念的能力。学生学到的知识和概念越基本,则这些知识和概念对新问题适应的范围就越宽广。

（2）一门学科的教学,应该决定于对构成该学科结构的基本原则的最基本理解。布鲁纳强调要重视如何有效地组织学科教学的问题——如何设计课程、编写教材和选择教学方法的问题。

美国现行学制图

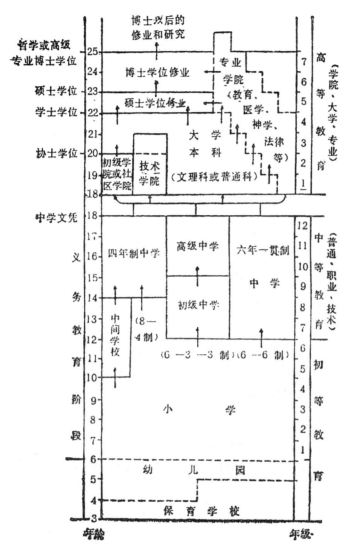

他认为,首先应当使学科教材适合儿童发展的阶段,能够按照儿童理解的方式加以组织和表达。因为任何学科都可以用某种方式有效地教给处在任何发展阶段上的任何儿童。无论哪一门学科的基本概念,都可以以不同的深浅程度,使任何年龄阶段的学生得到比较深刻的理解。其次应当使学科教材有其特定的内容、明确的概念和严密的逻辑组织。因为每一门学科都应有其自己的逻辑语言,自己的事实和符号的准则,以及自己的使事实和原则相联系的方法。还应当使学科教材能够为学生提供经济的、多产的和有力的结构。因为任何知识体系都有一组最低限度的命题或陈述,使得学生在构成某一门学科的合适的知识结构时，能够把这门学科中多样化的知识加以简化，产生新的命题，发现新的知识。

（3）教学就是探究，教学的重点应当放在"发现"上。布鲁纳认为，要使学生掌握学科的基本结构，就必须使学生掌握如何学习的基本方法。教师的作用，应该在于教会学生如何学习。

因此，他强调，首先应该按照探究的模式进行某一门学科的教学。教学过程就是探究的过程。教师应该鼓励学生进行探究。其次掌握学科基本结构的最好方法是发现法。他认为，发现法就是要让学生利用教师所提供的材料，亲自去发现应得出的结论或规律。在这同时，也使正在学习的新知识同早已获得的知识模式结合起来，并重新加以构造。所以，发现学习是学习成功的关键。

以布鲁纳的"知识结构论"为代表的结构主义教育理论，对美国六十年代的中小学课程改革曾产生了很大的影响。在课程改革运动中出现的数学、物理、化学和生物等课程计划，如 SMSG、PSSC、BSCS、CBAP 等，都实际应用和体现了布鲁纳的学科结构主义思想。

虽然，结构主义教育理论并没有使课程改革获得应有的效果，但它在课程改革方面提出了许多有价值的课题，例如选择教学的"最佳时间"，使用有效的教学程序和方法，智力早期开发的可能性等，可以进行深入的分析和研究。可以说，在目前西方的课程论方面，布鲁纳的结构主义教育理论仍占有一定的优势。

9. 斯金纳的新行为主义教育理论

五十年代以后，由于新行为主义心理学在教育上的应用，而产生了新行为主义教育理论。它的主要代表就是新行为主义心理学的创始人斯金纳（Burrhus F. Skinner）。斯金纳主要研究"操作性条件作用"和"积极强化"的理论，并据此来改革教学方法，于1953年第一个发明了算术教学机器。1958年，他又采用程序教学的原理对这部教学机器作了改进。所以，人们往往也把新行为主义教育理论称为关于教学机器的理论或关于程序教学的理论。斯金纳曾著有《描述行为的反射概念》(1931)、《科学与人类行为》(1953)、《今日的强化》(1958)、《教学的工艺》(1968)等。

新行为主义教育理论的基本观点是：

（1）学习中存在着在强化基础上的操作性条件反射。斯金纳认为，学习就是一种强化的行动——在强化基础上的"操作性条件反射"。教学的目的就是要使学生形成我们所期待的反应。为此所提供的一切教学条件，或所采取的一切教学手段,都是强化。任何教学成果都是在施行各种强化措施的基础上,形成一系列操作性条件反射而产生的。因此,安排好强化的出现,并引起学生的随意反应,就是促进学习成功的关键所在。

(2)学习的行为可以通过科学的方法加以预测和控制。斯金纳非常强调应用特殊的强化技术,来取得特殊形式的强化结果,以随意塑造一个有机体的行为。这也就是所谓的"程序教学"。

在斯金纳看来,在确定和安排这种"程序"时,应该首先考虑到预定目的和儿童目前的水平这两个因素,使程序编制者预先选定。同时,又要严格而巧妙地安排这种程序,重视"顺序的提示",即对于学习者全部反应的可能性都要作充分估计,根据逻辑的力量和心理的强度来确定每一个提示的强度,使其在所构成的程序中真正发挥作用。还有应注意尽可能小地缩短前后连续的每一个步子,最大限度地提高强化的次数和效果。

(3)程序教学是把运用强化物的效果增加到最大限度的科学方法。斯金纳认为,学习是一门科学,教学是一种艺术。但是,在教学中,有效地安排学生行为的强化程序却被完全忽视。

因此,他强调指出,要扩大强化反应的比率,即在学生行为许可的情况下,尽快地增加每次强化的反应数。程序编制者通过发现和安排许多连续步子的具体顺序,对每一个步子加以强化;然后由这些步子引导学生形成期待反应,达到期待的结果。为了能够做到这一点,需要注意强化物的选择和使用,建立强化物与儿童行为之间的联系,使运用强化物的效果增加到最大限度。只有这样,教学程序才能环环相扣,也使学生在向预定目标的前进中一步一步地得到了强化。

(4)教学机器是教师必须借助的对学习予以最有效地控制的工具。斯金纳认为,根据程序教学的原理而设计的教学机器,是现代世界学习研究的最新成果。要对人类的学习进行最有效的控制,就必须借助工具的帮助。

在斯金纳看来,尽管教学机器也不是完美无缺的,但因为它是机器,也就能够比人的行动更加接近于完善的境地。因此,他大力倡导教师利用教学机器,采用程序教学,以便最有效地安排和控制学生的学习过程。斯金纳所发明的教学机器装置,在六十年代得到了广泛的推行和应用。此外,斯金纳还认为,机器教学的特点是可以进行个别教学和个别评价,学生能够按照自己的速度进行程序学习,并且能够自由地确定自己的学习速度。

以斯金纳为主要代表的新行为主义教育理论,对实现学校教学的机械化,改革传统的教学方法产生了很大的影响。应该说,它促进了二十世纪教育工艺化的进程,并在一定程度上影响和改变着学校教育工作的本质和效率,也表明了现代技术已经进入到学校的教学领域。

10. 罗杰斯的新人文主义教育理论

第二次世界大战以后,在美、英、法等国广泛流行着与前两种教育理论似乎有点相对立的新人文主义教育理论。这种教育理论所强调的是人——人本身的感情、希望、恐惧和抱负,以及人的存在、人的经验和人的状况。它们认为,在当代,培养人的感情和尊重人的自我形象,在本质上比培养人的理智和训练人的行为能力要重要得多。

新人文主义教育理论的主要代表,是美国的心理治疗家罗杰斯(Carl R. Rogers)。他曾在纽约州的卢切斯特从事少年罪犯的研究工作,后来又在俄亥俄州立大学、芝加哥大学和威斯康星大学任教。他的主要著作有《顾问和心理治疗》(1942)、《论人的形成》(1961)、《成为一个充分发挥作用的人》(1962)和《人与人之间的关系:指导的核心》(1965)等。

罗杰斯集中研究了关于人的自我发展的咨询理论和教学理论,并认为智慧、真理和美并不是作为绝对的东西而存在于人的心灵之外。在他看来,只有让个人自由地感知和行动,真正保持其个性,形成其独特的一套价值系统,才能使人发展对"自我"的理解,并通过这种理解能够宽容和尊重别人。咨询人员或教师的责任,就在于帮助每一个被咨询者或学生系统地形成和提出其个人特有的信念、抱负和欲望,以及实现这些信念、抱负和欲望的方法。

首先,罗杰斯提出了"非指导性治疗"(Non-directive therapy)理论,提倡"心理治疗",强调咨询过程中个人的极端重要性。他认为,治疗就是经验,病人是人,而不是受人操纵或接受别人命令的人,因此,治病应"以病人为中心",应是"非指导性"的。这样,就是提供一种解放病人的气氛,使病人能够提高自信心,自由地实现其"自我"。对治疗者来说,他必须同病人保持相互信任和前后一贯的关系,深入病人的内心世界,体验病人的思想;而且,在保持自己的特点的同时,必须尊重病人的个性,不能代替病人作出决定、进行比较和解决问题。

其次,罗杰斯把他的"心理治疗"理论应用到学校教育中去,提出了"非指导性教学"(Non-directive teaching)理论。他认为,"教学"和"心理治疗"差不多是一样的,最后都要使人发现"自我"——我的"我",而不是别人的"我"。因此,他提出了一些主张:

(1) 教师不给学生以忠告、批评和控制,只给学生提供发现"自我"的机会。

罗杰斯尖锐地批评在传统的课程教学中,学生老是听教师的,受教师的严格管制。他认为,这样做的结果只能导致学生人格的分裂,使学生没有机会做自己要做的事,完全违背了"自我"。所以,要让每一个学生自由发言,充分发挥自己的思想,从而发现真正的"自我"。

(2) 教学就是咨询,而咨询的目的是为了解放成长的力量。因此,在学校中,要排除智力测验、成绩测验和兴趣测验等妨碍咨询过程的各种做法。在罗杰斯看来,这些强加的做法,只能使学生对自己应负的责任抱一种消极的、依赖的和推卸的态度。只有在学生自己提出请求时,才能考虑使用这些做法。

(3) 学校教育的目的是帮助学生不断打开他获得经验的道路,成为一个充分发挥作用的人。罗杰斯强调,学校里所存在的教师与学生的关系,如同咨询人员与病人之间的关系一样,存在着一种独特的气氛。构成这种气氛的条件,不是知识、智力训练和某些思想观点,而是感情和态度,是教师与学生之间的真诚、坦率与和谐一致。只有在这样的气氛下,才能使学生充满信心地真正获得自己成长所需要的经验,成为一个充分发挥作用的人。在他看来,这种人,就是"一个处于变动过程的人,而不是已经达到某种状态的人……一个直接经验着现在的人……能够使他的整个有机体在复杂的情境中自由地发挥作用,从大量的可能性中选择一种行为,而这种行为在此时此刻最容易使人感到真正的满足……。这样的人是有创造性的人……过着范围广阔、内容丰富的生活,而不是像我们大多数人那样过着受到限制的生活"①。

应该说,新人文主义教育理论与存在主义有着密切的关系。罗杰斯曾强调指出:"在克尔凯郭尔(Soren Kierkegaard)的思想里……深邃的洞察和令人折服的信念,这些都完美地表达了我一直坚持但未能系统阐述出来的观点。"②

二、英国

第二次世界大战使英国再次受到巨大损失,经济实力更趋衰落。在战争末期和战后年代,英国统治集团采取了许多改良措施,颁布了一系列有关教育改革的法令。

---

① 罗杰斯:《成为一个充分发挥作用的人》。转引自罗伯特·梅逊著,陆有铨译:《西方当代教育理论》,文化教育出版社1984年版,第235页。
② 罗杰斯:《成为一个充分发挥作用的人》。转引自罗伯特·梅逊著,陆有铨译:《西方当代教育理论》,文化教育出版社1984年版,第247页。

1. 1944年《白特勒法案》①的颁布

英国议会于1944年通过并颁布了一个对英国现代教育的发展具有很大影响的教育改革法令,即《白特勒法案》。它以当时的教育委员会主席白特勒(Richard Archer Butler)的名字命名。这项教育法案的基本内容是:

(1) 加强国家对教育的控制和领导。废除原来只负责督导责任的教育委员会,设立全国教育行政领导机构教育部,统一领导全国教育。与此同时,仍保留郡级教育行政机构,并扩大其办学权限。

(2) 延长义务教育年限一年。儿童从5岁入学,直至15岁,完全受义务教育。有条件的地方,义务教育可延长到16岁。

(3) 初等教育分为三个阶段:5岁以内进托儿所和幼儿园;5岁至7岁进幼儿学校;7岁至12岁进初等学校。

(4) 中等教育是初等教育的延续。小学毕业生在参加"11岁选择性考试"后可按成绩、能力和学习倾向的不同分别免费进入三种中等学校:一是文法中学(主要是为升大学作准备);二是技术中学(注重工商技能的训练);三是现代中学(注重一般文化知识学习,并作好走向生活的准备)。现代中学的毕业生不能报考大学。法案还规定,儿童凡在11—15岁期间所受过的教育,均称为"受过中等教育"。

(5) 加强职业教育。地方教育当局要设立全日制或业余的中等技术和中等职业学校,为已参加劳动的青年提供继续教育的机会,直到18岁为止。

(6) 保留私立和教会学校,并给予经费补助。但是,它们的教育工作必须符合教育部所规定的标准。

(7) 宗教教育推广到所有公立学校。所有公、私立学校,每天都要进行集体祈祷活动。凡接受政府补助的学校,一律要进行宗教教育。

(8) 通过奖学金形式对高等教育进行控制。

《白特勒法案》反映了英国统治阶级的政治和经济需要。它结束了原来英国学校制度混乱的状况,加强了国家对教育的控制,并使从1870年《初等教育法》颁布开始的英国教育的国家化得以最后完成。

2. 1959年克鲁塞的教育改革报告

《白特勒法案》颁布以后,英国对教育实行了许多改革。1959年英国教育科学大臣的咨询机构中央教育审议会发表了国会议员克鲁塞(J. G. Crowther)关

---

① 今译:《巴特勒法案》。——编校者

于改革教育的报告。这个报告是英国对苏联于1957年发射第一颗人造卫星而作出的一个反应,是对1944年教育法的补充和修改。为了使英国在严峻的科学技术竞争时代里不落后,该报告提出了有关义务教育结束后青少年的技术教育问题。这个报告的题目就是《15—18岁》,要求在这个年龄阶段培养大批中初级技术人员。其主要内容是建议改善继续教育机构所提供的教育内容,密切继续教育机构与中等学校的关系,确保青少年的学习时间等。

在教育内容上,这个报告强调了学习计划的多样性和实践性。

在受教育的时间上,这个报告提出可将每周一天(或两个半天)去继续教育机构学习的"连续性间断"方式,改为将一年间应出席学习的天数(四十四天)分为两个或三个阶段(每阶段为三、四周)的"阶段性间断"方式。

此外,还建议尽快把补习学校办起来,为中途辍学、提早离校的青年提供义务补习教育到18岁,以培养良好的工人;到1969年全国义务教育年限延长至16岁;1970年起建立多科技术学院(即短期大学)。

英国政府接受了上述建议,于1961年发表了《扩大技术教育机会》的白皮书,根据克鲁塞报告中的各项建议制定了十项实施计划,以加强中等教育和继续教育的联系,充实各地方专科学校培养中初级技术员的课程。

3. 1963年——"教育改革运动年"

为促进科学技术的发展,英国在六十年代重新组织和扩充了中等教育、继续教育和高等教育。这一变革由英国首相威尔逊于1963年10月1日在斯卡拉巴发表历史性演说为序幕。英国政府把1963年定为"教育改革运动年"。

威尔逊在演说中,首先呼吁英国要赶上超越人们想象的急剧前进的科学革命时代,列举了必须立即着手解决的四个课题。一是充实和加强科学家队伍的培养;二是防止培养出来的科学家外流;三是正确使用科学家;四是将科研成果应用到国内产业上去。其次,他坦率地阐述了当时英国在科学技术教育上所存在的问题,指出必须从根本上改变现行的类似种族隔离式的学校制度;必须对训练有素的科学家以正确评价,并保证其正当地位;必须努力挖掘国民尚未开发的能力和技能……这个历史性的演说,使英国六十年代的科学技术教育走上发展的轨道。

与此同时,作为英国首相咨询机构的高等教育委员会于1963年10月发表了题为《高等教育》的报告书。因为该委员会的主席是罗宾斯(Robbins),通常称为《罗宾斯报告》。这个报告拟定了到1980年为止的英国高等教育的长期发展规划,主要内容是:

(1) 高等教育机构应对所有具备入学能力和资格的青年提供接受高等教育的机会。

(2) 把高级工艺学院升格为具有学位授予权的工科大学。

(3) 把培养教师的学校改为"教育学院",对其学生也授予大学学位。

(4) 进一步发展定时制的高等教育。

(5) 任命专门主管高等教育的大臣,设立与部同级的独立事务局。

(6) 扩充大学理工科的专门教育,增加研究生院的学生数,扩充科学的研究,充实完善各种设施和设备。

(7) 加强大学和产业界紧密合作,在大学、国立研究机关和产业界之间进行人员交流,产业界向各方面派遣专家。

(8) 发展商业学习和经营教育,建立两所设有经营学课程的研究生院。

《罗宾斯报告》中所提出的多数改革建议,其后被政府采纳,到六十年代后半期逐一地得到实施,大大地促进了英国高等教育的发展。就在《罗宾斯报告》发表的那一年,英国办起了广播大学,到1971年时定名为开放大学。它运用电视、广播、函授与面授(短期寄宿学习和暑期学校)等方式,提供本科和研究生水平的高等教育。值得注意的是,从七十年代初起,英国的研究生教育发展迅速,研究生人数的增长已超过本科生人数的增长。大学不仅仅是个教学机构,而且进一步加强了科学研究工作,这对英国科学技术的发展起着很大的作用。

4. 中等教育的改革

1963年以后,英国在根据《罗宾斯报告》对高等教育和继续教育进行重新改组的同时,也对中等教育进行了重新改组。1965年,教育和科学部发布第十号通令,要求地方教育当局沿着综合中学的路线,提出改组中学的计划。

早在1947年,英国工党就提出设立综合中学的主张,即把文法中学和现代中学两类学校合并,或把文法中学、现代中学和技术中学三类学校合并,称为"综合中学"。1964年,执政的工党政府曾决定按照威尔逊的斯卡拉巴演说的精神,为促进中等教育的民主化,在全国范围内推广综合中学。但在1965年以前,综合中学的发展缓慢,在校学生仅占全部中学的8.5%。

1965年的"通令",废除了由地方教育当局实施的现行11岁考试制度,号召把以前的三种类型的中等学校改组为综合中学。从此,中等学校的改组就在全国范围内开展起来,综合中学得到很大发展。尽管在1970年由于保守党执政,综合中学的发展一度停滞下来;但在1974年工党接替保守党执政以后,综合中学又有了很大的发展。

根据工党当初的设想,拟于七十年代初完成全部中等教育改组的工作。但是,至1976年1月,综合中学还只占中等学校总数的64.3%,学生数只占74.2%。于是,工党政府在1976年2月制订了《综合中学设置促进法》,以法律的形式规定综合中学必须以更快的速度加以发展。

综合中学是接受所在地区的所有儿童入学,并为具备各种能力的儿童提供多种多样课程的学校。它同时提供文法中学(修业年限7年)、技术中学(修业年限7年)和现代中学(修业年限5年)所提供的为升大学和就业所准备的课程。它的发展,使英国公立中学的结构完全改变。至1977年,综合中学的学生数已占中学生总数的80%。综合中学现已成为英国中等学校的主要类型。如何把文法中学的学究式的教育课程,与现代中学的联系实际的教育课程密切结合起来,则是要经过较长期的实验和研究才能解决的问题。

与美国一样,1968年后英国也出现了中间学校,招收9至13岁的儿童,把初等学校的高年级和中学的低年级结合起来,作为中等学校的一种形式。学生从中间学校毕业后可以进入综合中学的高年级学习。"它发展很迅速,据统计,1976年,英国的中间学校已达1,150所,学生35万多人。"①

5. 1983年《雷弗休姆报告》的发表

为了重新思考和规划英国高等教育发展的前景,向高等院校和决策机构提供一套新的方针政策,英国高等教育研究会在雷弗休姆基金会的赞助下,由兰喀斯特大学教育规划教授加勒斯·威廉斯(C. Williams)主持了一项研究规划。研究规划开始于1980年7月,先组织有关专家进行专题研究,然后在全国各地召开地区性的研讨会,最后把这些研讨会的结果递交全国性的研讨会上讨论。每举行一次全国性研讨会,都发表一份专题报告。从1981年至1982年间,发表了《高等教育与劳力市场》、《高等教育的途径》、《科研的未来》、《艺术与高等教育》、《教师的责任与自由》、《资源与高等教育》和《高等教育的结构与管理》等专题报告,1983年由威廉斯教授作了评述和总结。《雷弗休姆报告》就是由这些专题报告和结论性的报告构成的。

《雷弗休姆报告》的主要内容是:

(1) 扩大高等教育的入学途径。由于八、九十年代大学适龄青年人数下降,建议扩大高等教育的招生对象,以成年人补充适龄青年,将高等教育和继续教

---

① 《外国教育丛书》编辑组,《六国教育概况》,人民教育出版社1979年版,第136页。

育课程对所有能够或希望得到的人们开放，要求高等教育采用业余制、工读交替、校外教育以及其他的课程，满足成人参加高等教育和继续教育课程的需求。报告还建议入学考试要灵活多样，要求所有招生单位允许25％的学生使用其他标准，例如，能力测试、中学普通考试或中学教育证书、优先学习评估和个人学习合同等。

（2）改变狭窄、呆板的课程和学位结构。为了使学生适应在当今科技发展下知识的整体性和职业的多变性的状况，建议把三年的荣誉学位课程分成两个阶段来进行：两年初级学位课程的学习与一年荣誉学位课程的学习，让学生以更大的灵活性来选择满足他们的特殊需要和兴趣的课程。报告还建议大学和全国学位授予委员会应该设计课程肄业证书，实行学分转换制，以便受各种经济结构影响的学生广泛地受到高等教育。大学也应该考虑如何使其所开设的课程定期地接受外部校际学术考察团的检查，保证教学质量。

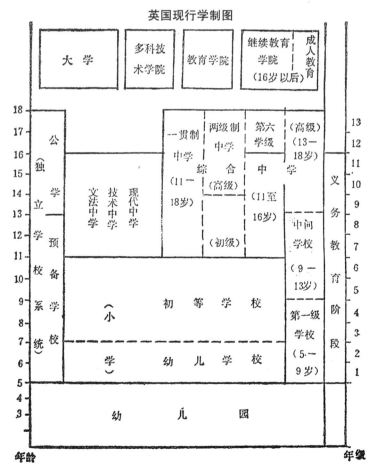

英国现行学制图

(3)废除终身制,实行提早退休制。针对八十年代后期高等院校师资配备将老化的预测,提出实行大学教师提早退休的长远规划,建议采取高等院校之间以及高校与工商企业科技人员之间的人员流动,定期招聘有教学和科研能力的年轻教师,以取代终身制。

(4)重视高等院校的教学与科研工作。建议全国各地应该成立专业发展系科,解决在职教师的专业发展问题;明确区分大学的科研职能与教学职能;设立革新基金以鼓励教师开展教学与科研的创造性活动。还建议高等院校应该通过校际学术考察与效能核定制度来评定教学质量;科研训练应更多地与工业需求和社会需求相联系,以改变英国大学科研中基础研究与应用研究、技术研究之间一直存在着的相脱离状况。

《雷弗休姆报告》还提出要改变对学生资助的方法,以贷款和助学金相结合的方式代替原来的助学金资助的方式。

对八十年代乃至以后的英国高等教育发展来说,《雷弗休姆报告》是一份重要的报告。尽管《雷弗休姆报告》遭到了一些非议,但是,"人们普遍认为它能为英国高等教育的未来发展提供一幅蓝图"[①]。

三、法国

第二次世界大战以后,法国政府非常重视教育制度的改革,曾多次制订和颁布教育法案,建立了与其科学技术发展相适应的学校系统。

1. 1947年的郎之万《教育改革方案》

早在1944年11月8日,法国议会通过决议,组成"教育改革委员会",任命法兰西学院教授、物理学家郎之万(Pau Langevin)为主席,儿童心理学家瓦隆(Henri Wallon)和教育家皮龙(Henri Pieron)为副主席。郎之万约请各方面的专家和学者组成四个专门委员会,并在各教育团体的协助下,研究和制订长远的教育改革规划。1946年11月郎之万逝世后,其主席职务由瓦隆继任。该委员会于1947年正式向议会提交了《教育改革方案》,对各级各类学校的组织和制度,以及教育的内容和方法,都提出了详细的改革意见。

郎之万-瓦隆委员会及其《教育改革方案》,严厉地批评了法国的教育内容与现实生活和科学相脱节、教育方法因循守旧的传统。这个改革方案提出了第

---

① 俞天红:《未来英国高等教育发展的一幅蓝图——〈雷弗休姆报告〉述评》,《外国教育动态》,1986年第3期,第8—10页。

二次世界大战后法国教育改革的六条原则：

(1) 社会公正原则。人人都有受教育的权利，每个人受教育的机会只能以其能力为依据。

(2) 社会上的一切工作（不论手工的、技术的、艺术的和学术的）价值平等，任何学科的价值平等。

(3) 人人都有接受完备教育的权利。学生先受学校教育的一般方向指导，然后再受职业方向指导。

(4) 在加强专门教育的同时，适当注意普通教育；普通教育为一切专门教育和职业教育的基础；学校应成为传播普通文化的中心。

(5) 各级教育实行免费。

(6) 加强师资培养，提高教师地位。

在这些原则的基础上，这个方案对学制改革还作出规定，即实行6岁至18岁的义务教育制。6岁至11岁为基础阶段，学习基础知识和技能，是幼儿教育的继续。12岁到15岁为方向指导阶段，学习共同的普通文化课程，由教师对学生的能力禀赋、兴趣等进行系统观察，对其发展方向予以指导。16岁至18岁为决定阶段，大多数学生进实用的职业学校，受职业训练，并继续学习必需的普通文化知识；少数天才学生进理论学校，学习古典文化和科学技术知识。高等教育分为两年预科阶段、两年硕士阶段和最后的国家学位阶段（限于"最优秀分子"）。

方案还提出，在课程设置上应加强自然科学和技术科目的比重，增设经济科目；各级学校的教师一律由师范大学进行培养。

这个改革方案在当时并没有作为法令加以实行。然而，它对法国教育制度的发展影响很大。从第四共和国（1947—1958）到第五共和国（1959）的教育改革，基本上都是沿着这个方向进行的。它已成为第二次世界大战后法国历次教育改革的重要思想基础。

2. 1959年戴高乐政府成立后的三个教育法案

1959年，法兰西第五共和国成立，戴高乐任总统，执行独立自主的外交路线和政策。为了谋求社会稳定，加速发展科学技术和现代化生产，增强经济和军事实力，使教育适应经济和社会的发展，戴高乐政府加强了教育规划，接连颁布了三个教育法令：《教育改革法令》、《国家与私立学校关系法》和《高等教育方向指导法》。它们奠定了六十年代以来法国教育制度的基础。

第一个教育法案：《教育改革法令》是1959年1月6日颁布的。这个法令规定,实施十年的义务教育,把原来6至14岁的义务教育年限延长到16岁,义务教育的最后两年可以在各种类型的职业技术学校或工商企业附设的艺徒学校中完成;中学的前两年(12至13岁)开始设"观察期",并可以延长为四年;提高职业技术教育的地位,把长期技术中学与长期普通中学放在同等地位;开办非高中毕业生的大学院系,发展继续教育等。

这些规定主要根据郎之万教育改革方案的原则和要求,作为立法的形式在全法国逐步实行。

第二个教育法案:《国家与私立学校关系法》是1963年颁布的。法国一直存在着大量的私立学校,其中主要是教会学校。戴高乐政府为了加强对私立学校的控制而颁布这个法案。它规定,国家用补助教师工资、设备经费等方式给私立学校以财政资助,各地方当局也要为本地区私人学校的设备、燃料和其他维持费提供补助;建立新型的综合性初级中学——市立中学,每四千人以上的居民点建立一所;将补习班和国立中学、市立普通中学的六至三年级(法国的年级编排是逆数的,下同。这里即初中一至四年级)按地理条件和学校规模进行改组;改组后的初中阶段包括古典、现代、实科三组,各组课程实行统一的教学大纲;规定观察和指导期扩展到整个初中四年;还准许学校每星期四举行宗教仪式,讲授教义问答等。

此法案颁布后,市立中学大大发展,逐渐成了法国初级中学的主要类型。

第三个教育法案:《高等教育方向指导法》是1968年11月由法国议会通过和颁布的。该法案针对在五十年代末至六十年代法国大学生不断掀起罢课斗争的热潮,要求改变高等教育的落后状况,提出高等院校应按照"自治"、"民主参与"和"多科性结构"三个原则进行改革,并按学生的"才能"对他们进行"方向指导";但是,代表政府的院校领导,仍保留挑选、鉴定人员以及选择研究项目和考试四项权力,大学校长有权在必要时宣布大学周围地区戒严,禁止学生入校等。此法案的宗旨在于缓和学生与政府的矛盾,改进政府对大学的控制,使高等教育的专业组合和分布更适合于经济和科学技术高速发展以及国际竞争的需要。

3. 1971年颁布的四个教育法案

1971年7月16日,法国议会通过了四个相同类型的教育法案——《职业教育方向法》、《学徒训练改革法》、《工艺教学方向指导法》以及《关于雇主参加公益和职业初步教育的财政法》。

《职业教育方向法》规定,"终生职业培养"是国民义务教育的组成部分,其中包括入门培养和参加职业生活以后的继续培养。它们都由国家、地方集团、公私立学校、职业团体、家庭和企业部门共同负责。

《学徒训练改革法》规定,学徒制是教育的方式之一;应向义务教育期满后的青年工人授以一般的理论和实际知识技能,一般理论知识在"艺徒中心"授予,实际技能的训练或在"艺徒中心"或在企业进行。

《工艺教学方向指导法》规定,人人都可受工艺的和经济生活的入门教育。工艺教育从五年级开始,直至高等教育。在普通中学的课程中加强工艺和经济教学,从五年级起设置工艺课。经济生活教育从六年级开始,不设专业课,分散在公民、历史、地理等课程中进行。工艺教育的文凭与普通教育相当,经济生活教育的文凭与传统教育的文凭相当。

《关于雇主参加公益和职业初步教育的财政法》规定,雇主交纳学徒税5%,用于工艺和职业初步教育。

这四个法案,从1972年起实施以后,对于提高职业技术教育的地位,加强职业技术教育,推动第一阶段中学结构改革,扩大教育机会等起了重要作用。

4. 1975年的《哈比改革法案》

为了实现法国学校体制的现代化,1975年7月11日,法国议会通过并颁布了当时的教育部长哈比(René Haby)提出的一项教育法案:《初等和中等教育改革法案》(通常称《哈比改革法案》)。这个法案在普通教育体制、课程设置、教育大纲和教学方法等方面提出了一系列改革措施,使法国的中小学教育更趋于民主化、现代化,且富于弹性。从某种意义上说,它也是戴高乐教育改革法案的继续。

这个教育改革法案的主要内容是:

(1) 学生的入学与升级根据个别差异而定,不受严格的年龄限制;禁止留级,但可跳级。

(2) 小学预备班每班学生人数最多不超过25人,并实施新的教学计划;在课程中加强对儿童进行自然、社会环境及科学技术基础方面的综合性的启蒙教育,增加了使用收音机、录音机、照相机和复印机的操作方法。

(3) 初中六、五年级(相当于我国初中一、二年级)也实施新的教学计划,加强了实验科学和技术教育。在劳动和技术教育课中,使学生学会使用工具和简单的机器,掌握常用材料和实际性能及简易的制作方法。强调各门学科间的关系及其与实际生活的联系,要求通过实验进行教学,加速采用现代化教学手段。

(4) 重视职业教育,在初中四、三年级必须设有一些带有职业教育特点的科目,供学生选修。

(5) 从 1977 年起,初中六年级的全体学生免费使用法语、数学、现代外语、历史、地理和实验科学等课程的课本。

(6) 中学校长由教育部长任命。并规定,学校要成立各种组织,参与学校的行政管理、教育与教学工作。小学设家长委员会和教师委员会,并由它们联合组成小学理事会;中学设中学理事会、班级教师小组和教学委员会。要求更多地吸收社会各方面的力量参加教育教学工作。

《哈比改革法案》试图对法国的僵化和停滞的中小学教育实行"教育现代化"的改革,这将有利于满足现代化生产对劳动力的需求。

现在,法国的初等教育属义务教育的初级阶段,称为基础课程教育。实施初等教育的小学学制五年(6 至 11 岁),分成三个阶段:第一学年为准备阶段,第二、三学年为基本阶段,第四、五学年为中级阶段。据统计,学龄儿童入学率已达 100%。

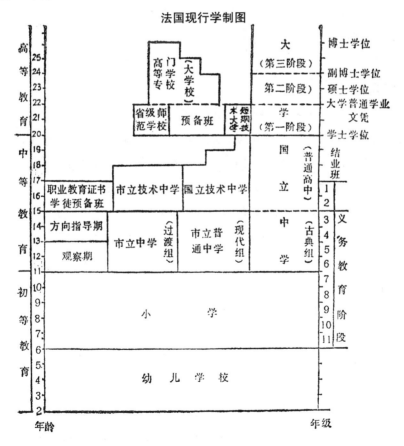

法国现行学制图

中等教育年限为七年(12至18岁),分初中和高中两个阶段。初中四年,前两年为观察期,后两年为方向指导期。据统计,初中入学率已达97%。高中分为不同的类型,一是普通高中,又称长期高中,为升大学作准备;二是市立技术中学和国立技术中学,实施中等技术教育。

高等教育机构有大学、高等专科学校和短期技术大学三类。大学的任务是建立与传播知识,发展科学研究和培养人才。据统计,法国现有大学68所,近90万学生,占高等院校学生总数的90%。高等专科学校,又称大学校,培养教育和科学技术部门的高级专业人才。这是法国高等学校中的一种特殊类型,规模比较小,教学专业性强,师资设备条件优越,入学竞争剧烈。据统计,八十年代初有200多所,近5万学生。短期技术大学,实施为期二年的短期高等教育,少数与大学对口的专业也可以升入大学继续学习。据统计,1981年有短期技术大学66所,学生5.5万人。

各级学校教师由不同的师范学校培养。幼儿学校和小学的教师,由省级师范学校培养。中学教师主要由综合大学的文理科培养。担任法国中学教师的人必须持有"中等教育能力证书"。

四、联邦德国

1945年第二次世界大战结束,德国无条件投降,希特勒统治时期的一套学校教育制度随之被废除。在美、英、法占领区,教育方面采取了一系列临时措施,例如,立即废除中央集权的教育领导体制,改行地方分权制;清除学校内部的纳粹分子和纳粹思想的影响;恢复纳粹统治前的一些教育措施;采用美国的教科书等。这些措施,基本上是仿照美国的一些做法。

1948年,美、英、法合并三国占领区。1949年5月,颁布《德意志联邦共和国基本法》,同年9月成立了德意志联邦共和国。此后,联邦德国的教育进行了一系列改革。

1. 1955年《杜塞尔多夫协定》的签订

1949年颁布的《德意志联邦共和国基本法》规定,联邦政府对教育文化事务不享受专有立法权,并且承认在教育上暂时仿照美国的办法行事,以便维持学校的教育管理和教学组织的秩序。

由于实行地方分权,各州学校教育的差别很大。不仅学制年限长短不一,而且连学校的名称也统一不起来。这对于全国教育的发展是个极大的障碍。

同时,从1951年起,随着产业经济的复兴,教育改革的要求也逐渐强烈起来。为了克服各州教育的差别所造成的混乱及其对今后经济发展造成的困难,各州总理于1955年2月17日在杜塞尔多夫签署了一个为期十年的协定。

这个《协定》规定:

(1) 统一各州各类学校的名称、学期的长短、考试的认可和分数的等级等。

(2) 学级依次为第一至第十三级,达第十学级的学校称为"中间学校",达第十三学级的学校称为"完全中学"。

(3) 完全中学的毕业生均可升入大学。

(4) 英语作为各类学校的必修科目。

这个协定,为统一西德的普通教育制度奠定了基础。但是,由于该协定的条款存在着一定的局限性,而不利于学校事业的进一步发展。

2. 1959年的《改组和统一普通公立学校的总纲计划》

1957年成立"德国科学审议会",1958年成立"德国教育委员会"以后,各州的教育开始逐步协调。为了进一步制定适合联邦各州的教育政策和建立联邦德国统一的教育制度,一些教育咨询机构作了不少的努力,提出了许多方案和计划。其中最重要的是作为联邦内务部和各州教育部长常务会议的咨询机构"德国教育委员会"(由学者、教育家、家庭主妇、教会代表、工业家、工会代表等各方面人士组成),于1959年2月14日提出的《改组和统一普通公立学校的总纲计划》(简称《总纲计划》)。它也是1957年苏联第一颗人造地球卫星上天冲击的结果,标志教育的扩充和全面改革的开始。

《总纲计划》指出,教育事业跟不上社会和国家的发展变化,没有充分发掘天才,促进学生的爱好和专长的发展。它规定,基础学校四年后的第五、第六学级改为"观察期",以指导学生根据自己的不同情况,分别进入不同的高一级学校——主要学校、实科学校和完全中学;极少数"优秀学生"可以不经"观察期"而直接升入文科中学,一直学完十三学级,为升大学作准备。此外,它还对中等学校的组织和名称作了规定,将原国民学校高级班延长一年,成为五年制的普通中学(初级中学);将中间学校改称为实科中学,仍为六年制的不完全中学;文科中学名称不变,学制也不变,仍为九年制的完全中学。

但是,社会民主党和教师工会对上述《总纲计划》提出批判,并于1960年以"德意志教育联合会"的组织名义发表《布雷默尔计划》。这个计划比前一个计划更前进一步。它提出所有儿童不论其智力发展与社会背景如何,一律要经过促进阶段(观察期),才能升入不同中学。但它们都强调要在机会平等的基础上发展青年的天赋和意志,并使之能够"有资格有准备地"去"参加现代工业化世界的生活";主张从 10 岁起,或通过考试,或通过"长期选择"和"方向指导",进入高一级的不同类型的学校受教育;要求注意初等学校毕业生的继续教育,把高等国民学校(主要学校)作为重点来考虑;以及强调职业教育在整个教育制度中的重要地位。

3. 1964 年《汉堡协定》的签订

各州教育部长常务会议经过长时间的多方面研究和讨论,采纳了《总纲计划》和《布雷默尔计划》所提出的建议,于 1964 年 10 月 28 日由各州总理在汉堡签订了《联邦共和国各州之间统一学校制度的修正协定》,又称《汉堡协定》,基本上确立了联邦德国的学校教育系统。这是对 1955 年《杜塞尔多夫协定》的修正。可以说,联邦德国的公立普通学校制度,就是按照这个修正协定而制订和实施的。它完全摆脱了建国初期对美国教育制度的依赖,并以共和时期的教育制度为基础。

《汉堡协定》规定,全日制义务教育年限为九年,统一从 6 岁开始。学年统一规定在秋天开始。四年制基础学校后设二年的促进阶段(即定向阶段);把八年制的国民学校改为九年制的中学。在所有儿童都进入基础学校的基础上,设完全中学、实科学校和主要学校三种类型的中等教育机构。主要学校与过去的高等国民学校完全相同,修业年限五年,属于普及教育阶段。其课程是基础学校课程的继续,并带有职业训练的性质和任务。完全中学也是按照德国的传统分为古典语文中学、现代语中学(即过去的德意志中学)和数学、自然科学中学三类。其学生要经过严格的选拔,都为升入高校作准备。实科学校则是一种介于完全中学和主要学校之间的不完全中学,亦称"中间学校"。这个协议尚未对职业学校的教育改革提出任何规定。

4. 七十年代初教育结构的改革

为了进一步加强对联邦各州教育的控制,1969 年联邦政府修改了《德意志联邦共和国基本法》,扩大了联邦政府对教育的管辖权限。同年 10 月,联邦政府又成立了中央一级的教育行政领导机构:联邦教育和科学部。这个部虽不是一个立法机构,但它可以通过教育政策和资助拨款来影响各州教育。

在经济和科学技术进一步发展的情况下,德国教育审议会于 1970 年 2 月提出了《教育结构计划》,这是联邦德国实行教育改革措施的开始。这个计划的主要内容是:

(1) 把整个教育体系划分为初等教育领域、中等教育领域(包括中等教育第一阶段和第二阶段)、高等教育领域和继续教育领域等,并设初步教育领域(3至4岁)。

(2) 改组基础学校,把义务教育年限提前到5岁开始。

(3) 把全日制义务教育年限延长为十年,并对受完十年教育的学生授予中等教育第一阶段毕业资格(中学毕业证书Ⅰ)。

(4) 改革中等教育领域第二阶段(中学毕业证书Ⅱ)的教育,分别授予具有不同重点的专门知识,并扩充其教育内容,提供升入不同种类的高等学校学习的机会。

(5) 通过分科、分组教学实现教育个别化。

(6) 通过促进早期儿童教育来消除机会不均等。

(7) 通过各类学校之间纵向和横向的沟通来消除学生被限制于某一教育轨道之中。

1973年6月,联邦教育和科学部下设的联邦与州教育计划委员会在《教育结构计划》的基础上,提出了更加全面和具体的教育改革方案——《综合教育计划》,计划实施时间从1970年至1985年,为期15年。

《综合教育计划》与《教育结构计划》的设想是一致的,除重申《教育结构计划》中提出过的改革目标外,更具体地规定了实现这些目标的具体措施。它不但对联邦与州发展教育的基本原则作了规定,而且提出了每年的教育发展数量指标,还对经费预算作了规定。根据《综合教育计划》,联邦德国的学制不再按照学校类型进行纵向划分,而是只横向划分为几个教育领域:初步教育领域、初等教育领域、中等教育领域、高等教育领域(第三教育领域)和继续教育领域(第四教育领域)。其中还提出,从初等教育阶段到中等教育第二阶段的结构改革,将通过"综合学校"的试验来加以实现。这种学校综合了原来各种类型的普通学校(甚至职业学校)的性质、任务,从第七年起开始分科。

《教育结构计划》和《综合教育计划》这两个重要的教育改革方案,已成为联邦德国教育结构改革的依据。特别是得到各州首脑批准的《综合教育计划》对联邦德国教育的发展有着深远的影响。

联邦政府在提出《综合教育计划》的同时,还提出了《高等教育总纲草案》。各州政府也相继修改本州的高等教育法或制订新的高等教育法。其中包括了一些改革高等教育的规定。例如:

(1) 师生员工共同参与学校管理。教授和助教在决定科研、教学等重要事务上享有多数表决票。教授在各级行政机构中享受多数表决票。

（2）实行新的招生办法，三分之一的招生名额根据那些在学校教育中获得升学资格者的学生成绩进行分配；三分之一的招生名额根据那些在职业工作中取得的成绩和工作时间的长短进行分配；三分之一的招生名额考虑各种需求，如外国留学、服公役（兵役等）者，进行分配。

联邦德国现行学制图

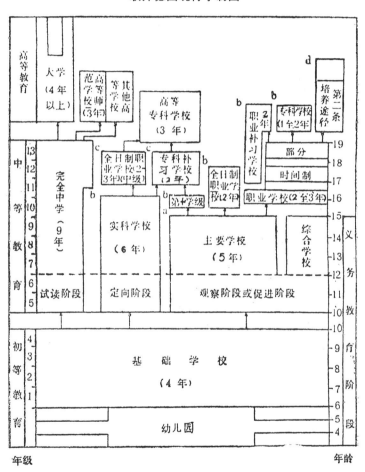

高等教育机构分科学高等学校（大学、高等工科学校、高等师范学校、神学院等）和非科学高等学校（高等音乐学校、高等艺术学校、高等体育学校、高等专科学校、综合高等学校等）两类。联邦德国的高等学校有着两个传统特点：一是强调科学与教学的统一；二是强调学术自由。

（3）取消学术性高等学校和非学术性高等学校的界限，把一体化"综合高等学校"看作高等学校政策的主要目标。在一个地区内，各类高等学校，包括综合性大学、工科和专科大学、师范大学以及高等专科学校,以某一学校为核心联合起来,统一使用人力和物力,开设在内容上、修业期限上和毕业资格上都各不相同的课程。

现在,联邦德国的初等教育是在基础学校里实施的。基础学校是整个教育体系的共同基础,修业年限为四年(西柏林、汉堡和不来梅等地为六年),属义务教育第一阶段。

中等教育机构基本是主要学校(即原来的初级中学)、实科学校和完全中学(史称文科中学)三类。各类中学均招收基础学校毕业生,但学习年限不一。主要学校是五年制,与职业教育体系相接;实科学校是六年制(实行六年制基础学校的州为四年制)的不完全中学,即《汉堡协定》生效前的"中间学校",主要与职业教育体系相接;完全中学是九年制的专为升大学作准备的学术性中学。

此外,还有称为可以获得高等学校入学资格的"第二条培养途径"(包括夜中学和全日制补习中学),以及正在实验中的综合学校。

据统计,1981年,基础学校学生为2,588,100人,主要学校学生为2,187,000人;实科学校学生为1,323,400人;完全中学学生为2,106,400人;综合学校学生为225,700人。

五、日本

第二次世界大战结束后,日本根据《波茨坦宣言》,在盟军的占领下,开始了实现民主化和非军国主义化的进程。与此同时,对战前教育体制也进行了全面改革。1946年颁布的日本"新宪法"第26条规定:"全体人民都有权受与其能力相符的、法律所规定的平等教育。人民有责任使在其保护之下的男女儿童,接受法律所规定的一般教育。这种义务教育是免费的。"

1. 1947年《教育基本法》和《学校教育法》的颁布

1945年10月,美国占领军司令部声明,必须根本改革日本的全部教育制度,并颁布了有关日本教育的管理政策,教师审查制度,以及学校课程设置等方面的指令。根据麦克阿瑟的旨意,由教育专家和学者组成的美国教育使节团到达日本,并于1946年3月提出日本教育改革的报告书。该报告阐述了战后日本教育改革的方向,并围绕以实施"六三三"制(小学六年、初中三年和高中三年)为中心,提出了一系列教育改革建议。

为了贯彻和执行这个报告书的建议,同年8月日本内阁设立了"教育刷新委员会",负责具体阐述和制订新学校制度的改革方案。在与美国教育使节团讨论的基础上,教育刷新委员会根据美国教育使节团报告书的各项建议,于1947年3月31日以法律形式颁布了《教育基本法》和《学校教育法》。这是日本战后教育改革的两个纲领性文件。它们为战后的日本教育制度提供了基本原则,开始了自明治维新学制改革以来的第二次教育改革。1948年6月,日本国会又宣布废除天皇的《教育敕语》。

《教育基本法》包括序言和11条条文,主要是根据日本"新宪法"的精神阐述了日本国民教育的目的和原则,并对教育方针、教育机会均等、实施九年制义务教育、各级学校实行男女分校以及有关社会教育、宗教教育和教育行政等方面作了规定。《学校教育法》分9章110条和附则,更具体地阐述了教育的目的、方针、内容和方法以及组织体制和管理等。

这两个教育立法的基本内容包括:

(1) 建立旨在促进个性发展的教育理想。《教育基本法》提出,要把日本国建设成民主、文化的国家,必须依靠教育的力量;教育的目的在于全面发展个性,力求培养身心健康的人,热爱真理和正义,尊重个人的价值,尊重劳动,富有高度责任感,具有独立精神,成为和平国家和社会的建设者。

(2) 废除中央集权的教育行政领导体制。《教育基本法》提出,按照美国的方式建立新的教育领导体制,即一切有关教育制度的改革,不必由天皇命令决定,只需经过议会讨论通过,制成法律,然后公布施行。地方教育委员会不属文部省管辖,可直接掌管地方的教育行政。

(3) 把义务教育年限延长为9年。不问种族、信仰、性别、社会和经济地位、家庭出身,人人都有受均等教育的权利。国家和地方政府要负起保证这种教育机会的义务。

(4) 改革学制。把战前的"六五三三"制改为美国式的"六三三四"制。高中作为"初中的继续教育机构",分为"以普通教育为主的高中"和"以实业教育为主的高中"两种类型的学校或两种类型的课程组织。《学校教育法》提出,新制中学在于"培养学生掌握社会职业所必需的基础知识和基本技能,尊重劳动的态度,以及适应每个学生个性而选择其将来出路的能力"。

(5) 教师是全社会的仆人,应当受到与他们服务相适应的道义支持和物资供应。

(6) 允许私立学校的存在。在公立学校中,禁止教派的宗教教育。

(7) 强调应当特别重视学术自由、教育的实效性与相互尊重和合作。

这两个教育立法奠定了日本新学制的基础。五十年代以后,日本的学制虽然有某些变化,但其基本结构仍是这两个教育立法所作出的规定。

接着,日本国会又颁布了一些其他教育立法,如《教育委员会法》、《文部省设置法》、《私立学校法》、《社会教育法》、以及《科学教育振兴法》等。这些教育立法对第二次世界大战后日本教育的发展起了很大的作用,不仅使得学制和教育管理体制发生了重要变化,而且使得各级各类学校得到了显著的发展。

2. 五十年代的"学力调查"

1951年,日本教育学会进行了"义务教育结束时的学力调查";1952年,国立教育研究所进行了"全国中小学学生水平调查",日本教职员工会也进行"学力调查"。这些教育调查,都对日本中小学基础学力水平下降,作了深入的分析研究,并提出了激烈的批评。

这些调查报告认为,日本教育水平下降的主要原因在于指导思想,即从战后初期开始,根据美国教育使节团的报告书,接受了美国"生活中心主义"的教育思想。这样做的结果,就把教学的重点放到儿童经验上面了,而忽视了文化遗产的传授。国语科过分重视儿童的实际活动,忽视了语文的基础知识教学;数学科过分重视生活价值,忽视了定义和定律的教学;社会科只引导学生适应当地条件,无视历史和外语的知识,等等。

3. 六十年代的课程改革

从五十年代后期开始,日本进入了所谓"扩大和强化"时期。特别是1957年受到了苏联发射第一颗人造卫星的冲击,日本更加迫切加速发展经济。日本当局把"彻底实行道德教育","提高国民的防卫意识"和"振兴科学技术教育",作为重要的文教方针。为此,于1958年提出了"充实基础学力,提高科学技术教育"的课程改革方案。六十年代日本的课程改革,以科学的基本概念为核心,重新改组了各门学科,把现代的科学成果大量地编进中小学教学计划和教学大纲,其高深程度甚至超过了美国六十年代的课程标准。其中采取的主要措施是:

(1) 加强基础学科。增加国语、数学和理化等学科的教学时数。小学和初中的数学和理科的时数是明治时期以来所占教学总时数最多的。强调教学计划、教学大纲和教科书的统一性,要求各学校必须切实执行,不得任意增删和灵活运用。

(2) 增设新的学科。一般学科中增设数学概论、基础理科、英语会话和古典Ⅱ。职业学科中增设诸如农业设施、系统工艺学、电子计算机、环境工艺学实习和经营数学等。

(3) 提高教材标准。将中小学现代数学中的集合、函数和概率等基本概念及其内容的教学,下放到低年级。理科将生物和环境、物质和能量、地球和宇宙这三个领域中反映现代自然科学成果所用的概念和规律,按照新的方法加以编排,以加强课程和教材内容的现代化。

(4) 实行选修制度。从初中开始,设置大量的选修学科。初中选修科目有外国语、农业、工业、商业、水产和家政等。高中选修科目更是多样,普通科有30多门,包括国语中的古典Ⅰ和古典Ⅱ,社会科中的日本史、世界史、地理A和地理B,数学中的数学Ⅰ、数学ⅡA、数学ⅡB、数学Ⅲ和应用数学,理科中的物理Ⅰ、化学Ⅰ,以及其他如工艺Ⅰ、美术Ⅰ、书法Ⅰ等等;职业科的选修学科达300多门,包括家政25门,农业59门,工业164门,商业36门,水产30门,护理5门。

(5) 重视道德教育。在小学、初中和高中特别设立道德课。社会科中削弱有关基本人权的知识,特设伦理、社会等科目。此外还强调通过学校的全部活动进行道德教育。

由于中小学课程教学大纲的水平大幅度提高,脱离学生智力发展水平和接受能力,这些教学计划和措施实施一个时期以后,就出现了许多学生不能接受新规定内容的现象,导致大量落后生的出现。

4. 七十年代开始的第三次教育改革

针对六十年代的课程改革,1971年全国教育研究所联盟大会的报告,揭露了日本中小学有半数以上的学生掉队或难于接受课业。日本文部省不得不颁发《教学大纲的部分改正和使用》的通知书,要求各学科"在不背离各自目标及主要内容的范围内,适当注意儿童的实际情况和重点",以摆脱教育的困境。

1971年6月,坂田文相在中央教育审议会上提出全面改革教育制度的咨询报告,题为《关于今后学校教育的综合扩充、整顿的基本实施方针》(简称《基本实施方针》)。在"序言"中宣称,日本曾经进行过明治初年和战后动荡期的教育制度改革,现在"需要认真地进行开拓国家与社会未来的第三次教育改革"。日本当局企图以这个咨询报告为转折点,来进一步推动课程体制的改革,并建立更加有效的教育体制。这个咨询报告一般称之为"日本第三次教育改革的开始"。

这个《基本实施方针》的主要内容是:

(1) 确立新的教育目标。提出教育所应培养的"理想的人","应当是这样一种国民,即对种种的价值观具有广泛的理解能力,同时能够以民主社会的规范和民族的传统为基础,通过个人对普遍性文化的创造,对世界和平与人类福利作出贡献的日本人"①。

(2) 推行以培养"天才"和扩充职业训练为重点的教育政策。在1971年至1980年间,实施10年"先行试点"的学制改革方案,全面修改"六三三"制,试行"四四六"制。4至7岁为第一分段,8至11岁为第二分段,12至17岁为第三分段。从一年级(4岁)至高中毕业(17岁)实行"一贯制"。对那些天资聪颖和兴趣广泛的学生,通过多种多样的课程教学和教育辅导,圆满而有效地进行能力差异的教育。高等教育则实行"种类化":大学三至四年,分"综合领域型"、"专门体系型"和"目的专修型";短期大学两年,分"教养型"和"职业型";高等专科学校五年(招收初中生);大学院两至三年,开设硕士课程;研究生院开设博士课程。

(3) 进一步改革课程体系。推行课程综合化,使各门学科相互渗透与交叉。精减教学内容,中小学三阶段的教学要前后一贯,尽量做到重点突出、循序渐进。调整学科设置,以加强基础知识,避免过度专门化为原则,削减或合并各种必修科和选修科,并提高中高年级的选修科的地位。

(4) 继续重视道德教育,加强政治性基础知识教育,高中增设必修的"社会学科";强调应当有效地利用道德教学时间和课外活动时间,通过学校的整个教育活动来进行道德教育。

1974年,日本首相田中角荣发表了两次关于教育改革的讲演,表示决心要向教育投资,并批评日本的教育"偏重智育,缺少德育",强调要加强义务教育阶段的道德教育,并声称明治天皇的《教育敕语》"在今天也是共同的命题"。

1977年2月,中央教学计划审议会根据多年所作的酝酿和准备,正式公布了《关于改善中小学教学计划的标准(咨询报告)》。该审议会于同年7月,又正式公布了新修订的小学和初中的教学计划和教学大纲,并宣布分别从1980年和1981年开始执行。

在日本,一些人对这个《基本实施方针》也持有不同的态度。但是,七十年代开始的第三次教育改革力图使教育适应产业结构,不仅使中小学教育面向智、德、体全面发展的方向,既注重基础知识的划一性,又注重适应地区与个性特征的灵活性,而且使高等教育具有了多样性和开放性的特点。

---

① 上海师范大学教育系《外国教育发展史资料》编辑组:《外国教育发展史资料》(近现代部分),上海人民出版社1976年版,第109页。

现在,日本已形成以现行的"六三三四"制为基干的学制。小学六年和初中三年为义务教育,高中三年,大学四年。在小学下面有幼儿园,在大学之上设研究生院。此外,还有高等专科学校(1962年设立),五年制,招收初中毕业生;短期大学(1964年从法律上承认),修业年限两至三年;专修学校(1976年设立),修业年限一至三年。据1980年统计,有幼儿园14,893所;小学24,954所,学生11,826,573人;初中10,780所,学生5,049,402人;高中5,208所,学生4,621,930人;大学446所,学生1,835,312人;高等专科学校62所,学生46,348人;短期大学517所,学生371,124人;专修学校2,520所,学生432,914人。

七十年代以来,终身教育理论也被介绍到日本。1971年,波多野完治翻译了《终身教育入门》以后,又出版了许多关于终身教育的著作和论文。1979年,一些终身教育的研究者和实践者还联合成立了"日本终身教育学会",并就日本

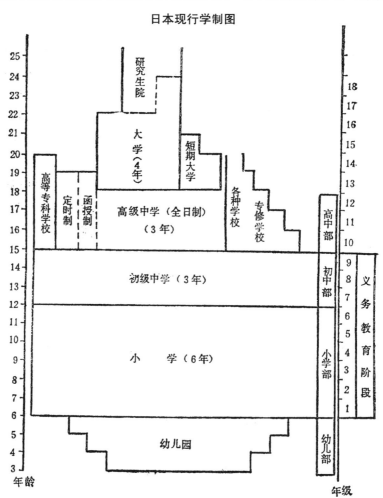

日本现行学制图

社会现状如何建立终身教育体系开始进行研究,提出具体的设想。尽管一些人对终身教育提出批评和反对,但日本正在按终身教育的原则,加强学校教育、社会教育和家庭教育之间的联系,探索适应未来社会发展的教育模式。1981年,日本中央教育审议会提出的回答咨询的报告,也明确了今后日本的教育将以终身教育为指针。

第二次世界大战后,日本教育的发展对日本经济的飞跃起着极其重要的作用,有力地促进了日本经济的迅速增长。

第二次世界大战以后,尤其是五十年代末以来,美国、英国、法国、联邦德国和日本为适应增强军事和经济实力的需要,教育改革非常频繁。它们都把教育当作开发人力资源、发展科学技术的重要工具。随着社会生产和科学技术的发展,这些国家的教育制度进一步得到了调整和完善,以迎接世界新的技术革命。但是,也应该看到,在这些国家的教育发展中存在着一些矛盾和问题,反映了它们的教育所面临的困境。

第十四章 皮亚杰

一、皮亚杰的儿童研究活动及其著作

让·保罗·皮亚杰（Jean Paul Piaget，1896—1980）是当代世界著名的心理学家和教育学家。他出生于瑞士的纳沙特尔。早在青少年时代就对生理学特别感兴趣。他根据观察淡水软体动物的各种适应变异，撰写了许多有关研究生态学和适应问题的科学报告。1915年获得学士学位。1918年获得自然科学博士学位。在此期间，对哲学、逻辑学和心理学等也很感兴趣。他参加过心理实验室工作和精神病诊疗所工作，阅读过精神分析学派弗洛伊德的著作。这时，他开始研究心理学问题，尤其注意探究认识的来源。他曾对勃鲁勒①的精神病学作过一番研究，指出精神分析并不是严谨精确的科学，但从中吸收到了一些重要概念，为他后来建立的观察儿童的方法论奠定了基础。

一九一九年至一九二四年，皮亚杰曾到巴黎大学学习病理心理学、数理逻辑和哲学等课程。其后，在巴黎的"比纳实验室"工作。在亨利·西蒙的领导下，把伯特②的推理测验加以标准化，并进一步探测儿童回答问题究竟是怎么样和为什么的问题，通过统计记录的表面材料，深入到分析儿童思维过程的本身。从此以后，他逐步开始深入研究儿童心理问题，应用"临床法"研究儿童的心理活动，形成他的研究路线。

1924年起，皮亚杰任日内瓦大学教授，在该大学的卢梭学院工作，担任该院研究部主任。在克拉巴雷德③的领导下，按照"临床法"，正式开始系统地研究儿童的思维活动。从1925年至1932年，他详细观察和研究了他的两个女孩和一

---

① E. Bleuler(1857—1937)，瑞士精神病学家。1911年创立"精神分裂症"(schizophzenia)一词。
② Siz Cyzill Buzt(1883—1971)，英国教育心理学家，研究智力测验和教育统计，以及智力落后儿童和天才儿童。
③ E. Claparede(1873—1940)，卢梭学院院长，国际应用心理学会会长。

个男孩在出生头几年的心理发展,提出了有关儿童智力起源、儿童象征行为(游戏和模仿)的一系列重要理论。根据这些研究的结果和理论,写出了《儿童的语言和思维》、《儿童的判断和推理》、《儿童的世界概念》、《儿童的因果概念》和《儿童的道德判断》等著作。在这些著作中,皮亚杰揭示了一个令人难以置信的儿童思维世界,并提出许多社会学理论问题,同时把兴趣倾向于注重社会的相互作用,以进一步探究智慧的来源,揭示行动和思想之间的关系。

1933年起,他担任儿童心理学教授和日内瓦大学卢梭学院(后改名为日内瓦教育学院)院长。他与他的同事和学生西敏斯卡(Alina Szeminska)、英海尔德(Barbel Inhelder),按照他的方法,开展大规模的儿童概念形成的研究工作。他以数理逻辑为工具,来研究儿童思维的守恒、分类、序列和转化等方面的发展,并注意以这些心理学的研究为理论根据来改革教育方法。1941年,他与西敏斯卡研究数的概念,与英海尔德研究物理数量问题。1946年,他研究数系、时间概念以及运动和速度概念。1948年,他研究空间概念和几何概念。1951年他研究机遇问题。根据研究结果,陆续写出大批著作,如《新方法、新方法的心理学基础》、《智慧心理学》、《儿童期的游戏、梦和模仿》、《儿童智慧的本源》、《儿童的数概念》等。在这些著作中,皮亚杰提出了关于儿童心理发展的完整理论,并初步提出和论述了关于各个发展阶段的年龄特点,特别是关于儿童思维中各种逻辑运算形成的过程。

1954年在加拿大举行的第十四届国际心理学会议上,皮亚杰被推选为国际心理学会主席。此后,他又担任联合国教科文组织领导下的国际教育局局长。在他的倡议下,和一批学者创办了"发生认识论国际中心",自己担任主任。世界许多国家的心理学家、逻辑学家、认识论专家和数学家都热情地赞扬皮亚杰的研究工作,并和他密切合作。这个中心出版了一套专刊,名为《发生认识论研究》。在这期间,皮亚杰出版了大量有关儿童思维发展理论和实际的论文和书籍,从而创建了独特的儿童心理学派——日内瓦学派。1955年以《逻辑思维的发展》为书名,表达了他关于发生认识论研究的伟大成就。

从1957年至1971年,皮亚杰继续担任日内瓦教育学院院长、国际教育局局长和发生认识论国际中心的领导。他在心理学和教育学方面的理论研究和实际应用取得了非常重大的成果,为世界各国中等学校自然科学和数学的课程改革提供了坚实的心理学根据。他陆续出版了《逻辑学与心理学》(1957)、《儿童期至青年期逻辑思维的成长》(1958)、《儿童心理学》(1969)、《结构主义》(1970)、《教育科学与儿童心理学》(1970)、《发生认识论》(1970)等。

1971年，皮亚杰辞去了日内瓦教育学院院长职务以后，努力探求学习者的数学"范畴"概念所必需的心理学步骤，撰写了《发生认识论原理》(1972)、《心理学与认识论》(1972)、《关于儿童数量、守恒和原子论的结构》(1974)、《心理学与教育》(1976)等。

皮亚杰一生从事儿童智慧发展规律的创造性研究。他的基本理论和实验研究，深刻地揭示和阐述了教育、教学工作的许多新原则和新方法，为世界儿童教育运动提供了思想指导和理论根据。

二、论教育科学的发展与儿童心理学的关系

从1935年开始，皮亚杰就考察了教育学与心理学的关系。他指出，要成功地构成一门教育科学，不可缺少的就是"建立一个为创造真正适应于心理发展法则的教育技术所必需的心理学体系。如果没有精心建立一个真正的儿童心理学或心理社会学，就不可能真正产生新的方法；新方法的存在无疑必须从建立这样一门科学之日算起"①。

皮亚杰曾经系统地分析研究了教育史上的教育家的理论和实践。特别是对卢梭及其后继者裴斯泰洛齐和福禄培尔的教育思想作了非常精辟的论述。他指出，卢梭主义所缺少的就是一种关于心理发展的心理学。结果，尽管卢梭坚信心理发展的法则，经常反复地强调儿童不同于成人，但是他所提出的心理发展阶段往往处理得过分简单，在确定心理生活的一些主要机能或最重要的表现时，很难避免或多或少的武断成分。裴斯泰洛齐的学校，一方面有惊人的成就，朝着当代活动学校的方向发展；另一方面又保留着许多古老的特点，系统地沾染着一定程度的形式主义，对于真正的心理发展却很少考虑到具体的细节。至于福禄培尔，他的活动与成就之间的差别就更大了，对心理发展本身没有积极的见解，甚至用一种形式化了的手工劳动去代替与儿童生活真正需要相联系的具体探索，阻止儿童从事真正创造性的活动，以至歪曲了活动这个概念的本意。

对于赫尔巴特，皮亚杰也指出，他企图以一种极其明确而又易于理解的方式使教育方法适应于心理学的法则，这无疑在教育思想史上还是第一次，但是，他不能把发展的生物观和对智力这个不断构造的过程的分析这两者调和起来，建立一个关于活动的儿童心理学理论。

---

① ［瑞士］皮亚杰，傅统先译：《教育科学与儿童心理学》，文化教育出版社1981年版，第145页。

因此,皮亚杰得出结论说,教育科学产生于儿童心理学,新的教育方法只能在这种科学的气氛中诞生。虽然,活动的理想与新教育方法的原则,在过去伟大的教育理论家的著作中,是不难找到的;但是,为心理发展与心理活动提供一种积极的解释,则是留待本世纪的儿童心理学,以及从它产生的教育科学去完成的任务。

三、论儿童认知结构与智慧发展

皮亚杰创立的发生心理学,从一般方法论的角度看,就是一种关于儿童智慧(思维)发展的结构论,即认为儿童智慧的发展是通过儿童主体的认知结构与儿童客观的社会环境相互作用而实现的。皮亚杰的儿童智慧发展论,就是他的认知结构发展心理学。这些理论就是皮亚杰的基本的教育理论。

1. 认知是主体通过动作与客体相互作用的产物

皮亚杰毕生把生物学同哲学联系起来的儿童心理学研究,始终把研究的目标放在哲学认识论上。他特别强调认知主体的结构特征及其对主客体相互作用中的决定作用,但也重视研究客体及其结构的独立客观性。他认为,儿童智力发展的任何水平都有其相应的认识结构,智慧本质上就是一种思维结构,就是主体对于客体的协调作用。主体只有凭借自己的内部结构才能与客体相互作用,从而认识客体。客体结构独立存在于主体之外,但只有借助于主体结构才能为人们所认识。

主体结构是怎样形成的?客体结构是怎样被认识的?皮亚杰认为,形成主体结构或认识客体结构的基础是主体的"动作"(或"运算"与"操作",Operation)。主体动作在皮亚杰的学说中占有最重要的地位。他指出,在认识之前,主客体尚未分化,认识不可能单独起源于主体或者客体,只能起源于两者的相互作用,即主体对客体的动作(活动)。应当在行动中找到一切认识的来源。因此,他严厉地批评传统的经验论和唯理论,它们只知道感觉或理智,竟忘却了作为认识真正基础和源泉的实际动作。皮亚杰把主体动作——主体与客体的相互作用,看作一切经验和知识的源泉,这与杜威认为智慧是主体与环境相互作用的产物,本质上是一样的,其主要区别只在于皮亚杰认为主客体在相互作用中实际分化了,而杜威认为主客体的区分仅仅是思维反省的结果。

但是,皮亚杰又把主体动作和相应而获得的知识或经验分为两种:个别动作直接作用于客体,对它的简单抽象产生物理经验,此时知识来自客体;由个别动作组成的协调活动所进行的反思抽象而产生逻辑经验,此时知识就来自于动作,而非直接来源于客体。同时,他还具体研究了这两种经验之间的关系,说明认识发展的任何阶段,逻辑经验都是物理经验的前提条件,物理经验的内容只有在逻辑经验的结构形式中加以组织才能真正成为关于客体的知识,甚至物理经验本身的形成也需要以前的逻辑经验作为框架。个别动作与协调动作、物理经验与逻辑经验彼此是可以转化的,其划分是相对的。

可见,皮亚杰坚持一切认知都起源于实际动作的主张。知识既不是从客观发生,也不从主体发生,而是从主体和客体相互作用的实际动作中发生。格式塔主义片面强调"结构"本身的转换,而无视结构发展的动作基础。实用主义片面强调"活动",而无视认识主体的结构特征。皮亚杰则强调认知结构性的"动作"(运算),把结构概念和动作概念有机地结合起来,把认知看作动作的一般协调结构及其内化的产物。在皮亚杰看来,儿童的认识活动,犹如生理学上的消化活动一样,是一种有严密的组织结构的活动。每一个智慧动作(运算)都包含有一定的认知结构,而这个认知结构又是这个智慧动作(运算)的基础。教育的根本任务就在于通过组织儿童从事各种运算活动,发展儿童的认知结构。皮亚杰主义比格式塔主义和实用主义较为全面地说明了认识过程的总体特点。

2. 认知结构的机制和模式

人类智慧活动的本质是什么？主体动作的本质又是什么？这是皮亚杰发生认识论所研究的一些基本问题。这些问题可以从皮亚杰关于认知结构的机制和模式的论述中得到回答。

(1) 适应与图式:

皮亚杰指出,就人类智慧活动本身而言,智慧本质上是一种主体对于客体的结构性动作,即所谓运算;就其外部功能而言,智慧活动的目的在于取得主体对于客体的适应。主体通过动作对客体的适应,乃是儿童心理发生、发展的真正原因。

皮亚杰从生物学观点出发,认为个体的每一个心理反应,不管指向于外部的动作,还是内化了的思维动作,都是一种适应。但是人对环境的适应是一种高度发展的能动适应,即主体以物质动作,或者运用符号以精神动作,去转变环境,改造环境,从而认识环境。这种主体对于环境的适应,不是一种静止状态,而是一个从低级到高级不断发展的过程。

然而,主体要适应环境、认识客体,其自身首先必须具有一定的能力,即认识能力,而认识能力又是以认识结构为基础的。如果主体的动作没有一定的结构,它就不可能具有适应外界环境和认识客观对象的能力。所以,皮亚杰特别强调主体的结构特征,并把它称之为"图式"。它既指主体外部物质动作的协调组织,又指主体内化到头脑中进行的精神动作的协调组织。简而言之,个体动作的协调组织就是"图式"。个体所以能对客观刺激作出这样或那样的反应,就是因为个体的动作具有对之作出反应的某种图式。

这种"图式"不是指神经系统的物质生理结构,而是指一种主体活动的功能结构——外部动作和内部思维的功能结构。主体内部思维图式,不可能依靠解剖来加以证实,而只能从其外部表现予以推论。皮亚杰根据儿童智慧活动的"同步性"来说明"图式"存在的真实性。所谓"同步性"就是指在儿童智力发展的任何一个特定阶段,儿童从事的各种认识活动都具有同样的方式,儿童所解决的各种问题都具有同样的思维水平,遵循同一种逻辑数理运算。

儿童最早的图式是一些本能动作,遗传性的。后来,儿童在适应环境的过程中,不断使图式得到改变和发展。在皮亚杰看来,儿童心理发展的过程,就是儿童动作的图式不断完善,由较低水平达到较高水平,从而也使认知结构由较低水平过渡到较高水平的过程。

(2)同化与顺应:

皮亚杰认为,主体活动对环境的能动适应,或者说主体图式在适应活动中的功能,包括两种形式:一是"同化",即个体把环境因素纳入机体已有的图式或结构之中,以加强和丰富主体的动作;二是"顺应",即个体受外界刺激引起原有图式的自身变化,或者调整原有图式,或者建立新图式,以使认识结构不断发展,主体动作不断改变,不断适应客观的变化。

同化有三种水平:在物质水平上,主体用实际动作同化客体本身(如同吸收营养);在行为水平上,主体用运算图式同化自身的个别动作;在思维水平上,主体用精神动作同化来自客体的经验材料。客体本身只有被同化于主体的物质动作图式之中,才能产生合乎人类需要的结果(如技术产品)。个别动作只有被同化于运算图式之中才能成为转变客体的有效活动。物理经验只有被同化于由逻辑数理经验形成的认识图式之中才能成为关于客体的物理知识。

同化有两种作用,即泛化的同化和再认的同化。前者的对象是新颖的刺激情境,后者的对象是主体熟悉的事物。两者都只能从量上丰富和改变原有图式,不能从质上革新和改变图式。

与同化相对应的顺应,则是起革新的作用,能使主体图式发生性质上的改变。

综合同化与顺应的性质和作用：个体接受外界刺激，把它引进原有图式，引起同化，使原有图式发生改变；经过顺应作用，建立新的图式，以适应新的情境；然后又对新的外界刺激进行新的同化，经过新的顺应作用，又建立新的图式，出现新的适应。如此循环不已。皮亚杰认为，刺激 S 与反应 R 之间的关系，不应简单化为 S→R，而应 S→AT→R，AT 指刺激 S 同化 A 于主体的认识结构 T。刺激 S 只有被同化于图式之中，成为 AT，才能作出一定的反应 R。

(3) 平衡与自我调节：

皮亚杰认为，主体对环境的能动适应过程中同化和顺应两种机能活动之间存在着一定的稳定状态，即"平衡"关系。儿童每遇到新的事物，试用认识结构中原有图式去同化它，如获得成功，就会得到暂时认识上的平衡；反之，便作出顺应，调整原有图式或创立新图式去同化新事物，直到出现认识上的新平衡。智慧活动就是这种同化与顺应交叉占优势的平衡状态与平衡过程本身。智慧就是介于同化作用与顺应作用之间的一种平衡。随着平衡的推移，同化与顺应两种作用不断演化，主体图式和认识能力也就得到相应的发展和增强。

主体对环境的同化和顺应以及这两种作用之间的平衡关系的发展，始终是在主体自我调节之下进行的。自我调节是智力发展的最重要的内源因素。它体现了主体活动的"内在目的性"，在一切水平和全部过程中都发挥作用。

3. 认知发展的连续性和阶段性

皮亚杰认为，儿童的动作图式，在环境教育的影响下，经过不断的同化、顺应和平衡的过程，就形成了本质上不同的心理结构，出现认知发展的连续性和阶段性。

第一，认知发展表现为几个不同水平的连续阶段。每一个阶段都是一个统一的整体，都有其特殊的主要行为模式，标志该阶段的智慧特征。

第二，前一阶段的行为模式总是要整合到后一阶段的行为模式之中。前者是后者的准备，并为后者所取代。前后具有一定程度的交叉重叠，但其次序不能互换。

第三，各阶段出现的年龄可同个体和环境的差异而有所不同，可提前或推迟，但差异无论多大，也不能改变智力发展的定向性。

显然，同一阶段的同化作用导致图式的量变，前后阶段推移的顺应作用引起图式的质变；智力发展的阶段划分，表明认知结构发展过程的间断性；前后阶段的交叉重叠和图式的整合，表明认知结构发展过程的连续性。

4. 关于儿童思维发展阶段的理论

儿童认知结构的不断形成和改组,使儿童思维(智力)的发展必然具有一定的年龄阶段性。皮亚杰通过大量的实验研究,具体论证了儿童从出生到青年初期思维发展的路线。他把儿童思维发展分为四个阶段:

第一阶段,感觉运动智力阶段(从出生到2岁):

皮亚杰根据对他孩子的追踪观察研究,详细描述了儿童在掌握语言以前智力发生发展的过程。这个时期的儿童主要是通过感觉运动图式来和外界相互作用(同化和顺应)并与之取得平衡。其行为发展经过本能反应、习惯形成和智力活动出现三个层次和六个小阶段:

儿童出生后第一个月,其动作图式主要包括天生反射,如吮吸反射,不管什么时候,只要婴儿的嘴唇接触到物体,他们就自动地吮吸。

第1至4个月,形成最初的一些习惯。婴儿往往在偶然发现一个新经验而且重复尝试它的时候,就产生循环反应,将不同的运动与图式合并在一起,使之协调起来。如婴儿组织手和吮吸的协调运动,经过多次失败之后,终于掌握吮吸拇指的技术。

第4至10个月,形成第二次循环反应,协调部分身体的运动。如婴儿往往因发现和重视他自身之外的某种有趣事件而发笑。

第10至12个月,出现最初的感觉运动智力活动,对主体和客体的关系产生了最初的协调。婴儿学会协调两个分离的图式,取得一个结果。如婴儿移开障碍物而取得他想抓到的一个盒子。这就是人的智力和思维的萌芽。

第12至18个月,婴儿试验用不同的动作去获得不同的结果。他们出于对世界的好奇心,独自学习,发展他们的图式,用不着任何成人的教导。

第18个月至2岁,儿童通过直接的身体动作去观察和发现事物,并具有延缓模仿的能力,即能模仿已不存在的模式。

第二阶段,前运算思维阶段(从2岁至7岁):

到了感觉运动阶段末期,儿童的各种感觉运动图式开始内化,成为表象或形象图式,儿童的思维开始迅速发展到一个新的、以符号为代表的水平,但是尚无系统,且缺乏逻辑。

随着语言的出现和发展,儿童日益频繁地用表象符号代替外界事物,重视外部活动。这就是表象性思维。儿童凭借这种表象思维,不仅可以进行各种象征性的活动或游戏,而且可以理解童话故事中关于过去的和远方的事情。但是这些表象都是自我中心的,还不能从事物的变化中掌握事物概念的守恒性和可逆性，因此他们只有一些日常概念、名称概念，而无真正的逻辑概念，还不能进行逻辑运算。

皮亚杰总是把这个时期的心理特点与"自我中心主义"联结起来加以研究。他认为，这个时期的儿童，考虑一切事情都只从自己的角度出发，想象每一样事物都与他们自己的活动相联系。他们总是从一个角度把道德规则看作是绝对的、上面交下来的，而不明白道德规则是怎样建立于两个以上的同伴采取合作的方式，协调他们不同目的的相互协议的基础上的。他们总是从一个角度来观察事物，只集中于一个方面思考问题，不能脱离"自我中心"而立刻考虑问题的其他方面。

第三阶段，具体运算阶段（从 7 岁至 12 岁）：

儿童发展到这个阶段，出现了具体运算图式，能够进行初步的逻辑思维。

这个时期的儿童已经能够在头脑中、并且能从一个概念的各种具体变化中抓住实质的或本质的东西，即他们的动作不仅是内化的，而且是可逆的了，已经达到守恒的水平。他们通过逆反性和互反性两种可逆性使运算图式达到守恒。

儿童由于出现运算的守恒性，便可进行群集运算。各种组合性的、逆向性的、结合性的、同一性的和重复性或多余性的群集运算结构，儿童都能予以分析综合，正确地掌握逻辑概念的内涵和外延。

但是，这个时期的儿童运算思维，一般都还离不开具体事物的支持，要靠具体事物的帮助才可以顺利解决问题。同时，这些运算，一般都还是零散的，还不能组成一个结构的整体，不能把两种可逆性之间的复杂关系综合在一个系统之内。

第四阶段，形式运算阶段（从 12 岁至 15 岁）：

这个时期的儿童，思维发展迅速，与成人思维接近，可以在头脑中把形式和内容分开，可以离开具体事物，根据假设和条件进行逻辑推演。这就是形式运算（formal operation）思维，亦即命题运算思维。

皮亚杰引用现代代数中"四变换群"和"格"的逻辑结构来说明这个时期的儿童所进行的抽象逻辑思维。

"四变换群"是一种可逆性的整体结构。一个命题或一个事物的关系，包括正面或肯定（以 I 表示）、反面或否定（N）、相互（R）以及相关或对射（以 C 表示）四种。每一正面运算，从分类上必有一种逆反运算，从关系上必有一种相互运算，而相互的逆向就是相关。这样，ＩＮＲＣ之间的组合关系就构成"四变换群"。它可以穷尽命题的各种关系。

与四变换群相应,可以列出二元或多元命题运算的组合系统,即"格"。每一个二元命题都有真假值,都可以有四个结合。这四个结合,按照不同关系加以组合,又可以组成十六个二元命题。这个时期的儿童尽管并不意识到这些变换系统的存在,但实际上已能运用这些形式运算结构来解决所面临的逻辑课题,诸如组合、包含、比例、排除、概率、因素分析,等等,达到了逻辑思维的高级阶段,即成人的逻辑思维水平。

皮亚杰指出,儿童思维发展阶段的顺序是不变的。人们都以不同的速度按次序地通过这些阶段。这些阶段的划分意味着不同时期具有本质上不同的模式,不同时期的思维沿着本质上不同的路线加以组织。皮亚杰的阶段论,表现了儿童思维发展的一般模式,为教育工作者可能透过广泛的各种课题预言孩子们的行为提供了理论依据。

四、论儿童教育的基本原则和方法

皮亚杰应用儿童认知结构和思维发展的理论于教育工作上,提供了一系列新的教育原则和方法。

1. 教育应按儿童的不同年龄阶段进行

皮亚杰根据大量的实验研究,认为儿童智力、思维的发展有一定的阶段性,教育应当按照儿童年龄阶段的理论加以组织。他早在1935年就明确指出:"一切理智的原料并不是所有年龄阶段的儿童都能够吸收的;我们应该考虑到每个年龄阶段的特殊兴趣和需要。"教师的"问题只是去发现符合于每个阶段的有些什么知识,然后用有关年龄阶段的心理结构所能吸收的方式把它传授给学生"①。

皮亚杰认为,2岁以前的儿童只有感觉运动智力,教育工作者和父母亲就应当为孩子们多多提供各种各样的有趣的物体,如玩具、模型等,供他们观察、抚摸和摆弄;注意促进儿童动作发展的训练,如触摸、推拉、抓握等。学前时期为促进儿童表象思维的发展,就应当注意选择具体形象的教材,如童话故事、图画、游戏等来教育儿童。到了学前晚期,教师可以采取观察、测量、计算等活动,培养儿童掌握重量、容量、速度、时间、数量等初步科学概念的能力。到了学龄阶段,儿童出现了守恒能力以后,教师就必须注重使儿童的思维从具体运算思维逐步发展成为形式运算思维,通过各种学科的教学活动,使儿童掌握各种基

---

① [瑞士]皮亚杰著,傅统先译:《教育科学与儿童心理学》,文化教育出版社1981年版,第176页。

本科学概念和进行逻辑思维的能力得到发展。

皮亚杰指出,教师试图离开儿童年龄阶段的心理特点去加速学生的发展,这只是浪费时间和精力。作为一个教育对象的儿童总是属于一定特殊年龄阶段的。而且,每一发展阶段都不是以一种固定的思想内容为其特征的,而是以能够按照儿童的生活环境达到某种结果的某种力量、某种潜在的活动为其特征的。这就使教育工作按照年龄阶段进行显得更加复杂而重要。只有在每一个年龄阶段都施以良好的教育方法,才可以增进而不损害儿童智能的发展。

2. 教育应大力发展儿童的主动性

皮亚杰认为,知识是从学习者内部构成的,思想就是内化了的行动,儿童的学习必须是一个主动的过程,教育必须着重于大力发展儿童的主动性。

皮亚杰严厉地批评传统的学校把知识硬塞给学生,强迫学生学习。他指出,教育者明显地或者暗地里把儿童看作是一个受教育的小大人,使他尽可能快地变得和成人一模一样;或者把儿童看作是各种原始罪恶的体现者,看作一种难于处理的原材料,他更多地需要改造而不是教育。传统教育方法大都来源于这种观点。传统教育方法与新的教育方法的对立,就是被动性与主动性的对立。新的教育方法则要考虑到儿童本身的特性,并且要利用关于个人心理结构的规律和关于个人发展的规律。

根据认知结构学说,皮亚杰认为儿童的认知能力不能从外部形成,而只能"赖以发展的机体本身"。儿童思维结构的变化是由内部决定的。教育的问题是要去发现最合适的方法和环境,帮助儿童自己去组织这种能力的发展,使自己在智力水准方面达到连贯性和客观性,在道德水准方面达到相互性。

第一,教师应当明确智慧训练的目的就在于"造就智慧的主动探索者"。

第二,教师应当注重"自我发现法的教学"。只有儿童自我发现的东西,才能积极地被同化。

第三,教师应当注意儿童的兴趣和需要。兴趣实际上是同化作用的动力。一切智力原材料不一定能为儿童所同化,关键就在于选择这些材料的时候是否考虑到一定年龄阶段的儿童的特殊兴趣和需要。

皮亚杰称赞卢梭注重"每一年龄都有它自己的动力","儿童有他自己独特的观察、思维和情感的方法"的教育思想,并指出"除了主动地掌握一件东西以外,就不可能学会任何东西"。①

---

① [瑞士]皮亚杰著,傅统先译:《教育科学与儿童心理学》,文化教育出版社1981年版,第141页。

3. 儿童的实际活动应在教育中居优先地位

皮亚杰认为,要使儿童主动地学习,就必须使儿童通过主动动作(活动)和具体事物进行学习。其理论根据是:(1)动作是主体和客体相互作用的桥梁。具体运算阶段的动作内化为运算,运算就是内化的可逆性动作,而动作间的协调则是逻辑数理结构和逻辑数理运算的来源。(2)动作是知识的来源。知识是主客体相互作用的产物。作为智慧活动的动作不仅仅限于邻近空间、当前一刹那间和正在进行中的动作,而且能够广泛涉及到远距离的空间、直接感知范围以外的事物,可以再现过去,以及能按计划和方案的形式所表现的将来。它所能够提供的知识,无论在广度和深度上,都是无穷无尽的。

因此,皮亚杰强调"活动法教学",让儿童在活动中学习。活动法是儿童教育的最重要的原则。他说,只有儿童自己具体地和自发地参与各种活动,才能获得真实的知识,才能形成他们自己的假设,给予证实或否定。为此,他提出:

(1)要重视科学实验和视听教学,使学生利用直观形象思维过渡到抽象逻辑思维,从而掌握基本概念和基本理论,并培养和发展智力。最可靠的科学研究活动定在思考领域内进行的。

(2)要重视儿童游戏。尤其对于幼儿,游戏在学习过程中起着有力的杠杆作用。不管在什么时候,只要能成功地把初步的阅读、算术或拼读,改用游戏方式进行,儿童就会热情地沉湎于这些游戏活动中,并获得真正有益的知识。

(3)每一门学科都必须要有产生大量探讨活动与重新发现活动的可能性,并使之与一定的知识体系相联系。

(4)不要把学生引导到无政府状态的个人主义,而应把个人活动与集体工作结合起来,使学生自动地服从纪律和自愿地努力工作。

4. 儿童的互助协作应在学校教育中起重要作用

皮亚杰一贯认为,儿童间的社会影响也是儿童认知发展的重要源泉。应把发展儿童集体的社会生活放在新教育方法的主要地位。

皮亚杰批评传统的学校只提供了一种类型的社会关系,即教师对学生所起的作用就等于教育的一切。教师既具有理智上的权威,又具有道德上的权威,使学生完全处于强制性的约束之中。他称赞杜威和德可乐利的教育实验,儿童的集体工作和自治生活成了学校教育实践中的主要因素。他指出,儿童几乎从初生的第一天开始就具有社会性。在出生的第二个月,他就对人微笑,试图与人接触。从出生第一年的下半年起,他不仅试图接触别人,而且还经常模仿别人。显然,在社会交流方面,儿童具有高度的感受性。儿童的发展正是从自我中心状态开始转向互相交流,从不自觉地把外界同化到自我转向互相理解,而导致人格的形成的。

因此,皮亚杰提出,新教育理论应当努力以儿童本身的社会生活为根据的内在纪律去弥补强加的外来纪律的缺点。儿童不仅能够在他们自己的社会,特别在他们的集体游戏中使他们自己服从于一定的规则,而且他们对于这种规则比对于成人所发出的命令还要更加坚定地和自觉地予以尊重。儿童间的合作最有利于鼓舞儿童真正交流思想和进行讨论,最有利于促使儿童养成批判态度、客观性和推理思考的行为形式。新方法应当倾向于利用各种集体力量,而不应当忽视它们,或容许它们转化成敌对的力量。因此,皮亚杰强调"同伴影响法",把儿童同伴的影响当作儿童最有效的学习方式之一。

但是,与此同时,皮亚杰又指出,新的教育方法并不倾向减少教师的社会活动,毋宁说,它是要在对成人的尊敬与儿童的合作之间求得协调,并且尽可能地减少教师所施加的约束,而把它转化为一种高级形式的合作。

5. 发展智力是教育的根本任务

皮亚杰把教育的最终目的归结为发展儿童的认识结构。他说:"教育的主要目标就在于形成儿童的智力的和道德的推理能力。"①

所谓"智力",按照皮亚杰的说法,就是最高形式的适应,是事物不断地同化于活动本身与那些同化的图式适应客观事物本身的调节这两者间的平衡。这就是说,它是一种内部机能结构——以通过构成现实的结构来构成内心的结构为其基本功能。它既有理解的功能,又有发现或发明的功能,而且这两种功能不可分割。当要理解一个现象或一件事情的时候,就要对产生这个现象或事件的转变过程加以改组;而要重新改组这些转变过程,则要构成一种转变的结构;要构成一种转变的结构,就事先要有发明或再发现的因素。

因此,皮亚杰认为,智力问题是认识论的根本问题——认识是把现实吸收到转变的结构中去,还是相反,仅仅是对现实的描摹。皮亚杰并不否认摹本说的认识论观点不断地为许多教育方法提供了启示,尤其为那些直观法提供了启示。但是他指出,从更深刻得多的意义上讲,认识是把现实吸收到必然的和普遍的转变结构中去,以取得行动的协调。对某一个对象的认识,就是对它采取行动,改变它,使它同化于转变的结构之中。

---

① 皮亚杰:《教育原则与心理学的论据》,华东师范大学教育系、杭州大学教育系编译:《现代西方资产阶级教育思想流派论著选》,人民教育出版社 1980 年版,第 360 页。

智力在一切阶段上都是把现实的材料同化于转变的结构。形成和发展儿童的这种能力——认知结构，就是教育的根本任务或最终目的。

为了实现教育的根本任务和最终目的，皮亚杰强调新教育方法应尽一切努力分析研究各年龄阶段的认知结构，以及各种认知结构之间的关系，按照儿童的认知结构和他们的发展阶段，选择和组织适当（与之水平适当提前）的教材进行教学。

五、皮亚杰在当代世界教育中的地位

二十世纪是儿童教育的世纪。皮亚杰毕生致力于从事儿童智力发展的实验研究，为二十世纪儿童教育的发展提供了大量的实验资料和理论指导。

皮亚杰在四十年代以前广泛地探索他的思维理论。他融合了符兹堡学派、格式塔学派、精神分析学派的理论而有所创新，开始建立发生心理学。与此同时，他探索了新教育方法的心理学基础。他分析研究了教育史上的教育家们的教育理论和心理学思想，指出了发生心理学对于教育科学的重要性。

从四十年代到六十年代，皮亚杰的理论趋于成熟。他以数学逻辑为工具，研究思维结构的形成和发展，并把他的研究与现代科学控制论、信息论联系起来，把他的理论提高到哲学理论的高度加以概括，成为当代独特的思维心理学派。与此同时，他曾对1935年至1965年的学校教育和教学工作作了系统的评价。他指出，在这三十年间，我们的教学方法、教学大纲，我们对于问题的看法本身，乃至在作为一门指导学科的教育学方面，都还没有任何根本的革新，还没有一门教育科学来支持学校教育和教学工作。教育科学还没有发展到足以答复教育和教学中出现的无数问题。1965年皮亚杰的《教育科学与儿童心理学》出版前言指出，这部著作是"一位伟大的科学家在坚固的实验基础上对于当前的教育危机所提出的一个答案"。

六十年代以后，皮亚杰的理论得到进一步发展和提高。他确立了他的发生认识论体系，系统地论述了知识的心理发生、知识的生物发生以及古典的逻辑、数学、物理等学科的认识论问题，系统地探讨了认知结构的一般问题，并且分别论述了数学逻辑结构、物理与生物结构、心理结构、语言结构、社会科学结构分析，以及结构主义与哲学的关系。皮亚杰根据他的儿童中心的立场，系统地论述了儿童心理发展与教育的关系问题。他的儿童心理学，成了欧美和日本进行学校教育和教学改革工作的重要理论依据。

皮亚杰的著作先后出版了近五十种之多,并大量翻译成各国文字。皮亚杰一生的全部著作和活动都与教育发展有着直接或间接的关系。他的实验研究和学术成就成了二十世纪世界教育发展的重要内容。特别在六十年代迪克沃兹等人出版《皮亚杰再发现》一书以后,皮亚杰的理论进一步影响着世界各国的婴幼儿、中小学,甚至大学的教育改革。西方一些国家流行活动教育、开放教育、视听教育,重视个别课程制度,采用新的教育技术,都与皮亚杰的思想影响有关。各国在开展各种新的教育活动和采用新的教育手段的过程中,都特别注重学生的主动活动、兴趣和需要,提供丰富多样的教育环境,让学生自己发现问题、提出假设、收集资料以及进行各种实验和检验,从而使学生成为知识海洋的主动探索者。皮亚杰在英、美、法、日的影响最大,在苏联的影响也很大。

美国心理学家布鲁纳关于儿童发展的研究和发现法的提出,就是以皮亚杰的儿童主动学习的理论为依据的。他在他的《教育过程》再版序言中说,皮亚杰"对我的思想有意义深远的影响","我在理智上深深地卷入皮亚杰所从事的工作"。可以这样说,布鲁纳是实践和发展了皮亚杰的认知结构发展心理学,从而提出他的知识结构论和学科结构论的。

皮亚杰的理论和实践,对当代世界的儿童教育已经产生并将继续产生重大影响。

第十五章　亚非发展中国家的教育

一、概况

亚非发展中国家,历史上曾经长期遭受西方殖民主义统治,社会经济落后,民族文化受到压抑和摧残,教育制度建立在强加的外来模式的基础上,学校为特权阶层所占有,成为谋求社会地位升迁的主要渠道。进入 20 世纪以来,殖民国家迫于本国工人运动和殖民地民族解放运动的强大压力,不得不对殖民地教育政策作出某种调整。第一次世界大战后,殖民地初等教育开始发展,但始终维持在一个低水平上。反映在教育政策上的不平等继续受到殖民当局的庇护并被人为地强化。

第二次世界大战后,亚非国家纷纷独立。为了尽快克服殖民统治时期遗留下来的不发达状态,发展中国家都把制订本国的人力发展计划,发扬民族文化,振兴教育并使之现代化作为推动国家发展和社会进步的主要手段。这些国家强烈地意识到,在整个非殖民化过程中,教育的改革具有举足轻重的意义。这是因为教育殖民化的影响依然存在;教育鼓励青年人对外来文化的认同,完全脱离本国的社会和文化环境。由此而产生的精神异化对于民族经济的发展和社会进步构成了一种现实的威胁。而清除教育殖民化影响则是一项长期艰巨而又复杂的工作。

在亚非发展中国家所寻求的目标中,教育民主化对于促进社会进步和国家发展具有十分重要的意义。独立以来,各国政府曾以极大的热情致力于成人扫盲和初等教育的普及,制定了雄心勃勃的发展计划。但是,在相当长的时期内,由于片面追求学龄儿童的入学率,忽视了相应的巩固率和合格率,儿童中辍学率高的问题始终没有得到解决,特别是在落后的农村地区,普及初等教育远未达到预期的目标。成人扫盲也存在类似问题。扫盲计划脱离发展目标和扫盲赖以进行的直接环境,推行这项计划的过程中不仅遇到了困难,而且由于复盲率高,扫盲的效果一般来说也是短暂的。近年来,在不少发展中国家。由于人口的增长,文盲的绝对数字仍在逐年上升。

独立后,许多发展中国家因为缺乏管理国家和发展经济的专家,感到处境困难,迫切希望通过发展中等以上学校教育培养自己的知识分子队伍,并为此投入了巨大的人力物力。对统计资料的分析表明,六十年代至七十年代,亚非地区发展中国家教育经费的增长率普遍高于国民生产总值的增长率。"仅就1970年—1977年统计,亚洲国家的中等和高等教育的年增长率分别为5.1％和14.7％;非洲国家为6.3％和12.6％。"①但由于教育的发展没有纳入整个社会经济发展的轨道,这些努力有不少被消耗在造就无法适应本国社会和经济环境的人才上。这种情况造成了教育资源的极大浪费。

为了寻找对策,近年来在国际社会参与下,各发展中国家正在努力结合国情,积极尝试各种教育改革和革新,不断地探索和反省,克服前进道路上的困难。

在执行教育发展计划的过程中,发展中国家逐渐认识到,殖民地时期遗留下来的正规学校系统存在着阶级的偏见,教育内容是学术性的,每一级教育本身都不是完整的,都是为下一个学业阶段作准备,而不是为实际生活和工作作准备的。在社会上经济不平等现象继续存在的情况下,企图做到在正规教育制度面前人人平等是没有意义的。片面强调正规教育而撇下本国社会和经济发展的目标是不合时代的错误。必须把教育看作是整个社会进步的过程,这意味着教育实质上正在具有越来越广泛的社会意义。学习、工作、生产都将同时包括在内,这样的学习场所就不只限于正规学校。

为使教育更有效地参与国家的发展,实现人人受教育机会均等,目前本地区不少发展中国家教育发展的重心正在逐步得到调整,其中具有创新意义的是正规教育和非正规教育一体化的发展趋势。强调在稳步发展正规学校网,提高学习质量的同时,大力发展城乡地区的非正规教育设施,包括利用传统的教学场所和使用大众传播媒介,以确保每一个儿童掌握为走向生活作准备的必要的基础知识。成人扫盲在一些国家则正在由单一的文字扫盲过渡到功能性扫盲,它日益表现为一种教育的、社会的和经济的活动。一些国家的经验表明,群众性的扫盲运动,只有当它成为帮助人民共同参加改变环境的活动时才是正确的。制订成人教育的学习计划必须根据不同环境文盲的需要和动机而定。

传统的学校教育的职能正在重新被认识。1976年在拉各斯举行的非洲国家教育部长会议的最后报告中有下列一段话:"工作实践是发展的一个基本因素,将来的非洲人必定是工人和生产者。引进的学校是轻视这种观念的;新的学校必须恢复这种观念的荣誉。……因为它可以使学生成为社会的一名生产

---

① 联合国教科文组织《展望》杂志文集(Ⅰ),教育科学出版社1983年版,第219—220页。

者,而这个社会本身是努力从事生产的。"①现阶段在亚非地区发展中国家中,具有共同特征的教育目标是:加强学校教育的适应性,使学校教育进一步面向社会和经济的发展;全面发展青少年的人格;为学生提供广泛的社会有用的智能,缩小知识的习得与运用之间的差距;弥合理论与实际的鸿沟,加深对劳动界的社会经济文化条件的了解;使学生具有有效的职业定向和受到良好的职业指导。学校为社区进行培养,学校的培养活动又必须依靠社区。这种活的培养方式正在使学校教育的职能在这些国家发生着一个革命性的转变。

二、印度

1. 英属印度的教育

十七世纪起,印度遭到英国东印度公司的商业剥削,1757年普拉西战役后逐渐沦为英国殖民地。为巩固殖民统治,英国当局在印度建立起庞大的"公用事业"。1813年,东印度公司章程第一次规定了有关殖民地教育的条款。1835年,当时担任国民教育委员会主席的麦考利起草了一个教育备忘录,宣称英国政府的教育政策是促进在印度人中间推广欧洲的学术和科学,目的在于造就这样一类人,他们是印度的血统和肤色,但有英国人的情趣、见解、道德和才智。这种教育带来的好处,将会自上而下地"渗透"到群众中去。②整个殖民地时期,印度的教育政策就是以这种"归化"的精神为特征的。

为了改善教育管理,整顿教育秩序,满足殖民地对各类行政人员的需求,继麦考利备忘录之后,1854年,东印度公司颁布"伍德教育文告",移植英国本土的教育模式。文告宣布在孟加拉、孟买、马德拉斯、旁遮普和西北省分设管理地方教育的国民教育部,建立中央政府实行财政补贴,行政权交由地方控制的教育体制。这就保证了殖民地教育政策的有组织的实施。这两个文件在事实上奠定了英属印度教育的基础。

在殖民统治初期,印度的正规教育主要是通过教会学校、其他私立学校和许多农村旧式学校进行的。殖民地教育政策破坏了传统的印度教和穆斯林教本土固有的学校制度。到十九世纪末,乡土学校网已不复存在。教育的中心设在城市,大中学校进行的是正规的文科教育。国民教育极其落后。造成这种状

---

① [瑞士]查尔斯·赫梅尔著,王静等译:《今日的教育为了明日的世界——为国际教育局写的研究报告》,中国对外翻译出版公司1983年版,第140页。
② [印度]H·卡比尔:《印度教育史》,1956年英文版,第76页。
　Humayun. kabir, *Education in New India*, London: George Allen, 1956. p.76.——编校者

况的原因,除了殖民主义的文化限制政策外,印度历史上的种姓制度也极大地妨碍了教育的普及。

国民教育问题在本世纪初开始为社会普遍关注。1910年,印度社会活动家哥克海勒①在政府立法议会提出一项关于普及初等义务教育的法案,建议首先在教育基础较好的地区实行。这项议案遭到官方的否决,引起了社会各界的强烈抗议。同年,国大党和穆斯林联盟分别在阿拉哈巴德和那格浦尔会议上作出决议,呼吁实施普及初等义务教育。1913年,殖民政府颁布关于印度教育政策的法令,被迫对殖民地初等教育的发展承担义务。1918—1928年,全国各大行政区和土邦相继颁布初等义务教育法令,规定义务教育的对象为六、七岁到十、十一岁的儿童。印度国大党执政后,各地方政府又相继宣布废除对贱民和低种姓居民在受教育方面的歧视。1938年起,在基础教育运动推动下,农村的初等学校的数量和在校学生人数都有了显著的增长。

殖民地中等教育系统主要由私立和公立中学组成。1917年,政府任命的加尔各答大学委员会提出的一份报告书,建议在正规大学和学院以外增设中间学院,主要用于提供职业训练,中间学院既可单独建制又可与中学衔接。由于当时不具备实施的条件,该设想仅仅是一纸空文。

印度现代高等教育形成于十九世纪中期,历来受英国大学的传统影响很深。根据伍德教育文告有关条款的规定,1857年,仿照伦敦大学的模式,在加尔各答、马德拉斯和孟买三大行政区各创办了一所大学,被认为是印度现代大学的先驱。1882年和1888年,旁遮普和阿拉哈巴德又相继成立了两所大学。上述这五所大学加上隶属于它们的几十所学院构成了印度早期高等教育的主干。第一次世界大战之前,印度的大学主要限于为所属学院和中学提供不同学术水平的考试服务,颁发证书和授予校外学位,大学一般不承担教学任务,科学研究也不重视。战后三十年,印度的地方大学和新建学院有了发展。但是一般地说,高等教育仍以传统的文科院系为基础,职业技术教育水平极低。

为了全面规划殖民地教育的发展,1944年,印度战后教育发展中央指导委员会提出了一份报告,对战后教育的发展进行预测,提出印度要在未来四十年中达到现今英国教育的发展水平。规划包括的内容有:

(1) 发展3—6岁儿童的学前教育设施;

---

① 哥克海勒(Gopal Krishna Gokhale,1866—1915),印度国民教育的先驱。1905年任印度国民大会主席,1902年起当选殖民地立法议会议员。

(2) 将初等义务教育纳入基础教育的轨道。初等教育分为两个阶段：即为 6—11 岁儿童设立的初等基础学校和为 11—14 岁儿童设立的高等基础学校；

(3) 改革中等教育体制。为 11—17 岁男女提供两类选择学校即学术中学和技术中学。

(4) 高等学校学制至少为三年。取消中间学院建制，将其分别并入大学和中学；

(5) 因地制宜地发展各类全日制和非全日制职业技术教育。职业技术教育机构分为：

(a) 初等技术或工业学校及高等基础教育阶段后的两年制职业学校；

(b) 初等基础教育阶段后的六年制高等技术学校；

(c) 高等技术学院；

(d) 大学技术学院；

(6) 扩大职业性或非职业性成人教育，争取在二十年内完成扫盲。

这项规划是殖民地时期印度第一个完备的发展教育的纲领性文件，对独立后印度教育的发展有重要影响。

2. 圣雄甘地和基础教育运动

(1) 甘地的教育哲学

二十世纪初，印度的民族主义运动有了很大的发展。大战期间，英国对印度实行无休止的战争征集，加剧了印度人民和英帝国主义之间的矛盾。全国反英骚动此起彼伏，各阶层群众反帝斗争情绪空前高涨。此外，由于帝国主义战争的需要，英国减少了对印度的商品倾销和资本输出，实行了保护性的关税政策，殖民地民族工业得到一定的发展。代表民族资产阶级利益的以甘地①为领袖的国大党在群众中的政治影响日益扩大。

为缓和印度人民的反抗，殖民当局一面玩弄宪政改革的骗局，一面又颁布旨在强化殖民统治的新法案。在人民群众斗争的压力和推动下，国大党改变了同英国当局合作实行改革的软弱态度。1919 年 12 月，在国大党第三十四次年会上，根据甘地的倡议，首次公布了关于争取改善工农生活条件的意见。1920 年 12 月，在国大党那格普尔年会上通过了甘地制定的"非暴力不合作计划"和关于吸收工农及手工业者参加国大党组织的决议，宣布以和平合法手段争取民

---

① 甘地(Mohandas Karamchand Gandhi，1869—1948)，印度民主革命的先驱者和领袖，1924 年起当选印度国大党主席。

族自决。1937年2月,英属印度举行大选,国大党获胜并执政,甘地主义成为该党的施政纲领。

教育改革是甘地政治纲领和社会改革计划中的一项基本内容。甘地认为,殖民地印度政治上的软弱和社会经济不发达首先归咎于民族精神的涣散。因此,摆在印度人民面前的当务之急是"革心"。必须唤醒和动员民族的精神力量消除印度的政治和社会不合理现象。为此必须彻底打破竖立在各民族、教派、种姓和各社会阶层之间的壁障,开发民智民心,恢复团结一致的民族精神。

甘地指出,印度传统的教育结构倾向于寄生的劳心阶级而不利于被剥削的广大群众。殖民地时期从宗主国引入的外来教育模式使得这种贵族化的教育结构变得更加根深蒂固,教育与平民大众的生活、需求和抱负毫不相干,特别是丝毫不顾及占印度人口绝大多数的农民群众的利益和需要。所有这些,都人为地扩大了阶级的鸿沟,致使社会弊端百出。为从根本上改变这种状况,必须从改革现行教育制度入手,变贵族化的教育结构为大众化的教育结构。目的是为了消除存在于有闲阶级和劳动阶级之间令人憎恶的差别,建设一个没有剥削、人人平等的社会。在这个社会里,人人享有均等的教育机会,人人有文化,在社会上是一个可靠而能负责的公民,在经济上是一个摆脱了一切形式剥削的生产者。

甘地从印度的国情出发,相信善良美好的生活应当是尽量不依赖机器的,远离华而不实的城市商品的,接近土地的生活。因此,印度的教育模式必须从根本上有别于西方教育模式。在他看来,西方教育模式其实质就是鼓励强者凭借大机器的力量和优势用暴力剥夺弱者的生计。与此相反,印度的教育模式将不是建立在工业化基础之上,它摒弃那种以强凌弱的暴力行为和观念,而借助传统的手工生产活动这种非暴力形式来组织全部教育活动,在印度实现一场"静悄悄的社会革命"。

甘地认为,设计这种以手工劳动为中心的教育制度,其目的在于排除那种把理论与实践、知与行、学与做、劳与逸对立起来的二元论,引进一套民主自由的社会制度,最终摆脱印度对西方的政治和经济依附。它的理论基础是以非暴力对抗暴力,以合作对抗竞争,以社会服务对抗剥削。从这一社会政治观点出发,甘地提出了自己的教育改革设想:

(a) 人必须通过他的手才能使自己的头脑受到教育;

(b) 教育必须更好地结合本地的自然和社会环境;

(c) 教育要联系学生的实际生活,能满足儿童爱动好问和探索环境的心理

要求;

(d) 手工劳动作为一种有益的社会活动,应当成为学校教育的一个重要组成部分。它是培养儿童成为有益于社会的人的有效途径。着眼于经济观点,手工劳动的收入可以移作全部教育经费,减轻社会负担,实现教育自给;

(e) 学校的课程设置应当与本地居民普遍从事的那种手工劳动相配合。必须注意方法,勿使这种配合变成教育加上手工劳动,而是要使教育溶化于手工劳动之中并通过手工劳动去进行。

甘地的教育哲学是在印度特定的历史条件下产生的,它反映了二十世纪初科学民主新思潮和正统的印度教思想和行动方式的结合。在当时,它对于动员工农基本群众参加反帝民族运动发挥过积极的作用。它使独立后的印度政府认识到,印度的问题是农民的问题,印度的出路在于农村的重建与改造。但是,甘地主义毕竟是属于旧式的资产阶级民族民主革命的范畴。它主张用和平改良的手段去推动印度社会的进步,用消极斗争的方式去改善工农大众包括自身所代表的那个阶级的生存和发展的条件,甚至徒劳地以落后的小生产去对抗资本主义大工业,它和它所反映的教育哲学其历史局限性是十分明显的。

(2) 基础教育运动

基础教育运动是根据甘地的教育哲学在印度发展起来的一场具有广泛社会意义的民族教育运动。这场运动形成于三十年代后期,四十年代和五十年代达到高潮,六十年代趋向低落。即便如此,基础教育运动的原则对于现今印度的教育仍有着深远的影响。"当代印度出现的教育改革的议论和计划,在某种程度上可以认为是基础教育运动的原则在新的历史条件下的调整和更新,而不是最终取而代之。"①

基础教育运动是在二十世纪初印度民族运动的推动和影响下酝酿起来的。1904年,殖民地总督寇松颁布分裂孟加拉省的法令,引起印度各阶层群众的强烈不满,成为导致殖民地民族运动兴起的直接原因。随着运动的深入,出现了抵制英货的斗争,工农运动也随之高涨。这场运动在教育上表现为要求改革现行教育制度,建立民族学校,由印度人自己管理教育。学校教育必须尊重印度人民的民族感情,保护和发扬民族语言、传统和文化。在孟加拉省和全国其他

---

① [美]M·E·辛莱克等:《第三世界的学校和社会》,1980年英文版,第61页。
M. E. Sinclair, *School and Community in the third World*, London: Croom Helm, 1980, p. 61.——编校者

一些地方,知识界第一次被卷入了政治风潮。

1918—1922年,甘地号召的"不合作运动"把殖民地民族运动进一步引向深入,在全国城乡得到广泛的响应:政府机关中的印度雇员纷纷放弃公职以示抗议;各界群众继续开展抵制英货和抗税斗争;学生大批离开英国人办的学校。各地在抵制英国学校的同时纷纷成立具有民族特色的国民学校。在这些学校里,包括印地语在内的传统的民族文化和手工活动取代了英语和英语课程的地位。二十年代的国民教育运动为三十年代的基础教育运动作了必要的思想和组织准备。

三十年代中期,甘地在他主办的《贱民》杂志上连续撰文,系统阐述和宣传他的以手工劳动为中心的教育改革思想,在群众中得到了广泛的传播。1937年10月,在华达召开了全印国民教育大会,讨论并制定了新的国民基础教育计划。会议确认,现行教育制度完全不适合印度国情,损害了印度人民的民族感情,强调必须重新为印度儿童设计一种建设性的、合乎人道的、和印度人民的天才相协调的教育制度。新教育必须培养儿童运用双手和智力达到某种创造目的的能力,使儿童所获得的知识更具体更切实际,并把在学校环境中所形成的观点和态度转移到广大的世界中去,使未来的公民具有个人价值、尊严和效率,加强他们在合作的社会中自求改进和献身社会服务的愿望。

会议认可并采纳了甘地为国大党拟定的四条教育原则:(a)在全国范围内实施14岁以下男女儿童的七年制免费义务教育;(b)学校教学语言必须采纳本国语;(c)教育必须以手工劳动和生产性工作为中心,其他一切活动必须和儿童的环境及其自选的基本手工劳动密切联系;(d)学校实现完全的经济自给。

大会工作委员会根据上述原则,决定在全国有组织地推行基础教育的试验,普遍创设基础学校以区别于普通学校。委员会建议为基础学校开设以下课程:基础手工艺,包括纺织、木工、果蔬栽培、农业、制革和其他适合本地区条件的富有教育意义的工作;纺织和梳毛入门知识;乡土语言;数学;社会研究,包括印度史概论、社会地理环境、公民生活训练等;普通科学;美术;印地语。

华达会议后,基础教育运动在全国开展得十分活跃。马德拉斯、比哈尔、孟买、奥里萨、中央省和联合省在地方政府资助下成立了许多基础教育实验学校和师资训练中心。查谟—克什米尔等土邦也创设了类似的基础教育机构。迄止1944年,全国共创办了269所实验学校,其中包括8所师资和干部训练中心。

为了进一步协调各地的基础教育运动,制定未来的发展计划以适应战后的形势,在甘地的倡议下,1945年1月在萨瓦格拉姆召开全印国民教育工作者会议。会议接受甘地的倡议，决定将基础教育从初等教育扩展到终身教育的范畴。整个教育体制划分为成人教育、前基础教育、基础教育和后基础教育四个阶段。

成人教育又称面向父母和面向社会的教育。其领域包括扫盲、卫生与健康、妇女地位、家庭关系、公民义务、手工劳动和正当的休闲活动。

前基础教育的对象为7岁以下的儿童。其内容包括养育、卫生习惯、说话、儿童文学、音乐和节奏、自助能力、手工和其他有教育意义的创造性活动、社会生活训练、数学概念、科学精神和自然研究的发展等。这一阶段的教育将由学校、家庭和村社共同组织实施，加强和成人教育的联系，使儿童尽早接触成人生活和工作环境，作好入学前的准备。

基础教育的对象是7—14岁的儿童。整个教育计划应围绕下列活动来进行：个人和社会的正常生活所必需的基本知识、行为观念和技能技巧；未来公民生活训练，包括历史、地理、公民义务、社会学和经济学基础；能够满足个人衣食住所需的自立能力；有选择地掌握一种基本的手工技艺，包括农事、园艺、纺织、木工、房屋修建等；普通科学和数学。

后基础教育的对象是15—18岁的青少年。这个阶段教育计划的要点包括：学校教育必须通过学生的活动来组织。可供选择的课程包括农业、医药、工程、机械、商业会计、美术、电工、师范、新闻写作、印刷、家政、冶金和其他工业知识。

按照甘地的设想，改组后的基础教育比以往更加强调办学必须联系具体的生活环境和生产环境，要求通过劳动实践和社会服务促进教育与社会的一体化，满足印度传统的农业社会的需求。1945年，这项综合性的教育试验在萨瓦格拉姆基础教育中心付诸实施[①]，来自全国各地区不同语言、民族、种姓和教派的儿童和成人男女、学生和教师、工人和农民聚集到一处，组成了一个合作自助的完全平等的地方社区性团体。在这个团体中，教育被设计成社区生活和发展中心，它不仅是一种新的教育方式，而且表现为一种新的生活方式，即为建立一个基于合作和平等的社会而工作。

3. 独立后的印度教育

（1）教育行政和学校制度

印度于1947年获得独立。1950年实施的宪法规定，"印度的教育继续主要

---

① 该中心根据国大党1938年哈里普拉会议的决议建立。这里原是一个拥有三十多个村庄的乡村群落，地处华达附近。

由各个邦负责"。从独立到现在,印度的教育行政分为五级,即中央教育行政;邦一级教育行政;地方级教育行政;私人兴学或民间团体办教育的自主行政级和各级各类学校的教育行政级。最基本的是中央和邦这两级教育行政。各邦有权制定自己的教育政策,中央政府制定国家教育政策的机构基本上只是行使教育咨询和协调地方各级教育发展的职能,直接的行政管理职责交邦政府执行。

独立初期,印度的学校制度大体上参照印度教育发展中央指导委员会的报告书中提出的战后学制蓝图设计的。由于各邦在社会经济、自然条件和文化环境方面差异较大,学校制度也各不相同。从全国范围看,学校教育制度一般分为三级:

第一级基础教育,包括五年小学、三年初中,采取"共同科目制"的课程设置;第二级中等教育,包括三年高中或四年含中间学校课程的高中。课程设置采取选科制,即以一般学科、社会、手工和体育课为核心,从人文、理科、农业、商业、家政、美术和技术科目中选择两科或更多科目,实行这种选科制的高中又称"多科目的高中";第三级高等教育,包括大学、多科性技术学院和各类专业学院。修业年限一般为四年。另外在一些邦还存在一种平行的学校系统,即初等基础学校五年和高等基础学校三年(相当于第一级教育),后基础学校五年(相当于第二级教育)。

六十年代中期,新成立的全国教育委员会认为,教育上最重要最紧迫的改革是尽量与人民的生活、需要和愿望联系起来,使之成为改造社会、经济、文化和实现国家目标的工具。为此,委员会提出"五点计划"作为各级教育行政和学校管理的基本方针政策:一是教育应与生产发展相适应;二是要通过教育促进社会和民族的融洽;三是通过教育来巩固印度的民主制度;四是通过教育提高社会道德水平;五是通过教育促进印度现代化。

根据上述五点计划,1968年印度政府制定了一个新的学制改革计划,组成全国统一的"十二三"学制:即基础教育从八年延长到十年,高中由三年压缩为二年。原来从九年级开始选科改为从十一年级选科,扩大选修科门类。选科分为两大类:一类是普通学术性教育科目,一类是职业教育科目。这两年课程,对一些学生来说是结业性和职业性的,而对另一些学生来说则是大学的预科课程,实行半职业半准备教育。学生完成十年学业后举行一次考试,完成二年学业后再举行一次中间考试。完成三年学位课程后即可获硕士学位。

新学制一方面延长了普通教育的年限,相应推迟了选科开始的年限,避免了早期专业化教育;另一方面,由于扩大了选科的门类,同时采取了更加灵活的规定,允许学生按本人意愿在学术科目和职业科目之间转换,从而在不降低应有的基础知识质量的前提下,培养了他们的职业兴趣,有利于学生发展各种能力。1978年7月,印度政府宣布,全国26个邦和中央直辖区向新学制过渡,计划在1985年前在全国普遍实行。

(2) 国民教育

印度宪法规定,公民在受教育方面一律平等。独立后,印度在发展国民教育方面面临巨大的任务。根据1951年人口调查材料,在全国36,000万人口中只有6,000万人(占总人口比例的16.6%)能够用某种语言阅读和书写,其中受过中等教育的达不足100万人。这种情况严重阻碍了社会经济的发展和人民生活水平的提高。为使国家尽快摆脱贫困和愚昧,印度从中央到地方的各级政府进行了长期不懈的努力。

印度政府认为,国民教育的普及和国家生活民主化是密不可分的。独立后,印度特别注意发展低种姓阶层和落后部落民族的文化教育设施。印度是一个多民族国家,语言构成十分复杂,全国共有包括部落语言在内的723种语言和方言。在殖民地时期,英语是官方认可的唯一语言,乡土语言只能在家族和部族内部使用,始终被排除在社会、经济和科学发展之外。鉴于这种情况,印度政府采取了保护民族语言的文教政策,在各级学校提倡采用地方语言教学,印地语被定为全国通用语言。同时,政府还采取保留学额、增加教育经费、免费提供学习用品等措施,为文化落后地区的男女儿童创造入学机会,取得了一定成效。

印度政府在扩充初等学校网的同时,近年来还十分注意对已有学校网的整顿,提高初等教育的质量。五十年代,印度政府根据中央教育咨询委员会的建议,确定将甘地倡导的基础教育作为发展国民教育的基本模式,制定了在基础教育的轨道上改造现有小学的计划,强调把生产性的、有教育意义、有益于社会的活动置于学校工作的重要地位上。在印度各邦中,北方邦率先实现了初等学校基础教育化。全国除北方邦以外的地方初等基础学校从1950—1951学年的1400所增加到1963—1964学年的30,908所;高等基础学校从1950—1951学年的383所增加到1963—1964学年的17,036所。基础教育师资训练机构也有相应的发展。"据1966年统计,基础学校已占全国小学的37%。"①

六十年代中,基础教育面临着日益严重的困难:教育资金短缺;组织管理不善;受过专门训练的师资不足,经济效益低以及市场的有力竞争,导致基础学校在普通文化教育方面知识水平普遍低于普通小学。1966年,印度政府在宣布执行第四个五年计划的正式文件中放弃了基础教育作为国民教育基本模式的提法,重点转向运用现代科学技术去促进国家的发展。为此,中央教育咨询委员会提出印度普通学校的课程设置将以语言、人文科学和社会科学;数学和自然科学;工作实践和社会服务为基础。值得重视的是,委员会将"工作实践"和"社会服务"列入课程计划,重视维系学校和社会之间的纽带。这表明,在今天的印度,基础教育的原则仍然没有失去其意义。

在发展国民教育的过程中,印度政府还重视将国民教育普及与社会发展的各项具体目标密切联系。除了大力普及学龄儿童的义务教育外,印度政府还有计划地在15—55岁的人口中开展扫盲工作并把它看作国民教育的重要组成部分。六十年代,印度政府在全国农村地区开展名为"绿色革命"的社会发展运动,扫盲被列为包括农业生产在内的农村发展计划中的重要项目。七十年代,扫盲的概念进一步扩大,把人们为适应环境的需要所进行的活动也包括在内,重点放在社会文化方面,即把适应社会生活的功能作为扫盲的一个重要指标。政府计划到1990年全部扫除15—55岁人口中的文盲并对其中没有职业的人进行必要的技术训练。

(3) 高等教育

印度独立后,高等教育有了显著发展。1948年成立的大学教育委员会强调指出,大学不但要培养政治和管理方面的人才,而且要培养包括工商业在内的各种专门技术人才,特别是适合农村地区发展的各类专业人才。"多年来印度政府在这方面倾注了大量的人力物力,学生入学人数从1947—1948学年的228,881人增加到1979—1980学年的2,648,579人,增长11.5倍。高等教育机构从1947—1948学年的16所大学和591所学院增加到1979—1980学年的

---

① 参见M·E·辛莱克等:《第三世界的学校和社会》,1980年英文版,第54页;W·F·康乃尔:《二十世纪世界教育史》,1980年英文版,第400页。
W. E. Sinclair, *School and Community in the Third world*, London: Croom Helm, 1980, pp. 54, W. F. Connell, *A History of Education in the Twentieth century world*, New York: Teachers College Press, 1980, p. 400. ——编校者

108所大学、11所相当大学的机构、9所全国性教学机构和4,500所学院。"①六十年代末至七十年代是印度高等教育大发展时期,其规模和速度都是印度历史上前所未有的。

印度高等教育一个最引人注目的特点是高等教育的多样化趋势。这是为了适应六十年代以来由于高等学校入学机会的扩大,国民经济对各类专业人才日益增长的需要。

印度高等教育的体制是大学、大学研究院以及各类本科学院。主体仍是大学和学院。大学按不同类型可分为:根据中央立法设立、由中央政府拨款和领导的中央大学,如德里大学、阿利加尔穆斯林大学、贝拿勒斯印度大学等;根据邦立法设立、由邦政府拨款和领导的邦立大学;相当于大学的机构(这类机构虽不属于法定的大学,但由于它们在某些选定的专业方面,如农村建设、社会工作、一体化教育等方面很有特色,被承认为相当于大学的机构,享有和大学同等的地位);专事农牧业科学领域的教学、研究和推广的农业大学以及从事高级专业训练的全国性教学机构。

高等教育民主化是印度政府极为重视的一个问题。为了逐步实现教育机会均等,政府有选择地发展一些具有全国意义和广泛社会联系的教育领域,特别是鼓励大学为社会上的贫困阶层建立专门的辅导和训练中心,要求大学拨款委员会和各大学相应的计划中包括两个发展贱民种姓和贱民部落的专门分计划,并使高等教育与就业计划和社区发展目标趋向调和。

六十年代末,印度着手进行教育体制改革。如何根据新学制进行大学课程改革也是政府非常重视的一个问题。根据新学制,将对每一个大学生按"基础课程"、"核心计划"、"应用研究(项目)"和"推广计划"四个方面衡量学业。

"基础课程"目的是在人文科学、社会科学和自然科学领域提供广泛的基础知识,以扩大学生对社会、文化和自然环境的了解。"基础课程"开设有"印度历史与文化"、"印度社会和经济生活"、"发展的概念和过程"、"不同的价值观体系和社会"、"亚洲文化"(选一些国家)、"甘地思想"、"科学与社会历史"、"科学方法"、"日常生活中的科学",等等。学校可以根据师资条件和应地方需要选开有关的课程。学生不仅可以选本系的也可以选外系的规定数目的选修课程。"基础课程"与"应用研究"、"推广计划"合在一起约占三年学习时间的20%至

---

① 杭州大学高等教育研究室编译:《高教研究丛刊》(一)《亚洲和太平洋地区的高等教育专辑》,杭州大学高等教育研究室1982年版,第34页。

25%。剩下的75%至80%的时间用在各系的"核心计划"上。

所谓"核心计划",是向学生广泛展示若干学科并让其深入学习所选的一门或几门学科。至于学习中几门学科是否并重或是深入学习一、二门,同时再学一些副修科目,可由校方决定。但应避免在大学阶段使学生太专门化的做法。

"应用研究"和现场研究可作为核心计划的一个组成部分。目的不在于使学生成为所选应用领域的内行,而是使学生了解所学学科实际应用的可能性和学科实际的方面,从而有利于改善学生的就业机会。开设应用性课程,大学可以得到工业、商业部门和国家实验室等方面的协助,并使这些课程和专业人才的需要联系起来。

"推广计划"也是作为使课程与学习切合社会需要的一种方式,旨在解决当地或本地区存在的一些问题。

在大学干预社会生活,为国家和社区发展作出贡献方面,甘地曾经提出的将社会服务作为教育的一部分的思想在今天的印度正在重新被强调。

1969—1970年间,印度发起了一个高等学校参加社区服务和发展工作的运动,名为"国家服务规划"。这个规划有两个相互交叉的目标——教育的和发展的。教育的目标旨在使青年理解自己肩负的社会责任,确立为群众服务的观点;获得大量知识,取得有关集体生活与工作的经验并以此补充自己学业上的成就;掌握计划、组织和实施工作方案的技能;有机会和社区群众接触和交流思想。发展的目标包括青年直接参加国家建设和为社区创造财富。

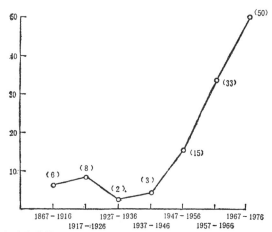

印度历年新建大学数

[美]S·H·鲁道夫等:《印度的教育和政治》,1972年英文版,第26页。
S. H. Rudolph, Education and Politics in India: Study in Organization, Society and Policy, Canb. Mass: Harvard Uni. Press, 1972. p.26. ——编校者

"国家服务规划"的项目因地因时置宜,灵活多样。如1972—1973年度组织的"抢救饥馑洪水之灾的青年运动",1974年"反污染、反疾病的青年运动"和"植树造林青年运动",1976年以后的"改造农村运动"和1978年有大批学生青年参加的"成人教育的国家规划"等。这些运动使社区发展和学生双方面直接受益,因而受到社会和学校的普遍欢迎。据统计,"1969年全国38所大学中有四万多名学生参加这项规划。七十年代后半期,全国已有117所大学和学院逾四十万人参与这项规划的实施"①。这种"通过服务的教育"已成为国家服务规划附加在高等教育制度上的一个重要方面。

三、坦桑尼亚

1. 殖民地坦噶尼喀的教育

坦噶尼喀位于东非,濒临印度洋。十九世纪中叶起,英、德等殖民势力相继侵入。1885年坦噶尼喀沦为德国殖民地。1920年国联委托英国对其进行"管理"。1946年改为托管地,直至1961年独立。

坦噶尼喀是一个以农业经济为主的多部落社会,其社会结构、语言宗教各不相同。社会阶层则因种族不同而异。欧洲人基本上控制了政府各部门的高级职务和私人经济成份,亚洲人居中,非洲人则处于最劣等的地位。

历史上,坦噶尼喀曾与外来穆斯林文化有过接触,同时又保持着部落文化的多样性。在这种环境下滋生的乡土教育是同家庭、农村和部落社会结为一体的。传统的可兰经学校、丛林学校和露天学校主要对儿童进行生活的教育。

随着西方传教士的大批到来,教会学校开始在坦噶尼喀东部沿海地区出现并逐步向内地农村地区扩展。1895年,世俗的学校教育第一次被列入政府财政预算。十九世纪末二十世纪初,公立学校开始发展。第一次世界大战前夕,"共有公立学校99所,教会学校1 852所,在校学生分别达到6,100人和155,287人"②。这些学校只提供大致相当于初等学校的教育,乡土教育大部分则由教派团体所控制。

第一次世界大战后,非洲大陆出现了一个以争取民族独立、实现民族自治为主要内容的现代民族主义运动。1919年2月召开的第一届泛非大会,把种族

---

① [印度]L·R·沙:《国家服务规划》,载《外国教育资料》1979年第2期,第11—16页。
② [坦桑尼亚]I·S·库尔茨:《非洲的教育:坦桑尼亚的社会革命》,1972年英文版,第22页。
L. S. Kurtz, *An African Education: the social revolution in Tanzania*, Brooklyn, N. Y.: Pageant-Poseidon, 1972, p. 22. ——编校者

的绝对平等——人身平等、政治平等和社会平等作为宣传的宗旨,要求给予非洲人以自由和平等的权利。

为了缓和非洲大陆日益高涨的民族主义情绪,英国殖民当局抛出所谓"间接统治"的方案,鼓吹殖民地各种政治力量的合作,特别是在教育上扩大与当地非洲人的"合作"。二十年代初,美国费普斯-斯托克斯基金会(Phelps-Stokes Fund)发起组织的一个由英、美教育界人士参加的特别委员会,对撒哈拉以南非洲地区的教育历史和现状进行调查。1922年和1925年发表的委员会书面报告确认,必须重视对非洲当地居民的教育,而这种教育应当尽可能地适合非洲的社会、人文和自然地理环境。1925年,新成立的英国殖民地非洲教育咨询委员会发表了关于英国在东非的教育政策白皮书,宣称英国的教育政策旨在使当地居民适应生活环境,促进社区经济的发展,在非洲人当中造就一批精明能干、有献身公共服务精神的社会中坚分子。这种政策在当时仅仅是一种政治宣传,具有很大的虚伪性。

坦噶尼喀的教育行政管理分为中央和地方两级。教育部是政府主要决策机构,地方教育委员会则协助地方教育行政部门具体贯彻执行法律规定的条文和教育部指令。教育部及其所属机构的主要职能是对学校的法定标准予以检定立案。公立学校由中央和地方当局管理。民办学校,包括接受国库补贴符合法定标准的学校以及象丛林学校那样的经费自筹学校,主要由基督教传教团体管理。

教育结构和受教育机会因种族不同而异。欧洲人和亚洲人(主要是印度人)有各自按"六六"制设置的学校系统(小学中学各六年),其办学标准普遍高于非洲人的学校。中学教育是纯学术性的。1952年起又实施了面对非洲人的"四四四"学制(小学、初中、高中各四年),重点是发展中等学校教育。

小学教育在于培养基本的读写能力,并对学生进行公民教育。初中具有双重职能,对大部分学生来说是以就业为目标的终结性教育,对少数学生来说是为进入高中和各种职业学校的预备教育,课程设置除传统科目外,还开设了与职业相关的侧重实践的课程,以适应各地需要。但是由于殖民地社会存在着种族和等级差别,教育制度本身所体现的价值观念又是鼓励青年出人头地的,所以,试图增设更多的实践课(特别是初中)以改变课程结构的措施收效甚微。至于高中所提供的教育基本上是学术性的,修完十年课程通过一次考试,合格者可获得进一步技术培训或谋取一般的职业。修完十二年课程的学生可获准参加校外学位证书考试,从而取得进一步深造的机会和待遇优厚的白领职位。

独立前,由于贫困,非洲人很少有机会享受各级学校教育。"1956年,估计只有39.1%的小学学龄儿童上学。在小学毕业生的总数中,只有13.7%上初中一年级,2.1%上高中一年级。在这些小学毕业生中,只有8.4%修完初中课程,只有0.23%(即435人中有1人)修完高中课程。"① 1947年至1959年,尽管教育已有所改进,但是各级学校的退学人数还是相当可观的。

2. 坦桑尼亚的教育改革

(1) 乌贾玛主义

1964年,坦桑尼亚联合共和国成立。1967年1月,执政的坦噶尼喀非洲民族联盟在阿鲁沙举行了全国执行委员会会议。会议通过了坦桑尼亚总统朱利叶斯·尼雷尔起草的大会宣言,即著名的阿鲁沙宣言,宣布了自力更生开发国家,建设非洲式的社会主义的政治纲领。

尼雷尔将"非洲式的社会主义"理解为人类大家庭的基本价值观念,即以村社结构和合作互助为基础的非洲传统的大家庭"乌贾玛"②所体现的价值观念。

尼雷尔指出,每个国家的人民必须根据本国具体的历史条件制定自己的社会主义模式。现代非洲的社会主义可以而且应该从传统的价值观念出发去奠定自己的理论基础。尼雷尔认为,坦桑尼亚的社会主义在未成为一种政治选择之前,首先是作为一种传统的生活方式存在的,继而成为一种处世的思想方式和态度,而在当今则被当作重新组织和改造当代非洲生活的社会模式。建设非洲式的社会主义社会的理想要求实现社会成员的平等、自由和统一这三者的有机结合。

平等是先决条件,因为只有在这个基础上才能合作共事;同时必须有自由,因为个人如果不能为自身服务,就不可能为社会服务;还应当有统一,因为只有当社会达到统一的时候,其成员才能和平、安宁和幸福地生活和劳动。因此,社会主义要求有一种广泛的民主气氛,即个人之间的平等以及他们对社会组织的积极参与,而作为社会基本单位的大家庭正可以提供这样一种气氛。

"乌贾玛"作为社会革命的模式,努力追求并实现着下列目标:

(a) 自力更生:坦桑尼亚的发展要立足于自己的力量,不抄袭外来模式,但这并不意味着盲目排外。

---

① [美]卡扎米亚斯、马西亚拉斯合著,福建师范大学教育系等译:《教育的传统与变革》,文化教育出版社1981年版,第165页。
② 乌贾玛(Ujamaa),斯瓦希利语,意为家庭气氛。

（b）人际关系：社会主义的基本目的是人。而人与人之间是绝对平等的。即作为个人他享有自由发展人格的平等权利，享有为社会服务的平等机会，享有人的尊严并受到尊重。

（3）经济效率：每一个有劳动能力的人必须从事劳动，人人既是消费者又是生产者。

（4）公民义务：实现人类和社会正义。

坦桑尼亚政府认为，上述目标在很大程度上是一个教育的问题。殖民当局所提供的教育并不是为殖民地人民自己的国家服务设计的。而只是希望把殖民社会的价值观念灌输给他们，并训练他们为殖民政府服务。

1967年，尼雷尔作了题为《为自力更生服务的教育》的报告，列举了旧学校的如下弊病：

（1）教育结构是象牙塔式的，只对少数人有利；

（2）旧的教育制度使人们脱离农村和社会，把学生培养成"黑皮肤的欧洲人"；

（3）旧学校的学生只知道从书本受教育，正规教育成为衡量道德优劣和事业成败的标准；

（4）正规教育作为纯消费事业与社会经济发展无缘。

坦桑尼亚政府认为，改革现行教育制度就是按照"乌贾玛"主义的原则，把教育发展问题放到整个社会、政治和经济发展活动的背景下考虑。坦桑尼亚教育的根本出路在于教育的社区化和生产化，教育必须同时具有社会性和职业性的双重职能。这样的教育必将对经济的发展和社会的进步作出建设性的贡献。

（2）社区教育的发展

独立后，坦桑尼亚政府宣布动员全国的力量，向贫穷、疾病、愚昧三大敌人开战，通过国有化和合作化建立民族经济，提高人民的生活水平，实现国家生活民主化。

为了克服殖民化影响，政府十分重视教育的作用，把教育作为经济发展的关键和社会进步的过程。独立初期，政府把教育的"非洲化"和执行高水平的人力计划作为发展的重点之一，以便完全摆脱对政府部门和技术部门外籍留用人员的依赖。

阿鲁沙会议后，坦桑尼亚政府认识到，发展教育如果不从全国95％的人口居住在农村这个基本事实出发，把国家的社会、政治和经济活动有效地结合起来，建立以农村社区发展为目标的一体化国民教育体制，国家预期的发展目标是难以实现的。坦桑尼亚只能在传统的社会和经济结构中吸收现代技术。为此，政府决定在全国范围内实现教育重心转移，把注意力集中到落后的农村，有计划、有步骤地推广教育社区化实验，借以促进农村经济的转变。

坦盟全国执行委员会1974年穆索玛会议专门讨论了通过社区化普及初等教育的问题。会议将阿鲁沙宣言中包含的自力更生的教育方针进一步具体化并推入了全国实施的阶段，其核心就是发展社区学校教育，即将初等教育逐步纳入农村社区教育的轨道，发展社区内的成人教育，使之成为"乌贾玛"村社改革运动的一部分。

坦桑尼亚是一个以传统的小农经济为主的封闭的部落社会，许多部落甚至尚未进入货币经济社会。不少农家远离水源、公路和村庄，这使政府在从事农村发展项目，帮助农民提高卫生、教育和生活水平方面遇到了困难。政府认为，这种落后的社会和经济结构构成了国家发展的主要障碍。为了改变农村的面貌，政府通过说服，鼓励原来分散的农家和农民聚集到一起，组成较大的具有家庭友爱气氛的政治、社会和经济单位"乌贾玛"合作村。"据1977年1月统计，占坦桑尼亚总人口87％的1,300万农村人口已搬进了7,684个这样的村庄。"①

在"乌贾玛"村，学校作为所在社区的机关直接介入社区的生活，成为整个社区教育的中心。学校委员会是经学生、教师和学生家长民主选举产生的，主要职能是促进学校与社区的充分结合。社区可以从利用学校的各种设备中直接受益；同时学生也会从社区学到实际的知识和技能，社区的公共设施也会给学校提供方便。

学校从教学大纲的制定到日常教学活动的组织必须考虑和适应社区发展的需要，尽可能地结合社区的农业生产活动进行。学校附设的农场既是生产基地和教学基地，又是现代化农业技术的实验基地。学生实行半农半读，一面学习农业新技术，一面直接参加农业生产和管理，经济上实现部分自给。学校的基本目的是使年轻一代准备过乌贾玛村的生活，把他们培养成自己社区的劳动者。

坦桑尼亚通过村社化创办社区学校的尝试收到了积极的效果。"1980年，全国已有小学9,923所，比1962年增加了6,500所。在校学生数已达320万

---

① Edmund J·金等：《教育的不确定性》，1979年英文版，第155页。
Edmund J. King, *Education for Uncertainty*, London: Sage, 1979. p.155. ——编校者

人,等于1962年在校学生的五倍。"①1981年,坦桑尼亚的多多马和辛吉达地区已经实现了变现有初等学校为社区学校的教育革新。迄止1982年,全国其余18个地区也相继推行了这项计划,预计到本世纪末,全国所有的初等学校都将转变成新型的社区学校。

成人教育是社区活动的重要组成部分。坦桑尼亚政府认为,成人教育直接关系到现阶段国家的发展,见效快,收益大。在坦桑尼亚,成人教育包括了扫盲、函授课程、职业教育和工人教育。1967年以来,国家在上述各个领域都取得了进展,其中以扫盲所取得的成就最为显著。为使扫盲运动更有成效,国家成人教育研究所与教育部合作发起了如"选择在于你"(1970)、"身体健康"(1973)、"粮食是生命"(1975)、"锄头即财富"(1976)等各种有主题意义的活动,吸引和动员成人参加社区识字班。1970年以来,成人识字班在全面迅速普及,尼雷尔总统把这一年定为成人教育年,号召每个国民都努力学习新知识并把所学知识教他人,为社区发展和国家的经济繁荣作出贡献。

坦桑尼亚的成人识字班有统一的课本和教材。除了课堂讲授,还通过广播、电影、报纸、函授等手段传播知识。成人识字班讲授的课程包括政治、地理、历史、文化艺术、耕作技术、烹调、裁缝、妇幼保健、卫生常识、兽医、基建等内容,有时还采用边讲授边操作的方法教学。为了配合成人教育运动,电台和电视台每周播放成人教育节目。国家在一些地区另设有多所地区农村训练中心和地方发展学院,在更高层次上推进成人教育的开展。

成人教育的发展使全国文盲率持续下降。1975年全国扫除文盲520万人。"文盲率从1967年的67%下降到1975年的39%。"②另据1977年的统计,坦桑尼亚全国的扫盲率已达66%,成为非洲地区文盲率最低的国家之一。目前,坦桑尼亚政府正准备采取进一步措施,争取到1990年把文盲率降至5%,重点放到提高成人职业技术水平方面。

(3)学校制度

早在1960年春,坦噶尼喀教育一体化委员会发表的报告中就提到,根据入学政策,特别是中学的入学政策方面所出现的不平等现象,建议扩大中等学校的教育,使非洲人有更多的入学机会。报告引起了非洲政界人士的广泛关注。

---

① 坦桑尼亚联合共和国国民教育部的国家报告:《坦桑尼亚联合共和国教育的新发展》(1978—1980),原载北京师范大学外国教育研究所编《十一国教育发展近况》,北京师范大学外国教研所1982年版,第258页。
② 《坦桑尼亚的成人教育》,载《外国教育》1981年第3期,第46页。

坦噶尼喀独立后,政府立即宣布废除在教育政策上的一切种族歧视的规定,建立主要面向非洲居民的统一的国家教育制度。

坦桑尼亚的现行学制是根据1969年颁布的教育法令确立的。法令规定,初等教育是义务教育,为期七年(初小四年,高小三年)。考虑到小学生离校时年龄尚小,先论对于经济自立和社区农业都是不相适应的,因此决定把小学入学年龄放宽至7—16岁,以适应政府关于"小学必须为生活而不是为学术培养学生"的要求。小学阶段毕业举行一次毕业考试。

中等教育分为四年制普通水平的中等教育和两年制高等水平的中等教育。学生修完四年普通中学的课程,经中等教育证书考试合格者,或从事师范教育和其他专业教育,或再上两年高中,以准备大学入学考试,余者就业。1974年穆索玛会议通过决议,强调为中等教育开辟更大的天地,使中学阶段的教育为完成教育,改变中学毕业生经过考试直接上大学的规定,所有中学毕业生都必须先到基层工作两年,然后根据表现和国家需要,由坦盟地方组织推荐他们上大学。

坦桑尼亚的高等教育创建于1961年。达累斯萨拉姆大学是全国最高学府,学习年限取决于所在专业,三至五年不等。在国民教育部管辖范围外,还设有其他一些中学后专业学校和职业学校。坦桑尼亚政府认为,在本国具体环境下,高等学校也不可能孤立于社区之外。高等学校除为社会培养高级人才以外,同样要对国家社会和经济的发展作出积极贡献。

赵祥麟著述目录

(一) 著作

序号	书名	出版社	出版时间	备注
1	公民	中书局出版	民国23年(1934)	
2	现代西方资产阶级教育思想流派论著选(译著)	人民教育出版社	1980年	【美】霍德华·奥兹蒙(Howard Ozmon)《现代教育评论》和约翰·保罗·斯特兰(John Paul Strain)《近代教育哲学文选》
3	杜威教育论著选(译著)	华东师范大学出版社	1981年	本书主要包括杜威(John Dewey)从1897年到1952年的24本(篇)主要论著
4	西方古代教育论著选(译著)	人民教育出版社	1985年	本书选取从苏格拉底到培根为止西方古代和中世纪最著名的哲学家、教育家的代表作
5	外国现代教育史	华东师范大学出版社	1986年	
6	杜威学校(译著)	华东师范大学出版社	1991年	【美】凯瑟琳·坎普·梅休(Katherine Camp Mayhew)和安娜·坎普·爱德华兹(Anna Camp Edwards)
7	外国教育家评传(三卷本)	上海教育出版社	1992年	
8	学校与社会·明日之学校(译著)	人民教育出版社	1994年	[美]杜威(John Dewey)著
9	外国教育家评传:精选本	上海教育出版社	2000年	赵祥麟主编;朱永新选编
10	西方现代教育论著选	人民教育出版社	2001年	王承绪;赵祥麟编译
11	外国教育家评传(四卷本)	上海教育出版社	2002年	

续表

序号	书名	出版社	出版时间	备注
12	杜威教育名篇（译著）	教育科学出版社	2006年	单中惠主编；赵祥麟；王承绪编译
13	杜威学校（译著）	教育科学出版社	2007年	单中惠主编；赵祥麟等译

（二）论文

序号	篇名	刊名	卷（期）	发表时间	备注
1	谈谈求学问题	江苏省立南通中学校刊	10月	1933年	
2	关于非常时期教育之意见及方案：非常时期中学生训练的根本问题	江苏教育	第1—2期	1936年	
3	三民主义的社会理想与教育	教与学	第12期	1938年	
4	青年运动的过去现在与未来	新政治	第1期	1939年	
5	中国应统一于什么	民意周刊（汉口）	第10期	1939年	
6	教育行政：回忆在宁中	服务月刊	第1期	1940年	
7	教育机会均等与奖学金问题	教与学	第12期	1940年	
8	现代教育行政的概念	新认识	第6期	1943年	
9	人的建设及其基本问题	三民主义半月刊	第2期	1943年	
10	美国人眼光中的中国	前锋（上海）	第2—4期	1947年	
11	杜威职业教育观点的批判	华东师范大学学报（人文科学版）	第2期	1957年	
12	教育哲学（译文）	现代外国哲学社会科学（文摘）	第1期	1960年	
13	关于美育问题历史方面的考察	文汇报（第3版）		1961年11月2日	
14	杜威对中国的影响（译文）	现代外国哲学社会科学（文摘）	第4期	1964年	

续表

序号	篇名	刊名	卷(期)	发表时间	备注
15	重新评价杜威实用主义教育思想	华东师范大学学报(哲学社会科学版)	第2期	1980年	
16	评杜威实用主义教育思想	教育研究	第5期	1980年	
17	美育纵横谈	华东师范大学学报(哲学社会科学版)	第6期	1980年	
18	美育纵横谈	复印报刊资料(美学)	第2期	1981年	
19	西方高等教育简史	上海高教研究丛刊	第1期	1981年	
20	杜威芝加哥学校实验的设计和理论述评	华东师范大学学报(教育科学版)	第6期	1982年	
21	杜威芝加哥实验的设计和理论述评	复印报刊资料(教育学)	第1期	1983年	
22	关于外国教育史学科体系的几个问题	华东师范大学学报(教育科学版)	第2期	1984年	
23	关于《科图法》第三版修订的意见	图书与情报工作	第1期	1988年	
24	20世纪西方教育理论中的传统与革新	回顾与探索：论若干教育理论问题	8月	1991年	
25	难忘的母校	柳市镇第一小学百年校庆	10月	1990年	
26	忆平凡的一生	乐清市文史资料第11辑	8月	1994年	
27	西方教育思想史(序)	载《西方教育思想史》	10月	1995年	单中惠主编
28	普通教育	中国大学教学	第12期	2003年	
29	约翰·杜威：寓"实用主义"于教育之中	教育家	第9期	2003年